"十二五"普通高等教育本科国家级规划教材
普通高等教育国际经济与贸易专业系列教材

跨国公司与国际直接投资

第3版

赵春明 郑飞虎 齐 玮 编

机械工业出版社

本书分为十六章,除导论以外,第二章至第十章为理论部分,内容主要包括垄断优势论、内部化理论、区位理论、国际生产折衷理论、边际产业扩张理论、直接投资理论的新发展、跨国公司国际直接投资的环境分析、跨国公司国际直接投资的风险管理、跨国公司国际直接投资项目的可行性分析。第十一章至第十六章为实践部分,内容主要包括美国的跨国公司与国际直接投资、欧洲国家的跨国公司与国际直接投资、日本的跨国公司与国际直接投资、东亚地区的跨国公司与国际直接投资、拉美地区的跨国公司与国际直接投资、我国的跨国公司与国际直接投资。

本书的使用对象是国际经济与贸易专业的本科及部分专科高年级学生。本书也可以作为相关专业研究生的选读材料,它还可以作为涉外企业和关注跨国公司读者的参考读物。

图书在版编目（CIP）数据

跨国公司与国际直接投资/赵春明等编．—3 版．—北京：机械工业出版社，2020.6（2024.7 重印）

"十二五"普通高等教育本科国家级规划教材　普通高等教育国际经济与贸易专业系列教材

ISBN 978-7-111-65532-9

Ⅰ.①跨…　Ⅱ.①赵…　Ⅲ.①跨国公司—国际直接投资—高等学校—教材　Ⅳ.①F276.7②F831.6

中国版本图书馆 CIP 数据核字（2020）第 076017 号

机械工业出版社（北京市百万庄大街 22 号　邮政编码 100037）
策划编辑：常爱艳　责任编辑：常爱艳　孙司宇
责任校对：赵　燕　封面设计：鞠　杨
责任印制：邓　敏
北京富资园科技发展有限公司印刷
2024 年 7 月第 3 版第 2 次印刷
184mm×260mm・18.75 印张・463 千字
标准书号：ISBN 978-7-111-65532-9
定价：49.80 元

电话服务　　　　　　　　网络服务
客服电话：010-88361066　机　工　官　网：www.cmpbook.com
　　　　　010-88379833　机　工　官　博：weibo.com/cmp1952
　　　　　010-68326294　金　书　网：www.golden-book.com
封底无防伪标均为盗版　　机工教育服务网：www.cmpedu.com

第3版前言

本书为"十二五"普通高等教育本科国家级规划教材。

近些年来，随着经济全球化的深层次发展，以及世界范围内贸易保护主义思潮的泛起，跨国公司与国际直接投资得到了更大程度的发展。联合国贸易和发展会议《2018年世界投资报告》显示，2017年全球外国直接投资流出流量达1.43万亿美元，年末存量30.84万亿美元。在这个过程中，无论是发达国家还是发展中国家，跨国公司与国际直接投资都出现了一些变化。作为最大的发展中国家，在构建全面开放新格局和"一带一路"建设的推动下，我国的对外直接投资近些年更是得到了迅速的发展，并实现了国际直接投资总额超越引进外商投资总额的历史性转变。为了反映这些新的变化和特点，我们对《跨国公司与国际直接投资》教材的第2版进行了修订。

为方便授课，我们为选择本书作为教材的教师免费提供教学电子课件（PPT）。

本书是在前2版的基础上修订完善而成的，为此，我们要感谢前2版的所有作者。在本书修订完善的过程中，李西、孙殿行、范雅萌、潘细牙在资料搜集和整理方面做了大量工作，特此表示感谢！

编　者

第2版前言

第二次世界大战以后，在第三次科技革命的推动下，跨国公司与国际直接投资得到了极其迅速的发展。目前，跨国公司与国际直接投资已成为世界经济发展的重要推动力量和经济全球化的突出标志。

本书在第1版的基础上，借鉴各家所长，与时俱进，全面反映跨国公司与国际直接投资的最新进展，比如专门辟章介绍有关发展中国家的跨国公司与国际直接投资的理论，同时注重跨国公司与国际直接投资的实践，详细介绍跨国公司与国际直接投资的环境分析、风险管理及项目可行性分析，并进而比较分析了具有代表性的国家与地区的跨国公司与国际直接投资的实践及经验，最后结合我国国情，介绍和分析我国跨国公司和国际直接投资的发展问题。

本书由北京师范大学经济管理学院赵春明教授、郑飞虎副教授和华北电力大学经济管理学院齐玮博士合作完成，在此特别感谢本书第1版的主要合作者，他（她）们是江汉大学郭虹副教授，外交学院陈阳博士、赵海波博士、马亚明博士和张德明博士等。此外，还要感谢吕洋、涂悦、林志清、汪霞、石践、侯传凯、常磊等对本书所做的一些资料搜集工作。

本书是北京市高等教育精品教材重点立项项目。

由于主客观条件的限制，本书可能还会存在一些不足之处，恳请广大读者提出宝贵意见。

编　者

第1版前言

第二次世界大战以后，在第三次科技革命的推动下，跨国公司与国际直接投资得到了极其迅速的发展。目前，国际直接投资和国际贸易的总量增长已成为经济全球化的两大重要标志和表现。

在这个大背景下，我国越来越多的企业必须要走出国门，即进行对外直接投资建立跨国公司。加入WTO后，我国企业面临的市场条件发生了很大变化，"入世"在给我国企业带来压力的同时，也为我国企业"走出去"提供了良好的条件。"入世"后，我国企业面临的义务和挑战主要体现在国内，而所获得的权利和机遇则主要体现在国外，也就是说，我国企业要想享受"入世"后的权利和机遇，就要尽可能地向海外进军。

此外，我国已多年成为引进外资的最大发展中国家，跨国公司与国际直接投资问题不仅是政府、学术界和企业关注的重要经济现象，也是广大百姓所感兴趣的一个热门话题。由此我们萌发了编写本书的动因。

本书在借鉴各家所长的基础上，与时俱进，全面反映跨国公司和国际直接投资的最新进展，比如专门辟章介绍有关发展中国家的跨国公司和国际直接投资的理论。同时注重跨国公司和国际直接投资的实践，详细介绍跨国公司和国际直接投资的环境分析、风险管理及项目可行性分析，进而比较分析具有代表性的国家与地区的跨国公司和国际直接投资的实践及经验，最后结合我国国情，介绍和分析我国跨国公司和对外直接投资的发展问题。

本书是一项集体性成果，参编的学校主要有北京师范大学、南开大学、江汉大学等。具体写作分工是：第一章由赵春明编写；第二、三、四、十六章由郭虹编写；第五章由郑飞虎、赵海波编写；第六章由郑飞虎、马亚明编写；第七章由郑飞虎、张德明编写；第八、九、十章由陈阳编写；第十一章由何垒编写；第十二、十四、十五章由齐玮编写；第十三章由王一凡编写。全书由北京师范大学赵春明教授担任主编并负责全书统稿。此外，秦志媛、李永梅、杨思佳、赵笑冰、王俊华、刘芳、杨川等对本书的编写也做了一些工作，在此表示感谢。

由于主客观条件的限制，本书可能还会存在着一些不足之处，恳请广大读者提出宝贵意见。

编　者

目　录 CONTENTS

第 3 版前言
第 2 版前言
第 1 版前言
第一章　导　　论 ………………………… 1
　　第一节　跨国公司的含义与类型 ……… 1
　　第二节　对外直接投资的概念界定与
　　　　　　动因 ………………………………… 4
　　第三节　对外直接投资与国际贸易交叉
　　　　　　发展的趋势 ……………………… 6
　　思考题 ……………………………………… 13
　　延展阅读书目 …………………………… 13
第二章　垄断优势论 …………………… 14
　　第一节　垄断优势论的形成 …………… 14
　　第二节　垄断优势论的发展 …………… 18
　　第三节　对垄断优势论的评价 ………… 23
　　思考题 ……………………………………… 24
　　延展阅读书目 …………………………… 24
第三章　内部化理论 …………………… 25
　　第一节　内部化理论的形成 …………… 25
　　第二节　内部化理论的发展 …………… 33
　　第三节　对内部化理论的评价 ………… 37
　　思考题 ……………………………………… 44
　　延展阅读书目 …………………………… 44
第四章　区位理论 ……………………… 45
　　第一节　区位理论的传统与演进 ……… 45
　　第二节　产品生命周期理论 …………… 50
　　第三节　对外直接投资区位理论 ……… 58
　　思考题 ……………………………………… 61
　　延展阅读书目 …………………………… 61
第五章　国际生产折衷理论 ………… 62

　　第一节　国际生产折衷理论的分析
　　　　　　框架 …………………………… 62
　　第二节　国际生产折衷理论的发展 … 66
　　第三节　对国际生产折衷理论的
　　　　　　评价 …………………………… 70
　　思考题 ……………………………………… 71
　　延展阅读书目 …………………………… 72
第六章　边际产业扩张理论 ………… 73
　　第一节　边际产业扩张理论产生的
　　　　　　背景 …………………………… 73
　　第二节　边际产业扩张理论的内涵 … 74
　　第三节　对边际产业扩张理论的
　　　　　　评价 …………………………… 82
　　思考题 ……………………………………… 85
　　延展阅读书目 …………………………… 85
第七章　直接投资理论的新发展 …… 86
　　第一节　跨国投资理论研究的新
　　　　　　进展 …………………………… 86
　　第二节　发展中国家对外直接投资的
　　　　　　适用性理论 ……………………… 96
　　思考题 ……………………………………… 101
　　延展阅读书目 …………………………… 101
**第八章　跨国公司国际直接投资的环境
　　　　　分析** ………………………………… 102
　　第一节　国际直接投资环境概述 …… 102
　　第二节　影响跨国公司国际直接投资的
　　　　　　因素 …………………………… 104
　　第三节　投资环境的评价方法 ……… 115
　　思考题 ……………………………………… 123
　　延展阅读书目 …………………………… 123

第九章 跨国公司国际直接投资的风险管理 ... 124
- 第一节 跨国公司国际直接投资风险的形式 ... 124
- 第二节 跨国公司国际直接投资风险的识别和评估 ... 125
- 第三节 跨国公司国际直接投资的风险管理 ... 131
- 思考题 ... 143
- 延展阅读书目 ... 144

第十章 跨国公司国际直接投资项目的可行性分析 ... 145
- 第一节 项目周期与可行性研究 ... 145
- 第二节 跨国公司国际直接投资项目的经济评价及方法 ... 152
- 第三节 国际直接投资项目的投资效益综合评价 ... 161
- 思考题 ... 163
- 延展阅读书目 ... 163

第十一章 美国的跨国公司与国际直接投资 ... 164
- 第一节 美国跨国公司国际直接投资的发展 ... 164
- 第二节 美国跨国公司国际直接投资的特点 ... 170
- 第三节 美国跨国公司国际直接投资的效应 ... 182
- 思考题 ... 188
- 延展阅读书目 ... 188

第十二章 欧洲国家的跨国公司与国际直接投资 ... 189
- 第一节 欧洲国家跨国公司国际直接投资的发展 ... 189
- 第二节 欧洲国家跨国公司国际直接投资的特点 ... 198
- 第三节 欧洲国家跨国公司国际直接投资的效应 ... 204
- 思考题 ... 209
- 延展阅读书目 ... 210

第十三章 日本的跨国公司与国际直接投资 ... 211
- 第一节 日本跨国公司国际直接投资的发展 ... 211
- 第二节 日本跨国公司国际直接投资的特点 ... 219
- 第三节 日本跨国公司国际直接投资的效应 ... 227
- 思考题 ... 234
- 延展阅读书目 ... 234

第十四章 东亚地区的跨国公司与国际直接投资 ... 235
- 第一节 东亚地区跨国公司国际直接投资的发展 ... 236
- 第二节 东亚地区跨国公司国际直接投资的特点 ... 242
- 第三节 东亚地区跨国公司国际直接投资的效应 ... 250
- 思考题 ... 256
- 延展阅读书目 ... 256

第十五章 拉美地区的跨国公司与国际直接投资 ... 257
- 第一节 拉美地区跨国公司国际直接投资的发展 ... 257
- 第二节 拉美地区跨国公司国际直接投资的特点 ... 262
- 第三节 拉美地区跨国公司国际直接投资的效应 ... 267
- 思考题 ... 270
- 延展阅读书目 ... 270

第十六章 我国的跨国公司与国际直接投资 ... 271
- 第一节 我国国际直接投资的发展 ... 271
- 第二节 我国国际直接投资的特点 ... 279
- 第三节 我国跨国公司的发展路径与成长模式 ... 287
- 思考题 ... 290
- 延展阅读书目 ... 291

参考文献 ... 292

第一章

导 论

【学习要点】
- 跨国公司的含义
- 跨国公司的主要类型
- 跨国公司对外直接投资的主要动因
- 跨国公司对外直接投资与国际贸易交叉发展的趋势

第一节 跨国公司的含义与类型

一、跨国公司的含义

跨国公司（Transnational Corporation），又称多国企业（Multinational Enterprise）、国际公司（International Corporation）、全球公司（Global Corporation）等，其多国性使人们从不同的角度，用不同的标准如经济、政治、法律、管理等来分析和定义它。

例如，1963年，美国《商业周刊》就对跨国公司做了这样的描述性定义："跨国公司是指符合下列两个条件的公司：第一，它至少要在一个或一个以上的国家设定生产点或者是争取其他形态的直接投资；第二，它具有名副其实的世界性预测能力，其经营者在市场开发、生产和研究等方面，能做出适用于世界各国的多种多样的基本决策。"而对跨国公司最早做出的权威性定义则是联合国秘书长指定的"知名人士小组"在1974年提出的，该定义认为："跨国公司是指在它们基地之外拥有或者控制着生产和服务设施的企业。"这是一种比较宽泛的定义，即只要跨越国界在国外经营业务的企业就是跨国公司。后来联合国跨国公司中心对该定义做了进一步的补充和说明，认为跨国公司必须具备如下三个要素：

（1）公司必须是包括设在两个或两个以上国家的工商企业实体，而不论这些实体的法律形式和领域如何。

（2）公司必须在一个决策体系下进行经营，有共同的政策，能通过一个或几个决策中心采取一致对策和共同战略。

（3）该实体通过股权或其他方式形成的联系，使其中一个或几个实体有可能对其他实体实施重大影响，特别是同其他实体达到知识资源的分享和责任的共担。[一]

在跨国公司的经营活动中，母公司（Parent Company）在国外的附属企业有子公司（Subsidiary Company）、关联企业（Associated Enterprises）和分支机构（Branch Office）这几种形式。子公司通常界定为要有50%以上的投票权；关联企业则至少要拥有10%以上的投

[一] 参见联合国跨国公司中心：《再论世界发展中的跨国公司》，商务印书馆，1982年，附表25、26。

票权；分支机构是指在国外的独资或合资公司。此规定也适用于未组成法人的跨国公司及其国外附属机构。

母公司所在国被称为母国（Home Country）或本国，母公司直接投资所产生的子公司所在国被称为东道国（Host Country），子公司是母公司在东道国的法人。

综上所述，可以得出，只要是跨国界进行直接投资并且获得控制权的企业就是跨国公司。投资的数量以及向多少国家进行了投资都不能成为跨国公司的必要条件，这些只是说明它是大跨国公司或小跨国公司，而不能决定它是不是跨国公司。不以寻求控制权为目的而进行的跨国投资企业只能被称为国际证券投资者。

二、跨国公司的产生和发展

跨国公司的明确产生最早可以追溯到19世纪60年代。发达资本主义国家的大企业，在国外设立分支机构和子公司，通过这种直接投资，扩大其业务和范围，以攫取高额利润。最早进行跨国经营的三家制造业企业是：

1865年，德国弗里德里克·拜耳化学公司在美国纽约州的奥尔班开设了一家制造苯胺的工厂。

1866年，瑞典制造甘油炸药的阿弗列·诺贝尔公司在德国汉堡开办炸药厂。

1877年，美国胜家缝纫机公司在英国的格拉斯哥建立缝纫机装配厂。1880年，它又在伦敦和汉堡等地设立销售机构，负责世界各地的销售业务。为此它也成为以全球市场为目标的早期跨国公司的先驱。

第一次世界大战后，跨国公司得到了一定的发展，但此时的跨国公司只是在个别国家或地区，资本输出方式则以间接投资为主，间接投资占国际投资的比重达到75%以上。第二次世界大战后，稳定的世界政治环境、跨国公司实力的增强，加上各国开放的经济环境和科学技术的进步，使跨国公司的直接投资成为当今具有巨大影响的力量和形式。

跨国公司规模在迅猛增长，据有关资料数据显示，1980年世界跨国公司总数为1.5万家，其海外分支机构约有3.5万家；到了1994年，相应数据变为了4万家和25万家。按世界贸易组织统计，21世纪初，世界跨国公司总数已超过6万家，它们的海外分支机构增至约五六十万家。虽然，在这些跨国公司中只有少数是大垄断公司，但其实力却相当强大。

跨国公司发展的原因很多，其中最主要的是由于第三次科技革命和随后全球性行业的迅速发展。众所周知，第三次科技革命为跨国公司的发展提供了极为便捷的交通和通信条件，同时也助推了全球性行业的兴起。全球性行业的产品通常是技术和资金密集型的，所要求的产品开发费用和固定资产投资规模很大，其规模经济效益非常明显。由于全球性行业产品的技术密集性，其经验曲线的效应（即随着累计产量的上升，熟能生巧而造成的单位成本下降）也非常明显。正是由于这种规模经济和经验曲线效应的存在，跨国公司占有极大的优势，全球性行业的结构通常表现为几个跨国公司占统治地位的寡头竞争结构。其国际竞争主要采取跨国投资与国际贸易相结合的形式，尤其表现为跨国公司体系与跨国公司体系之间的整体竞争。其竞争特点为：一是企业必须走出国界，在世界范围内组织销售，任何一个国家的国内市场都无法支撑如此庞大的科研开发经费和固定资产投资，跨国经营是企业生存的必要条件；二是企业必须在世界范围内组织生产。跨国公司之间不但会争夺市场，而且会争夺资金、争夺技术、争夺战略伙伴，组织各种形式的战略联盟是跨国企业最基本的要求，也是全球竞争最强大的武器之一。

三、跨国公司的主要类型

按照不同的分类标准，可将跨国公司分为不同的类型。

1. 按决策进行分类

（1）以民族为中心的跨国公司。跨国公司的重大决策都是以母国权益为中心来考虑抉择的。以民族为中心，实际上就是以母国权益为中心，即在维护和增进母国权益的前提下，来考虑母公司的权益和发展。

（2）以多元化为中心的跨国公司。以遍及各国的众多子公司的权益为中心进行决策，以求在当地最有效地利用资源，取得较好的经营成果，争取市场发展的有利机会。

（3）以全球为中心的跨国公司。跨国公司在进行重大决策时，都是以全球战略目标和全球利益来考虑的。只要是出于跨国公司全球权益的需要，在决策时就可以选取那些牺牲母公司或少数子公司利益的策略方案。

2. 按经营的项目进行分类

（1）资源开发型跨国公司。在世界范围内开发和利用资源，目的是获取母国急需的短缺资源或者追寻高额利润，例如种植业中的烟叶、咖啡等原料，采掘业中的矿石、燃料等。

（2）制造型跨国公司。这类跨国公司主要从事最终产品和中间产品的制造，包括钢材、有色金属、化工产品、机电产品、电子产品、轻纺产品、耐用消费品等。制造型跨国公司在第二次世界大战后得到迅速发展。

（3）服务型跨国公司。这是从事非物质产品生产，而在贸易、金融、运输、通信、旅游、房地产、保险、广告、管理、咨询、信息等行业和领域内从事经营活动，提供各种服务的跨国公司。20世纪70年代以后，服务型跨国公司呈现了迅速发展的趋势。

3. 按跨国公司内部的有机联系来划分

（1）横向型跨国公司。跨国公司内部基本上经营同种行业，生产同类产品。母公司和众多子公司在工艺技术、原材料供应、产品销售等方面基本上是同类型的，例如，饮料行业的可口可乐公司、计算机行业的IBM公司、汽车行业的福特公司等。

（2）纵向型跨国公司。跨国公司内部，无论是母公司与子公司之间，还是子公司与子公司之间，都不是完全制造同类产品、经营同行业务的，但母公司与子公司之间以及各子公司之间都存在着有机的联系。目前，在专业化和联合化水平上达到较高程度的都是此类跨国公司，如日本的新日铁公司、德国的西门子公司等。

（3）混合型跨国公司。跨国公司内部生产和经营十分复杂，既存在有些子公司之间或母公司与子公司之间生产同类产品或经营同行业务的有联系的情况，又存在生产互不关联产品或毫无有机联系的经营业务的情况，即使在有联系的结构内，也并非是整齐的横向型或纵向型，往往兼而有之。例如，美国AT&T公司，除生产通信产品和经营相关业务外，还生产和经营一些彼此互不关联的产品和行业的业务，如生产汽车零部件、工程机械，经营房地产、食品工业等业务。尽管该类跨国公司资本雄厚、实力超群、规模宏大，但由于经营行业太多、产品太多且互不关联，给跨国公司统一管理和控制带来了不利和困难。

第二节　对外直接投资的概念界定与动因

第二次世界大战后，在跨国公司的推动下，对外直接投资取得了快速发展，成为国际资本流动的主要形式，也是世界经济的一个重要组成部分。

直接投资或对外直接投资（Foreign Direct Investment，FDI），按国际货币基金组织（IMF）的划分标准，其定义是："在投资人以外的国家（经济区域）所经营的企业中拥有持续利益的一种投资，其目的在于对该企业的经营管理拥有有效的发言权。"这里的"有效的发言权"实际上是指管理控制权，这种控制权是直接投资区别于间接投资的根本所在（间接投资是指证券投资和国际借贷）。

对外直接投资的方式具体包括：在国外设立跨国公司的分支机构、附属机构、子公司或同东道国共同创办合资企业；通过购买外国企业股票而拥有该企业一定比例的股权，如10%以上；用国外所得利润进行再投资等。

跨国公司对外直接投资的动机源于企业为了自身的利益和发展而进行的对外扩张。企业对外直接投资的原因很多。一般来说，企业对外直接投资的动机主要包括以下几个：

（1）追求高额利润型投资动机。追求高额利润，或以追求利润最大化为目标，这是对外直接投资最根本的决定性动机。

（2）资源导向型投资动机。这是指企业为寻求稳定的资源供应和利用廉价资源而进行的对外直接投资。这类投资又可分为两种情况：①寻求自然资源，即自然资源导向型投资，企业对外直接投资是以取得自然资源为目的的，如开发和利用国外石油、矿产品以及林业、水产等资源；②寻求人力资源，如利用国外廉价劳动力。

（3）市场导向型投资动机。这类投资可分为以下四种情况：①开辟新市场，企业通过对外直接投资在过去没有出口市场的东道国占有一定的市场；②保护和扩大原有市场，企业在对出口市场的开辟进行到某种程度之后，通过对外直接投资在当地进行生产和销售更为有利；③克服贸易限制和障碍，企业可通过向进口国或第三国直接投资，在进口国当地生产或在第三国生产再出口到进口国，以避开进口国的贸易限制和其他进口障碍；④跟随竞争者，在寡头垄断市场结构，即少数大企业占统治地位的市场结构中，当一家企业率先到国外直接投资，其他企业就会跟随而至，有时甚至不惜亏损，以维护自己的相对市场份额，保持竞争关系的平衡。

（4）效率导向型投资动机。效率导向型投资动机是指企业进行对外直接投资的目的在于降低成本，提高生产效率。这类投资通常有两种情况：①降低生产成本，如果企业在国内生产出口产品，其生产成本高于在国外生产时，可通过对外直接投资方式在国外设厂生产，以降低生产成本以及运输成本等，从而提高生产效率；②获得规模经济效益，当企业的发展受到国内市场容量的限制而难以达到规模经济效益时，企业可通过对外直接投资，将其相对闲置的生产力转移到国外，以提高生产效率，实现规模经济效益。

（5）分散风险型投资动机。企业在进行对外直接投资过程中面临着种种风险，主要有政治风险（如政治动荡风险、国有化风险、政策变动风险等）和经济风险（如汇率风险、利率风险、通货膨胀等）。对于政治风险，企业通常采用谨慎的方式对待，尽可能避免在政治风险大的国家进行投资；对于经济风险，企业主要采用多样化投资的方式来分散或减少风险，通过对外直接投资在世界各地建立子公司，将投资分散于不同的国家和产业，以便安全、稳妥地获得较高的利润。

（6）技术导向型投资动机。企业可通过对外直接投资来获取东道国的先进技术和管理经验，这种动机的投资通常集中在发达国家和地区的资本、技术密集型产业。第二次世界大战后，发达资本主义国家之间的对外直接投资不断增加。20世纪90年代以来这种趋势更为突出，对外直接投资的80%左右集中在"大三角"国家之间，欧盟和日本不断扩大对美国的直接投资，而美国也在不断增加在欧盟和日本的直接投资，出现这种情况的一个重要原因就是各国都想获得对方的先进技术。

（7）追求优惠政策型投资动机。企业被东道国政府的优惠政策所吸引而进行直接投资，可减少投资风险，降低投资成本，获得高额利润。这类投资一般集中在发展中国家和地区。东道国特别是发展中国家东道国的优惠政策，对外国直接投资产生了强烈的吸引力，促进了企业对外直接投资的发展。

（8）环境污染转移型投资动机。转移环境污染是一些国家的跨国公司进行对外直接投资的重要动机之一。环境污染是威胁人类生存和经济发展的世界性问题，一些发达资本主义国家迫于日益严重的环境污染问题，严格限制企业在国内从事易造成污染的产品生产，从而促使企业通过对外直接投资，将污染产业向国外转移。在发达国家对外直接投资中，尤其是在制造业对外直接投资中，化工产品、石油和煤炭产品、冶金、纸浆造纸这四大高污染行业所占比重是相当高的。

（9）全球战略性投资动机。跨国公司的全球战略是跨国公司在全世界范围内安排投资、从事生产经营活动的战略。全球战略是跨国公司的对外直接投资发展到全球化阶段的一种投资动机。跨国公司在进行对外直接投资决策时，所考虑的并不是某一子公司在某一时期或某一地区的盈亏得失，它所关心的是跨国公司长期的、全局的、最大的利益，将其所属各机构、各部门看作一个整体，有时不惜牺牲某地区、某部门的局部利益，以保证全球战略目标和整体利益的实现。

对外直接投资的各种投资动机可以单独存在，也可以同时并存，其中追求高额利润型投资动机是最基本的，而其他各种类型的投资动机都是它的派生形式。

总的来说，直接投资者（通常是跨国公司）关注的是如何把可用的资源配置到不同的经济体中而获得的总体利益，除了因资金使用而获得的利息收益之外，直接投资者往往还可以获得管理费及其他各种收入，而这些额外的收益往往与企业的长期经营相联系。国际金融公司和联合国的经济学家对对外直接投资的决定因素进行了一些实证研究，他们的研究表明以下三点：①跨国公司在寻找投资场所时，比较注重生产成本的分析，而这一生产成本并非仅仅包括普通劳动力的成本。在许多行业中，直接劳动成本只占生产成本的10%~15%，有些行业的比例甚至更低。相比之下，由于工业化国家中技术工人、白领工人和管理人员的成本迅速上升，跨国公司在对外直接投资中，特别关注东道国中熟练技术工人和高素质管理人才的供给状况。②东道国的市场规模是吸引跨国公司进行直接投资的重要因素。市场规模较大，意味着跨国可以扩大自己的产品销售市场，同时，又可以获得更为分散的原材料供给来源。③在对外直接投资中，"跟风行为"也起了很大的作用。另外，随着更多的企业投资于某一东道国，关联产业会跟着进行直接投资。除此之外，东道国基础设施的质量及工业化程度等都是跨国公司进行对外直接投资的决定因素。研究表明，吸引对外直接投资的主要是东道国的一些长期结构性因素，这与跨国公司的长期利益相一致。

第三节　对外直接投资与国际贸易交叉发展的趋势

一、对外直接投资与国际贸易理论上的相互融合

在一国经济开放的历史进程中，国际贸易首开先河，并一直备受关注。因此，国际贸易理论较早出现和完善。第二次世界大战后，私人对外直接投资的快速发展导致了随后对对外直接投资研究的理论不断涌现。1957 年，美国经济学家罗伯特·蒙代尔（Robert A. Mundell）在传统赫—俄（H—O）要素禀赋理论上，放松了商品在国际上自由流动的假定，从而提出了贸易与投资替代模型。贸易与投资替代模型即在存在国际贸易壁垒的情况下，如果直接投资厂商始终沿着特定的轨迹［即所谓的雷布津斯基（Rybczynski）线］实施跨国直接投资，那么这种跨国直接投资就能够在相对最佳的效率或最低的生产要素转换成本的基础上，实现对商品贸易的完全替代。因此，在古典国际贸易模型中，对外直接投资与国际贸易被证明是一种相互替代的关系，即增加贸易障碍会引发资本要素的流动，限制资本流动则会促进贸易的发展，资本流动性的大小与对外贸易的替代程度成正比。

较早把对外贸易和国际投资纳入一体化分析框架的是产品生命周期理论的创立者弗农（Raymond Vernon）。在其于 1966 年发表的代表性论文《产品周期中的国际投资和国际贸易》中，弗农将产品生命周期划分为三个时期，即创新产品时期、成熟产品时期和标准化产品时期，并把产品周期的不同阶段与企业生产的区位选择联系起来，说明企业在海外生产和出口之间的抉择关系。随着产品生命周期的延伸，生产国的商品出口逐渐转化为对进口国的对外直接投资，转而再从该国进口该种产品。产品周期理论对贸易、国外直接投资与企业增长间的紧密关系的描述，使得国际贸易理论和对外直接投资理论被纳入到一个统一的分析框架中具有了可能性。

而将对外直接投资建立在与国际贸易理论同一基石上的尝试则应首推日本学者小岛清（Kiyoshi Kojima）。他提出了边际产业扩张理论，认为在国际贸易方面，根据既定的比较成本，一国应大力发展拥有比较优势的产业，并出口该产业产品；在对外直接投资方面，投资国则应从处于或即将处于比较劣势的边际产业依次进行，这样，就可以将东道国因缺少资本、技术和管理知识而没有发挥的潜在比较优势挖掘出来，使两国间比较成本差距扩大，为更大规模的贸易创造条件。在这里，国际贸易和对外直接投资都是以比较成本原则为判断标准的，因此，可以将两者建立在一个综合理论基础之上。

第二次世界大战后发展起来的跨国公司理论也为建立资本流动和国际贸易的理论关系做出了贡献，其中横向一体化对外直接投资理论与纵向一体化对外直接投资理论具有重要意义。前者源于对发达国家之间相互投资条件下国际贸易的分析，认为企业对外投资的动机之一是研究与开发，而研究与开发行为既是国际贸易的基石，也是对外直接投资的基石，这时资本流动与贸易可能相互替代，也可能是共存的。后者则主要解释现代发达国家与发展中国家间的垂直投资与贸易，认为纵向一体化对外直接投资可以看作是国家间要素比例不对称的产物，企业进行国际投资将导致国家间贸易格局的变化。在这种情况下，国际贸易和国际投资的关系表现为跨国公司母公司与子公司之间的中间产品出口和进口，因而对外直接投资与

国际贸易存在互补性。

20世纪80年代兴起的以美国经济学家克鲁格曼（P. Krugman）为主要代表的新贸易理论，使国际贸易与国际投资间的传统理论关系发生了深刻变化。该理论强调市场结构、规模经济对国际贸易的影响，并结合对外直接投资的研究成果，对跨国公司直接或间接创造的各种贸易活动进行了较为成功的解释。克鲁格曼等人认为，由于现实世界存在不完全竞争和规模经济，国际贸易和国际资本流动都无法完全消除国家间资源禀赋的差异，产业间贸易也不会被完全替代。即使实现了要素均等化，替代了产业间贸易，国际分工由垂直分工向水平分工的深化也会促进产业内贸易的发展。此外，对外直接投资会导致一定的技术创新和制度创新，从而创造出对外贸易竞争优势，使对外贸易与资本国际流动同步发展。

20世纪90年代以后，随着经济全球化步伐的明显加快，作为两大重要标志的对外直接投资与国际贸易的关系日益密切，与此相应，对外直接投资理论与国际贸易理论相互融合的趋势也得到进一步加强，其具体表现是国际贸易理论的分析不再局限于产业或国家层次，而是力求将企业行为理论、工业组织理论与国际分工理论融为一体。对外直接投资理论也不再局限于单个企业行为的分析，而是更多地从产业或国家与跨国公司行为的结合上来考察对外直接投资与国际贸易的关系，从而使两者的分析基础及其基本结论日趋一致。

从企业行为理论角度进行研究的国际贸易理论主要是对跨国公司理论的研究。跨国公司由于其在第二次世界大战后的飞速发展而形成的巨大经济实力，已经成为国际贸易活动的重要行为主体和世界范围内对外直接投资的主要参与者。从对外直接投资形式对跨国公司进行的基本分类有两种：水平一体化的对外直接投资模式和垂直一体化的对外直接投资模式。水平一体化的对外直接投资模式是指跨国公司在许多国家重复进行基本相同的生产经营活动；而垂直一体化的对外直接投资模式是指跨国公司将同一生产经营活动的不同阶段分散于不同的国家。最具典型意义的是在垂直一体化的对外直接投资中，跨国公司是以生产要素密集度为基础开展生产经营布点的。这两种基本类型的交叉融合产生了一种新的分类，即"知识—资本"模式。它用于描述那些同时兼具水平一体化和垂直一体化形态的跨国公司对外直接投资活动。

跨国公司的对外直接投资类型与国际贸易的模式表现为：水平一体化的对外直接投资模式倾向于在各个国家都建立自己的生产和销售体系，在当地生产满足当地需求，在一定程度上替代了国际贸易。其常存在于经济发展水平和市场规模相似的国家之间，存在着很强的规模经济效应。垂直一体化的对外直接投资模式倾向于在要素禀赋不同的国家之间安排生产的不同阶段，这必然导致大量的中间产品通过国际贸易实现跨国界转移，加之跨国公司利用发展中国家对跨国公司的国际贸易活动的监管滞后和监管不力，广泛利用转移价格来减少税赋，从而最大限度地追求其全球利润的最大化，因此，增加了国际贸易流量。在知识—资本模式的一体化中，跨国公司投资主体的知识资本及其这一特定要素的国际转移非常重要。往往是跨国公司的知识资本总部从事知识的生产和创造，如生产的核心技术、管理诀窍、商标等，并负责协调分散在不同国家工厂的生产经营活动。此种形式广泛存在于发达国家与发达国家、发达国家与发展中国家之间。然而由于其形式的复杂性，它对国际贸易的影响是不确定的，可能会是替代、互补与创造。如果考虑到直接投资对贸易自由化特别是发展中国家贸易自由化的影响，那么国际贸易的创造作用会大大超过实际的替代作用。

在国际贸易理论和对外直接投资理论的融合进程中，由表1-1的两种理论研究成果的对比可看到其融合点和融合过程的理论突破口。

表 1-1　国际贸易理论与对外直接投资理论的比较

国际分工的层次	国际贸易（分工）		对外直接投资（分工）	
	理论	解释变量	理论	解释变量
宏观层次（国家层次）	1. H—O 模型 2. 技术差距贸易理论 3. 人力资源贸易理论	1. 要素禀赋 2. 研究开发经费、专利、科研人数 3. 人力资本、技能	欠成熟，邓宁提出的投资发展周期理论是一个初步的理论框架	经济发展阶段（人均国民收入）、经济规模（GDP）
产业层次	20 世纪 70 年代末兴起的新贸易理论以及战略贸易理论	不完全竞争、产品差异、规模经济、战略竞争	1. 海默垄断优势论 2. 寡头国际竞争论	寡占市场结构、战略竞争
企业层次	欠发展，完全忽视了跨国公司的内部贸易		1. 国际生产折衷论 2. 内部化理论 3. 技术能力国际生产理论	企业无形资产、交易成本、企业技术能力和知识资本

表 1-1 说明，在产业层次，国际贸易理论与对外直接投资理论的一些解释变量已基本趋同，而在国家层次上，国际贸易理论较强，在企业层次上缺乏国际贸易理论，而对外直接投资则正好相反。现在一些经济学者在努力从一段均衡（即国家层次）方法上、产业组织理论上（即市场结构、交易成本、技术竞争优势）等不同层次、不同理论方法上来实现国际贸易和对外直接投资理论上的完整统一。

二、对外直接投资与国际贸易的相互影响

（1）对外直接投资直接带动了企业内贸易的发展，并通过技术、制度和市场结构的创新效应，扩大了东道国的对外贸易。

在对外直接投资和跨国公司大量扩张的条件下，母公司与子公司、子公司与子公司之间的企业内部贸易量也在不断扩大，在当代国际贸易中占有相当大的比重。例如，20 世纪 90 年代中期，在日本，企业内贸易占日本总出口的 24%、进口的 14%，在瑞典均为 38% 左右，在美国占出口的 43%，某些制造业跨国公司子公司企业内贸易的比重甚至高达 80%～90%。

对外直接投资不单纯是货币资本的流动，还包括技术设备和管理经验及知识产权等相关要素的整体输出。其外部性，或者说是知识的外溢效果，已经被看成是东道国从对外直接投资中获得的主要利益。对于发展中国家利用外商直接投资来讲，它往往会同时产生资本形成效应、技术转移效应和产业结构调整效应。具体来讲，外商直接投资对于发展中国家的东道国，其发挥的作用除了有能弥补发展中国家储蓄缺口的直接效应外，更重要的是在当地会产生规模经济和外部经济效益。具体来说，一方面，东道国通过吸收随外资一起转移的技术、管理经验，可以迅速提高本国的生产力水平，提升商品的技术含量，改善贸易的商品结构，增强其国际竞争力；另一方面，投资于东道国优势出口产业的外国资本，会促进发展中国家出口产业的成长，并且发展中国家可利用外商的销售网络迅速进入国际市场，进而扩大它们的对外贸易量。

直接投资对国际贸易的严格意义上的系统影响，包括直接影响和一般均衡意义上的间接影响，应当采用计量经济学的方法进行定量测量和检验。联合国贸易和发展会议（UNCTAD）所做的一个定量研究成为一个很好的佐证。该研究旨在发现外商直接投资的流入与对外贸易绩效的关系。它采用了静态多元回归统计分析，对52个发达国家和发展中国家的样本进行观测和处理。被解释变量为制成品出口值（Y），解释变量为人均直接投资流入额（x_1）、生产企业研究开发支出占GDP的百分比（x_2）以及人均制造业附加值（x_3），采用了1995年数据。回归方程见式（1-1）。

$$\ln Y = \partial + \beta_1 \ln x_1 + \beta_2 \ln x_2 + \beta_3 \ln x_3 + \varepsilon \tag{1-1}$$

具体回归结果如表1-2所示。

表1-2 出口与直接投资关系的计量经济研究

变量	制成品出口值	高技术产品出口	中技术产品出口	低技术产品出口	高技术产品出口占总出口的比例
所有国家					
常数	9.30***	5.68*	10.02***	7.82***	-3.63***
人均直接投资流入额	0.36**	0.55***	0.31*	0.28***	0.19
生产企业研究开发支出	0.16*	0.55***	0.22**	0.13	0.39***
人均制造业附加值	0.64***	0.51	0.91***	0.56***	-0.14
调整后的R^2	0.80	0.78	0.83	0.70	0.59
样本数	52	52	52	52	52
发展中国家					
常数	8.31	3.55	8.44**	8.05***	-4.76***
人均直接投资流入额	0.45**	0.78***	0.39	0.31**	0.33***
生产企业研究开发支出	0.19**	0.61***	0.24**	0.16**	0.42***
人均制造业附加值	0.55*	0.34	0.75**	0.58**	-0.21
调整后的R^2	0.71	0.71	0.69	0.59	0.56
样本数	33	33	33	33	33
发达国家					
常数	14.47***	12.84***	14.08***	14.69**	-1.60
人均直接投资流入额	0.29***	0.21**	0.28***	0.36***	-0.08
生产企业研究开发支出	-0.30*	0.34	-0.06	-0.89**	0.645**
人均制造业附加值	1.52**	1.43**	1.62***	1.94***	-0.10
调整后的R^2	0.60	0.74	0.63	0.53	0.53
样本数	19	19	19	19	19

注：1. ***表示在1%水平显著；**表示在5%水平显著；*表示在10%水平显著。
2. 资料来自《1999年世界投资报告》，英文版，第246页。

由样本国家回归分析的结果得知，人均直接投资流入额水平对制成品出口值产生的影响都是积极的，人均直接投资水平每上升1%，会使高技术产品出口上升0.55%，中技术产品出口上升0.31%，低技术产品出口上升0.28%。这反映了在总体上对外直接投资对国际贸易是促进作用。

另据对1983~1999年我国利用外商直接投资和国际贸易关系的实证分析，外商直接投资对进出口的乘数效应为 0.784 40，对出口的乘数效应为 0.782 56，对进口的乘数效应为 0.523 05。另外一种比较直接的衡量外商直接投资对出口增长影响的方法是考察外商投资企业的进出口指标。例如，我国外商投资企业的进出口额 1980 年为 4265 万美元，到 1999 年快速增长到 1745.1 亿美元，2010 年更是高达 16 006.2 亿美元，30 年年均增长率达 42.06%。这也反映了外商直接投资对我国外贸增长的贡献。由此可见，我国出口从 1978 年的 206 亿美元，世界排名第 32 位，上升到 2010 年的 15 778 亿美元，世界排名第 1 位，外商直接投资功不可没。

值得注意的是，对于一个国家来说，根据美国经济学家帕特瑞（A. Patrie）的研究，外商投资企业的投资动机不同，对该国对外贸易的影响也不同。市场导向型外商直接投资考虑的是东道国的产品销售市场的需求，因此会形成对国际贸易的替代；生产导向型外商直接投资考虑的是为降低生产成本而进行的区位选择，因此会促进国际贸易；贸易促进型外商直接投资考虑的是为企业出口提供便利条件，因此同样会促进国际贸易。进一步的研究表明，低水平的贸易保护，会更多吸引生产导向型和贸易促进型的外商直接投资。相反情况，会吸引市场导向型直接投资的涌入。㊀

同时还应当看到，引进外资和对外投资以及它们的流向对其进出口的影响也是不尽相同的。一般而言，对外直接投资规模增加与进口增长呈正相关关系，即对外直接投资增长会在一定程度上增加进口数量，其原因在于对外直接投资可能导致产业内贸易量增加或直接投资伴随进口贸易的增加而增加。而当对外直接投资流入大于流出时，如果外国直接投资不是流向生产性产业，而是更多地流向非生产性产业如房地产业和证券业等，则有可能促进国内泡沫经济的产生和形成，从而减弱本国出口产品的竞争能力，对出口增长产生负面效应。因此，对外直接投资对贸易收支平衡的影响是正负效应并存的，关键取决于对外直接投资的产业结构是否合理。

（2）国际贸易的发展为世界各国建立开放的经济环境创造了条件，从而有利于增强对对外直接投资的吸引力。

世界大部分国家都是从贸易领域开始着手逐渐推进开放和经济自由化的。通过贸易自由化的改革，这些国家日益融入国际经济体系，进而推动金融等其他领域的开放。一个开放的经济环境是一个相对稳定的发展环境，而一个经济自由化的国内经济基础是外国直接投资收益较为安全的条件。因此，一个开放、宽松的经济环境是吸引外国直接投资的必要条件。例如，北美自由贸易区形成后，美国、加拿大和墨西哥贸易实现了自由化，使墨西哥占美国出口的份额由 1990 年的 7.2% 上升到 1998 年的 11.6%，同时进口份额由 5.9% 上升到 10.2%，原因是墨西哥加入北美自由贸易区后，开放的市场使美国跨国公司以及其他跨国公司纷纷到墨西哥投资与生产并出口到美国市场。反过来，外国直接投资的涌入，又促进了这些国家贸易等领域的进一步开放。可以说，国际贸易的高涨是外国直接投资涌入的重要诱因，而外国直接投资的活跃又是国际贸易进一步发展的助推器。

（3）从产业国际化的演变历程角度来看，对外直接投资与国际贸易的关系具有逐步推进的国际化特征，但在不同的产业部门内对外直接投资对国际贸易的影响是有所不同的。

总的来看，制造业领域内的对外直接投资所带来的贸易创造效应要大于贸易替代效应。

㊀ 参见 A. Patrie：《The Regional Clustering of Foreign Direct Investment and Trade》，Transnational Corporation，DEC。

联合国曾对发达国家吸收外资对制造业贸易的影响进行了研究，结果表明，在现代条件下，对外直接投资越来越倾向于进入贸易密集度较高的行业，特别是那些在东道国具有比较优势或潜在比较优势的行业，从而使东道国的进出口得到明显增加。

相比较而言，服务业领域内的投资与贸易之间的关系比较特殊。长期以来，由于服务的不可储存性及较低的可贸易性，许多服务无法运送或对外贸易。但随着世界经济与科技的发展，服务的可贸易性大大增强，从而有力地促进了服务业领域内对外直接投资的发展。20世纪80年代以来，由于各国产业结构的高级化，特别是西方发达国家，服务业在三次产业中的比重超过了第一、第二产业。从而使服务业直接投资增长迅速。据估计，世界直接投资存量的一半和直接投资流量的60%~65%投资于服务业。对外直接投资的发展又反过来带动了国际服务贸易的大量增加。

三、对外直接投资与国际贸易交叉发展的现实表现

1. 国际贸易与对外直接投资的规模呈现同步发展特征

第二次世界大战以后，在第三次科技革命的推动下，国际贸易和对外直接投资都得到了极其迅速的发展。但相对而言，在20世纪90年代中期以前，国际贸易的总量规模仍较大幅度地高于国际投资的总量规模。20世纪90年代中期以后，随着对外直接投资增长速度的大幅度提升，国际资本流动达到了前所未有的水平，使对外直接投资与国际贸易规模的差距不断缩小，两者之间的发展同步性特征得到进一步的强化。目前，对外直接投资和国际贸易的总量增长已成为经济全球化的两大重要标志和表现。这表明国际资本不断扩大的趋势成为带动国际贸易高速增长的原因，而国际贸易的高速增长又促使了对外直接投资的进一步扩大。

2. 对外直接投资的产业流向与国际贸易商品结构的变化相一致

第二次世界大战后，国际贸易的商品结构得到了改善，工业制成品逐渐成为国际贸易的主要商品，而战前国际贸易的商品结构主要是发达国家的制成品同广大落后地区和国家的初级产品进行交换。据统计，20世纪50年代初级产品占贸易商品的比重为1/2，2010年这一比重已下降到不足1/5。在工业制成品中，传统的工业品贸易下降，而技术含量高的工业品贸易上升较快，新产品如计算机等贸易日益重要。出现这一变化的主要原因就是资本的跨国界流动，它既使发展中国家的工业化进程加快，同时又促进了产业内贸易的迅速发展。第二次世界大战后，国际资本更多地流入制造业和新兴工业部门，尤其是流入发展中国家的外资大部分投向加工业，有力推动了这些国家工业品的出口。

同时，发达国家的对外直接投资也从初级产品行业大量地转向了商业、金融业、保险业等服务性部门，目前约有50%的对外直接投资集中在服务业或与其密切相关的行业。与此相应，国际服务贸易也得到了迅速的发展。根据世界贸易组织（WTO）的统计，1996年全球服务贸易总额已达12600亿美元，2010年则达到72037亿美元，占到全球贸易总额的20%。与世界商品贸易的发展速度相比，国际服务贸易的增长趋势表现得更为明显。1980~2010年，世界商品贸易的年平均增长率是7.57%，而国际服务贸易的年平均增长率则达到了7.74%。国际服务贸易的扩大与对外直接投资的快速增长密切相关。因为跨国公司往往集商品贸易、服务贸易和对外直接投资于一体，在全球范围内进行活动，通过承包和转让技术，促进了劳动力的国际流动，带动了金融服务、法律服务、保险服务、运输服务、计算机服务、技术服务、工程咨询服务等国际服务贸易的发展，大大促进了服务贸易市场的多元化

和服务贸易的国际化。

3. 对外直接投资与国际贸易的地区结构相一致

第二次世界大战前，国际贸易主要是在工业发达国家与殖民地、半殖民地和其他落后国家之间进行。20世纪50年代以后，发达国家之间的贸易迅速发展，成为国际贸易的主流。当前，发达国家之间的贸易占整个国际贸易的比重保持在3/4左右。造成不同类型国家之间贸易比重如此变化的主要原因，就在于第二次世界大战后兴起的跨国公司与对外直接投资主要分布在发达国家，国际资本流动主要是在发达国家之间进行。

4. 对外直接投资引起了国际贸易模式的转变

跨国资本流动规模的扩大，特别是产业资本国际化对国际贸易的影响，不仅使国际贸易的规模和发展呈现出某些新特点，而且使国际贸易出现了内部化现象，推动了以要素禀赋差异为基础的产业间贸易逐步向以竞争优势为基础的产业内贸易模式转变，世界范围内产业内贸易比重不断上升。规模巨大的跨国公司在世界各地组织生产，在"全球战略"的指导下，企业内部贸易和产业内贸易发展迅速，构成世界贸易的重要组成部分。

第二次世界大战后，国际资本的流动还促使了新的贸易方式的产生，例如加工贸易、补偿贸易、国际租赁业务、国际分包等。这些贸易方式是为适应资本的流动而出现的，因此它们与传统的商品贸易方式有很大的差别。例如补偿贸易，就是引入方先引进国外技术和设备，再用生产出的产品直接或间接给予技术和设备提供者补偿。这实际上已起到了对外直接投资的作用。

5. 对外直接投资与国际贸易政策的相互结合

日益将世界经济中投资和贸易问题统一或结合起来的趋势在关贸总协定和世界贸易组织的工作中已表现得越来越清楚。

在关贸总协定经过七轮谈判后，其成员间商品贸易进口关税大幅度降低，自由化程度大大提高。但是在伴随着国际贸易发展而快速发展的对外直接投资问题上，吸引外商直接投资的东道国往往通过制定有关法规，限制由于对外直接投资而导致的进口，且要求更多的出口。这大大扭曲了贸易的自由化，成为贸易自由化的障碍。为此，关贸总协定框架下的"乌拉圭回合"首次将投资问题列入谈判议程并达成了协议。在此轮谈判中修改和补充的《关贸总协定1994》规则涵盖了与贸易有关的投资措施问题○，旨在进一步促进贸易和投资的自由化，以扩展国际贸易和跨国直接投资。

在"乌拉圭回合"谈判的最后文件中包括的20多个协议里，对对外直接投资具有直接意义的是《与贸易有关的投资措施协定》（TRIMs）、《服务贸易总协定》（GATs）以及《与贸易有关的知识产权协定》（TRIPs）。其中《与贸易有关的投资措施协定》首次将国际贸易规范适用于国际投资领域，并禁止使用某些限制投资措施，尤其是那些违背国民待遇原则的当地措施和平衡贸易要求的措施。《服务贸易总协定》将投资和贸易问题结合起来，统一于一个单一的协定，将外国公司的子公司通过当地"商业存在"供应市场当作服务贸易的一种形式。《与贸易有关的知识产权协定》则着重处理更为突出的投资政策方面的问题，即处

○ 与贸易有关的投资措施并不是泛指所有与贸易有关的投资措施。在直接或间接由东道国政府颁布实施的有关投资政策法令中，如果是针对贸易的流向即贸易本身的，引起了对贸易的限制或损害作用，且这种作用是与《关贸总协定》的有关规定不符的，即成为与贸易有关的投资措施。

理保护外国公司和个人的知识产权问题，旨在为知识产权提供充分和有效的保护，以使权利人能够在相当于投资行为的创造发明中获益并受到鼓励。

总之，关贸总协定和世界贸易组织将与贸易有关的对外直接投资问题和国际贸易同时纳入到其框架之内来签订协议和制定规则的做法，反映了对外直接投资与国际贸易的关系越来越密切这一发展趋向。①

【关键术语】

跨国公司　　对外直接投资　　制造型跨国公司　　服务型跨国公司

思 考 题

1. 阐述跨国公司在第二次世界大战后得到迅速发展的主要原因。
2. 改革开放后，我国汽车业引进了大量外国直接投资，试图以市场换取技术，但成效并不明显。请对这一现象进行分析。
3. 结合实例，阐述当代跨国公司对外直接投资与国际贸易交叉发展的基本趋势。

延展阅读书目

[1] 李琮. 当代国际垄断——巨型跨国公司综论 [M]. 上海：上海财经大学出版社，2002.
[2] 刘海云. 跨国公司经营优势变迁 [M]. 北京：中国发展出版社，2001.
[3] 程惠芳. 对外直接投资比较优势研究 [M]. 上海：上海三联书店，1998.

---

① 参见赵春明，焦军普：《当代国际贸易与国际直接投资的交叉发展趋势》，北京师范大学学报（社会科学版），2003（2）。

第二章

垄断优势论

【学习要点】
- 垄断优势论的形成背景与思想渊源
- 垄断优势的含义与来源
- 企业跨国经营的动因与条件
- 垄断优势论的贡献与局限性

第一节 垄断优势论的形成

一、早期国际投资理论

(一) 国际直接投资最早的理论解释

关于国际直接投资最早的理论研究始于纳克斯（R. Nurkse）发表于 1933 年的题为《资本流动的原因和效应》的论文。[一]纳克斯是将国际直接投资视为国际资本流动来研究的。国际资本流动理论的核心思想是：资本跨国流动是对各国间利息率差异的自然反应。在完全竞争市场条件下，各国生产要素的边际产值取决于各国生产要素禀赋的相对差异；因资本丰裕度不同产生利率差异，资本由资本丰裕国流向资本稀缺国直至利率趋于一致。纳克斯假定资本利率差别由各国资本的不同供求关系所决定。资本供给的影响因素是储蓄量和利率、资本需求与技术进步和生产效率。纳克斯的这篇论文虽然没有明确提出国际直接投资的概念，但是，他分析的实际对象是国际直接投资。首先，他强调资本流动的直接动因是利润动机，这是产业资本流动的特征。其次，他注意到引起国际资本供求关系变化的产业变动因素。一国较高的生产效率和较快的生产扩张，是吸引国际资本向该国流入的重要原因。纳克斯特别注意到了市场扩张引致资本流入的情况。他指出，资本流入某国，有时主要是被该国产品需求弹性较高、市场扩张的良好前景所吸引。纳克斯虽然对国际直接投资与间接投资未做出区别，对直接投资的分析也很不清晰，但他对国际直接投资的动因观察触及直接投资的本质特征，如产业活动、利润机会、技术创新、市场需求等。这些特征成为 20 世纪 60 年代以后国际直接投资理论各家学说各自侧重分析的基点。[二]

(二) 国际投资利益分配模型

20 世纪 50 年代，以要素禀赋理论（H—O 理论）为基础的新古典国际贸易理论，经萨

[一] 参见 R. 纳克斯：《资本流动的原因和效应》，1933 年，载于 J. H. 邓宁编：《国际投资》，企鹅出版公司，1972 年。

[二] 参见杨大楷，刘庆生，刘伟：《中级国际投资学》，上海财经大学出版社，2002 年，第 106 页。

缪尔森（P. A. Samuelson）等人的充实和发展，引进了要素价格均等化概念，最终定型为H—O—S模型。传统的国际经济学理论是以市场完全竞争、信息充分和生产要素在国际上不能直接流动为假设前提的；该模型放宽假设，认为生产要素可以在两国间流动，然而存在着运输成本、关税等贸易限制，这样，作为对要素价格差别的反应，生产要素会在国际上进行转移。美国学者麦克道格尔（G. D. A. Macdougall）沿着这条路线进行了深入的研究。1960年，他发表了一篇题为《外国私人投资的收益和成本：理论探讨》的论文，建立了"国际投资利益分配模型"⊖，该模型后经肯普（M. C. Kemp）进一步充实和完善，被称为麦—肯模型。国际投资利益分配模型的假设是：①世界由投资国和受资国组成，资本只从绝对富裕的国家流入绝对短缺的国家；②资本收益递减；③资本可在国际上自由流动。麦—肯模型认为，在完全竞争市场条件下，各国生产要素的边际产值取决于各国生产要素禀赋的相对差异、资本丰裕度不同而产生的利率差异，从而资本由资本丰裕国流向资本稀缺国。资本在国际上自由流动之后，使资本的边际生产力在国际上平均化，从而提高世界资源的利用率，增进全世界的生产和各国的福利。

该模型如图2-1所示。

假设甲、乙两国，甲国为资本短缺国，乙国为资本富裕国。甲国拥有资本量 MA，乙国拥有资本量 NA。假设：①资本受边际产出递减规律的支配，在其他要素投入量不变时追加资本，则产出率随资本的增加而递减；②两国国内均存在完全竞争，资本的收益率等于资本的边际产出率。在图2-1中，EO 是甲国的资本边际产出曲线，FO 是乙国的资本边际产出曲线。

在封闭经济条件下，甲国在国内投入其全部资本 MA，资本的边际产出率为 MH，这使国内总产出为 $MECA$，其中 $MHCA$ 为资本收入，HEC 为其他要素收入。同样，乙国在国内投入全部资本 NA，获得总产出 $NFDA$，其中 $NTDA$ 为资本收入，TFD 为其他要素收入。乙国的资本产出率 NT 小于甲国的资本产出率 MH，乙国是资本富裕的国家，甲国是资本短缺的国家。

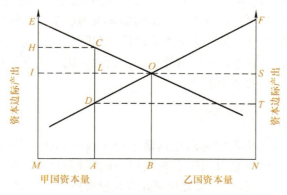

图2-1 资本国际移动的综合损益分析

在开放经济条件下，由于甲国的资本收益率高于乙国，乙国的部分资本向甲国流动。假定有 AB 量的资本从乙国流向甲国，从而两国的资本收益水平在 O 点达到均衡（$MI = NS$）。

⊖ 参见 G. D. A. Macdougall：《The Benefits and Costs of Private Investment from Abroad: a Theoretical Approach》，Economic Record, 36, 1960: 13-35。

这时，甲国由于外国资本的进入，其他生产要素得到充分利用，总产出由 $MECA$ 增加为 $MEOB$，其中 $MIOB$ 为资本收入，IEO 为其他要素收入；在资本收入 $MIOB$ 中，$ALOB$ 部分为外国资本 AB 的收入，甲国在新增的产出中实际获得新增的其他要素收入 LCO。乙国由于资本输出，国内总产出由 $NFDA$ 减为 $NFOB$，但它从对甲国的投资中获得了资本收入 $ABOL$，结果，乙国的总收益反而增加了 LDO。可见，由于资本的国际转移，两国都各自获得了新增的收益。而世界总的产出也因为资本的合理配置而增加，增加量为两国新增收益的总和 CDO。

资本的这种跨国移动对两国国内生产总值、国际收支和国民收入分配都会产生直接影响。甲国由于外资的引进，国内劳动力、土地等生产要素得到充分利用，资源的有效配置将增加国内生产总值；但甲国在新的国内生产总值中实际获得的收入低于外国资本的收入，从长期看，将影响甲国的国际收支平衡。乙国由于资本输出，在国外投资获得了增多的资本收入，使乙国的国际收支处于有利的地位。

从国内收入分配看，资本的输入降低了甲国国内的资本收益率，国内原有资本的实际收入也相应降低；而甲国劳动力、土地等其他生产要素收入却相应增加，其中既包括了因资本收益率降低而从原资本收入中转移过来的国民收入，又包括了由于外国资本投入使过去闲置的其他生产要素得以充分利用的新增收入。乙国由于输出了剩余资本，使国内资本收益率提高，国内资本的实际收入增加，加上国外投资的巨额收入，使乙国资本总收入显著增加；而国内其他生产要素则由于资本投入相对减少，导致利用不足，价格相对下降，从而使其他生产要素在国民总收入分配中所占份额下降。

麦克道格尔和肯普采用几何图形，根据资本收益率差别引起资本流动的一般理论，来解释国际直接投资发生的原因及其福利效应。其贡献在于，它阐明了资本移动给双方国家带来的经济利益，从而论证了以跨国公司为媒介的国际投资对世界经济发展的促进作用。然而，该模型也存在着明显的缺陷。首先，麦—肯模型仅就直接投资和间接投资的一些共性问题进行探讨，没有对两者进行明确区分，因而，它对企业跨国经营活动的分析是有限的；其次，该模型的假设前提过于理想化，将资本收益率的差异视为决定资本转移的唯一动因，它无法解释资本的双向运动。事实上，第二次世界大战后，国际直接投资的主流是在发达国家之间进行的。例如，美国既是世界上最大的对外直接投资国，也是吸引外资最多的国家，对多国之间的相互投资必须寻找新的理论解释。[一]

二、海默对资本流动理论的质疑

1960 年，美国麻省理工学院的海默在其博士论文《一国企业的国际经营活动：对外直接投资研究》中，首先提出应当对国际直接投资与国际证券投资予以区分，并提出垄断优势（Monopolistic Advantage）的概念来解释国际直接投资产生的原因。

在海默之前，理论界在解释国际资本流动时，对直接投资（Direct Investment）和间接投资（指金融资产投资，或称证券投资，Portfolio Investment）并不加以区别。当时居于主流地位的解释是：无论采取直接投资或间接投资的方式，资本的跨国流动都是对各国间利息率（或利润率）差异的自然反应。海默在理论上的突破，正是从"利差论"对现实缺乏解释力

[一] 参见鲁桐：《WTO 与中国企业国际化》，中共中央党校出版社，2000 年，第 18 – 19 页。

入手的。[1]海默首先剖析了"利差论"的缺陷，指出即便不区别对外直接投资和对外间接投资（Foreign Portfolio Investment，FPI），"利差论"也不是一种有说服力的解释。因为，一旦将风险和不确定性以及获取信息和进行交易的成本纳入考虑范围之内，则传统理论所做出的许多预测就将失效。此外，市场是非完善的，而资本流动理论基于完全竞争假设，因此，它难以精确地研究国际直接投资行为和获益方式。更重要的是，"利差论"对国际直接投资行为所进行的解释和所做出的预测与国际直接投资发展的现实是不吻合的。在海默看来，这种理论和现实的不吻合性体现在以下几个方面：

（1）存在 FDI 流出和 FPI 流入的双向交叉流动。海默观察到：1914~1956年，美国金融市场有大量海外资本流入进行证券投资；与此同时，美国企业却在进行大规模的对外直接投资。即当时的美国存在 FDI 流出和 FPI 流入的双向交叉流动。他认为，这种交叉流动的存在说明"利差论"本身并不能解释直接投资的运动。

（2）美国的海外企业在海外融资。海默通过比较美国标准石油公司和荷兰皇家石油公司海外投资的地区分布，分析这两家公司 1958 年的财务年报，从资产负债表中发现这些从事对外直接投资的公司在海外借钱，其他公司的典型数据也表现出这一特征。当时从事对外直接投资的美国企业通常也从海外获得大量融资，而海外利率高于美国。例如，美国 1950 年对外直接投资总额约为 118 亿美元，仅是美国海外总资产的 50%。如果国际直接投资的确是由海外较高的利率所驱动，那么这种从海外获得融资的行为就显得不合逻辑。

（3）美国对外直接投资的主体是特定行业的生产型企业。海默观察到，当时美国对外直接投资的企业不是金融公司而主要是生产型企业，而且是在美国国内具有优势的大型企业。这些企业在海外的经营活动仅占据总业务的较小份额。因此，他假设这些企业对外直接投资的动机并不是追求利率差而是与这些企业的国内经营活动有关。海默还发现，证券投资的资金流动与利率差有关，而直接投资则与某些特定的行业有关。当时美国和欧洲企业的对外直接投资呈现出明显的产业分布，主要集中在石油、运输工具、商业和农用机械等行业；相反，棉纺、服装、皮革、印刷、冶炼等行业几乎没有对外直接投资。如果"利差论"是正确的，那么，投资应流向所有行业而不只集中在某些行业。此外，在这些行业会发生交叉投资，这些现象用"利差论"都无法解释。

海默指出："利差论"最主要的理论上的缺陷在于它未考虑到国际直接投资和证券投资的不同特征。①证券投资只涉及资金的移动，而直接投资还要涉及技术、知识、管理以及不同程度的控制权；进行直接投资的企业不仅仅是为了获得更高的利润，而且更主要的是为了控制国际经营，从而控制国际市场。②直接投资与证券投资的运动形式也不同。直接投资企业可以在当地市场筹措资金进行投资，这样就不发生实际的国际资本流动。如果企业以工业产权、专利、许可证等技术作为出资方式，则不产生资金的移动。③直接投资不一定是从资本充裕国向资本稀缺国流动，也不一定是从利率低的国家向利率高的国家流动。海默认为直接投资与证券投资的根本区别在于"经营控制权"问题。某一企业可以通过国际化经营（International Operation）来控制其他国家的另一企业，操纵其决策。证券投资只以获得收益为目的，一般不谋求实际控制权。因而，对对外直接投资的研究应当从资本流通领域转入生

---

[1] 参见 Stephen Herbert Hymer：《International Operation of National Firms：A Study of Direct Foreign Investment》. Cambridge：MIT Press. 1976：2 - 22。

产领域。海默的研究使对外直接投资理论脱离了对证券投资理论的依附,成为一个独立的研究领域。

第二节 垄断优势论的发展

一、海默的垄断优势论

1960年,海默首次以垄断优势概念来解释国际经营行为,后经过其导师、国际经济学家金德尔伯格(Kindleberger)进一步完善后,发展成为研究国际直接投资最早的理论。

(一)市场非完全竞争假设

海默认为,在完全竞争的市场条件下,企业不具有支配市场的力量。各企业具有获得所有生产要素的平等权利,能生产同类产品,且以同样的价格出售。在这种情况下,对外直接投资不会给企业带来利益。完全竞争是一种理论状态,现实中的市场是一种不完全竞争的市场结构,例如,存在垄断、正式的卡特尔或串谋等。因此,必须放弃对传统国际资本移动理论中关于完全竞争的假设,从不完全竞争来进行研究。所谓不完全竞争,是指由于规模经济、技术垄断、商标、产品差别以及由于政府课税、关税等限制性措施引起的偏离完全竞争的一种市场结构,寡占市场结构是不完全竞争的主要形式。

(二)海默对企业国际经营的解释

FDI理论必须首先解释为何一家企业通过控制其他国家的企业可以获利。海默认为企业国际化经营所存在的障碍是显而易见的,到外国生产的厂商与当地竞争对手相比,面临一定的附加成本。成本大致可分为以下两类:

(1)固定的和非经常性(Fixed and Non-Recurring)的成本,即沉没成本。例如,可能是由文化、法律、制度和语言差别引起的误解造成的,也可能是由于缺乏对当地市场的了解以及东道国政府和消费者的歧视甚至敌意心理影响的结果。

(2)经常性(Recurring)的成本。例如,外国政府、消费者和供应商的歧视;远距离交通和通信的开支;因为东道国的国有化征管或汇率波动等风险造成的成本等。

正因为国外经营存在这些不利的额外成本,所以跨国公司在国外经营必须拥有特定的优势(Specific Advantages),或能消除竞争,或能获取市场缺陷内部化的好处。

在市场不完善假设的基础上,海默为企业"控制"的需要提供了两种相互关联但又有明显区别的解释:优势论(Possession of Advantages)和消除冲突论(Removal of Conflict)。寡占市场结构使厂商能够保持对特定优势(Firm-specific Advantages)的独占性,即具有垄断优势。对外直接投资是为了利用和保持企业的垄断优势,消除企业间的竞争与冲突。

1. 优势论

海默发现一个产业中各企业经营的能力极不平衡,一个企业相对于其竞争对手常常具有特定的优势,这种特定的优势促使它在该产业中进行广泛的国际经营。企业的特定优势是企业在技术、管理和规模经济方面的相对优势。这一优势是与企业所有权相关联的优势,即厂商拥有或掌握某种财产权和无形资产的优势。企业通过对外直接投资在海外市场利用的这一优势是企业不易丧失的。然而,对于企业特定优势的本质和构成,海默并没有进行深入研究。

但是，拥有特定的优势尚不能构成企业进行国际经营的充分条件，企业不仅要考虑这种特定的优势能否克服国外经营的额外成本，还要权衡企业在国内外经营的两种相对优势哪一个更大一些。海默认为，一方面，由于国际经营额外成本的约束，企业相对于国外企业的优势可能弱于它相对于本国企业的优势；另一方面，由于国际经济一体化不够完善，各国要素市场彼此分割，使得一国企业相对于另一国企业的优势很可能强于它相对于本国企业的优势。只有当企业在国外的相对优势大于其国内的相对优势时，它才会优先考虑从事国际经营。

在结构性的市场不完善的条件下，对外直接投资是进行国际化经营的最佳形式。拥有优势只表明企业能够进行国际化经营，但进行国际化经营的具体方式仍有待选择。因此，有必要解释企业为何要自己来使用这种优势而不是通过许可协议（Licensing Agreement）将该优势转让。要对此进行解释，必须将企业视为一种替代市场的实用制度机制。如果进一步追问，为什么通过外部市场交易利用优势的效果不如企业内部化途径呢？海默的回答是，因为市场不完善。海默已经意识到了企业内部化的原因之一是外部市场交易成本太高。他指出，"除了在评估上难以达成一致的看法外，不确定性也使买卖双方难以签订一个满意的许可证合同。如果合同条款订得太严，那么条件的变更将使其中一方受损、另一方获益。"在海默看来，如果企业特定优势的购买者很多，许可证交易或其他方式便有可能使企业获取资产的全部租金，但如果优势的买卖者很少，就有可能出现买方、卖方或双边垄断的情况。买卖双方之间存在结构性互动，即当每一企业的行为对其他企业存在显著影响时，分散化的决策市场是有瑕疵的。此时，内部化或企业间的串谋是使总利润最大化的一种有效方式。可见海默在分析企业从事国际经营对市场实行内部化的动因时，更偏重于强调结构市场的不完善。

2. 消除冲突论

以集中决策代替分散化的决策是有利可图的。位于不同国家的同一行业的企业（具有水平关系的企业）通过向同一市场销售产品或向对方市场相互销售产品而具有竞争关系。由于结构市场失灵，在各企业间存在双边垄断或寡占依存关系时，一定形式的串谋将增加联合利润，而一体化或合并很可能是最好的串谋形式。以消除冲突为动机的国际经营不要求企业拥有特定优势；企业唯一需要考虑的是，通过合作、串谋或统一决策所获利润的增加额能否足以抵消国际经营的额外成本。当公司数目众多时，或者当进入壁垒甚低时，则控制市场的可能性也就很小，基于控制市场动机的国际化经营也就不太可能发生。海默认为，由于企业的国际化经营面临显著的壁垒，只有那些最大和最具影响力的企业才有能力克服这些障碍。因而，在寡占市场结构下，企业之间通过一体化或者合并实现共谋则完全可行。

二、金德尔伯格的垄断优势论

在海默"垄断优势论"的基础上，金德尔伯格进一步考察了公司的股权、控制和决策权之间的关系。通过对美国公司对外直接投资活动的考察，他认为垄断优势构成了美国企业对外直接投资的决定因素。㊀

（一）市场不完善性

金德尔伯格进一步研究了市场不完善性作为对外直接投资先决条件的重要性。他指出：

㊀ 参见 C. P. Kindleberger：《American Business Abroad》，Yale University Press，1969：19-23。

对外直接投资的存在，是以存在着商品或要素市场的不完全性以及政府对竞争的干预所导致的市场不完善为前提的。

（二）对外直接投资的决定因素

金德尔伯格考察了美国公司对外直接投资的状况，指出仅仅强调国外利润高或国外劳动力成本低并不足以解释对外直接投资行为，关键是要揭示东道国的生产不由当地企业进行而由美国企业进行的原因。国内企业在不完全市场中获得技术优势、资金优势、规模经济优势，并加剧了市场集中和垄断的程度，垄断优势使跨国公司具备对外直接投资的能力。对外直接投资能更好地利用垄断优势绕过东道国的关税壁垒，维持和扩大市场，获得技术资产的全部收益。对外直接投资的条件在于这种垄断优势所带来的收益超过了因跨国经营而额外增加的成本和风险，并取得了超过当地企业的利润。

（三）垄断优势的形式与来源

国内企业具有的垄断优势，至少可以从以下四种不完全竞争市场中产生：①产品市场不完善，如产品差别、营销技巧、价格策略等；②要素市场不完善，如专利、技术诀窍、管理技能的差别、资本的优先获取能力等；③规模经济，企业拥有的内外部规模经济使公司分别获得水平一体化、垂直一体化的垄断优势；④政府对产出、进口的限制，市场不完善直接导致了跨国公司对资源的排他性占有，使得局外企业难以与其展开竞争。

跨国经营产生的垄断优势包括：①实行横向一体化和纵向一体化的优势，即规模经济优势，由于跨国企业将生产扩展到海外，可使企业生产达到最适度的规模，以最大限度地降低生产成本，从而产生竞争优势；②市场购销优势，即易于得到特殊原材料和靠近市场的优势；③生产要素优势，即资金、技术和管理等方面的优势。跨国公司拥有与产品有关的技术、信息、知识、无形资产、诀窍等技术优势，以及易于获得廉价资本和投资多样化的优势。图 2-2 说明了垄断优势论的理论逻辑。

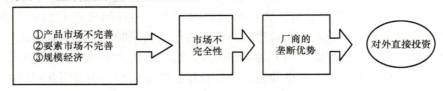

图 2-2　市场不完善与垄断优势

海默提出的理论经过金德尔伯格的进一步发展和完善后，成为含义比较完整的垄断优势论，这一理论通常也被称为"海—金传统"（Hymer – Kindleberger Tradition）。

三、垄断优势论的扩展

20 世纪 70 年代以后，众多的经济学家利用实证方法，寻求与对外直接投资相关性极强的垄断优势类型。这些优势分别来源于核心技术、规模经济、货币差异、组织管理能力等方面。代表性理论有：约翰逊（H. G. Johnson）的"知识资产论"、凯夫斯（R. E. Caves）的"产品差异论"、沃尔夫（Wolf）等人的"规模经济论"、阿利伯（R. Z. Aliber）的"货币差异论"。

1. 核心技术优势

核心技术优势是海默的垄断优势的核心内容，包括专利技术、专有技术、管理和组织才能、商标、信息、诀窍等范围广泛的要素。其中新产品、新生产工艺和产品特异化的能力是最具实质性的构成部分。因为它们既造成了投资企业的独占性，又常常是东道国市场所需要的。跨国公司利用这些核心技术优势来生产差异产品（Differentiated Products），从而区别于其他当地的竞争产品，形成跨国企业自己的竞争优势，以此来实施垄断的产品价格和产量，弥补自己在东道国和当地企业相比的劣势。以后的学者将核心技术优势扩展为"核心资产论"。他们倾向于认为，这些核心技术优势是专有的知识（Knowledge）或能力（Competence），往往因其不可编码，从而不可能完全从组织中被剥离，就不能成为可交易的资产，这类资产是企业的核心资产。

约翰逊对垄断优势论中的知识资产做了深入分析。他在《国际公司的效率和福利意义》一文中指出：知识的转移是直接投资过程的关键。知识具有公共产品的特征，形成成本很高，但是在利用过程中不存在边际收益递减。当向外部转让的条件不具备或转让成本很高时，通过跨国直接投资，子公司可以用很低的成本利用母公司的知识资产，相反，当地企业为获取同类知识资产却要付出很高成本。由此，通过对外直接投资可把知识资产保持在企业内部以获取最大的外部效益。哈佛大学的凯夫斯的"产品差异论"则强调产品差异性是垄断优势的核心。[一]与约翰逊不同，凯夫斯更强调通过拥有知识和技术优势使产品发生异质化。他在《国际公司：对外投资的产业经济学》一文中指出，跨国公司的垄断优势主要体现在对产品异质化的能力上。产品异质化不但表现在利用生产技术优势使产品发生实物形态的差异，也可以利用商标、品牌等，使本公司产品与其他公司的产品有所差异来充分地满足不同层次、不同地区的消费者需求，从而对产品价格和市场占有率进行一定控制。

凯夫斯认为，产品特异化能力在技术已变得标准化的地区则更为重要，依靠对产品物质形态做少量变化，或者通过广告形成的商标认识，以及给予产品的不同销售条件和附加利益，可以避免产品被当地竞争者直接仿制。

一般来说，制造复杂产品的技术的专用性强，竞争对手很难模仿，因而跨国公司对技术和知识的核心资产的独占最为关键。垄断技术优势会造成跨国公司对海外的水平直接投资，即在海外的子公司生产和母公司同样的产品。这种水平直接投资更多地发生在知识密集型的产品上，如石油冶炼、医药、工业化学、农业机械、办公机械和运输设备等。除此之外，还有一些高度依赖营销的产品如方便食品和化妆品也是这种形式，可口可乐和百事可乐的跨国直接投资就是较好的例证。

2. 规模经济优势

传统规模经济理论强调的是企业通过大规模的生产，使单位产品成本递减或收益递增，从而产生价格竞争优势，使企业取得一种垄断势力。在追求规模经济的过程中，企业必须扩大销售，这成为企业向海外市场水平扩张的动力。1977年，美国经济学家沃尔夫提出，应当重视非生产活动的规模经济性。这主要包括产品研究与开发的集中、大规模的销售网络、资金的统一运用和协调以及大规模集中的市场采购等。沃尔夫认为，当企业在发展进程中发现它的某些技术资源未被充分利用时，就会在国内以至国际市场进行多样化扩展，以充分利用现有技术优势，最终形成当地竞争者所没有的规模经济优势。

3. 货币差异优势

与经济规模紧密相关，从事对外投资的企业通常都是实力雄厚的大企业。它们或者有丰

[一] 参见 R. E. Caves：《International Corporation: The Industrial Economics of Foreign Investment》，Economics，February 38，1971：5。

裕的资金需要寻找出路，或者有较强的资金筹措能力和来源广泛的渠道。寻求较高的资金收益，成为它们对外投资的重要动因。除此之外，1970 年美国经济学家阿利伯提出"货币差异论"。他认为，由于投资企业拥有相对坚挺的货币，可以使它首先在汇率上获得一个所谓通货溢价的额外收益。投资货币的不同，使投资者拥有当地竞争对手通常无法具备的特殊优势。例如，美国企业在美国资本市场借入美元，而美元由于是"硬"币而借款实际利率低，于是美国跨国公司由此而产生相对于东道国企业的优势。一般而言，资本价值增值比率越高、当地货币溢价的幅度越大，跨国公司所具有的比较优势越大。阿利伯据此提出了一个模型（见图 2-3）。

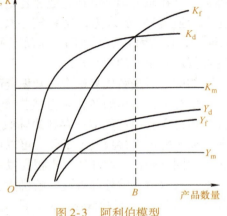

图 2-3　阿利伯模型

在该模型中，Y_m 表示投资国企业出口销售所得利润，K_m 表示该项收入按本国通货资本化后的价值；Y_f 表示该企业在出口市场国直接投资生产将获得的收入，K_f 则是跨国生产收入的资本化价值；Y_d 和 K_d 则分别表示东道国自行生产供应国内市场获得的收入及该项收入按照东道国通货资本化后的价值。

由图 2-3 可见，Y_f 比 Y_d 小，即跨国企业比东道国企业的收入少。这是由于跨国企业须支付额外的管理成本。但因为跨国企业母国货币坚挺，汇率有利，能获得通货溢价，所以其收入的资本化价值反而在一定时点（图中的 B 点）后上升到高于东道国企业的水平。因此，阿利伯认为，在国外市场产品数量大于 OB 时，对外直接投资将必然发生。㊀

阿利伯模型可以很好地解释美国在 20 世纪 50 年代到 60 年代的对外投资，因为这一阶段美元非常坚挺。但该模型不能解释不同货币区域的交叉投资，以及为何一国对外直接投资投向了使用相同货币的另一个国家，更不能解释为何使用"软"币的国家同样具有向使用"硬"币国家直接投资的动力。

4. 组织管理能力优势

跨国企业一般都具有优越的组织管理能力，这种优势一方面是由于它们的管理人员受过较好训练和教育并具有丰富经验；另一方面则由于它们有较快并有效地做出决策的良好组织结构。在企业经营活动没有扩大到一定规模的情况下，这些管理上的潜力不能得到充分利用，所以对外直接投资是扩大经营规模也是充分利用管理资源的内在要求。斯塔福得和威尔士（Stopford and Wells）于 1972 年首先把钱德勒（A. D. Chandler）的组织理论应用于分析跨国公司，从而揭开了跨国公司组织理论研究的序幕。

上述四个方面的因素后来被英国里丁大学教授邓宁（J. H. Dunning）概括归纳为"所有权优势"，用以解释跨国企业对外直接投资的主观条件和动因，由此成为他的国际生产折衷理论的重要论点之一。

㊀ 参见 R. Z. Aliber：《A Theory of Direct Foreign Investment》，载于 C. P. Kindleberger：《The International Corporation》，Cambridge：MIT Press，1970。

第三节 对垄断优势论的评价

垄断优势论在当代跨国公司理论中有很大影响。西方许多经济学家均以此理论为基础来补充和发展跨国公司理论。垄断优势论从寡占市场结构角度研究企业对外直接投资的决定性因素,强调技术差异、规模经济、市场障碍等因素在对外直接投资中的作用,对寡头垄断型的跨国投资具有很强的解释能力,基本上符合美国等发达国家跨国公司扩张的主要特征。垄断优势论可以较好地解释知识密集产业(Knowledge Intensive Industry)对外直接投资这一现象。例如美国的石油提炼、制药、化工、农机、计算机、运输设备等技术密集型产业部门的对外直接投资额占美国对外直接投资总额的大部分。同时这一理论也为解释发达国家之间的"相互投资"现象提供了理论依据。大多数知识资产优势是被企业所垄断而不是被国家所垄断,这样企业只要觉得对外投资更有利,它就可能不在本国这一行业扩大投资而直接在国外进行生产。但该理论却无法解释近年来发展中国家大量向发达国家的逆向投资(Reverse Investment),以及它们之间的交叉投资(Cross-investment)的现象。很显然,发展中国家的企业一般并不具有技术上的垄断优势。

垄断优势论借用产业组织理论作为自己的基本分析方法,两者之间有非常密切的关系。从跨国公司实践活动来看,美国等发达国家的市场导向型对外直接投资、效率导向型对外直接投资正是按照海默所分析的那样,按照垄断优势→优势海外扩张→市场导向型对外直接投资→东道国市场垄断→超额利润的对外直接投资模式进行的。这一模式造就了许多超大型跨国公司,目前世界500强企业中,90%以上来自发达国家。这些超大型跨国公司具有巨大的市场支配力量,而世界范围的五次大规模的跨国并购更是增强了它们在海外市场上的垄断力量,构成了对东道国巨大的竞争压力。

然而,垄断优势论在理论分析上仍具有局限性和缺陷,主要有以下几个方面:

(1)由于历史的局限性,垄断优势论对跨国公司行为的分析在于解释企业跨国经营的初始行为,而不能解释跨国公司扩大的原因。同时,在海默的时代,战略性资产寻求型的对外直接投资(Strategic Asset Seeking FDI)也还未出现,故海默论证的着眼点自然也是企业如何利用优势进行国际化经营而非企业如何通过国际化经营来获取和维持优势。[1]

(2)虽然垄断优势论已经认识到市场不完善,但由于没能全面揭示市场失效的含义,从而没能系统说明企业组织能代替不完全市场而提高效率,以及由此产生垄断优势的可能,导致了其理论发展的局限性。[2]

(3)垄断优势论提出了企业特定因素在跨国公司对外直接投资中的重要作用。但是,企业拥有的特定优势只是对外直接投资的一个必要条件,而不是一个充分条件。该理论无法解释为什么拥有垄断技术优势的企业一定要进行对外直接投资,而不是通过出口或转让技术许可证来获取利益。[3]此外,垄断优势论并未考虑东道国优势对跨国公司的意义,因此,不能解释直接投资的区位选择问题。

---

[1] 参见 J. A. Cantewell:《Technological Innovation and Multinational Corporations》, Oxford: Blackwell, 1989。

[2] 参见 J. H. Dunning 和 A. M. Rugman:《The Influence of Hymer's Dissertation on the Theories of FDI. American Economic Review. May, 1985。

[3] 参见 R. E. Caves:《Multinational Enterprise and Economic Analysis》, Cambridge University Press, 1982。

（4）从研究方法来看，该理论是以静态的方法界定企业的垄断优势，认为国内企业初始的"垄断优势"是对外直接投资的必要条件。这种静态分析方法难以说明不具备垄断优势企业的对外直接投资行为，也无法解释发展中国家向发达国家的直接投资。事实上，在动态条件下进行长期分析时，企业拥有的特定优势并非对外直接投资的必要条件。跨国经营本身会引起国际市场竞争结构的动态变化和企业特定优势的变迁，跨国经营也可能成为国内企业寻求竞争优势的一种途径。事实上，知识经济的兴起和技术生命周期的缩短使得企业优势的主要来源发生变化。根据"资源观"理论的观点，企业也可以通过对外直接投资来寻求"战略性资产"而获得企业的竞争优势。

【关键术语】

国际资本流动　　不完全竞争　　垄断优势　　企业特定优势

思 考 题

1. 垄断优势论与国际资本流动理论有哪些主要区别？
2. 试述垄断优势论的理论贡献及其局限性。
3. 查找相关资料，分析美国大型跨国企业在垄断优势的形式与来源上有哪些变化。
4. 海默在研究中观察到，当时美国对外直接投资的企业主要是生产型企业，并分布在一些特定的行业，例如，石油提炼、制药、化工、农机、计算机、运输设备等资本、技术密集型行业，而棉纺、服装、皮革等劳动密集型行业几乎没有对外直接投资。请用垄断优势论分析为何对外直接投资会出现这种行业选择的倾向。这些进行对外直接投资行业中的企业为何不采取技术转让而要采取对外直接投资的方式呢？

延展阅读书目

[1]　张纪康. 直接投资与市场结构效应［M］. 上海：上海财经大学出版社，1999.

[2]　刘海云. 跨国公司经营优势变迁［M］. 北京：中国发展出版社，2001.

[3]　杨大楷，刘庆生，刘伟. 中级国际投资学［M］. 上海：上海财经大学出版社，2002.

[4]　Hymer Stephen Herbert. International Operation of National Firms: A Study of Direct Foreign Investment［M］. Cambridge: MIT Press, 1976.

[5]　C. P. Kindleberger. The International Corporation［M］. Cambridge: MIT Press, 1970.

第三章

内部化理论

【学习要点】
- 内部化理论对跨国公司形成原因的解释
- 内部化理论的思想渊源与分析方法
- 内部化理论的贡献与不足

第一节 内部化理论的形成

垄断优势论认为国内企业拥有的核心技术等特定优势是对外直接投资的必要条件，但国内企业也可以以许可证交易的形式出售技术，并非一定要采取跨国直接投资的方式。对于这一点，垄断优势论并未给出清晰的说明。因此，跨国公司理论还需要解释在何种情况下拥有垄断优势的企业会优先选择对外直接投资作为跨国经营的主要方式。就此问题，英国学者伯克莱（Peter J. Buckley）和卡森（Mark Casson）、加拿大学者拉格曼（Alan M. Rugman）以科斯（Ronald H. Coase）、威廉姆森（Oliver Williamson）等人的交易成本理论为基础，提出了内部化理论来解释企业跨国投资的原因。

一、内部化理论的基本思想

1976年，英国里丁大学的伯克莱和卡森教授在《跨国公司的未来》一书中提出了内部化理论（The Internalization Theory）。内部化理论认为由于中间产品市场的交易成本过高，企业才选择跨国直接投资方式，将中间产品交易内部化，即把本来应在外部市场交易的业务转变为在公司所属企业之间进行，以维持垄断优势和降低交易成本。

（一）内部化理论的思想渊源

伯克莱和卡森的内部化理论思想，可以追溯到科斯1937年的相关研究。科斯在《企业的性质》一书中指出，市场配置资源是有成本的。交易对象的选择、讨价还价、拟订合同并付诸实施以及监督执行等都是有成本的，即交易成本。存在交易成本，市场对从事某些类型的交易来说，既是昂贵的，又是低效的，因此，通过建立一个组织，允许某个权威来配置资源，就能节约市场运行成本。科斯认为，企业是作为市场机制的替代物出现的，当市场交易成本高于企业内部协调成本时，企业内部的交易活动就会取代外部市场的交易活动。

（二）内部化理论的逻辑前提

（1）在不完全竞争的市场中，企业经营的目标是追求利润最大化。

（2）当中间产品外部交易市场不完善时，企业就会产生创造内部市场的动力。

（3）当市场内部化的范围超越国界时就产生了跨国公司。

(三) 市场内部化的影响因素

1. 中间产品市场不完善

中间产品市场具有很高的交易成本。中间产品市场不完善包括两种类型：一种是上下游投入的原材料、零部件等中间产品市场的不完全。例如，当一个行业的产品需要多阶段生产过程时，中间产品的供需通过市场交易就会发生交易成本，如搜寻合理价格的成本、确定合约双方权责的成本、合约的风险成本、交易应付税款等交易成本。另一种是指知识、技术和技能等信息形态产品的市场不完善。他们认为信息产品具有"公共品"的特性，要明确界定这类产品的产权，维持和保障产权的排他性，需要付出很高的代价。为取得其全部租金收入，最佳途径就是创造一个企业内部市场。

2. 影响企业内部化决策的因素

企业进行内部化的动机依赖于以下相互影响的四类因素：一是行业特点，包括产品的要素密集性质、行业规模经济性、市场结构等；二是地区因素，如地理位置以及社会文化差异等；三是国别因素，即政治、经济以及法律的状况；四是公司因素，如内部市场的组织管理能力。在这些因素中，他们认为最重要的因素是行业因素。

(四) 伯克莱和卡森的论证过程

首先，伯克莱和卡森考虑的问题是：为什么相互依赖的活动应由公司管理层内部协调，而非由外部市场来调节？在何种情况下产生了内部化的动机？

伯克莱和卡森将跨国公司视为多工厂企业的特殊例子，企业的经营活动是在所有权统一控制之下由若干个中间产品流连接的相互依赖的活动（见图3-1）。随着科技的发展和生产分工的深化，企业经营的内容和范围发生了很大变化。企业经营日益重视销售、研究与开发、金融资产管理，中间产品在生产中的重要性大大提高。中间产品不仅仅包括半成品、原材料，更为常见的是结合在专利权、人力资本之中的各种知识、信息类中间产品。中间产品的流动连接企业各种相互依赖的活动。一般说来，企业协调其经营活动需要一整套的中间产品市场，但是某些中间产品市场却是不完全的。市场不完善导致企业通过市场交易的成本上升，因此，企业不能有效地利用外部市场交易和流转中间产品。为了谋求利润最大化，协调经营活动，厂商必须建立企业内部市场，利用管理手段协调企业内部资源的配置，避免市场不完善对市场经营效率的影响。正如拉格曼评述的那样，内部化是把市场建立在公司内部的过程。企业的内部价格（影子价格）是一种计划价格，润滑着这一机构，使内部市场足以像潜在的、但未能实现的正常市场一样发挥作用。[⊖]

其次，伯克莱和卡森分析了内部化的形式。一般来说，原材料、零部件等中间产品交易市场的不完全使企业产生了垂直一体化的动机。当企业将不同生产阶段置于不同国家最具经济性时，该企业将会实现跨国化。垂直一体化的区位策略主要由母国与东道国之间的比较优势的相互作用、贸易障碍和对内部化的区域性激励措施等因素决定。另外，无形资产如知识、技术、商誉、管理诀窍等中间产品交易市场的不完全使企业产生了水平一体化的动机。无形资产的正常交易成本特别高，因此对这类资产交易实行内部化可以有效地降低有限理性、机会主义、信息阻滞和不确定性造成的成本。企业在不同国家复制某些生产环节，当国际生产网络将研究、生产、营销的一体化最具经济性时，该企业将会跨国化。知识技术密集

⊖ 参见 A. M. Rugman：《Inside the Multinationals：the Economics of Internal Markets》．London：Croom．Helm Ltd．1981。

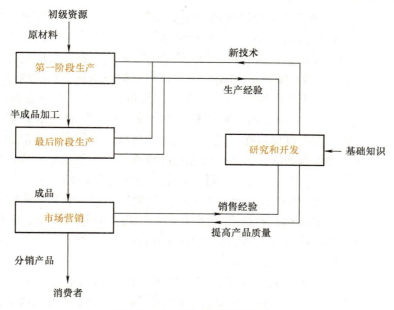

图 3-1　公司活动的相互依赖性

注：连续生产阶段由原材料和半成品流相连接；生产和营销由分销的产品流连接。图中一方面包括生产和营销、调研的联系，另一方面包括知识和技术与生产营销的双向信息流连接。

型行业的交叉跨国投资正是这种内部化的表现形式。

最后，伯克莱和卡森分析了内部化的条件。内部化在节约交易成本的同时，却增加了企业的管理成本。企业是否内部化以及内部化动机的大小取决于企业内部化收益和成本的比较。

1. 内部化的收益

内部化的收益主要产生于以下五个方面：

（1）创造内部远期市场带来的收益。合同在签署和履行之间有时滞，时滞会带来不确定性和交易风险，因此，达成交易需要卖方和买方相互提供协调的生产计划和购买投入计划的必要价格信号。当存在不确定因素时，需要期货市场来协调风险。当外部期货市场不完善、无法有效调节具有较长时滞的经济活动时，企业便产生了通过内部化市场降低交易风险的动机。

（2）引入差别定价机制带来的收益。拥有垄断优势的企业为了实现利润最大化的目标，需要采用差别定价，而这在外部市场上无法长期实行。当市场上不存在差别定价时，供应商对某种生产要素的垄断会导致该生产要素的价格提高，而这将鼓励厂商采用其他替代品。那么，以该要素需求曲线为基础的歧视性关税保持了要素的平均价格，但却鼓励了替代物的出现。因此，当差别定价在外部市场上不可行时，企业便具有前向或后向一体化的动机。通过上下游企业的合并，实行市场内部化，引入差别定价机制，可以实现企业总体利润的增加。

（3）避免讨价还价带来的收益。当存在结构性市场不完善时（如存在双边垄断），交易双方会讨价还价。讨价还价可能导致交易的一方对另一方实施威胁或制裁。威胁产生的不稳定性以及制裁产生的费用，使交易成本极高。相反，实行市场内部化，形成对双方有约束力的长期契约，或通过合并、接管等永久性安排就能避免讨价还价的成本。

（4）消除中间产品市场不确定性带来的收益。中间产品，尤其是知识、技术和技能等信息形态的中间产品具有"信息悖论""零边际成本""共享性"等的性质，这使这类产品像"公共品"那样难以在市场上进行交易。"信息悖论"是指只有当用户充分了解、认定信息知识产品的价值以后才会决定购买；但是，一旦用户掌握了信息知识的内容，他的购买意愿反而会减弱甚至消失，这就是一个悖论。在信息产品的交易中，存在很强的"信息不对称"，卖方拥有产品信息而买方不容易了解产品。"零边际成本"是指信息知识产品生产的初始成本很高，而增加产出的过程可能只是一个复制的过程，边际成本可能趋于零。由于产品的总成本并不随数量增加而增加，因此，按照边际成本等于边际收益来确定生产规模和价格，并不能导致利润最大化。"共享性"是指一家用户掌握并使用信息后，并不影响别人使用。正如英国大文豪萧伯纳（George Bernard Shaw）的幽默："一个苹果你独享了，别人就无法再与你分享；但我的作品却不如此。"信息产品易于再次转让和传播，要明确界定产品的产权，维持和保障产权的排他性，需要付出很高的成本代价。相反，实行市场内部化，能够克服外部市场不确定性带来的高昂交易成本。

（5）减少政府干预带来的收益。市场缺陷还来源于国际市场上政府的干预，例如海关征收关税，以及不同国家之间流转税与所得税的税率差异。政府干预或歧视直接或间接地影响了国际贸易中产品的价值。在外部市场上，价格通常是公开的，然而，在内部市场上价格却没有得以公开，因此，跨国公司通过在内部市场上的转移定价来减少政府部门干预的影响，从而增加企业的收益。

2. 内部化的成本

内部化的成本主要产生于以下四个方面：

（1）分割市场产生的资源成本。市场内部化的效率依赖于企业对资源的有效利用，这取决于经营活动流程中各行为方最佳活动范围的确定以及各个活动范围之间的协调关系。公司内部各子市场的最优规模不同而且相互影响，因此，将外部市场分割为若干个独立、规模最优的内部的子市场需要较高的资源成本。

（2）信息交流成本。公司内部化市场以后，总部和子公司之间、子公司与子公司之间的信息流量增加。这些信息中含有公司的专有技术、管理诀窍，为了防止信息外泄，企业常常专门设立自己独立的信息传输系统，从而有可能使信息传输的专业化程度降低并丧失信息传输的规模效益。信息交流具有加密、传送、解密、核对四个阶段，负责加密和解密的人员必须具有相关的知识和文化背景，这将带来额外的信息交流成本。信息交流成本促使跨国公司在建立内部市场时要着重考虑母国与东道国之间的"地理距离"，以及东道国在语言、文化环境上的差异带来的"社会距离"。距离越大，公司的信息交流成本越高。

（3）政府歧视性成本。这是指东道国政府对外资企业进行政治歧视所带来的成本。例如，对跨国公司采取歧视性的政策、法规使其遭受损失。跨国公司的母国与东道国之间的政治关系越不稳定，歧视性成本就越高。

（4）内部市场的管理成本。公司内部价格取代外部市场价格以后，需要由公司内部的监督管理机制来替代价格机制，因此，企业的组织管理能力直接影响"共同市场"的效率。只有组织能力强、管理技术先进的企业才有能力使内部交易的成本低于外部市场的交易成本，这样，内部化才具有实际意义。

内部化的收益与内部化成本的各个因素在可控性和重要性的评价上各不相同。在内部化的五种收益中，前四种主要取决于产品的特性和外部市场的结构特征。第五种是指通过转移定价来使政府干预最小化的能力，转移定价的使用不仅取决于产品的特性和外部市场的结构特征，还取决于连接"共同市场"的各地区间的制度。在内部化的四种成本中，信息交流成本，尤其是"社会距离"带来的额外信息成本是内部化不易控制的成本；而内部市场的管理成本则是相对可控的成本。

从上述的讨论可以得出如下结论：只有在收益高于成本时，中间产品市场才会内部化。

二、内部化理论对跨国公司发展模式的解释[一]

（一）20世纪60~70年代欧美跨国公司的发展特征

1. 跨国公司的产业分布

第二次世界大战后，发达国家的跨国公司发展迅速，跨国公司及其在国外的分支机构、子公司的数量不断增大。20世纪70年代以前，主要资本主义国家的跨国公司共有8000家左右，分支机构及子公司在3万家左右。发达国家跨国公司的经营领域基本集中在制造业部门，主要包括采掘、汽车制造、石化、机械制造、纺织、钢铁、电器等。伯克莱和卡森通过对1966~1970年年间美国300家大型跨国公司在8个国家制造业中产值所占份额的分析，发现在对外直接投资较多的14个产业中，美国公司只对其中的几个产业始终保持较高的控制力，它们是化学药品、橡胶、机械、运输设备和仪器。这些产业可以泛称为"高技术"产业。在这些产业中，研究与开发、受过高度培训的劳动者的技能、先进的设备和优质服务在提高效率上都起着关键的作用。此外，较多的证据显示，跨国公司还青睐生产集中度高的产业，即只有少数几家厂商生产某种产品。伯克莱和卡森对英国32种产业的生产集中度和外国公司渗透程度进行了数据分析，结果表明，生产集中度与外国公司渗透程度之间的Spearman相关系数为0.59（该数据具有较高的显著性），表明外国公司渗透程度和生产集中度之间的相关性较大。进一步分析发现，生产集中度与劳动力的技术水平、中层管理人员和技术性工人的专业水平、生产过程的复杂程度、市场策略的重要性以及对品牌和专有技术的依赖程度这五个指标有关。这五个指标在实际考察中可以用行业平均工资率、平均薪金、工人平均劳动熟练程度、广告支出占净产出的百分比和特许权使用费占净产出的百分比来表示。统计分析显示：外国公司渗透度高的产业，生产集中度也高；此外，其平均工资率、工人平均劳动熟练程度都高于社会平均水平，它们的特许权使用费支出和广告支出也较高。

2. 跨国公司的产品多样化

水平多样化是指一家公司在不同地区的工厂生产同种产品。垂直多样化是指一家公司同时从事生产环节中不同阶段产品的生产。例如，由同一家企业生产矿石、钢、汽车车体。伯克莱和卡森通过对合成材料、电子元器件、耐用消费品等行业的案例研究，证实了跨国公司水平多样化的普遍存在，而这种特性在美国的跨国公司中表现得尤为突出。

跨国公司内部贸易是跨国公司的产品多样化和跨国公司市场内部化的一个有力证据。伯克莱和卡森通过对1970年美国300家不同产业的大型跨国公司内部贸易的考察，发现在美国300家大型跨国公司的全球出口中，有49%的出口是通过跨国公司的内部贸易实现的，而研究密集型产业的这一指标高于平均水平。这表明，垂直一体化的跨国公司更广泛地存在

[一] 参见 P. J. Buckley 和 M. Casson：《The Future of the Multinational Enterprise》. London：Macmillan，1976。

于高技术产业。相关情况如表 3-1 所示。

表 3-1　1970 年美国 300 家不同产业大型跨国公司的内部贸易（按产业）

工业类型	公司内部贸易占总出口的份额（%）	百分率排序
全部制造业	49	
研究密集型产业		
工具	62	1
运输设备	61	2
非电力机械	52	3
电力机械	45	7
化学制品	40	9
橡胶	50	5
非研究密集型产业		
食品	34	11
造纸	46	6
金属	15	14
纺织品和服装	52	3
木材、木制品和家具	20	13
印刷品	41	8
石头、黏土和玻璃制品	25	12
其他制造业产品	36	10

注：1. 对研究密集程度分类的依据是美国在研发方面的支出占销售额的比率。
　　2. 资料来自 US Tariff Commission Report, ch. 3, Table A14。转引自：P. J. Buckley & M. Casson,《The Future of the Multinational Enterprise》. London：Macmillan, 1976。

研究密集型产业贸易活动的特征是，贸易活动不仅包括中间产品的交换，也包括管理费和特许权使用费的国际转移。跨国公司在研究密集型产业内的投资非常活跃，随着跨国公司的增长，公司内支付的内部特许权使用费和管理费的国际汇兑也持续增加。在 1960～1971 年的 12 年间，美国跨国公司从内部贸易中收取的费用占全部收入的比重从 1960 年的 62% 上升到 1971 年的 75%，平均每年以超过 1% 的速度在增长。相关情况如表 3-2 所示。

表 3-2　美国收取的特许权使用费和费用总额

年份	(1) 费用总额/（万美元）	(2) 从内部贸易中收取的费用总额所占份额（%）	(3) 从内部贸易中收取的特许权使用费所占份额（%）
1960 年	650	62	NA
1961 年	707	65	NA
1962 年	836	69	NA
1963 年	932	71	NA
1964 年	1057	72	35
1965 年	1259	73	36
1966 年	1383	74	35
1967 年	1538	74	38
1968 年	1700	73	42
1969 年	1895	74	47
1970 年	2199	74	49
1971 年	2495	75	50

注：1. NA 表示数据不详。
　　2. 资料来自 US Tariff Commission Report, ch. 6, Table 7。转引自：P. J. Buckley & M. Casson,《The Future of the Multinational Enterprise》. London：Macmillan, 1976。

上述分析表明：跨国公司主要集中在具有高生产集中度、高研究密度和高技术人力资源的产业中，跨国公司易于在这些产业中占据主导地位。这些产业强调管理技术、营销技术以及研究开发的综合运用，因此，这些产业对未来经济的增长具有战略上的重要性。在具有上述特征的产业中，大多数跨国公司属于水平一体化，相对说来，只有极少数跨国公司属于水平一体化与垂直一体化的混合多样化。

（二）知识内部化与跨国公司发展模式

如果未来跨国公司发展更倾向于内部化，那么跨国公司的许多特征在于决定内部化的因素。甚至可以这样说，知识的内部化和由之带来的生产、市场营销和研究与开发的结合产生了一种贯穿整个公司生命的成长和盈利的典型模式。

研究与开发的最优规模与研究与开发本身所具有的风险和技术劳动投入的价值不易评价的风险有关。研究与开发本身所具有的风险具体表现在以下三个方面：①研究成果价值不高或者不具有价值的风险；②由于研发时间跨度较长，当研究完成时，市场环境已经发生巨大变化的风险；③研发形成的产品被模仿或者被复制的风险。第一种风险在很大程度上是不可避免的，因为研究的结果是无法完全被预期的。第二种风险源于存在着协调个人努力并且加速个人工作进度的困难。第三种风险在很大程度上取决于知识产权保护的力度。如果缺乏有效的保护，那么具有新的营销创意的产品可能很快被竞争者所模仿，体现新技术的工艺设备的设计也可能被设备提供商出售给竞争者。与研发相关的风险直接反映在研发规模和公司盈利的指标上，并且间接反映在公司增长速度的指标上。当存在高的研发风险时，将会抑制对研发的投资，因此，这一时期公司的增长速度会放慢，但平均收益会增加。

技术劳动投入的价值不易评价主要因为以下几个因素：①由于信息不对称产生的技术劳动力市场的不完善，使企业与技术劳动者之间难以缔结长期合同、建立稳定的雇佣关系；②知识产权归属于企业还是个人等一些影响激励的因素所引起的研发风险。研究与开发的最优规模与技术劳动力的工资率与离职率有关，这是一个法律和制度上的难题。例如，研究与开发所使用的熟练工人通常都要求在职培训，公司通常能很好地评估员工的期望，因此公司常常自己资助培训。在缺乏长期雇佣合同的条件下，如果员工辞职，那么公司不得不承担相当多的损失。另外，如果人员过于冗余，那么公司若希望通过向其他公司"出售"自己员工未完成的合约来收回投资，那几乎是不可能的。另外，由研究与开发所产生的知识成果具体体现在个别研究人员的想法和观念里，对于公司来说，这些知识在没有被完全记录下来形成成果之前，关键研究人员的退出或辞职将会造成一次重大的投资损失。换句话说，如果他们在这时加入竞争对手的公司或从事具有竞争性的业务，即使该知识产品已被记录，但它对公司的商业价值也会随着研究人员的退出而消失。因此，对于公司来说，开发知识产品的时候可以说是在同自己的某些关键员工进行着潜在的竞争。

影响研发最佳规模的因素还有另外两个：其一是研究与开发回报的相关系数，它在很大程度上取决于研究组织的类型和组织结构是否适合于这个行业；其二是知识产品的潜在市场容量，以及该知识产品的消费需求弹性，这种消费需求必须要考虑性价比。

（三）研究密集型公司发展模式的数理模型

该模型的假设前提是：

（1）R&D 的唯一目的是为了获得产品质量上的提高。质量用指数 Q 来衡量，研发产出用它的变化速率 Q' 来衡量。

(2) R&D 的平均成本函数是"U"形的，它是与有一个或多个固定生产要素的科布—道格拉斯函数相联系的一种类型：

$$CRD = a + bQ'^{1/\beta} \quad a、b > 0，\beta < 1 \tag{3-1}$$

式中　CRD——研究与开发的总成本；
　　　a、b——取决于研发技术机会的两个参数，分别表示研发偏好地点的熟练劳动力的工资率和退出率；
　　　β——规模收益的相关系数。

(3) 生产与市场营销在一个固定成本下运行，因而，服务于每个市场的总成本与其所销售的产品数量成正比：

$$CX_i = c_i X_i \quad c_i > 0 \ (i = 1, \cdots, n) \tag{3-2}$$

式中　CX_i——服务于第 i 个市场的总成本；
　　　c_i——单位成本；
　　　X_i——产品销售数量。

(4) 该公司对不同地区的市场区别对待，因为在每个市场中对产品的需求取决于产品的价格和质量、竞争产品的价格和质量以及消费者的收入等。对产品的需求采用固定的价格弹性，与产品的质量成正比；竞争产品的价格与质量以及消费者的收入作为外生变量而存在：

$$X_i = d_i Q p_i^{-\gamma_i}, \ d_i > 0, \ \gamma_i > 1 \tag{3-3}$$

式中　p_i——产品的价格；
　　　d_i——常数；
　　　γ_i——需求的价格弹性。

(5) 产品改进均由公司自己完成，不存在通过购买或出售许可权而得到的产品改进。

(6) 管理的目标是为了使未来利润的现值最大化，即：

$$\max NPV_0 \int_0^\infty \exp(-rt) \prod(t) dt \tag{3-4}$$

式中　r——该公司资金的长期成本，它以市场利率和研究与开发的风险程度为基础；
　　　$\prod$——利润。

$$\prod = \sum_i (p_i X_i - CX_i) - CRD \tag{3-5}$$

将式（3-1）~式（3-4）代入式（3-5），有关 p 的最大值表明，每个市场中的最优价格为

$$p_i = \frac{c_i \gamma_i}{\gamma_i - 1} \quad (i = 1, \cdots, n) \tag{3-6}$$

因为固定规模收益边际成本与平均成本相等，提价策略独立于产出，因此从需求函数可以得出，扣除研究与开发费用之前的利润与产品质量成正比：

$$\sum_i (p_i X_i - CX_i) = eQ \tag{3-7}$$

其中：

$$e = \sum_i d_i \gamma_i^{-\gamma_i} [c_i/(\gamma_i - 1)]^{1-\gamma_i} \tag{3-8}$$

将式（3-8）代入式（3-4），根据第一阶条件求解 $Q(t)$ 的最大值，产品改进的最优稳

态率为

$$Q' = [\beta e/(rb)]^{\beta/(1-\beta)} \qquad (3\text{-}9)$$

由于价格保持不变，生产规模的增长速度与产品改进的速度成正比：

$$X' = \sum_i X'_i = fQ' \qquad (3\text{-}10)$$

其中：

$$f = \sum_i d_i [c_i \gamma_i/(\gamma_i - 1)]^{-\gamma_i} \qquad (3\text{-}11)$$

由于研究与开发的规模与以后产品的改进速度在一定时间内保持不变，由式（3-1）～式（3-5）和式（3-7）得出，利润在一定时间内以与研究与开发的规模成正比的固定速度增加：

$$\prod{}' = eQ' \qquad (3\text{-}12)$$

将式（3-12）代入式（3-4），公司创造的总价值为

$$NPV_0 = [eQ_0 - a + (e/r - b)Q']/r \qquad (3\text{-}13)$$

式中　NPV_0——利润流在时间为 0 时的净现值；

　　　　Q_0——产品质量的初值。

式（3-9）和式（3-10）表明研究密集型公司的发展速度将会加快。研发的规模收益（用系数 β 衡量）越大，生产可能性（用 e 衡量）越大，资金成本（用 r 衡量）就越低，可变成本（用 b 衡量）越低。式（3-13）表明公司的价值也随研发规模的变化而变化，并与研发的固定成本（用 a 衡量）成反比。公司价值与资金成本之间的反比关系也非常明显。

研究密集型公司发展规模的数理模型说明，当将知识产品内部化，在成本不变的情况下进行生产和营销，R&D 的最佳规模以及随后公司的发展速度主要取决于：①公司的资金成本，这取决于市场利润率以及研发的风险指数；②技术劳动力的预算成本，这取决于要素市场上技术劳动的工资价格以及同业公司之间业务交流的级别，这些通常反映在雇员的"退出率"上；③R&D 的规模指数；④公司产品的需求参数。随着 R&D 风险的增加，公司的预期利润率将会越来越大。

当公司处于主动扩张阶段时，公司研究密集型特点越明显，公司成为跨国公司的动机就越强，因为高投入的研发通过对外直接投资能获得更高的收益率。

第二节　内部化理论的发展

一、交易成本理论的发展[一]

伯克莱和卡森内部化理论的基础是科斯所开创的交易成本方法，而交易成本方法最终被学界认可和推崇，在很大程度上是得益于美国加利福尼亚大学经济学教授威廉姆森对科斯思想的精巧化和可操作化。威廉姆森从 20 世纪 70 年代初期至 90 年代的研究推进了交易成本理论和企业理论的发展，在此基础上，内部化理论得以发展并在更大范围内具有解释力。

威廉姆森的企业理论可以概括为下列命题：节约交易成本是企业实施内部化的主要动

[一] 参见黄绍鹏的博士论文：《内部化理论及其思想渊源的研究》，cnki 公开数据库。

机,而要节约交易成本,即实现交易成本的经济化,就必须使不同的交易与不同的治理结构相匹配。基于有限理性和机会主义两个"契约人"的假设(区别于新古典经济学的理性人假设),威廉姆森提出交易过程三维假说。他认为,不同交易之间的差异源于交易频率、不确定性和资产专用性。在一个不确定的世界中,仅具有有限理性的交易当事人无法预知、推测和列举交易过程中可能发生的一切情形,其结果是市场上交易的当事人所缔结的契约是不完备的契约;而在一定条件下,这种不完备的契约容易被具有机会主义倾向的某一方当事人所利用。为使交易的契约尽可能完备,同时也为了防范交易另一方的机会主义行为,交易当事人必须付出种种成本。在一定条件下,如果将交易安排在企业内部进行,那么利用层级组织的协调机制就可以克服市场的自然缺陷,避免或减少上述成本,达到比市场交易更高的效率。正是出于节约交易成本和提高效率的考虑,企业有必要把交易活动内部化。

威廉姆森认为"治理结构"是一种具有决定契约关系完整性的组织框架。通俗地说,"治理结构"就是交易的组织形式。交易也可以在外部市场上进行,也可以完全内部化,即完全在企业内部进行,在母公司与子公司之间,或子公司与子公司之间进行。在这之间有一系列中间型或混合型的形式,例如定牌制造、分包、连锁、特许经营、战略联盟、卡特尔协议等。

威廉姆森用两个维度来分析治理结构:契约法和调适能力。他认为,如果将组织的经济问题视为交易与治理结构的匹配问题,那么在研究中,就必须判别不同交易所具有的独有特性,描述不同治理结构的激励和适应性特征,对交易方式的选择要视交易过程的特点而定,因为不同的交易,有限理性与机会主义的谋利倾向不同。例如,麦当劳和肯德基通过国际特许经营的方式在全球实现了跨国化,特许经营的授权方允许特许人使用自己的商标品牌,严格规定统一的标准并提供必要的技术指导。快餐业的资产特定性较低,每笔交易量很小,但交易频率极高,所提供的食品和服务是标准的,面对的是分散的群众性消费市场,交易的不确定性在各个地区市场上并不一样,应由当地的特许人调查了解。实践表明,这些交易特征与国际特许经营的组织形式(治理结构)是匹配的,因为它提高了经营效率。

威廉姆森的交易与治理结构相匹配这一基本框架能够很好地解释企业进行内部化和外部化的选择问题。

二、企业理论的发展

内部化理论的形成之初是要解释一个重要的问题,即从事对外直接投资的企业同时也是发达国家从事对外贸易的企业,那么,是什么因素决定企业在这两种方式之间的选择呢?对这个问题的回答有两种思路。一种思路是从企业经营成本方面或从企业生产区位选择方面来考虑企业在对外直接投资与对外贸易之间的选择。弗农在1966年曾利用产品生命周期模型来解释美国企业将生产区位转移到国外的原因。另一种思路即内部化理论转向更一般的问题,即企业组织本身形成与发展的原因。跨国公司其实是现代经济所创造的一种典型的企业制度形式,它是在资本主义现代企业制度基础之上直接发展起来的。对外直接投资是发达国家企业的生产、销售和决策过程在国际范围内的展开,其实质乃是以企业内部的管理手段取代市场机制,以协调企业内部超越各国疆界的产品生产和销售活动。这样,对对外直接投资的研究便转向对跨国公司这种企业制度形式的研究。

在科斯提出并讨论"企业的实质"以前,企业理论在主流经济学家那里是作为价格理论的一部分来讨论的，称为"厂商理论"。自从新古典经济学的企业理论受到批评以来，企业理论的发展似乎出现了三个分支，即企业的契约理论、企业的企业家理论和企业的管理者理论，这些理论都试图回答什么是企业，它是怎么产生的，其内部结构和外部关系如何，以及企业是如何运作的。由于分析角度和侧重点不同，做出的解释也不一样。

契约理论是企业理论中发展最快、创新最多、影响最大的一支，因而成为企业理论的主流。科斯的企业概念是一种契约化的企业概念，企业仅是一种特殊的契约安排，企业和市场内在地统一于契约，契约是二者共同的基础。科斯强调，导致企业形成的契约具有不完全契约的性质，即企业问题是一个制度选择问题，并且这种制度选择问题又可以进一步归结为企业问题本质上是一种契约安排的选择。契约理论主要包括交易成本经济学和代理理论。交易成本经济学主要包括间接定价理论和资产专用性理论，二者的共同之处在于，都以交易成本为核心概念和分析工具，着眼于企业和市场关系的研究，认为企业是节约市场交易费用的一种交易方式或契约安排。二者的区别在于，间接定价理论认为，企业的出现是由于这种安排能够节约市场直接定价的成本；而资产专用性理论则认为，当合约不完全时，纵向一体化能够减少以至消除资产专用性产生的机会主义所造成的损失，企业的内部结构也由此决定。间接定价理论认为，企业所有权的内部结构与定价成本有关，管理者之所以会取得剩余索取权，是因为管理劳动或管理服务难以由市场直接定价。在资产专用性理论者看来，企业的控制权结构与机会主义行为有关。如果将所有的关于财产的权利都在合约中予以列示，会产生很高的费用，而由投资决策相对重要的主体购买全部控制权，能够改变机会主义的动机和行为，因为当成员间"非流动性"的分布不对称时，权利将集中于非流动性的成员手中，这可以减少偷懒和增强监督。

契约理论的成功和进步在于它抛弃了企业是物质要素的技术关系（或生产函数）的观点，指出企业是一组合约的联结，从人与人之间的交易关系来解释企业的问题。契约理论主要着重于企业和市场的关系，仅仅从外部的角度，即从市场交易的效率和非流动性分布来考察企业的内部结构。然而，契约理论似乎只强调了现代企业理论的两个核心问题之一——协调问题，但对另外一个问题——激励问题则并未提及。后一个问题是由企业的企业家理论和企业的管理者理论来完成的，它们从企业内部的角度，即企业中不同成员之间的相互关系来说明企业权力的分配和激励问题。

三、内部化理论的流派

广义地来看，从市场不完善出发研究跨国公司存在的理由都能纳入内部化理论的视线范围。市场不完善与市场失效往往作为同义语，是指市场机制出现严重缺陷以致效率大为降低，不能达到资源配置的最优化。它包括以下两类：市场结构性失效（Market Structural Failure）与市场交易性失效（Market Transactional Failure）。市场结构性失效是指在一个产业部门中出现的非完全竞争的市场结构。大企业挟其资金、技术等方面的优势，人为地限制自由竞争并高筑进入壁垒，阻止新的竞争者出现，这样的局面持续存在就会使市场自由竞争的机制遭到削弱直至丧失。市场交易性失效是指由于市场机制与产品的性质不相适应，例如知识、技术等信息产品具有公共品性质而使市场机制暴露出重大缺陷。从对市场不完善性的探讨出发，研究路线分为两支：一支是从企业与企业之间的关系角度入手，强调市场不完善是偏离完全竞争的一种市场结构，跨国经营是对寡占市场结构的内部化适应；另一支是从企业与市场的关系角度入手,强调跨国经营是对交易市场不完善的内部化。

此外,以企业理论为基础,研究跨国公司这种企业制度形式的学者也持有不同的观点。

(一) 海默的内部化观点

海默在解释 FDI 的形成原因时,已经初步具有了内部化的思想。他认为,要解释为何一家企业通过控制其他国家的企业可以获利,必须将企业视为一种替代市场的实用制度机制。㊀在市场不完善的基础上,海默对国内企业从事国际化经营的动因提出三个论点:①优势论;②消除冲突论;③内部化。

海默已经考虑到市场交易性失效的因素,认为跨国经营能通过内部化方式消除一部分市场缺陷。但海默的论证还是侧重于市场结构性失效,他认为,大企业凭借特定优势得以维持其垄断地位,形成寡占市场结构,从而降低了市场效率,导致市场失效。大企业拥有强大的市场力量,能克服海外经营的障碍和风险,必然要走向海外进行扩张。然而,大企业为什么不在外部市场上转让所有权优势而要选择内部化呢?从当时美国跨国直接投资的实际情况出发,海默注意到美国资本面临的是一个寡占市场,美国寡头与欧洲寡头之间难以达成所有权优势转让的交易,故美国寡头采取直接投资建立独资或全资的子公司或附属企业的方法,将所有权优势在内部转让。相反,如果在最终产品市场上美国寡头与欧洲寡头互相削价竞争,那么这一结果有利于消费者但寡头双方都将蒙受利润损失。因此,内部化的根源就在于市场结构性失效。海默的论证方法在一定程度上能用来解释水平一体化的国际化经营。

(二) 威廉姆森的内部化观点

威廉姆森重点从资产专用性方面论证内部化的动因。所谓资产专用性,是指资产只能适合某一专门用途,难以通过交易移作他用。由于存在"准租",即使资产可能通过交易移作他用,其效率也会大减,从而使该项资产的价值也大受损失,以致沉没资产巨大。高度专用性的资产在市场上转让的交易成本太高,使交易双方无法承受,只有通过纵向一体化,即在企业内部转让,方为上策。例如,制铝工业,从开采铝矾土到提炼氧化铝,再到精炼金属铝,是三个主要阶段,每一阶段都需巨额投资才有规模效益。由于世界各地铝矿的性质成分极不一致,故各不同矿区的设备专用性极强,这意味着相关资产无法转移至别的矿区使用以致沉没资产巨大。这样高度专用性的资产在市场上难以转让,结果只有通过垂直一体化,在企业集团内部转让。

(三) 伯克莱与卡森的内部化观点

伯克莱与卡森主要是从中间产品的特性出发来论证市场失效。企业经营活动是由多个中间产品流连接而成的关联活动,由于存在中间产品的外部性,企业难以通过市场交易来最大化利润,因此,转而利用内部化市场。

(四) 汉纳特的内部化观点

1977 年,美国马里兰大学的学者汉纳特(Jean F. Hennart)在博士论文《对外直接投资理论》(A Theory of Foreign Direct Investment)中提出了新的分析思路,并在 1982 年的著作《跨国企业理论》(A Theory of Multinational Enterprise)中做了进一步的阐述。他认为,跨国公司的内部化是威廉姆森"治理结构"的国际化。其思路大致如下:由于有限理性和

㊀ 参见 Stephen Herbert Hymer:《International Operation of National Firms: A Study of Direct Foreign Investment》. Cambridge,MIT Press. 1976。

机会主义的存在，自由市场机制难以正确地衡量、测度和表示产出的价值，从而使提供和购买该产出的经济主体都得不到应有的报酬，这就是欺诈。欺诈导致市场失效，降低效率，此时便可求助于内部化。因为组织经济活动既可利用价格体系（市场对产出的衡量和评价称为产出约束），也可通过层级体系（行为约束）来进行。通过外在的和内在的行为约束，可以在一定程度上缓解欺诈和市场失效。

内部化理论不同观点的比较如表3-3所示。

表3-3 内部化理论不同观点的比较

	海默	威廉姆森	伯克莱与卡森	汉纳特
市场失效的形式	结构性失效	交易性失效	交易性失效	交易性失效
内部化的动机	寡占市场结构不利于技术产品的交易	资产专用性不利于市场交易	市场难以界定和保障信息产品的产权	市场对产出难以正确衡量和评价
研究侧重点	产品	资产	中间产品	中间产品
内部化的方向	水平一体化	垂直一体化	垂直一体化与水平一体化	垂直一体化与水平一体化

第三节 对内部化理论的评价

一、内部化理论与垄断优势论的比较

内部化理论与垄断优势论的一致性在于：两种理论都是从跨国公司主观方面寻找其对外直接投资的动因和基础，而较少分析跨国公司的外部决定因素。

与垄断优势论不同的是，内部化理论并不静态地强调企业拥有特有优势本身，而是强调企业通过内部组织体系和信息传递网络，以较低成本来跨国转移这种优势，跨国经营过程本身带给了跨国企业特有的优势。伯克莱和卡森认为，跨国企业的优势是对它过去投资于：①研究与开发（创造技术的优势）的报酬；②一组技能（它能创造出大于个别总和的收益）的报酬总和；③创建信息传送网络的报酬，这种网络不仅可以使它以较低成本在企业内转移前两种优势，而且可以保护这些信息不被外人获得。垄断优势论强调对外直接投资是对过剩资源的利用；而内部化理论强调跨国企业在共同生产过程中把这些资源和其他资源结合起来发挥其经济性的能力。

邓宁对垄断优势和内部化优势进行了区分：垄断优势来源于所有权优势。所有权优势是指一国的跨国公司所拥有而东道国当地竞争者所没有的比较优势，这些优势要在对外直接投资和跨国生产经营中发挥作用，必须是这个公司所特有的并能够在公司内部进行跨国转移的优势。所有权优势主要包括技术优势、企业规模优势以及组织管理能力和融资能力优势。内部化优势则是指企业为了避免市场不完善而把所拥有的所有权优势保持在企业内部所获得的优势。所有权优势表明企业对外直接投资的能力，内部化优势则决定了企业对外直接投资的目的与形式。

此外，内部化理论把跨国公司作为企业问题的一种特例——企业制度的高度发展形式来研究，其形成和发展的根本原因不仅在于它对国际市场的替代，从而节约了交易成本，更重

要的是它创造出企业内部的国际分工和交易体系，从而实现了更高程度的资源配置效益，因此，跨国公司才成为当今世界各国企业致力发展的一种企业形式。

二、内部化理论的解释力

（一）内部化理论解释了企业跨国经营的动机

外部市场的不完善性使企业所拥有的优势不能充分发挥，由此分析企业在对外直接投资时将所有权优势内部化的动因主要在于：降低寻求市场机遇、洽谈或讨价还价的费用；避免违约和有关的法律纠纷；降低投入要素供应的不确定性；避免或利用政府的干预；控制市场销售渠道；将交叉补贴、掠夺性定价、转移价格等手段作为国际竞争战略。与垄断优势论强调跨国公司跨国经营的初始能力不同，内部化理论并未强调这一初始能力，而是更注重跨国公司在国际化经营过程中能够通过"共同管理的经济性"（Economies of Common Governance）来获得内部化优势。跨国公司拥有在配置资源制度上的独特优势，因此，跨国公司通过跨国经营活动实现全球范围内的资源获取、优化、配置，从而获得国外有利经营条件，改善自己的竞争地位。

联合国跨国公司中心 1987 年分析了大型跨国公司的较为典型的竞争优势，如表 3-4 所示。联合国跨国公司中心近年对 110 家世界上最大的工业跨国公司的调查发现，这 110 家跨国公司的竞争优势很大程度上来源于它们自己的海外活动，特别是在全球竞争刺激、与海外企业的联系以及获得自然资源和非熟练劳动力等方面最为明显。20 世纪 80 年代以来，对跨国公司而言，对外直接投资不仅成为最终产品进入市场的手段，而且还是获得生产要素和创造性资产的良好手段。大多数跨国公司的经理们认为，公司竞争力的提高主要来源于它们海外企业的增值活动。

表 3-4　跨国公司竞争优势类型

A：技术优势
（a）工业的所有权，例如专利、注册的商标和品牌
（b）在组织和管理方向的经验
（c）产品的差异性、产品更新和产品销售能力

B：内部化的优势
（a）垂直和水平生产一体化
（b）生产的规模性
（c）产品的多样性和产品的多元化
（d）企业总经营的规模和范围
（e）资本市场内部化的机会

在跨国公司的竞争优势中，内部化优势在跨国公司的跨国经营活动中发挥着以下重要作用：

（1）防止技术优势的丧失。内部贸易可以把跨国公司的先进技术保留在公司内部，防止竞争对手的模仿，从而延长所拥有的技术优势的寿命。跨国公司之所以能够从事跨国经营活动，其中一个重要的原因是它们在技术和管理方面拥有垄断优势。能否长久保持这种优势，直接影响跨国经营的成败。因此，在技术密集程度较高的行业中，跨国公司的内部贸易

比例通常较高。

（2）降低由外部市场交易造成的不确定性。在跨国公司生产活动中，如果生产过程所需的各种投入要素，如原材料、辅助材料、零件部件等，都要从外部市场购买，那么如供货不稳定、要素市场价格波动等因素，都会给生产造成损失。内部贸易则可以保证货源及其价格的稳定。

（3）减少交易成本。内部贸易避免了外部市场的因收集供货信息、谈判、雇佣中间商、纳税和履约风险等所产生的各种费用支出，从而减少了交易成本。

随着跨国公司的发展，公司规模的扩大，跨国公司的内部贸易在国际贸易中所占的比重越来越大，目前世界贸易中约有 1/3 是在跨国公司内部进行的。这种内部贸易最为显著的特点就是在内部实行转移价格，而不是采用国际市场供需关系所决定的市场价格。转移价格是跨国公司的一种经营策略，并且被越来越多的人关注。

（二）内部化理论预测了跨国公司的发展模式

内部化理论作为对外直接投资的理论，不仅能够解释跨国公司形成的原因，而且能够用来预测跨国公司发展的模式。第二次世界大战以后，跨国公司海外投资所选择的行业由资源密集型转向生产密集型，并逐渐向知识技术密集型转移。随着研究与开发活动潜在盈利能力的增加，跨国公司未来的发展更多地集中于知识技术密集型行业。知识技术密集型行业更强调管理技术、营销技术，以及研发的综合运用，因此，这些产业对未来经济的增长具有战略上的重要性。

在经济全球化的背景下，跨国公司行为具有以下的趋势特征：

（1）跨国公司追求持续的竞争优势。20 世纪 90 年代以后，世界经济环境的剧烈变动和不确定性进一步增强。已经拥有竞争优势的跨国公司同样面临着优势变迁的压力。不断寻求新的竞争优势使企业得以持续发展成为跨国公司最为关注的主题。而知识经济的兴起使得企业优势的主要来源发生变化，竞争态势从"规模竞争"转向"创新竞争"。对跨国公司来说，快速适应市场需求和技术变化、不断进行技术创新已成为跨国公司持续竞争优势的来源。

（2）跨国公司 R&D 国际化与分散化。随着世界经济全球化的加速发展，跨国公司对外投资的重点正由传统的加工、制造、分销向研发等知识服务领域延伸，在海外设立研究开发机构已成为跨国公司对外直接投资的新趋势。在新的竞争经济中，迅速创新和开发适应供应链和市场需求的新技术，已比以前更加重要，因此，跨国公司不得不在全球范围内寻求低成本的和多样性的创新资源，同时，跨国公司与各地科研机构建立更密切的联系，以更好地管理技术变革和创新的过程。

（3）注重提高跨国公司组织管理的效率。跨国公司作为在全球范围内配置生产资源、寻求垄断优势的经济组织，在知识经济时代，其全球配置的重心、竞争优势的根本都逐渐转移到知识资本上来。知识管理开始成为顶尖跨国公司组织管理的创新模式，这一模式包括组织设计管理和人力资本管理。为了实现显性知识与隐性知识有效结合产生创新目标，组织设计管理按照"灵活性、可塑造、网络性"的原则，逐渐形成以实现优势互补、风险共担而结成的要素水平式双向或多向流动的松散型组织——战略联盟形式，对内产生一种知识主管主持下的多向交流的学习型组织，并共同组成通过信息技术横向、纵向联结的结构、系统、政策和程序网络。

（4）注重提高跨国公司资源配置的效率。跨国并购逐渐取代"绿地投资"成为对外直接投资的主要方式，而且跨国并购更多地发生在发达国家之间的交叉投资中。在市场机制完善和文化冲突较小的北美和欧洲，跨国并购成为跨国公司获取战略性资产、迅速配置资源的最佳手段。通过并购重组，剥离非核心业务、突出发展核心业务、减少竞争，是当今跨国并购的重要发展趋势。另外，跨国公司根据行业所具有的交易特性，合理安排"治理结构"。根据行业特征的不同，跨国公司的核心竞争优势分别来自于技术、市场销售网络要素、规模经济等，不同的情况下，跨国公司将采取不同的治理结构，相关情况如表3-5所示。

表3-5 跨国公司全球生产体系中几种典型的治理结构

产权联系方式	内部化①	外部化②	内部化与外部化的混合③
治理结构的主导因素	技术因素的驱动	市场因素的驱动	生产成本因素的驱动
治理结构的特征	技术要素通过跨国公司内部层级协调的方式在全球进行配置，实现区域专业化和全球一体化的技术分工体系	与供应商、制造商和分销商通过长期契约合作，建立基于信任的业务关系	股权控制和非股权关系联结相结合，以实现生产的规模经济

① 基于直接产权联系的控制。
② 基于非直接产权联系的控制。
③ 直接与非直接产权联系的控制。

"内部化"——竞争优势以技术要素为主的跨国公司全球生产体系。例如，处在半导体、信息、生物制药等高新技术产业的一些大型跨国公司，技术竞争是其获得、保持和提升竞争优势的关键。这类公司的FDI往往以直接的产权控制为主，即实施内部化，确保技术等核心要素能够在其全球生产体系内部进行成功转移。英特尔公司在半导体的国际生产中采用的就是这种模式，在区位布局中，它将公司价值链中的技术环节保留在母国，而把诸如装配和检验等劳动密集型环节安排在世界其他7个国家的11个地区，成功实现了技术要素内部化和区位优势的结合，其销售额排名由1983年的世界第7位上升到2001年的第1位。

"外部化"——竞争优势以市场销售网络要素为主的跨国公司全球生产体系。例如，处在服装、饮料行业的一些大型跨国公司，影响其国际生产区位选择的主要变量是市场。公司通过与供应商、制造商和分销商的营销合同、基于信任的业务关系等形式将全球生产体系联系起来。

"内部化与外部化的混合"——竞争优势以规模经济为主的跨国公司全球生产体系。例如，处在汽车、机械设备等产业的一些大型跨国公司，中等技术含量多，制造技术中的诀窍（Know-how）和生产成本是其竞争优势的关键。这类公司的对外直接投资往往以直接的股权控制和非股权关系联结相结合的方式为主，即在国际扩张中内部化与外部化并重。目前，瑞士、瑞典、德国、日本等汽车、设备生产型跨国公司基本上都采用了这种对外直接投资战略，它们一方面通过直接的产权控制实行全球价值链的一体化安排；另一方面也通过外包、制造合同等寻求和运用外部资源，以降低成本。

三、内部化理论的贡献与不足

(一) 内部化理论的贡献

(1) 内部化理论的分析方法是传统微观经济理论与交易成本理论的结合。这表现为：①内部化理论接受古典经济理论中关于厂商追求最大限度利润的假设；②内部化理论从单个厂商的行为着手，利用成本收益的比较分析来说明跨国公司对外直接投资的基础。

(2) 内部化理论是西方学者研究跨国公司理论的一个重要转折点。垄断优势论是从最终产品市场的不完善上来研究发达国家跨国公司海外扩张的动机和决定因素，而内部化理论则把分析的基础放在中间产品市场的不完善性上。

(3) 交易成本概念的深化和细化使内部化理论的研究受到启发，交易成本与资源配置模式有关。交易成本是制度体系的运行成本，这个命题就使内部化成为制度安排的选择问题。于是，内部化理论转向了研究企业国际分工与生产的组织形式上，它分析了跨国公司的性质与起源。按照威廉姆森的观点，治理结构的选择乃是出于交易成本经济化的动机，而且内部化的效率主要来自于企业内部对各项资源配置的统一协调，跨国公司是资源配置模式决策的结果。这就使内部化理论的研究内容与传统的厂商理论有所不同。内部化理论的诞生，标志着对外直接投资理论更多地成了一种公司理论，同时也使内部化成为主流学派乃至整个对外直接投资领域最为重要的概念和方法之一。

(4) 内部化理论从内部化优势的角度解释跨国公司在贸易、契约性协议与直接投资三种方式中选择的依据。最具代表性的是威廉姆森将企业视为一种"治理结构"而非生产函数。当跨国公司根据不同交易所具有的独有特性来决定其激励和适应性特征时，它就可以灵活利用组织内部的协调机制和市场的竞争机制，依据价值活动的需要来决定是内部化还是外部化，因此，国际贸易与国际直接投资是纳入一体化考虑的，而非简单的替代或互补的关系。

(5) 内部化理论研究在后期注意到了跨国经营的福利效应。垄断优势论强调，跨国公司主要是通过在最终产品市场上排除竞争和冲突而达到利润最大化，会引起社会福利的下降。而内部化理论则认为，最终产品市场结构处于很次要的地位，它强调的是通过中间产品（包括技术）的内部有效交易优化资源配置并获取最大化利润。伯克莱已经认识到，内部化可以为跨国公司带来多方面的收益，包括通过内部市场，可以把内部资源转移的交易成本最小化；可以把相互依赖的经营活动置于统一的控制之下，从而协调其不同阶段的长期供需关系；消除买卖双方的不确定性，消除市场的不利影响。但是，跨国公司可能通过前、后向投资或兼并，充分利用中间产品市场的势力，形成垄断优势；通过对有形产品和无形产品的转移价格，规避政府的干预，转移资金，逃避税负，从而降低跨国公司优化资源配置的作用。但他坚持认为，即使存在垄断因素，创造新的内部市场、改进效率以降低成本仍是公司成长的主要动力。⊖

(二) 内部化理论的不足

许多学者指出了内部化理论的局限。内部化理论没有解释对外直接投资的方向，其理论

⊖ 参见 P. J. Buckley：《The Economic Analysis of The Multinational Enterprise: Reading versus Japan》. Hitotsubashi Journal of Economics。

框架并不能用于短期的投资行为分析，特别是不适用于解释较小规模企业在一个或两个国家的对外直接投资活动。内部化理论为跨国企业的有效资源配置提供了某种预示，但并不十分明确。在相当多的方面，尤其是在分清哪些因素会导致跨国企业对市场不完善实行内部化等方面，还有待进一步的发展。而且这一理论比较适合于解释水平式一体化和垂直式一体化的对外直接投资，但不大能解释开发资源和出口导向型的投资。企业拥有的优势和国家拥有的优势之间的关系，也有待阐明。内部化理论还不能解决跨国公司对外直接投资的具体去向和区位选择，需要其他理论加以补充。

此外，内部化理论从思想和方法上都以交易成本经济学为基础，因此，这也限制了内部化的解释力。古典国际分工理论学派的学者对内部化理论提出批评，他们认为，就企业的起源来看，资源与其他资源（如劳动力）的有效组合，可以使得这些资源的产出大于投入。可见，企业的设立不只是为了节约交易费用，企业首先是资源所有者为获取更多的收益而建立起来的一种生产性组织，企业之所以存在是为了向社会提供产品和服务，节约交易成本并不是其存在的根本和唯一原因。显然，市场只有资源的配置功能而没有生产功能，而企业有生产的功能。交易费用至多只能影响企业的规模和边界，而不能决定企业的存在与否。因而，交易费用经济学在分析企业的组织效率时，没有关注到企业存在的最重要的目的不仅仅是为了降低交易成本，而是为了组织生产[一]。正是交易费用理论的不足限制了将内部化理论发展为跨国公司一般理论的动力。

四、内部化理论的进一步完善

内部化理论最初是建立在科斯的交易成本理论基础上的，内部化理论虽然能很好地解释跨国公司的存在性，解释不同经营方式的选择，但这一理论囿于交易成本的限制而忽略了生产成本对企业进行国际化经营的决定性作用。对此，蒂斯（D. Teece）和威廉姆森在交易成本的基础上引入生产成本来进行综合，进而解释跨国公司的横向一体化和纵向一体化，使内部化理论前进了一大步。

蒂斯区分了横向一体化和纵向一体化两种情况，考察了许可证交易和FDI之间的选择。对于横向一体化，跨国公司实行内部化的动机主要来自于公司特定资产的充分利用，所以他假定许可证交易和FDI方式的交易成本、生产成本都是技术复杂程度t的函数。其中许可证交易方式的交易成本GC_L、生产成本PC_L是技术复杂程度的增函数。FDI的生产成本PC_{FDI}也是技术复杂程度的增函数，而且在技术复杂程度较低时，$PC_{FDI} > PC_L$；在技术复杂程度较高时，$PC_{FDI} < PC_L$。FDI的交易成本GC_{FDI}基本不随技术复杂程度而变化。

由此可以得到两种方式的交易成本之差$\Delta GC = GC_{FDI} - GC_L$和生产成本之差$\Delta PC = PC_{FDI} - PC_L$，它们都是技术复杂程度$t$的减函数。若把交易成本之差、生产成本之差合在一起便可得到两种方式的总成本之差$\Delta TC = \Delta GC + \Delta PC$（见图3-2）。图3-2清楚地表明，交易成本与生产成本的作用方向相同，二者在技术复杂程度上升时均倾向于选择FDI。图中的点C为分界点，即当技术复杂程度低于C时，适宜选择许可证交易方式；当技术复杂程度高于C时，适宜选择FDI方式。

对于纵向一体化，蒂斯认为其动机主要来自于物质资产和人力资产的专用性，这些资产

[一] 参见朱刚体：《交易费用、市场效率与公司内国际贸易理论》，国际贸易问题，1997（11）。

的服务可用于交易。例如一条输油管道就是专门为某一炼油厂服务的，拥有一项专门技术或技能的雇员只能适合于在某类企业中工作。蒂斯假定外部市场交易成本 GC_M 是资产专用性 k 的增函数，纵向一体化后内部交易成本 GC_V 虽然开始时很高，但当资产专用性上升时，它几乎不变。因此 $\Delta GC = GC_V - GC_M$ 随资产专用性递减。对于生产成本，蒂斯认为两种方式的差异可忽略不计，而且两种方式的生产成本 PC_M、PC_V 不随资产专用性变化。于是总成本函数 TC_M、TC_V 可由 GC_M、GC_V 向上移动相同的距离而得到，总成本之差等于交易成本之差。$\Delta TC = \Delta GC$，所以外部市场的资产专用性临界点仅由交易成本决定。

考虑到蒂斯对生产成本假定的不合理性，威廉姆森认为，外部市场生产成本 PC_M 因受益于规模经济总是小于纵向一体化内部生产成本 PC_V，而且这种规模经济与资产专用性成反比，故当资产专用性增加时，两种生产成本之差 $\Delta PC = PC_V - PC_M \geq 0$ 将不断缩小，所以生产成本之差 ΔPC 也是资产专用性的减函数。于是经威廉姆森修正后，纵向一体化与外部市场两种方式的总成本之差为 $\Delta TC = \Delta GC + \Delta PC$（见图 3-3）。

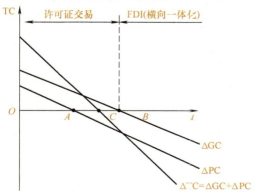

图 3-2　横向一体化的总成本比较

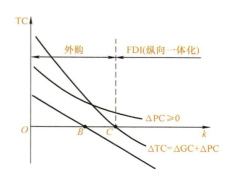

图 3-3　纵向一体化的总成本比较

图 3-3 和图 3-2 有许多类似的地方：一是交易成本与生产成本的作用方向相同，二者在资产专用性（或技术复杂程度——对应于横向一体化）上升时倾向于选择 FDI（纵向一体化）；二是由生产成本与交易成本共同决定的资产专用性（或技术复杂程度——对应于横向一体化）临界点 C 不同于单独由交易成本决定的临界点 B。

上述分析表明，无论是蒂斯还是威廉姆森，他们对交易成本和生产成本进行综合考虑主要是为了说明不同程度的技术复杂性 t 或资产专用性 k 对内部化决策的影响。但他们的综合考虑仅仅停留在对生产成本与交易成本之和的简单比较，没有深入考察生产成本与交易成本之间的相互关系和相互影响。所以，作为跨国公司理论主流学派的核心，内部化理论仍旧对交易成本奉若神明，将它置于超越一切的重要位置；而生产成本只起到一种形式上的补充作用。这就难免使内部化理论的解释力受到很大局限。然而，威廉姆森、蒂斯、拉格曼试图综合考虑交易成本与生产成本的努力方向无疑是正确的。

【关键术语】

市场内部化　中间产品　交易成本　市场交易性失效　市场结构性失效　治理结构　资产专用性

思 考 题

1. 简要分析两类不同的中间产品对一体化形式的影响。
2. 跨国企业选择市场内部化需要具备何种条件?
3. 企业特定优势与内部化优势的含义有何不同?
4. 请用内部化理论分析世界前 100 强跨国企业的产业分布现状与趋势。

延展阅读书目

[1] 巴克利,卡森. 跨国公司的未来 [M]. 冯亚华,池娟,译. 北京:中国金融出版社,2005.
[2] 武永刚. 跨国公司产权重组与资源配置 [M]. 北京:中国社会科学出版社,2002.

第四章

区位理论

【学习要点】
- 传统区位理论的流派及主要观点
- 产品生命周期模型的主要内容与结论
- 国际直接投资区位选择的影响因素

任何一种国际直接投资理论都必须回答跨国公司对外直接投资的动因、条件和流向的问题，没有研究区位问题的理论是不完整的。遗憾的是，到目前为止尚未出现系统的区位理论来解释国际直接投资的布局规律。从研究文献上看，理论界大体沿着三条思路探讨国际直接投资的区位问题。一是从区位经济学入手，从企业生产成本的最小化和靠近市场来进行生产地点的选择。二是从国际贸易理论入手，国际贸易理论接近于生产布局理论，主要考虑资源禀赋、技术、偏好和运输成本等因素对生产地点选择的影响。三是国际直接投资理论，它的区位优势概念基本上沿用了前两条理论路线中的各种因素，区位优势主要包括资源和原材料的可获得性、劳动力的成本、市场及其相关因素、政府政策措施等。

第一节 区位理论的传统与演进

传统区位理论起源于19世纪二三十年代，其主要内容是探讨人类经济活动的空间法则，研究各种经济活动布局在什么地方最好，寻找工业、农业、商业等经济活动的最佳地点。传统区位理论研究的是工业活动如何在一国国内进行生产布局，如果把研究的地域范围扩大，把全球作为可供选择的生产布局地点，那么就会发现，传统区位理论在一定程度上可以用于分析、解释跨国公司对外直接投资地点的选择策略。

一、德国的古典区位理论

德国经济学家运用地租学说和比较成本学说，创立了古典区位理论。

（一）冯·杜能的农业区位论

冯·杜能（Von Thunen）研究了德国农业经营模式和产业化问题，于1826年撰写了巨著《孤立国同农业和国民经济的关系》。在这部著作中，杜能讨论了运输距离、运输成本、地租对农业空间分布的影响，并提出了著名的"杜能环"。杜能设想了一个孤立于世界之外、被四周荒地所包围的孤立国，其中心是一个大城市，这个城市是孤立国制造品的唯一供给者，而城市的食品则完全产自四周的土地；孤立国内各地自然条件和运输条件相同，农业生产的单位产品利润表达式如下：

$$V = P - (C + T) \quad (4-1)$$

式中　P——农产品价格；
　　　C——成本；
　　　T——运费。

杜能以利润最大化为目标函数，得出这样的结论：为了实现利润最大化的目标，决定农场生产品种的选择与经营方式的首要因素是距离，即生产地与市场的距离，自然条件只是次要因素；农业经营规模也与距离密切相关，增加投入必须使价格与边际成本之差能够偿付追加的成本与运费。当生产成本一定时，离中心城市越近，追加的运费越低，边际产量需偿付的越少，生产规模扩大的可能性就越大。地租与距离是负相关的，从中心城市向外围平面延伸，随着可耕地与市场距离的不断增大，可耕地的地租是不断下降的，这样便可形成一个个以城市为中心的同心圆环，半径距离小的环上土地昂贵，宜种植运输成本高或单位面积产值高的作物，而半径距离大的环上则种植土地密集型或运输成本低的作物。于是他设计了孤立国六层农作物圈层结构，这就是著名的"杜能环"。当时，德国经济学家们对农业生产和农产品贸易发展的基本观点是：农业布局方面应根据自然要素禀赋的不同，在各地种植最适合在本地生长的作物；杜能的理论则认为，在农业布局上，并不是哪个地方适合种什么就种什么，与距离有关的地租、运费才是最重要的决定因素。

（二）韦伯和勒施的工业区位论

工业区位论产生于第一次产业革命后的欧洲，当时资本主义的发展主要在以下两个方面为区位论的研究提供了条件：

（1）第一次产业革命使社会分工不断加深和扩大，这种分工不仅表现在农业和工业之间，也表现在工业生产的内部。工业分工在地域上表现为出现了原料地与消费地的分离，货运流量的不断增加需要人们研究生产布局的最佳地点，以降低生产过程中的运输成本及其他成本。对于钢铁工业、机械工业等消耗原材料多、产品较笨重的工业来说，运输成本尤其重要。

（2）资本主义生产竞争的不断加剧，迫使厂家选择最有利的建厂地点，更方便获得生产所需要的原材料、燃料，以使成本最低而利润最大。在这种经济及社会背景下，能否选择最佳区位往往是企业成败的关键，于是，工业区位论应运而生。

1. 韦伯的工业区位论

阿尔弗雷德·韦伯（Alfred Weber）研究了制造业规模庞大的迁徙现象，在1909年的著作《工业区位论》中，韦伯试图回答：工业区位迁徙的一般经济规律是什么？他将生产成本的最小化作为工业区位选择的出发点，被称为区位论中的最小成本学派。

韦伯认为：理想的工业区位应当选在生产成本最小的地点，而影响生产成本最主要的因素是运输成本、劳动力成本和集聚。确定工业布局的程序如下：首先根据运输成本的高低初步确定工业区位，其次根据劳动力成本调整工业区位，最后根据集聚因素确定区位布局。

（1）运输成本对工业区位布局的影响。首先，工业区位应选在运费最低的地方。运费包括原材料、燃料及产品的运输费用。总运输成本最小的地点即是工业区位初次选择的最佳地点。韦伯认为，市场和原料特性决定工业区位的选择。他提出了原料指数的概念，他将生产原料分为地方原料和广布原料，前者只产生于某一特定地点，而后者则是到处都容易得到的。不论是地方原料还是广布原料都有可能既是"纯原料"又是"失重原料"。前者是指经加工后全部重量都完全转移于产品之中的原料，后者是指在生产过程中必损失部分重量的原料。原料指数的定义为需要运输的只存在于局部地区的原料重量与产品重量之比。这样，他所得出的结论是：如果某种工业原料指数大于1，则工业区位应接近原料地以节省运费；反之，则应接近市场。

（2）劳动力成本即工资对工业区位的影响。韦伯认为，在运费最低的地点工资并不是最低的。如果厂址从运费最低点转移到工资最低点时运费的增加量小于工资的节省量，那么区位选择就应该放弃运费最低点而选择工资最低点，即应该选择工资与运费之和最低的地点。在分析工资对工业区位的影响时，韦伯也注意到了工资对不同行业的影响力是不同的。他认为，某种工业所需要采购原料总重量越大，运输成本越高，就越不容易被工资低廉的地区所吸引；反之，则越容易被工资低廉的地区所吸引。为此，他引入了劳工成本指数概念，将其定义为每单位重量产品的平均工资成本。他认为，如果某种产品的劳工成本指数越大，那么，这种产品的生产就越容易被工资低廉地区吸引。

（3）集聚因素对工业区位的影响。韦伯认为，工业布局于各个区域受区域性因素影响；而在工业区域内，厂商为什么集中于此地而非彼处，则受集聚因素影响。工业在某个地方集中是集聚力和分散力相互作用直至均衡的结果。集聚力受技术发展、劳动力组织变化、市场化因素及经济环境因素的影响，集聚能够通过规模经济、范围经济、分工协作等给企业带来收益，然而，伴随工业集聚也会带来地租的增长，过度集中也产生了交通拥挤、物价上涨和环境污染等弊端，由此产生分散力。工业集聚力的作用如果十分强大，那么它可能会使生产区位放弃由运费及工资定向的地点而转移至集聚经济效益最明显的地点。韦伯设计了一个集聚函数$f(M)$，精确地表达大工业单元对小工业单元的吸引程度：

$$R = f(M)/As \tag{4-2}$$

式中　　M——大工业单元的日生产量；

　　　　R——集聚的扩散半径；

　　　　A——工业区位重心；

　　　　s——运输价格；

　　　　$f(M)$——由大工业单元与小工业单元之间原料转移的运输费用和大工业单元的生产能力决定。

韦伯将生产成本的最小化作为工业区位选择的出发点，分析并总结了不同类型的工业区位选择规律。显然，现实经济生活中的工业布局与其理论是大致相符的，凡是产品总成本（包括运输成本、原材料价格成本、工资等）中运费占有较大比重的工业，运费在布局中所起的作用就较大，如钢铁工业、建材工业、造纸工业、制糖工业等的原料指数高达3~4甚至8，像这样的工业部门，在世界各国的工业布局实践中，一般都会选择运输定向，即选择运费最低点为实际的布局地点。

2. 勒施的工业区位论

勒施（A. Lorsh）认为韦伯理论的缺陷是没有注意到市场对工业布局的影响，区位理论不仅应当考虑生产成本的最小化，还应当考虑市场和消费行为因素的极小化。韦伯理论是建立在销售问题已经解决的前提下，但是这与现实不相符合，况且韦伯理论中所追求的生产成本最小化地点并不一定能保证达到垄断资本主义阶段工业企业所希望达到的最大市场及最大利润要求，因此韦伯的理论是有缺陷的。由此，勒施提出，市场及利润的最大化是企业布局的原则及目标，工业企业的生产地点应该尽可能地接近市场。勒施认为，一种产品由生产厂家运输到消费者手中，随着距离的增加，运费必然会增加。产品的销售价格是生产地的价格加上由生产地到销售地间的运费，因此，当到达某一地点时，如果这个价格正好让消费者觉得太高而不能接受，不愿意购买，那么这个地点到生产地的距离就是产品的销售半径，不同的商品或服务的销售半径是不同的。例如，啤酒属于廉价而笨重的商品，因此它的销售半径较小，消费者倾向于就近购买啤酒，一般不愿意为消费啤酒而支付太高的运费。然而，专业医生的服务就不同，人们可能为求得专业医生的服务而行程几十公里，甚至几百、几千公里。可见，销售半径是商品的等级特征，销售半径小的货物为低级货物，如啤酒；销售半径大的货物为高级货物，如医生的服务。销售半径表现在地域平面上即构成产品的市场区，不同产品可能的运输距离及必要的销售量不同，因而生产不同产品的企业就应该有不同的布局特征。勒施理论的这一含义对跨国公司的地点选择策略有重要的指导意义。

（三）区位理论对跨国公司投资活动的解释

区位理论的主要成就包括：一是它提供了一个理论框架，即无论是成本学派还是市场学派，他们都运用了约束条件下目标函数极大化的推理方式，这为工业区位活动分布研究的数学化和科学化奠定了基础；二是区位理论考察和分析了许多因素，诸如运输成本、通信成本、劳动力成本和技能、消费者偏好、行政手续，甚至包括一些跨国间的贸易障碍、政治制度、民族语言等因素。这些因素几乎全部为后来的国际直接投资区位理论所接受。具体来说，区位理论解释跨国公司的投资布局问题存在以下理论上的可能性：

（1）生产要素在空间分布上的不重合（原料地、燃料地、市场、劳动力供应地相互分离）既是区位理论研究工业布局问题的原因，也是跨国公司对外直接投资的原因。跨国公司对外直接投资的动机是为了最大限度地节约成本及扩大市场和利润，而工业区位论的研究出发点也是企业成本最小化及市场最大化，因此，在理论上用工业区位论来解释跨国公司的直接投资是有可能的。

（2）跨国公司进行对外直接投资具有多样化动机，有的是为了避开东道国严重的贸易保护壁垒；有的是为了节约运输成本和劳动力成本，减少税收支出；有的是为了获取和利用国外先进的技术、生产工艺及管理经验；有的是为了分散风险。韦伯的理论可以用于解释为了降低生产成本而进行对外直接投资的跨国公司的活动，其生产成本主要包括劳动力成本和运输成本；勒施的理论可以解释为扩大市场而对外投资的跨国公司的活动，它们可以用于分析跨国公司海外投资的产业分布问题。具体分析如下：

1）劳动密集型产业的对外直接投资。跨国公司将劳动密集型产业从发达国家向发展中国家转移是为了节省劳动力成本，这是其在全球范围内对劳动力成本进行比较后做出的选择。第二次世界大战后在太平洋地区，劳动密集型产业经历了从美国、日本转移到亚洲新兴工业化国家和地区以及东南亚国家联盟（简称东盟）、中国的过程。可以看出，劳动力资源丰富、劳动力价格低的东道国对劳动密集型产业具有吸引力，这正说明了在全球范围内，劳动力是一种区位因子，它在劳动密集型产业的布局中有着重要的作用，即廉价的劳动力对劳工成本指数较大的产业有较强的吸引力。

2）资源密集型产业的对外直接投资。大多数矿产资源，如铁、铜等都较笨重，运输成本较高，因而跨国公司倾向于在东道国当地进行一体化生产，以避免对笨重矿产进行长途运输及进口。跨国公司在矿产资源丰富的国家进行垂直一体化投资，进行开采、提炼、加工的一体化生产，在很大程度上是基于节约运输成本的考虑，尤其对于比较笨重、加工中会出现大量残渣的矿产而言，布局在原料产地尤有必要，这即韦伯所说的粗原料倾向于使工业区位接近该种原料产地的道理。

3）服务业的对外直接投资。服务业在全球各处的迅猛发展是因为服务的生产与消费环节是同时完成的，因此接近消费市场是这类部门的重要布局原则。服务业为了扩大市场，跨国公司就必然选择以在多个国家或在一个国家的多个地区、多个城市设立分公司和子公司的形式进行生产从而获得更多的消费者，这验证了勒施为扩大市场而进行生产布局的理论。

然而，人们也必须看到区位理论不能完全照搬用来解释国际直接投资的区位分布。其原因有二。一是区位理论主要研究一国投资者在本国范围内工业活动的分布规律，而国际直接投资区位理论则考察一国投资者在本国之外的全球其他国家或地区选址的活动规律。一般说来，国家之间的各种差异远远大于一国内部不同地区间的差异。原来没有考虑到的或忽略的国别间的因素必须加进来，这些因素包括东道国对外资的态度、外汇管制和汇率变化、经济优惠措施、社会文化差异等。此外，当跨国公司的动机被考虑进模型时，情况就更复杂了。自然资源开发型、市场开发型、追求效益型、追求战略资产型以及辅助服务型的跨国公司各有自己的跨国动机和选址原则。把越来越多的、甚至不可量化的因素纳入众多约束条件下来求解目标函数极大（小）化，事实上是不可能的。二是区位理论忽略了国际直接投资者与国内投资者的一个根本区别，即国际直接投资者比东道国的企业有特别的优势，这种优势使得他们到国外投资而不是仅仅在本国投资。

二、要素禀赋与生产布局理论

要素禀赋理论（Factor Endowment Theory）是探讨国际贸易的成因和影响的基础性理论，至今仍在国际贸易中占据重要地位。要素禀赋理论的基本观点是：在完全竞争的假设前提下，封闭条件下的相对价格差异是国际贸易产生的基础，相对价格决定着比较优势，国家供给和需求方面的差异是造成相对价格差异的根源。要素禀赋理论最早由赫克歇尔（Eli Heckscher）和俄林（Bertil Ohlin）提出，被称为 H—O 理论。当俄林获得 1977 年经济学诺贝尔奖时，他于 1933 年完成的著作《地区间贸易和国际贸易》（Interregional and International Trade）被提名为他的主要贡献。这是第一本力图把贸易与布局问题结合起来的著作。俄林在该书第 1 版序言中明确表示，他将致力于解决四个方面的问题⊖，其中第二个问题是：证实国际贸易理论仅仅是一般布局理论的一部分。俄林认为，国际贸易理论是一个"多边市场理论"，国际贸易理论是接近于布局理论的，布局理论比国际贸易理论更为广泛。在这部著作中，俄林对价格的空间方面影响予以充分的考虑，对在国内生产要素的供应和运输费用方面的地区差别的影响予以适当的考虑，此外，他还讨论了地理位置、规模经济对贸易的影响，并研究了资本流动的因果关系。当把各种运输条件的影响和大规模生产的优点结合起来时，关于生产布局以及国际贸易的性质和影响所做出的结论，同仅仅考虑生产要素的稀缺性

⊖ 俄林在该书中力图解决的四个问题：①建立一种与价格相互依赖理论相一致的国际贸易理论，从而脱离古典的劳动价值论；②为了表明国际贸易理论仅仅是一般布局理论的一部分，从而对价格的空间（或区域）方面予以充分的考虑，为了使这一理论的某些基本原理成为国际贸易理论的基础，对在国内生产要素的供应和运输费用方面的地区差别的影响予以适当的考虑，在这方面迫切需要经济学家和经济地理学家之间的合作；③分析生产要素在国内和国际的流动，特别是分析它们与商品流动之间的关系；④描述在固定汇率情况下，也即在金本位或金汇兑本位制度下，国际贸易变动和国际资本流动的机制。

所得出的结论就有很大的不同①。西方经济学界认为《地区间贸易和国际贸易》不仅是对国际经济学的一大贡献，而且还对生产布局理论做出了重要贡献，开拓了贸易与生产布局关系的新领域。

由要素禀赋的观点产生了区位优势的思想。由于国与国之间要素禀赋存在差异，使得要素价格也产生差异，进而导致生产成本和产品价格的差异。依据这一思想，吸引跨国公司海外投资的东道国区位优势主要有：

（1）自然资源优势。在石油、天然气、有色金属、橡胶等初级产品生产行业，资源寻求型投资往往通过垂直一体化战略安排国际生产布局。

（2）劳动成本优势。发展中国家在劳动密集型产品生产方面的竞争优势说明了劳动成本的重要性。

（3）市场需求的吸引力。东道国的市场规模及其增长速度、收入水平、市场竞争结构等会直接影响跨国公司的投资决策。特别是当东道国贸易壁垒较高时，市场规模等因素明显与规模经济相关。此外，在当地生产也有利于改善自己的市场竞争地位，例如，可以及时获得信息、降低运输成本等。市场需求因素对在发达国家之间的直接投资具有十分重要的作用。在经济一体化组织内也将提供类似的潜在可能性。

（4）贸易壁垒。关税与非关税壁垒的存在，也会影响跨国企业在出口和直接投资间的选择。特别是一些发展中国家，实行进口替代战略目标是要吸引那些过去向其出口的外国企业到当地建立制造业子公司。或者是为了平衡贸易收支，有意识地利用关税、配额和当地标准等贸易壁垒来限制进口，鼓励外国企业投资。这也是导致直接投资发生的一个重要区位因素。

（5）政府优惠政策。20世纪70年代末以来，在经济全球化和经济自由化的直接影响下，各国纷纷制定了吸引外国直接投资的政策，包括从基础设施建设到税收、外汇等方面的优惠，有利的投资环境是跨国公司选择区位的重要因素。

第二节　产品生命周期理论

美国哈佛大学教授雷蒙德·弗农在1966年发表的《产品周期中的国际投资和国际贸易》论文中，提出了著名的产品生命周期模型（The Product Life Cycle Model，PLC）。弗农的产品生命周期模型是在俄林和赫克歇尔的要素禀赋理论、林德尔（S. B. Linder）的需求偏好相似理论、波斯纳（M. A. Posner）的技术差距理论的基础之上产生的。产品生命周期模型第一次从比较优势的动态转移角度将国际贸易和国际投资纳入一个整体中来考察企业的跨国经营行为。

一、产品生命周期模型的理论渊源

（一）熊彼特的创新经济学

熊彼特（J. A. Schumpeter）1912年出版的德文著作《经济发展理论》，首次提出了"创新"这一概念，认为技术创新是资本主义经济增长的主要源泉。熊彼特不仅把创新看成是

---

① 参见贝蒂尔·俄林：《地区间贸易和国际贸易》，商务印书馆，1986年，第382~391页。

理解资本主义体系及其发展的核心概念，而且认为，因为创新是自发的、间断的、革命性的而非数量性的现象，所以资本主义经济发展过程是一个动态过程，而不是瓦尔拉斯（Léon Walros）以来新古典经济学家所描述的静态均衡过程。熊彼特的技术创新模型可表述为：①技术来自于企业内部的创新部门；②成功的技术创新使企业在一定时期内获得超额利润，形成行业的暂时垄断；③大量模仿者的加入削弱了垄断者的地位。1947年，熊彼特在他的另一著作《资本主义、社会主义与民主》中，进一步强调了垄断企业在创新中的巨大作用。

（二）林德尔的需求偏好相似理论

瑞典经济学家林德尔在1961年出版的《论贸易与转变》著作中，在国际贸易理论方面，重点从需求方面探讨了国家间贸易的原因和模式，提出了需求偏好相似理论（Theory of Demand Preference Similarity）。林德尔的需求偏好相似理论主要包括以下三方面的内容：

（1）国内需求是出口贸易的可能性条件基础，出口贸易是产品国内生产和销售的自然延伸。企业在生产已满足国内市场需求后，为了追求利润的最大化，必然要追求规模经济，当国内市场制约了企业生产规模扩大的时候，生产企业便会开拓相对不熟悉的国际市场，通过产品的出口，扩大生产，增加盈利。企业对外贸易活动在很大程度上受其国内经验的影响。

（2）影响一国需求结构的决定因素是人均收入水平。假定不同收入阶层的消费者消费偏好不同，即收入高的消费者偏好质量高的商品，收入低的消费者偏好质量低的消费品。同时还假定世界不同国家的消费者如果收入水平相同，那么其偏好也相同。根据此假定，人均收入水平不同的国家，其需求结构也不同。

（3）需求结构越相似，两国贸易量越大。本国的潜在出口产品由本国的消费结构决定，本国的消费结构又由本国的人均收入水平决定。因此，两国人均收入水平越接近，两国的需求结构就越相似，两国的产品结构就越类似，两国相互需求就越大，由此产生的贸易量就越大。

林德尔认为，一国人均收入水平升高，对工业制成品尤其是奢侈品的需求就会增加，从而会带动本国工业制成品生产增加。为了满足市场需求，生产者改进技术提高产量，结果使产量的增加超过需求的增长，从而为出口创造条件。出口对象是收入水平相近、需求相似的国家。总之，林德尔把收入水平相近、要素禀赋和需求结构相似看作是决定贸易格局的关键因素。

（三）波斯纳的技术差距理论

美国经济学家波斯纳于1961年在他的《国际贸易和技术变化》一文中提出技术差距理论（Technological Gap Theory）。这一理论以不同国家之间的技术差距对贸易发生的原因进行解释。波斯纳在描述技术差距时，提出了模仿时滞的概念，并研究了在时滞的影响下技术差距所导致的贸易模式。

波斯纳把产品创新到模仿生产的时间称为模仿时滞。模仿时滞分为三类：第一类是需求时滞，是指新产品出口到其他国家，一时因消费者尚未注意或不了解，而不能取代原有的老产品所需的时间差；第二类称为反应时滞，是指一个国家在新产品进口后，需求逐渐增加，使进口国的生产商感到不能再按照旧的方法生产老产品，因此要进行调整来生产新产品，但这中间需要有一段时间，即为反应时滞；第三类是掌握时滞，即模仿国从开始生产到达到出口国同一技术水平，国内生产扩大，进口变为零的时间间隔。相关情况如图4-1所示。

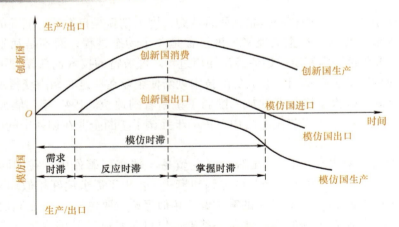

图 4-1　技术差距与模仿时滞

波斯纳的理论逻辑是：创新国引入技术创新后，生产出新产品，在一定时期内形成技术领先差距，该国向国外出口这种新产品，随即外国市场开始对新产品有需求；当外国渐渐熟悉并通过技术合作、跨国公司的对外直接投资等途径掌握了这些高新技术之后，模仿生产这些产品，从而减少进口，并最终凭借着低廉的要素成本优势向创新国出口该产品时，创新国的创新利润完全丧失；但创新国不断地引入更新的产品和工艺流程，创造出新一轮的技术差距，如此周而复始。

（四）产品生命周期理论的形成

在传统的 H—O 理论中，贸易或投资主要是由生产要素禀赋差异引起的，它无法解释第二次世界大战后美国与欧洲在制造业中贸易、投资的迅猛增长。对此，弗农借用波斯纳的技术差距理论和林德尔的需求偏好相似理论，在产品生命周期内来考察贸易和投资的关系。首先，弗农延续了熊彼特关于企业创新和新产品的导入给经济带来"间断性变化"这一思想传统，着重分析了创新活动对国际贸易和国际投资的影响。其次，弗农发展了波斯纳的技术差距理论。技术差距理论证明了即使在要素禀赋和需求偏好相似的国家间，技术领先也会形成比较优势，从而产生国际贸易，然而却不能解释为什么某些国家处于技术领先地位，而另一些国家则处于落后地位，也不能令人满意地解释模仿时滞。弗农将需求因素看作技术创新的必要条件和出发点（高收入国家首先对创新产品有市场需求），有助于理解这些现象。

二、产品生命周期模型的主要内容

（一）产品生命周期模型 I

该模型是弗农 1966 年在其《产品周期中的国际投资和国际贸易》一文中提出的，主要试图解释第二次世界大战后初期美国制造业在欧洲的海外投资活动。弗农早期将产品周期分为三个阶段，分别是产品创新阶段、产品成熟阶段和产品标准化阶段。弗农重点分析了工业制成品在不同产品生命周期阶段中产品供给和需求的特点，市场竞争方式所导致的对要素投入的要求、生产区位的选择，以及由此引起的国际贸易和对外直接投资的流动模式。

产品生命周期模型建立在以下一些基本的前提下：①存在非充分就业；②生产要素在质上存在差异，并且能在国际流动；③生产函数随时间而发生着变化，生产的规模报酬递增；④技术创新是一个间断的、突变的过程；⑤技术市场是不完全竞争市场；⑥需求取决于收入水平，消费结构随收入水平而变化；⑦进口国市场存在贸易壁垒。

在上述基本前提下，弗农的基本假设有以下三条：第一，各国企业创新机会并不均等。发达国家在获取、理解科学原理方面具有同等的能力，但各国在运用科学进行技术创新、开发新产品使之市场化方面存在差异。第二，企业家对投资、贸易机会的认识和把握是信息传递的函数，而信息传递又取决于地理距离的远近，企业的沟通成本会随着企业与市场间距离的扩大而迅速增加。第三，知识并非普遍存在的免费商品，它是决定投资、贸易的重要变量。

弗农认为，新产品的创新一般首先发生在美国。这是因为美国较高的单位劳动力成本引起了对复杂技术设备的需求；美国较高的收入水平决定了其对新产品的需求强度大于其他国家；美国高水平的技术、强大的研究与开发能力和丰裕的资本使其在新产品开发与生产上占优势地位。美国首先推出新产品，这样，产品生命周期性运动便开始了。在产品生命周期的不同阶段，国际贸易和对外直接投资呈现出下列变化：

1. 产品创新阶段

在产品创新阶段（the Phase of Introduction），美国生产全部的新产品，并向欧洲出口。在这个阶段，新产品的生产技术为美国所垄断。随着生产规模的扩大，新产品的产能不断扩大，新产品的销售市场也从美国国内扩展到发达的欧洲国家。出现这一现象的原因在于：当产品处在新产品阶段时，创新国企业发明并垄断着制造新产品的技术。从产品要素特性看，这一阶段产品是技术密集型的；从成本特性看，由于这时没有竞争者，成本对于企业来说不是最重要的问题；从产品的价格特性看，这一阶段，生产厂商数目很少，产品没有相近的替代品，因此产品价格比较高。新产品尚未完全定型，需要和本国市场、本国消费者保持密切联系，以此来改进产品的生产技术，因此新产品生产地确定在创新国。对少量的外国市场需求，企业则通过出口方式予以满足，企业无须冒很大的风险进行海外直接投资活动。此时只会出现出口贸易而不会出现对外直接投资。

2. 产品成熟阶段

在产品成熟阶段（the Phase of Maturation）的前期，欧洲开始生产新产品，美国仍控制新产品市场，并开始向发展中国家出口新产品。在美国和欧洲发达国家之间，新产品生产的技术差距逐步缩短，欧洲不断扩大新产品的自给能力。在这一阶段后期，欧洲替代美国成为新产品的主要出口地，美国在新产品生产中的技术优势完全丧失，发展中国家的新产品需求市场开始为欧洲国家所控制。因此，在产品成熟阶段，美国企业为增强竞争力不得不通过对外直接投资在欧洲设立企业，在东道国的企业生产并向发展中国家出口产品，并在美国又开始其他新产品的创新和生产。出现这一现象的原因在于：技术已经成熟，产品已经定型，国内外消费者已完全接纳了这种产品，国外需求不断增加。产品已定型，这时只需要扩大生产规模，使用半熟练劳动力即可，因此要素投入的特性发生变化，由技术密集型转变为资本密集型。从价格特性上看，由于这一阶段是产品增长时期，产品有了广泛的市场，参加竞争的厂商家数很多，消费需求的价格弹性增大，厂商只有降低价格才能扩大自己的销路；此外，伴随着产品的成熟，会出现仿制品和替代品同该产品进行竞争的局面。竞争的格局使生产者必须考虑生产成本的降低问题。随着出口增加及技术的扩散，其他发达国家也开始制造此类产品，其他发达国家不需支付国际间运费和缴纳关税，也省去创新国在创始阶段花费的大量科技发明费用，因而，成本要比创新国的进口产品低。生产国为保护本国民族工业，需要保护本国市场，会实施关税和非关税壁垒，以此来限制新产品的输入。因此，原创新国的生产者开始通过对外直接投资，实现当地生产和当地销售，来降低生产成本，跨越贸易壁垒。这样就会使原来的产品贸易被直接投资所替代。

3. 产品标准化阶段

在产品标准化阶段（the Phase of Standardization），美国成为净进口国，欧洲国家成为新产品的供给者，发展中国家在贸易保护政策下开始生产新产品。在这个阶段前期，欧洲生产规模急剧扩大，竞争优势明显，并彻底挤垮美国，发展中国家逐渐掌握新产品的生产技术，并在高成本状态下开始自给。在这一阶段后期，欧洲的竞争优势开始下降，发展中国家成为净出口者。在这个阶段，新产品的生产已经完全标准化，欧洲国家的竞争地位被削弱，发展中国家则凭借其资源和劳动力优势，不断降低成本，扩大生产规模，并逐渐成为净出口者。到这里为止，制成品贸易完成了一个周期。在产品标准化阶段，产品的生产技术会由于贸易和投资的外在性逐步扩散，企业的技术垄断特定优势明显消失，企业间的竞争转化为价格竞争，价格竞争转化为成本竞争。美国和欧洲的企业为增强竞争力，或者选择将生产地点进一步转向低成本、低收入的国家，或者选择垂直性直接投资方式，将产品生产中的劳动密集型工序在低成本国家进行。因此，产品生产地已逐渐开始向一般发达国家，甚至发展中国家转移，范围在不断扩大；生产的产品返销到跨国公司的母国和其他外国市场。实际上，这种直接投资从两国贸易的产品流向上实现了完全替代，并且又开始了反向的贸易活动。

产品生命周期模型Ⅰ的基本思想是：在产品的整个生命期间，生产和销售所需要的要素是会发生变化的，因此在新产品的生产中可以观察到一个周期。当新产品被引入时，通常需要大量的研究与开发费用和人力资本含量高的劳动力；当这一产品的生产技术日臻成熟而走向大规模生产时，产品日益变得标准化，需要标准化的技术和大量的非熟练劳动力，这时在这一产品上的比较优势就由最初开发时的技术和资本富裕的发达国家转移到劳动力相对富裕、劳动力成本相对低廉的国家。这一比较优势的动态转移通常伴随着技术创新国与其他国家之间的国际贸易和对外直接投资活动。根据产品生命周期的不同阶段可以推断出：发明新产品、当地生产、对外出口、对外直接投资是产品生命周期阶段或是产业生命周期阶段演进的结果。这样，在单一商品生产和贸易的分析框架中，产品生命周期理论构成了对外直接投资替代对外贸易的思想。图 4-2①描述了美国和欧洲之间的贸易和投资演变过程。几个关键的时期是：t_1 美国开始出口，t_2 欧洲开始生产，t_3 美国开始进口。从 t_2 时期起，假设欧洲相当份额的产出是由美国跨国企业在欧洲的子公司生产的。同样，当美国开始进口时，也涉及美国在欧洲的子公司的生产活动。

（二）产品生命周期模型Ⅱ

产品生命周期模型Ⅰ以美国的跨国公司为研究对象，说明了一个最发达的国家的产品出口和国际直接投资的现象，但是，它难以解释许多后来发展起来的国际直接投资活动。弗农也承认，他的理论在以下两个条件变化的情况下变得苍白无力：一是越来越多的国家从事技术创新，并由此建立海外子公司；二是随着经济国际化和全球化的发展，发达国家之间在收入水平、市场规模、要素成本方面日趋接近。在国际产业竞争的环境下，一个给定产业内的公司在该产业的发展进程中的投资行为需要考虑各公司之间的相互反应，因此，许多跨国公

---

① 参见尼尔·胡德、斯蒂芬·扬：《跨国企业经济学》（中文版）．经济科学出版社，1990 年，第 72 页。

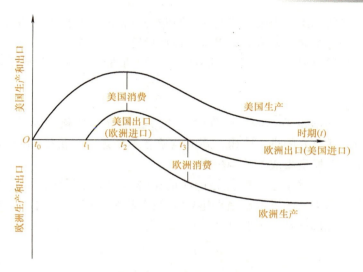

图 4-2 美国和欧洲之间的贸易和投资演变过程

司海外生产业务并不遵循上述的三阶段规律,而是在新产品开发时期就直接在国外开发新产品并跨国组织生产。弗农于 1974 年在一篇题为《经济活动的区位》的论文中,引入国际寡占行为来修正其产品生命周期理论,即产品生命周期模型Ⅱ。[①]

修正后的产品生命周期相应地改为创新寡占阶段、成熟寡占阶段、老化寡占阶段三个阶段。弗农认为,在不同的阶段寡占形成的动因不同,其区位选择的原则也各异。此外,生产区位的选择与技术研究开发的区位配置密切相关,所以他将 R&D 活动分为间接的、抽象的 R&D 和直接的、具体的 R&D,分别对它们的区位选择予以考察。

1. 创新寡占阶段

在创新寡占(Innovation‐based Oligopoly)阶段,产品生产非标准化且产品价格需求弹性低,生产者追求寡占、垄断地位,因此在生产区位的选择上,成本因素处于次要地位,出于研发和营销等方面的协调需要,这时生产活动一般选在技术创新水平高的母国。即这一时期生产区位的选择适宜用产品生命周期模型Ⅰ来解释。

2. 成熟寡占阶段

在成熟寡占(Mature Oligopoly)阶段,弗农认为生产区位的选择可由寡占理论来解释。当公司成长时,生产的资本密集度上升,规模经济更趋重要,产业内公司之间的寡占反应也将加剧。这是因为,随着固定成本在总成本中的比例上升,竞争对手们采取侵略性削价策略导致毁灭性打击的可能性增大,故公司越来越倾向于兼顾利润与安全,在风险、收益之间做一些替换。寡占存在的基础在于规模经济、营销技能和运输距离所引起的进入障碍,市场份额和安全性上升到对公司至关重要的地位,因而它们常常通过价格协定、跟进、相互渗透和联盟等策略来实现稳定性。基于稳定世界市场份额的考虑,企业会在其竞争对手的重要市场设厂生产,借此强化其讨价还价的地位。与创新寡占阶段相比,由于产品和地区的战略将取决于其他寡头企业的行动和反应,研究与开发、生产和市场购销方面的规模经济,构成了阻

---

① 参见 R. Vernon:《The Location of Economic Activity》,载于 J. H. Dunning:《Economic Analysis and the Multinational Enterprise》,London,George Allen & Unwin,1974。

止竞争对手进入市场的障碍。当某一家企业实行新的价格战略和投资战略时，现有的市场均衡会被打破，其他企业会立即采取对策以维持市场稳定。从这个意义上看，产品生命周期模型Ⅱ所预示的结果与尼克博克（F·T. Knickerbocker）所观察到的"跟随领先者"的行为十分相似。

3. 老化寡占阶段

在老化寡占（Senescent Oligopoly）阶段，产品已完全标准化，规模经济、营销技能、运输距离等已不再构成有效的进入障碍，新的竞争者不断进入，价格和成本竞争渐趋激烈，这时的生产区位按古典模型由成本结构决定。

产品生命周期模型Ⅱ继承了垄断优势论和尼克博克的寡占反应论的思想，在各个阶段中，跨国公司根据不同类型的进入壁垒来建立和维持其垄断地位，技术、规模经济、成本等因素对跨国公司的区位选择具有重要意义。

三、对产品生命周期理论的评价

弗农分析了在产品生命周期不同阶段中要素供给和产品需求上动态变化的特点，用于解释国际直接投资的动机、时机与区位选择，以及由此引起的国际贸易和对外直接投资的流动模式，解析了企业演变为跨国公司的发展历程和由出口贸易转向直接投资的过程：发明新产品、当地生产、对外出口、对外直接投资。产品生命周期模型Ⅰ的基本结论有三点：①随着产品生命周期的演进，比较优势呈现一个动态转移的过程，贸易格局和投资格局随着比较优势的转移而发生变化；②每个国家都可以根据自己的资源条件，生产其具有比较优势的、处于一定生命周期阶段上的产品，并通过交换获得利益；③对外直接投资的动因和基础不仅取决于企业拥有的特殊优势，而且还取决于企业在特定东道国所获得的区位优势，只有这两方面优势的结合，才能使直接投资最终发生，并给投资者带来利益。产品生命周期论的独创性在于动态地研究了厂商竞争优势形成的基础和转移的过程。在产品生命周期的不同阶段，由需求结构导致了产品要素投入结构的变化，由技术密集型产品转向资本密集型产品，再转向劳动密集型产品。产品转型是创新国进行海外投资的基础，它决定着对外直接投资的区位与时机的选择。产品生命周期模型Ⅱ实际上是一种寡占产业发展过程中的区位选择理论，它突破了产品生命周期模型Ⅰ由工业国向欠发达国家进行出口、对外直接投资、许可证交易的分析框架，在成熟寡占中纳入了交换威胁、交叉投资的思想。

1. 产品生命周期理论的贡献

（1）产品生命周期理论弥补了古典贸易理论静态分析比较优势的局限，第一次从比较优势的动态转移角度将国际贸易和国际投资作为整体考察企业的跨国经营行为。弗农认为，随着产品生命周期的演进，比较优势呈一个动态转移的过程，贸易格局和投资格局随着比较优势的转移而发生变化；每个国家都可以根据自己的资源条件，生产其具有比较优势的、处于一定生命周期阶段上的产品，并通过交换获得利益。

（2）产品生命周期理论是第一个间接回答国际直接投资去向的理论，弗农的方法是以产品生命周期作为横坐标，与区位因素结合起来，将东道国的区位优势与企业的垄断优势（主要是技术优势）结合起来进行动态考察，说明国际生产格局的形成。它揭示了对外直接投资的动因和基础不仅取决于企业拥有的特殊优势，而且取决于企业在东道国所能获得的区位优势。只有这两种优势的结合，才能给投资者带来利益。

（3）弗农的产品生命周期模型融和了 H—O 理论和垄断优势论的思想，为制造业跨国公司的成长提供了一个有力的分析工具。产品生命周期理论一方面以技术创新能力的差别为海默没有解决的一个难题提供了一个简明的个案——为什么在第二次世界大战后是美国而非其他国家的跨国公司在国际中居支配地位？为对外直接投资的垄断优势论提供有力补充和支持。该模型从技术差距的角度阐述了跨国公司从事跨国经营的基础，特别是对最初从事跨国经营并与最终产品相关的企业，产品生命周期模型有较强的借鉴意义。另一方面，产品生命周期理论将需求、技术的差异初步引入到贸易与投资的综合分析框架中来，对美国、欧洲等要素禀赋相似的国家之间制造业的大量贸易、投资做了令人信服的解释。

（4）对外直接投资理论在研究方法上是微观的，是依据跨国公司的成本最小化（或利润最大化），运用成本—收益的微观分析方法推演形成的，它通常只涉及一个产业。受国际贸易理论的影响，产品生命周期模型 I 的分析立足于两个国家（如美国和欧洲工业国），并涉及两种产业（技术和资本密集型产业），通过引入收入、需求、创新、空间距离等宏观因素来研究贸易与投资，从而形成了对传统 H—O 理论的有益补充，这种研究方法颇具启发意义，为后来小岛清的边际产业转移论埋下了伏笔。产品生命周期模型 II 注重跨国公司的策略竞争行为对国际直接投资的影响，如先发制人、示范效应等竞争策略与竞争机制的运用，对近年来美国等发达国家垄断型跨国公司的行为具有更好的解释力。然而，由于其研究的是"公司"行为，应划入对外直接投资微观理论范畴。

2. 产品生命周期理论的缺陷

（1）产品生命周期理论能够在一定程度上解释以美国为代表的发达国家的对外直接投资行为，然而，由于当今发达国家之间技术优势差距的缩小以及跨国公司网络的发展，使得原来主要解释标准工业品的国际产品生命周期理论的区位预测能力日益减弱。此外，产品生命周期理论无法解释 20 世纪 70 年代以后，欧洲国家和日本对美国的大规模直接投资活动，更不能说明近 20 年来发展中国家对发达国家直接投资迅速增长这一现象。[⊖]

（2）产品生命周期理论关注的是产品市场，不包含要素市场，研究的是工业制成品生命周期内的国际贸易与投资的流动模式，而对资源开发型投资与技术开发型投资的动因缺乏解释力。

针对产品生命周期理论的第一个缺陷，威尔斯、坎特韦尔（J. A. Cantewell）依据产业竞争的观点提出了"技术积累论"。技术积累论试图说明为什么技术更多地在国际网络而非在一系列独立的工厂中被开发出来。它把企业内的技术发展看作一种积累过程，即新技术的创造是一种渐进的、持续的提炼过程。获取新技术和技术创新能力必然成为寡占产业中各企业追求的重要目标。技术创新在产品生命周期模型 II 和技术积累论中的作用与地位是不同的。产品生命周期理论认为技术创出来以后将扩散到国外进而使原来的创新寡占过渡到成熟、老化的寡占。而技术积累论认为公司的技术创新与其国际化生产是相互促进的，因而技术在新环境中的使用性能将反馈回来作为公司积累、改进成为再创新的基础。

赫希曾从产品生命周期的观点出发分析不同国家和地区在不同行业中的潜在竞争力。赫希的分析是用产品生命周期理论补充 H—O 理论的一种尝试。这一尝试是在传统的三种生产

⊖ 参见 R. Vernon：《The Product Cycle Hypothesis in a New International Environment》，Oxford Bulletin of Economics and Statistics，1979，P41。

要素之外增加了管理、非熟练劳动力、科技知识和外部经济等新的要素，并将其与产品生命周期的各个阶段相联系，它考虑了随产品生命周期的不同阶段，比较优势将从一个国家组向另一国家组转移的情况。赫希指出，产品的生命周期不仅取决于技术创新，也取决于产品差别化。实际上，新产品与旧产品差别化的联系比与技术创新的联系更密切。只有当外国企业界或消费者认为一种产品有其独特之处时，新产品的生产国才会取得出口垄断地位。差别化可能产生于技术创新（特别是对于一种全新的产品），也可产生于式样、设计、包装的改进和服务方面的变化。进一步说，并不是所有的技术创新都体现在产品上，某些创新可能只是改进现存产品的制造过程。由此可以认为，产品生命周期模型可以被用于解释差别化产品的贸易，而不论这种差别化是否与技术创新相联系。[一]

针对产品生命周期理论的第二个缺陷，梅基（S. P. Magee）和罗宾斯（N. T. Robins）在1978年将此理论运用于对国际贸易中占有重要地位的原料贸易的分析，提出了原料贸易周期说。从原料贸易的流向来看，它呈现出与工业制成品贸易流向正好相反的过程特征。在第一阶段，少数具有自然优势的发展中国家是世界原料的主要供给者，而发达国家则是主要进口者。在第二阶段，其他发展中国家加速开发原料生产，以便利用自己的劳动力优势逐渐取代原有的少数原料出口优势国家，成为国际市场原料的主要出口者。在第三阶段，发达国家的技术进步优势开始作用于原料，出现了合成原料，原料供应的优势从发展中国家转向了发达国家，这些发达国家逐渐开始出口合成原料。

总的来看，产品生命周期理论将对外直接投资理论同国际贸易、产品的生命周期有效地结合在一起，并将传统理论所使用的静态分析方法演变成动态分析方法，放松了传统理论的一些假定，进一步贴近了国际经济现实。产品生命周期理论重视研究与开发、规模经济和市场需求等影响生产区位选择的因素，以及对贸易和投资的影响，因此，该理论无论在国际贸易理论还是在国际直接投资理论方面都具有较大的影响。

第三节　对外直接投资区位理论

一、邓宁的区位优势理论

在跨国公司理论发展过程中，垄断优势论和内部化理论提出了跨国公司对外直接投资的动因与条件，都没有直接回答跨国公司到哪里去投资的问题，只能从他们的基本结论中推导出有关区位的结论。涉及区位的有关因素有市场规模、市场结构、垄断优势、国际贸易、当地合作伙伴、融资、产品差异化、企业规模、研究和开发、关税和非关税壁垒、汇率变化等。

早在1958年，英国里丁大学教授邓宁在研究美国在英国制造业的投资时，发现美国在英国的子公司的生产率高于当地竞争者的生产率，但低于它们母公司的生产率。这说明，英国、美国生产率差异部分由区位特定因素决定，部分由所有权特定因素决定。在邓宁看来，仅仅拥有所有权优势一项，只能说明跨国公司具备了对外直接投资的前提，这是一个必要条

[一] 参见 S. Hirsch：《An International Trade and Investment Theory of the Firm》，Oxford Economic Papers，July，1976，P28。

件，但不充分，并不意味着跨国公司必然会进行对外直接投资。跨国公司拥有内部化优势，也只能说明跨国公司在内部对技术和知识等中间产品加以利用可以获得某种优势，但得不出跨国公司必然要进行对外直接投资的结论。只有在引入区位优势之后，才能解释跨国公司为什么要到海外投资设厂。

在邓宁看来，区位特定优势是指由于公司选择不同的生产地点所带来的优势。它来自东道国的环境条件，包括以下三种：①由当地特定资源禀赋结构决定的成本优势；②由当地有关的政策、法规（如税收、补贴、劳动培训条件、投资限制等）带来的优势；③由原料地、生产地、市场之间的运输距离所决定的运输成本优势。

1993年，邓宁进一步发展了区位优势理论。邓宁认为主要的区位优势变量有：自然和人造资源以及市场的空间分布；投入品的价格、质量以及生产率（如劳动力、能源、原材料、零部件和半成品等）；国际运输和通信成本；投资优惠或歧视；产品和劳务贸易的人为障碍（如进口控制）；基础设施保障（如商业、法律、教育、运输和通信等）；跨国间的意识形态、语言、文化、商业惯例以及政治差异；研究和开发，生产和营销集中所带来的经济性；经济体制和政府战略；资源分配的制度框架等。

邓宁认为，在不同层次上区位优势的表现形式不同。在国家或地区层次上，区位优势主要表现为：国家间的地理距离和心理距离；政府干预（如在关税、配额、税收等方面对外国投资者或本国跨国公司的支持）。在产业层次上，区位优势主要表现为：非移动资源的来源和分配；中间和最终产品的运输成本；与行业相关的关税和非关税壁垒；同一行业中企业竞争的性质，行业活动的分离性；敏感区位变量（如税收优惠、能源和通信成本）的重要性。在企业层次上，区位优势主要表现为：对海外活动的战略管理；对外投资的时间和经历（如处于产品生命周期中的位置等）；心理距离变量（如文化、语言、法律和商业机制）；对职能（如R&D和市场分配）集中化的态度；资产组合的地理结构；对风险分散化的态度。[一]

国际生产折衷理论的核心之一是区位优势决定跨国公司是采取对外直接投资方式还是其他国际经营方式。区位优势往往与跨国公司的对外投资动因紧密相关。表4-1表明不同类型的跨国公司有不同的战略目标，需要的区位优势也不同。此外，区位因素也随国家或地区、产业以及企业的变化而变化。

表4-1 国际生产类型和区位决定因素

国际生产的类型	区位优势	跨国公司的战略目标	适合的行业
自然资源开发型	自然资源所在地，良好的交通和通信设施，税收优惠及其他优惠或减免	与竞争对手相比，优先获取自然资源	（1）石油、铜、锌、香蕉、菠萝、可可，等 （2）出口加工业，劳动密集型产品或加工业
市场开发型	原材料和劳动力成本，市场规模，政府政策（如管制和进口控制、投资优惠等）	保护现有市场，反击竞争者；阻止竞争者或潜在的竞争者进入新的市场	计算机、医药、汽车、烟草、食品制造业、航空业，等

[一] 参见 J. H. Dunning：《The Globalization of Business》，London：Routledge，1993，P84。

(续)

国际生产的类型	区位优势	跨国公司的战略目标	适合的行业
追求产品加工效率型	产品专业化和集中生产带来的经济性，低廉的劳动力成本，东道国政府对当地生产的优惠和鼓励	产品地区化或全球化，获得加工专业化优势	（1）汽车、电器、商业服务和一些研究开发 （2）电子消费品、纺织和服装、照相机、医药，等
追求战略资产型	上述三类中能提供技术、市场和其他资产与现有资产整合的因素	增强全球创新和生产竞争力，获得新的生产线和市场	固定费用比例高的行业，能够有巨大规模或综合经济的行业
贸易和分销型	接近原材料和当地市场，接近消费者，售后服务等	或者进入新市场，或者作为地区或全球营销战略的一部分	一系列产品，特别是那些需要与转包商和最终消费者联系的产品
辅助服务型	获得市场，特别是那些重要顾客	全球或区域产品或地区多样化	（1）会计、广告、银行、工业品 （2）空间联系至关重要的行业（如航空和海运等）

注：资料来自 J. H. Dunning：《The Globalization of Business》，London：Routledge．1993，P82－83。转引自鲁明泓：《国际直接投资区位决定因素》，南京大学出版社，2000 年，第 24 页。

二、国际直接投资区位选择的影响因素

国际生产类型和区位决定因素见表 4-1。

有关区位理论的实证研究主要是用计量经济学的方法来进行的。通过各类文献所集中表现的国际直接投资区位选择的决定因素主要包括非制度因素和制度因素。其中，非制度因素分为经济因素（包括劳动力及资源、原材料成本、市场规模及其增长率等）、基础因素（包括基础设施、第三产业发展水平及其他配套服务等）和地理因素（东道国与投资国的地理距离及社会文化差异等）；制度因素又分为政治制度（包括政策连续性、政局稳定性等）、经济制度（包括贸易壁垒、对外投资态度、外汇制度及双边投资保护条约等）、法律制度（法律完善程度）和企业运行的便利性（信息的可获得性、社会设施、政府清廉程度等）。大多数的实证研究表明，一般而言，发达国家的区位优势主要体现在：政局稳定、基础设施良好、技术和管理水平高、劳动力素质高、市场容量大、经济一体化程度高、经济自由度较大、法律制度完善；发达国家的区位劣势则体现在劳动力成本高、市场竞争激烈、对外资进入的优惠政策有限。发展中国家的区位优势主要包括丰富的自然资源和廉价的劳动力、较大或不断增长的市场容量以及优惠政策等；发展中国家的区位劣势则包括基础设施、闭塞的信息环境等。

【关键术语】

原料指数　　劳工成本指数　　要素禀赋　　生产布局　　区位优势　　产品生命周期模型

思 考 题

1. 传统区位理论主要有哪些流派？他们的主要论点是什么？
2. 传统区位理论对跨国公司投资活动的解释的适用性与局限性如何？
3. 请对产品生命周期模型进行评价。
4. 比较邓宁的国际生产区位优势理论和要素禀赋与生产布局理论，二者在吸引跨国公司投资的区位优势方面有何相同和不同之处？
5. 查找相关资料，分析中国加入 WTO 以后，吸引外商进行国际直接投资的主要区位优势因素有哪些？

延展阅读书目

［1］ 梁琦. 产业集聚论［M］. 北京：商务印书馆，2004.
［2］ 赵春明. 国际贸易学［M］. 北京：石油工业出版社，2003.
［3］ 鲁明泓. 国际直接投资区位决定因素［M］. 南京：南京大学出版社，2000.

第五章

国际生产折衷理论

【学习要点】
- 国际生产折衷理论的分析框架
- 国际生产折衷理论的发展
- 国际生产折衷理论的应用

第一节 国际生产折衷理论的分析框架

一、国际生产折衷理论简介

1973年,英国经济学家邓宁在一篇《国际生产的决定因素》论文中提出,只有将贸易与国际生产这两种相互替代的国际化形式基于所有权禀赋与区位禀赋两个方面进行探讨,才能正确评价英国加入欧洲经济共同体的经济含义。邓宁在这篇文章中的观点,被认为是其折衷思想的最早萌芽。但是邓宁国际生产折衷理论这一概念的正式提出是在1976年斯德哥尔摩召开的一次题为"经济活动的国际分配"诺贝尔奖研讨会上。当时邓宁发表这一演说的主要目的是想提供一个整体分析框架以便能够对那些影响企业国际生产最初行为及后续活动因素的重要性进行辨别与评估。这一研究理论与企业协调自身活动的具体方式有关,因而也被称为所有权优势的综合理论,该理论涉及三个重要概念:所有权(Ownership)优势、内部化(Internalization)优势和区位(Location)优势,因此有时也被称作OIL理论。

国际生产折衷理论首先区分了两种资产的概念,第一种资产是指不分企业规模与国籍,对所有企业都适用的资产,但是这一资产产生于某一特定区位,因而必须在这些区位当中利用。它不仅包括自然资源和各种劳动力及靠近市场的便利,而且包括这些要素禀赋使用的社会、法律与商业环境、市场结构、政府法制与政策。第二种资产是指企业自身所创造的(如某种知识、组织与人力资源技巧)或是从其他机构中购买所得的。这些特有的所有权资产可以是法律保护的某种权利,也可以是一种商业垄断权力,或是来源于企业规模多样化及技术特征(联合生产的经济、营销能力、过剩的企业家能力)等方面。

在此基础上,国际生产折衷理论认为企业对外直接投资的产生是基于以下三方面优势因素的组合:

(1)跨国公司拥有东道国企业不具备的所有权优势。跨国公司拥有的这些特定优势既包括有形优势(更好的技术、产品、营销渠道、规模经济等),又包括无形优势(品牌、商标等)。

(2)内部化优势。跨国公司通过内部化比直接出口或许可证交易等其他方式可以达到更好利用自身的所有权优势。

（3）区位优势。跨国公司在某国进行投资时所享有的当地禀赋条件与自身结合会产生更大的便利。

（一）所有权优势

邓宁的所有权优势首先吸收了海默关于所有权禀赋优势的内涵，即一国企业所具有或能够获得的而其他国家企业无法获得的资产及其所有权。海默认为这一所有权禀赋优势的内涵包括三个方面：①企业所累积的特有优势（技术优势、企业规模优势、组织管理优势、金融与货币优势等）；②企业自身作为替代市场的一种组织制度优势，海默将之称为一体化优势；③投资母国为其提供的区位禀赋优势（强大的资本市场、文化与政治上的忠诚等因素）。从海默的所有权禀赋内容来看，实质上它具备了邓宁后来提出的折衷理论的基本雏形，但是它的缺陷在于，虽然他将企业替代市场这一组织制度优势作为一项基本条件而提及，但是并未展开论述企业替代市场这一优势在不同国际化方式选择中所起的突出作用，也没有具体阐述一体化优势在不完全市场中的普遍效用。

邓宁的国际生产折衷理论不但抓住了传统理论在解释对外直接投资活动时那些必要且普遍的特征，而且在阐述所有权特有优势时突出了这一理论在运用中与众不同的观点：并非是拥有技术本身赋予那些到国外投资的企业以优势超过其竞争对手，而是企业将技术内部化使用比将技术直接出售更为有利。传统理论中的垄断优势本身也不足以帮助外国投资企业战胜对手，而是将垄断优势内部化的做法才奠定了这一竞争基础，它包括操纵转移价格、获得原材料与市场以及对中间产品使用的控制等方法。同样，并非过剩的企业家资源本身会导致对外直接投资，而是企业将这些资源与其他资源相结合，利用联合产品的生产规模经济才导致了这一投资。显然，在邓宁的所有权禀赋优势中，如果不存在将产品或销售技术进行内部化的动机，那么在技术密集型产业中外国直接投资就会让位于许可证交易或双边有关技术销售的合约安排。如果没有将外部不完全市场内部化的激励，那么各种垂直与水平一体化活动就会大大减少，交易就会更多地在独立公司之间展开。因此，基于内部化这一重要特征的综合所有权优势成为邓宁折衷理论最为鲜明的特点。

（二）区位优势

尽管综合所有权优势可能是企业所特有的，但在研究不同国家企业综合所有权优势的差异时，这些优势往往并不完全独立于所在的产业结构或当地的经济与制度环境。例如，解释美国企业在许多国家技术领先的一个关键因素可能来自于美国政府科技与教育政策所扮演的重要功能。这表明，跨国企业的创新活动总是响应要素禀赋与市场需求（特别是母国的区位禀赋特征）的，而后者常常会提供给跨国企业最初创新活动形成的所有权禀赋优势。邓宁在总结这些影响到企业所有权优势的国家或产业因素时指出，这些变量并不等同于早期所提到的区位特有禀赋这一概念。它包括三方面内涵：①只供所处区位企业使用的资源；②诸如税收、政府对分红汇出限制等不可避免或是无法转移的成本；③从生产国到销售国的产品运输成本。与早期区位特有禀赋假设企业之间所有权禀赋相同，并试图解释这些相同的所有权禀赋会在哪里被使用这一方法不同的是，邓宁指出国际生产折衷理论对区位优势的研究重心在于：给定各家企业具有自身的所有权禀赋，跨国企业的生产区位为什么与非跨国企业的生产区位表现不一致？对此，国际生产折衷理论给出了三点有关区位不一致的解释：首先，可能存在因地理空间摩擦而导致的特殊内部化经济的原因；其次，可供内部化优势发挥最大潜力的区位特有禀赋在不同国家间的分布是不均衡的；最后，当存在市场不完全或国别政府政策差异的情况下，跨国公司会受到自身通过内部化运营利用这些外部不完全性不同程度水平的影响。

利用国际生产折衷理论的框架，对于跨国公司主要的国际化生产活动类型，可以给出它所涉及的三大优势因素的不同解释与表现形式，如表5-1所示。

表5-1 国际生产的类型：部分决定因素

国际生产的类型	所有权优势（"为什么"开展跨国公司活动）	区位优势（"在哪里"生产）	内部化优势（活动"怎样"进行）	有利于跨国公司的活动类型例子
1. 资源基础性	资本、技术，靠近市场	拥有资源	确保以正确的价格供应资源，控制市场	石油、铜、锌、锡、铝土、香蕉、可可、茶
2. 进口替代制造	资本、技术，管理与组织技能；过剩的R&D与其他能力，规模经济，贸易商标	原料与劳动力成本，市场，政府政策（有关进口壁垒、投资激励等）	希望利用技术优势，高交易成本或信息成本，买方的不确定性等因素	计算机、药品、汽车、香烟
3. 合理化分工 a) 产品 b) 工艺	内容如上，也包括靠近市场	a) 产品分工与集中的经济 b) 低劳动力成本，东道国政府对当地的生产激励	a) 同上，外加从相互联系活动中获取收益 b) 垂直一体化经济	a) 汽车、电子设备，农业机械 b) 消费类电子、纺织与服装、照相机等
4. 贸易与分销	分销的产品	当地市场，需要接近消费者，售后服务等	需要确保销售渠道及保护公司名号	多种，尤其是那些需要消费者近距离接触的物品
5. 配套服务	靠近市场（存在其他外国投资者）	市场	如第二类与第四类描述	保险、银行与咨询服务
6. 其他杂项	多样化——包括地理多样化（例如航空与旅馆）	市场	多样化（参看前面）	a) 财产的证券投资 b) 必要的空间联系，例如通过航空与旅馆进行空间联系

注：资料来自 J. H. Dunning，《International Production and Multinational Enterprise》，George Allen & Unwin Ltd，1981，P49.

二、国际生产折衷理论的实证

国际生产折衷理论通过将所有权禀赋特征与区位禀赋特征相结合来研究国际化经营方式的水平与结构。邓宁从理论上揭示了为什么企业要选择通过自身内部使用这一所有权优势来开拓外国市场——如果企业认为内部化这一所有权优势相比租赁或出售给其他公司更符合企业自身利益，或者通过将外部合约关系进行内部化（比如并购），企业能够比被并购对象更好使用这些资产时，企业就会采取这样的做法。国际生产折衷理论突出内部化优势这一特征表明，经由内部化活动所获得的优势可以成为企业所有权优势的一个重要组成部分，在某些条件下，它也是区位优势能被有效利用的重要原因。为此，邓宁做了一项有关国际生产折衷理论的实证分析，以下予以简单介绍。

邓宁这里所用的统计分析限于普通的线性回归分析方法。首先，用单一变量回归方法就每一解释变量与被解释变量进行分析，目的是从中挑选出潜在有用的解释变量。得到第一步的结果后，从中剔除了一部分没有解释价值的变量或用其他相近变量进行了替代。其次，再进行多元回归，这里将解释变量分成三大类型，即所有权特有的变量、区位特有的变量以及总体绩效变量。对于每一被解释变量，分别用三大类型中解释变量的不同组合进行回归分析。这一步骤的目的是确定三大类型中有哪些解释变量对被解释变量解释最好。最后，这些最有效的解释变量被以新的方式进行组合与分析。

从实证分析看，对国际生产折衷理论的理解涉及以下两个基本内涵假设：

假设1（H1）认为，一国企业服务外国市场的竞争优势取决于这些企业相对于其他国家企业的所有权优势，以及这些企业相对于其他企业所处的区位优势。对这一假设可以进一步分解如下：

H1a：给定出口在产业销售中所占的比例（X/IS），外国生产所占比例（AS/IS）将在那些相比东道国本土企业具有比较优势的产业中达到最高。

H2a：给定生产在产业销售中所占比例（AS/IS），出口所占比例（X/IS）将在那些相比其他国家资源禀赋最多、贸易壁垒最少的产业中达到最高。

假设2（H2）认为，企业国际化活动或参与方式的选择取决于母国与东道国要素的相对吸引力和（或）要素相对产出。

为了验证这两项前提假设，邓宁选取了两种基本的国际经济活动方式：出口与生产，这两种方式在服务外国市场时通常被认为具有相互替代性。以下简单介绍一下邓宁的实证分析内容。

设定基本假设中的被解释变量：假设1中的被解释变量定为 DV_1，代表东道国某一产业的产出份额（IS），它由外国（这里指美国）对该国的出口（X）与外国子公司当地生产（AS）共同构成，即 AS + X = IS。外国子公司在东道国销售所占总产出的份额（AS/IS）设为 DV_2，外国对东道国出口所占总产出份额（X/IS）设为 DV_3。这两者可以看作独立的关系。假设2中的被解释变量（DV_4）设为 X/IS ÷ AS/IS（或是 X/AS），即外国通过出口进入东道国市场与其通过子公司当地生产利用东道国市场的比例。显然，这一比例越高，则表明外国相比东道国更有利于成为生产区位（为分析方便，这里仅假定东道国市场只有来自母国与东道国两个区位的供应）。贸易与投资经常交互影响，因此所有权优势与区位优势之间的联系并非完全独立。在这一条件下，对被解释变量作如下定义：

$$DV_1 \quad IS = f(C) \tag{5-1}$$

C 为国际竞争优势，显然，无论是进行贸易还是从事外国生产，这一国际化方式都取决于投资企业与贸易企业相对于外国本土企业和其他国家企业的竞争力。

$$DV_2 \quad AS/IS = f(C, X/AS) \tag{5-2}$$

$$DV_3 \quad X/IS = f(C, X/AS) \tag{5-3}$$

$$DV_4 \quad X/AS = f(L) \tag{5-4}$$

L 为东道国的区位优势，区位优势研究那些不同国家特殊变量对市场规模与特征、生产与转移成本所产生的影响,因此它对贸易与跨国公司都将产生不同的效应。

邓宁选取了美国与7个东道国/地区(加拿大、英国、法国、联邦德国、比利时-卢森堡、墨西哥、巴西)14个产业的相关国际化活动进行比较,所选取数据主要来自美国关税委员会(现称美国国际贸易委员会)研究的渠道。给出的解释变量共包括以下三部分:

第一部分是所有权特有的变量,包括熟练劳动力雇佣比例(即东道国企业雇员与所有生产工人的比例,SER)、东道国企业雇员平均小时报酬(AHC)、人均相对销售额(美国国内企业人均销售/东道国企业人均销售,RSM)、东道国企业人均销售增长率(GRSPM)。其中,SER、AHC指标为人力资本密集度的衡量指标。

第二部分是区位特有的变量,包括东道国出口/进口比率(XMR)、相对市场规模(美国国内产业销售额/东道国产业销售额,RMS)、相对工资(美国国内平均小时报酬/东道国国内平均小时报酬,RW,通常被用作外国生产的成本决定因素)、相对出口份额(美国出口/东道国出口,RES,用于衡量国家绩效)、比较市场增长率(美国国内市场增长率/东道国市场增长率,CMG)。

第三部分是总体绩效变量,包括不同国家与产业中净收入对销售的平均比率(AVNIS)、东道国市场增长率(即国内某产业当地产出加上进口,MG)。在剔除两个不发达国家后,邓宁就美国与5个发达东道国/地区所做的进一步分析中还增加了一项基于国家与产业的平均关税水平(TR)这一解释变量。

邓宁基于美国与7个东道国/地区14个产业的相关数据进行统计分析后发现,就假设1来说,对美国企业优势具有显著性的解释变量包含了一项基于区位特有优势的影响因素(相对市场规模),另一项则是基于所有权优势的影响因素(熟练劳动力雇佣比例),后一项因素也可视为对内部化优势的表达。就假设2来说,有两项解释变量的显著特征非常明显,它们分别是东道国出口/进口比率以及净收入对销售的平均比率。两者共解释了区位特有优势中的60%。而在对美国与5个国家/地区14个产业的相关数据做统计分析后发现,就假设1来说,有3项解释变量显著性突出,1项是所有权优势(熟练劳动力雇佣比例),另2项是区位优势(相对市场规模与相对工资),关税变量ST对于美国企业在5个东道国/地区的国际化行为具有重要解释力。

第二节 国际生产折衷理论的发展

一、对国际生产折衷理论进一步模型化

随着人们不断利用国际生产折衷理论中可检验的国际生产折衷变量来解释不同种类国际化生产现象,对国际生产折衷理论进一步系统化与规范化的工作也日益被提上日程。这一研究工作的推进包括以下三个方面:其一是利用许多实证研究中被确认的结构变量对不同种类国际化生产的内在变化进行解释;其二是对跨国公司作为一种组织体制或资源转移选择模式进行严格的模型化设计;其三是利用更为综合的方法,例如博弈论、网络分析等工具来研究跨国公司的战略行为。

表 5-2 进一步展示了如何利用前述的修正理论对国际化生产的三种主要类型进行解释。

表 5-2　基于要素禀赋与市场失效理论对国际化生产的三种主要类型的解释

国际化生产的主要类型	要素禀赋（影响变量 L 的地理分布）	市场失效 结构性（影响变量 L 与 Oa）	市场失效 交易性（影响变量 Ot、L 与 I）
市场导向型（进口替代）	母国创造 Oa（=流动禀赋/中间产品） 东道国具有非流动禀赋优势 Oa（例如自然资源、某些劳动力、市场规模及特征）必须在当地使用	企业特有优势=所有权的 Oa（例如知识） 对投入品占优的途径 存在对商品贸易的限制，包括： a）自然限制（运输成本） b）人为限制（进口控制） 寡占市场结构	搜寻与谈判成本 保护，以免对产权形成不适当的代理或侵犯 大规模采购的经济 部分国际证券投资以便分散风险 保护，免受竞争者的行为影响
资源导向型（供给导向型）	母国——同上，同时也创造市场规模及特征 东道国获取资源、自然品、劳动力（出口加工）、技术（不发达国家到发达国家的投资）	同上，但也存在对投入品占优的途径 政府提供给国际直接投资的激励 寡占市场结构	避免违约或供给中断带来的风险 期货市场的缺失 垂直一体化的经济
效率导向型（理性投资）	垂直型：同上 水平型：通常与要素禀赋的分配关系不大，因为国际化生产是在相似资源结构的国家中进行 后续型：实际效果不太重要	同上，但由于供给比市场对投资的影响更大，政府诱导的结构性不完全可能具有更为重要的影响，如税收差异、投资激励、绩效要求等 注意和前面相似，地区一体化与贸易壁垒消除有助于理性投资	规模与范围经济 通过产品多元化降低风险 同上，但突出表现在辅助活动上，例如各种服务——运输、咨询等

注：1. 资料来源：J. H. Dunning，《The Eclectic Paradigm of International Production: A Restatement and Some Possible Extensions》，1988。

2. O=所有权优势，L=区位优势，I=内部化优势，Oa=资产优势，Ot=交易优势。

二、对国际化生产动态与发展特征的补充

邓宁认为，以往经济学家在研究国际直接投资时，主要侧重于研究国际直接投资流入和流出的行业以及发生的区位，而忽略了对国际直接投资的动态研究（除了产品生命周期理论），缺乏对国际直接投资与一国经济发展阶段的关系研究。为此，邓宁在 20 世纪 80 年代初期，通过对 67 个国家 1967～1978 年的国际直接投资年流入额、流出额以及净流出额与国民生产总值（GNP）的变动进行研究，来分析国际直接投资与一国经济发展阶段之间的关系，提出了著名的投资发展阶段理论。㊀

㊀ 参见 J. H. Dunning：《International Production and the Multinational Enterprise》. 1981。

投资发展阶段理论的基本假设认为,一国从事对外直接投资或是吸收外国投资的趋向将随着以下因素发生变化:①本国所处的经济发展阶段;②本国要素禀赋与市场结构;③本国政治与经济体制;④中间产品在跨国交易过程中市场失效的本质与程度。从一个国家整体来看,企业拥有的优势与一国经济发展水平有关,因此,对外直接投资作为资本输出,和资本输入一起,与本国的经济发展水平相伴随,呈现出阶段性特征。具体来说,随着经济的发展,人均 GDP 水平的提高,一国的净对外直接投资(具体为直接投资输出额减去直接投资输入额)具有周期性特征。具体来说,包括以下四个阶段:

第一阶段:由于本国企业没有形成自己的综合所有权优势,几乎没有任何直接投资流出;或者是本国企业所具有的优势适合进行少量的对外直接投资、技术转让或者出口。并且处于这一阶段的国家,仅有很少的直接投资流入量,这主要是由于母国没有足够的区位优势来为跨国公司的直接投资提供足够的保证,诸如:①国内市场狭小或者发展不足;②商业和法律体系不健全;③运输和通信设施不足;④人力资源缺乏。这些国家的经济发展资金有限,缺乏足够的技术进口,它们更倾向于接受国外政府或国际组织对改善本国基础设施的援助,更多的是从国外进口产品,而非消费跨国公司在当地投资生产的产品。

第二阶段:由于本国市场扩大和市场交易费用降低,国际直接投资流入量开始增加。在这一时期,外商直接投资的主要形式是进口替代性的生产投资(Import-Substituting Manu-facturing Investment),旨在替代投资国消费品和资本品的进口,以规避政府对进口的控制。这些投资最初发生于一些劳动力资源丰富、正在进行工业化的国家,如巴西、印度、马来西亚等国。另外,东道国为国外投资企业提供了良好的运输和通信设施等区位优势,以保证其投资于旨在用于出口的本国资源(如石油、原材料和粮食等)的开发,同时丰富、廉价的劳动力也是吸引国际直接投资流入的区位优势之一。要吸引国际直接投资的流入,东道国应该具有的一个明显的区位优势,就是要提供一个良好的投资环境和完善的商业法律体系。同时,这一阶段的国家信息、产品和资本市场仍不完善,因此,东道国利用外资的交易成本还是很高的。东道国对外直接投资量仍然很少,原因是本国企业尚未形成充分的综合所有权优势,无法去克服进行国际生产的基本障碍。但是,处于这一阶段的一些国家还是在临近的国家进行了一些直接投资活动。例如:在非洲和拉丁美洲的一些地区通过引进技术或购买国际市场进入权的方式进行直接投资,还实施了一些通过出口进而演变为进口替代的直接投资的战略。

第三阶段:外国企业的综合所有权优势逐渐下降,国际直接投资流入量下降;而在国外进行直接投资建立起来的当地本土化企业,得益于不断扩大的市场、东道国本土化程度的加强以及母国政府的支持,其综合所有权优势不断增加,从而更加热衷于通过对外直接投资来实现收益最大化,由此带来母国国际直接投资流出量的增加。在第三阶段的开始,东道国政府往往倾向于实行对国际直接投资的专业化政策,即引导国外企业直接投资于本国比较区位优势最强而比较所有权优势最弱的部门,而鼓励本国企业对外直接投资,投资于本国企业比较所有权优势最强而比较区位优势最弱的部门。这是与一国政府的政策和直接投资的特点相适应的。在这一阶段,东道国政府往往鼓励加快外国企业与本国经济的一体化进程,要求一些外国投资企业将其次要的生产环节本地化,或者要求从事进口替代或者出口活动的企业同当地企业建立起直接的经济联系。同时,随着本国对外直接投资企业竞争力的不断增强,这些企业倾向于进行新的直接投资活动,从而用更多更好的所有权优势来代替已经成熟或标准化的所有权优势。尤其是投资于高新技术行业的跨国公司,其生产的一体化水平较高,因而更加倾向于通过内部化来获得所有权优势。

第四阶段:处于这一阶段的国家,是国际直接投资的净流出国,即国际直接投资的流出量超过了国际直接投资的流入量。因为随着这些国家跨国公司规模的不断扩大和生产专业化水平的不断提高,以及在越来越多的国家进行直接投资,使得本国企业的综合所有权优势不断增强,利用外国区位优势的能力也不断提高。处于这一阶段的国家,尤其是那些工业化国家,由于本国劳动力成本较高和生产增长率较低(与较高的经济发展阶段相联系),同时维持企业在国际市场竞争地位的追加要素资源在本国存在稀缺性,也为了规避他国对本国企业出口产品实行的越来越多的贸易壁垒,这些国家的跨国公司对外直接投资时,会充分利用本国企业的综合所有权优势和外国的区位优势的规模不断加大。

上述对国际直接投资和经济发展阶段的周期性关系的阐述是建立在对国家横向数据比较的基础上,它表明一国的国际直接投资地位与以人均GNP衡量的经济发展阶段密切相关,美国、欧洲大陆国家和日本的情况正好说明了邓宁投资发展阶段理论的正确性。同时根据邓宁的投资发展阶段理论,尼日利亚、印度尼西亚和肯尼亚在20世纪80年代初期已经处于国际直接投资的第二阶段,而亚洲新兴工业化国家已经迅速地从第二阶段向第三阶段转化。

20世纪80年代中后期,邓宁发表论文进一步修正和发展了自己的投资发展阶段理论。在这次修正中,邓宁将一国按GNP指标划分的经济发展阶段由四个阶段变为五个阶段,即在分析中引入了经济发展的第五阶段,第五阶段有着与以往四个阶段不同的新特点。

如图5-1所示,在第五阶段,一国人均直接投资净流出量(NOI)开始的时候呈下降趋势,随后围绕零水平上下波动,但是国际直接投资流入量和流出量继续增加。这一阶段存在两大特点:一是跨国交易活动大多是通过跨国公司内部化而非通过市场来完成;二是随着各国的区位资产结构的趋同,它们的国际直接投资地位也趋于平衡。这些特点使得国际贸易逐渐从产业间贸易为主转向产业内贸易。与前四个阶段不同的是,没有一个国家可以在创新资产上拥有绝对的垄断优势,同时跨国公司的综合所有权优势对本国自然资源的依赖程度明显降低,而是更多地取决于其获得资产、有效利用其拥有的优势的程度和跨国经营所得的能

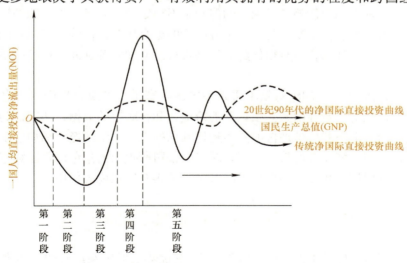

图5-1 国际直接投资路径模式

力。第五阶段还有另外的一个特点就是，跨国公司的国籍日益变得模糊，这是因为随着跨国公司跨过了国家间地理上和政治上的界限后，实施跨国一体化战略，将企业所拥有的创新资本和自然资本投资到能够带来最大利润的地区。

在第五阶段，出现了两种新趋势：一是随着国际直接投资的新变化，许多工业化国家的经济结构逐渐趋同，在第四阶段处于领先地位的国家不再拥有其霸主地位，而是与许多国家共同分享其领先地位，这一变化趋势导致原来处于领先地位的国家的净对外直接投资地位相对下降；二是在20世纪70年代，跨国公司中出现了一种"追赶"效应，那些曾经在国际贸易中处于相对落后地位的跨国公司的国际化速度大大加快。这两个新变化是相互联系的，在本国经济发展速度相对放慢的情况下，跨国公司需要寻找新的市场来弥补自身的损失。由于各国的收入水平相近，从而生产要素趋同，跨国公司便会努力追赶其竞争对手，模仿本行业的竞争对手并努力构建与之相似的所有权优势，但是这种模仿并非局限于同一个国家。国际直接投资的区位选择更多地取决于跨国公司的创新资本，这是因为现代工业化经济的发展越来越依赖于对技术创新和人力资本的利用。这些优势是可以跨越国界流动的，因此在长期，各国之间的国际直接投资地位和创新资本的区位优势日益均衡化。

处于这一阶段的国家的国际直接投资流入主要有两种类型：一种是来自处于国际直接投资发展路径低级阶段的国家，它们一般属于市场寻求型和知识寻求型；另一种来自处于国际直接投资路径第四或第五阶段的国家，它们致力于公司的合理化投资以及对欠发达国家（尤其是自然资源密集型产业）的对外直接投资。随着全球化生产的真正建立，战略资产寻求型直接投资逐渐增加，从而导致各国厂商通过跨国并购或战略联合等方式来试图提高自身的所有权优势，最终带来国家间的趋同化。从短期看，一国国际直接投资流入和流出的波动取决于参与国的相对革新和组织的能力，随着这种能力的变化，该国的净国际直接投资流出量也会随之发生变化，最终将围绕零水平上下波动。当然，对于一国来说，很可能会存在净的国际直接投资流出量，但是，创新资本的范围和速度是可流动的，所以随着时间的推移，国际直接投资流出和流入之间的差距将会逐渐缩小甚至向反方向发展，从而使一国的净对外直接投资量围绕零水平的均衡水平上下波动。但是因为一国的相对比较优势和竞争优势是不断变化的，所以这种围绕均衡趋势是绝对的但却是不稳定的，并且随着一国经济的变化，处于第五阶段的国家数量也会不断变化。在第五阶段的综合所有权优势的变化有别于以往四个阶段，在这一阶段，这种综合所有权优势的传播将有助于加强各国间的科技联系而非扩大之间的技术差距。

在这一阶段，人均 GNP 的绝对量不再是一国国际竞争力的决定性因素，也不再是一国净对外直接投资地位的决定性因素。根据新的跨地区和长时期的数据，邓宁认为不同国家的国际直接投资路径的形态和所处地位的差距远比预期的大。一国的经济结构、发展战略和宏观管理政策，在一国经济发展的特定时期，对跨国公司所担当的角色以及国际直接投资流入流出对本国经济发展模式和结构形成产生的影响，都具有决定性的作用。

第三节　对国际生产折衷理论的评价

国际生产折衷理论体系中的"O""L""I"三优势是邓宁在综合国际生产理论过程中逐渐提炼出来的高度抽象的最重要概念。国际生产折衷理论几乎对各种直接投资理论都具有高度的兼容性和概括性，形成了一个综合的理论框架，不仅可以解释不同类型的直接投资行为，而且还可以解释其他国际经营方式，如合资经营和合同安排，还可以解释企业的地理分布以及企业跨国兼并行为等。邓宁对"折衷范式"不断进行完善，并运用折衷范式分析了三种主要的国际生产形式：即市场导向型（Market Seeking）、资源导向型（Resource Seeking）以及效率导向型（Efficiency Seeking）的国际生产形式。它的产生和完善标志着对外直接投资理论主流学派的最终形成。

此外，邓宁的投资发展阶段理论从动态的角度研究了经济发展阶段与直接投资的相互关系，是对国际直接投资阶段理论的重要贡献。首先，邓宁的投资发展阶段理论是其对20世纪70年代提出的国际生产折衷理论的新发展。他在分析中引入时间变量，从而把国际生产折衷模型由静态模型变为动态模型。其次，该理论能够应用于解释发展中国家的情况。以前的直接投资理论主要是针对美国、欧洲国家、日本等发达国家企业的对外直接投资，而20世纪70年代中期以后发展的发展中国家和地区的企业，尤其是"亚洲四小龙"的企业，在许多方面具有传统跨国企业不具备的新特点，所以需要新的理论来解释。邓宁的投资发展阶段理论正好适应这种需要，并且符合许多新兴工业化国家和地区的实际情况，为进一步探求有关发展中国家企业的理论做出了可贵的尝试，指出了一种可能的理论发展方向。

但是，国际生产折衷理论也存在一定的缺陷。在国际生产折衷理论的发展中，邓宁更偏重内部化理论，但是其使用的概念本身妨碍其达到上述目的。邓宁没有坚持内部化理论中的制度分析方法。在其折衷理论中，内部化理论被综合和概括为内部化优势。这样一来，内部化理论的精髓被撤去了，剩下的只是和企业综合所有权优势以及区位优势并列的内部化优势。严格地说，内部化优势仅仅反映企业所拥有的技术和管理等优势是否在公司内部使用的倾向。如果作为一种优势，那么它是很难和企业综合所有权优势分开的。因此，在理论上，邓宁将内部化优势与其他两种优势并列作为决定企业国际生产的三个决定性变量，这未免会造成理论体系的不严谨。

依特克（Itaki Massahiko）曾指出，国际生产折衷理论有四个缺点。①许多综合所有权优势如果没有内部化因素，可能并不存在或根本不能利用，因而它相对内部化优势而言是多余的；②综合所有权优势与区位优势常常是联系在一起的，因为它们往往同时被区位因素所决定；③区位因素通常是不明确的，可以有多种解释；④要素分析应用于三种优势分析时会产生一些方法问题，因为每种优势紧密相关，并且优势太多以至于要素分析方法根本不能应用。[⊖]这些缺陷自然在一定程度上限制了国际生产折衷理论的解释力。

【关键术语】

国际生产折衷理论　　国际生产折衷理论修正　　综合所有权优势　　内部化优势　　区位优势

思　考　题

1. 为什么邓宁的国际生产折衷理论相比其他直接投资理论的解释具有更广泛的适用性？
2. 如何理解邓宁的综合所有权优势这一内涵？

⊖　参见 Itaki Massahiko：《A Critical Assessment of the Eclectic Theory of the Multinational Enterprises》，Journal of International Business Studies，Vol. 22，No 3，1991：445-460。

3. 如何理解邓宁国际生产折衷理论中区位优势与传统的区位禀赋之间的关系？
4. 如何理解邓宁修正的国际生产折衷理论所具备的解释力？
5. 邓宁的国际生产折衷理论在适用制造业与服务业的行业分析中可能存在哪些差异？

延展阅读书目

[1] Dunning J H. The Determinants of International Production [J]. Oxford Economic Papers, 1973 (3).
[2] Dunning J H, Matthew McQueen. The Eclectic Theory of International Production: A Case Study of the International Hotel Industry [J]. Managerial and Decision Economics, 1981 (4).
[3] Dunning J H. International Production and the Multinational Enterprise [M]. London: George Allen & Unwin Ltd. 1981.
[4] Dunning J H. The Study of International Business: A Plea for a More Interdisciplinary Approach [J]. Journal of International Business Studies, 1989, 20 (3): 411-436.
[5] Dunning J H. Theories and Paradigms of International Business Activity [M]. Cheltenham: Edward Elgar Publishing, 2002.

第六章

边际产业扩张理论

【学习要点】
- 边际产业扩张理论产生的背景
- 边际产业扩张理论的基本内容
- 边际产业扩张理论的评价

第一节 边际产业扩张理论产生的背景

日本经济在第二次世界大战之后的高速发展一直为世人瞩目,这样一个资源匮乏、幅员狭小的国家,用了不到20年的时间就在战争的废墟上迅速崛起,它的工业包括钢铁、造船、汽车、机床、家用电器和通信等。日本在20世纪70年代末期先后赶上了英国、美国和欧洲其他工业强国,成为实力雄厚的经济大国。日本经济上的成功,原因是多方面的,诸如产业的全球化发展战略、强烈的国际竞争意识、灵活的技术引进政策、对人才培训及产品质量的高度重视、美国的扶持等。显然,在日本经济崛起的上述诸多因素分析中可以看到,包括资本、技术、管理经验等在内的一揽子要素共同发挥的作用无疑非常关键(而就上述一揽子要素的组合来看,它们正好构成了国际直接投资活动的核心基础)。这就引申出一个非常有趣的研究话题,即日本在其经济得以成功发展的历史经验基础上,能否通过其对外直接投资活动的开展,将其一揽子要素组合的重要功能传递到其他经济发展需求更为迫切的国家?正是基于这一问题的思考,国际直接投资的研究历史上出现了著名的"边际产业扩张理论"。这一理论的诞生与20世纪70年代日本对外直接投资的历史与经济发展具有密切的联系。

20世纪70年代,随着日本经济的快速恢复与发展,日本对外直接投资也开始出现新的趋势。与美国相比,尽管日本这一时期的对外直接投资量非常有限:到1975年日本的对外直接投资总量累计达到150亿美元,大约是美国的1/9,仅占日本GNP的3.1%,人均对外直接投资量为135美元。对日本来说,出口仍占据比海外直接投资更为重要的地位,海外投资仅占出口的27%。[一]但是这一时期日本海外直接投资的增长率却相当高,特别是在1970~1973年间,日本盈余的贸易差额导致了一场海外投资热潮,从而使得在1967~1974年间,海外投资增长率提高到了31.4%,这一比率比美国海外投资增长率高出了10%左右。相比之下,德国的海外直接投资增长率同期只提高到26.1%。20世纪70年代日本在海外投资活动上出现的这一新趋势引起了国内众多机构的关注,如果按照这一增长趋势[二],到1985年

[一] 参见 Kiyoshi Kojima,1978,《Direct Foreign Investent》,Croom Helm Ltd。
[二] 日本产业结构委员会、日本产业银行、日本经济研究中心和日立研究中心分别对此做了预测,到1980年,日本对外投资规模将会达到409亿美元、425亿美元、385亿美元和374亿美元。

日本对外直接投资规模将达到 1000 亿美元，与 20 世纪 70 年代中期美国对外投资的规模相当。但是这一规模庞大的直接投资趋势能否出现，它的出现对于日本及其他国家又意味着什么样的影响？这一问题一度成为当时研究争论的核心。

经济学家对这一研究争论的兴趣在于：日本企业对外投资的发展是否会像弗农的产品生命周期理论所预示的那样，在创新产品推出后，就开始步入自身的生命周期。如果这一结论成立，加上日本新兴的跨国公司力量在内，那么海默等人所关注的第二次世界大战之后出现的垄断型跨国公司（本书称其为美国式跨国公司）就会在国际上大行其道，而这一类型跨国公司的发展及其影响显然已经引起了众多经济学家的担忧。

在众多日本经济学家的观点当中，小岛清的研究视角唯独与众不同。他认为日本对外直接投资与美国的直接投资概念并非完全一致。按照美国商务部的定义，美国对外直接投资的概念包括：美国 100% 拥有的企业，比如海外设立的分厂；由单一的美国人或美国投资群体拥有 25% 的股份；或者即便单一的美国投资群体未能拥有 25% 的股份，但是 50% 的股份应为美国人所控制。符合上述特征的企业就被认定为美国控制的外国企业，所有在该类企业的投资被认定为美国直接投资。注重股权控制特征是美国经济学界区分直接投资与证券投资的重要依据。相比之下，日本直接投资的概念更为丰富，它既包括股权意义上的控制特征又包括一揽子要素的组合特征。日本将其海外投资定义为，对日本母国的收入贡献比例超过 25% 的外国投资或贷款，或者即使日本的投资比例没有超过 25%，但满足下列条件的任何投资和贷款：①经理主管人员的派遣；②制造技术的提供；③原材料的投入；④购买被投资公司的产品；⑤财政援助；⑥达成作为一般销售代理的合同交易；⑦跟国外公司建立永久性的经济联系。另外，通过贷款回购⊖合同的形式在自然资源开发上的投资也属于直接投资。正是通过定义对外直接投资的一揽子要素组合特征，小岛清认为直接投资对一国经济功能的发挥起到了不可或缺的作用。它特别指出，直接投资的经济功能在于管理资源从一个国家传播到另一个国家。这里的管理资源包括各种管理技能，形式上是以经理的派遣，但实质上更多地表现为专门的技术性知识，如管理的专门技术、专利和专业技术、销售技术、确定原材料和投入的能力和获得资金和信誉的能力，以及对信息的收集、研究的组织等。管理资源的转移有利于接受国发展新的产业和其他商业活动，由于与其他生产要素的关系较少而使得这些管理资源具有高产出的特征。因此，直接投资的经济影响应该是补足并促进受资国的经济逐步发展和平衡，对外直接投资应该有利于投资国和受资国的经济发展，促进产品多样性，提高产业结构，达到共同繁荣。显然，小岛清的研究视角基于国际劳动分工原则，这一投资被称为"日本式对外直接投资"或"贸易导向的对外直接投资"，它与当时在发达国家占统治地位的美国直接投资模式具有鲜明的区别。

第二节　边际产业扩张理论的内涵

小岛清从标准的两国、两要素、两商品的 H—O—S 模型出发，首次运用比较优势基础上的国际分工原理得出对外直接投资的福利最大化标准为自由贸易量。小岛清认为，日本式

⊖ 贷款回购（Loan‑and‑purchase）是指日本公司为一个新的资源的开采提供财政贷款，而贷款是以所开采的原料再进口的形式偿还。

对外直接投资和贸易是相互补充、相互促进的关系，从而能扩大自由贸易量、增进社会福利。而美国式对外直接投资和贸易是相互替代、相互摩擦的关系，从而将缩减自由贸易量、限制社会福利的增长。正因为如此，美国式对外直接投资一方面导致美国产业结构转型困难，不得不对传统产业实行保护。另一方面，美国将自己最具比较优势的产业投往国外，在国外培植竞争对手，从而削弱了自己的比较优势和出口收入，最终陷入恶性循环。美国式对外直接投资：输出比较优势产业→比较优势幅度缩小，出口收入下降，传统产业调整困难→国际收支出现逆差、工人失业→对传统产业进行保护→产业结构调整更加困难。这一恶性循环的起因便是美国式对外直接投资。相反，日本式对外直接投资：输出比较劣势产业→扩大比较优势幅度，增加贸易量并促进产业结构的调整→就业增加，福利收入上升并加速技术的创新和扩散→日本式对外直接投资进一步扩张。通过以上论证，小岛清把日本式对外直接投资和贸易导向的对外直接投资、美国式对外直接投资和逆贸易导向的对外直接投资视为等价（他进一步论述了贸易的比较优势原理和投资的相对利润率原理之间存有的对应关系），并由此得出他后来称之为基本定理的结论：对外直接投资应该由投资国的比较劣势产业投向在该产业中具有潜在比较优势的东道国。本节内容将分三个部分介绍小岛清有关直接投资与贸易一体化的主要思想。

一、贸易导向的对外直接投资模型

根据 H—O 理论和雷布津斯基定理，两国间或者一国与其他国家的比较优势随各国要素禀赋增长率的不同而变化。小岛清进一步的研究指出，如果一国具有比较劣势的产业通过对外直接投资，将这一产业的一系列资本、技术和管理输往其他国家，那么将引起本国的产业结构调整和进出口组成的变化，而且这一产业也将在东道国演变为一种新的比较优势。这种对外直接投资有利于国际劳动力的重新配置，从而会增加国际贸易的生产者剩余和消费者剩余。这种对外直接投资是对传统比较优势模式转换的一种补充形式。反之，如果对外直接投资发生在本国具有比较优势的产业，而且投资产业在东道国难以转变为比较优势，则这种对外直接投资将阻碍国际贸易的重组，从而导致效率损失。在这种情况下，对外直接投资会导致贸易量的减少。为了更好地区分两种对外直接投资模式，可以建立如下关于贸易导向的对外直接投资模型。需要指出的是，贸易导向的对外直接投资模型只适用于完全竞争市场的标准化产品的生产和贸易。这种产品的竞争力是由传统的比较优势理论——大卫·李嘉图（David Ricardo）的比较优势理论和 H—O 理论所揭示的竞争力。换句话说，这是一个"低工资贸易"问题，而非"技术差距贸易"问题。

对外直接投资的决定因素可用公式表示如下：

$$Q = f(L, K, T, M) \tag{6-1}$$

式中　Q——产量；

　　　L——劳动量；

　　　K——资本量；

　　　T——技术；

　　　M——管理才能或组织技术。

因为直接投资的资本量与投资国和东道国的资本存量的比重很小，所以假设各国的资本禀赋不受直接投资的影响。假设有两个国家 A（发达工业国，如日本）和 B（发展中国家），A 国向 B 国进行直接投资之前，A 国的技术和管理优于 B 国。对外投资后，使得 B 国使用更高级的技术和管理成为可能，这是因为技术和管理属于非特定要素。另外假设一般要素在竞争国家之间是可以整体流动或单独流动的。

贸易导向的国际直接投资模型如表 6-1 所示。表中两国的生产成本以相同的单位（美元）表示。B 国相对于 A 国缺少技术和经营管理技术。B 国生产 X 和 Y 两种产品，并且生产这两种产品的绝对成本高于 A 国。其中，X 为传统的劳动密集型产品——纺织品，Y 为新的资本—知识密集型产品——机器设备。A 国在 Y 产品上具有比较优势，B 国在 X 产品上具有（潜在）比较优势，即

表 6-1 贸易导向的国际直接投资模型

1. 国际直接投资前两国的比较成本		
	A 国	B 国
X 产品	$100	$150
Y 产品	$100	$300
2. 发生国际直接投资后两国的比较成本		
	A 国	B 国
X 产品	$100	$75
Y 产品	$100	$200
3. A 国的比较利润率		
	国内投资	国际直接投资
X 产业	r_X 10%	r'_X 13%
Y 产业	r_Y 10%	r'_Y 5%
4. 只有 X 产业发生国际直接投资时的比较成本		
	A 国	B 国
X 产品	$100	$75
Y 产品	$100	$300

$$\frac{C_{XA}/C_{YA}}{C_{XB}/C_{YB}} = \frac{100/100}{150/300} = 2 > 1 \tag{6-2}$$

式中　C——生产成本。

这种比较优势模式基于如下假设：A 国相对于 B 国具有资本要素禀赋 $\left(\frac{K_A}{L_A} > \frac{K_B}{L_B}\right)$，而且在两国 X 相对 Y 是劳动密集型产品。根据 H—O 理论有：

$$\frac{K_{XA}}{L_{XA}} < \frac{K_{YA}}{L_{YA}}, \frac{K_{XB}}{L_{XB}} < \frac{K_{YB}}{L_{YB}} \tag{6-3}$$

如图 6-1 所示，X 和 Y 分别代表发生直接投资之前 A 国两种产品的等产量曲线；x 和 y 分别代表直接投资之前 B 国两种产品的等产量曲线；ρ_A 代表 A 国的要素禀赋比例 K_A/L_A；SN 代表要素价格比；F 和 G 是生产的均衡产量点；A 国两种产品的生产成本比为 1∶1。ρ_B 代表 B 国的要素禀赋比例 K_B/L_B；w 表示要素价格比，a 和 b 是 B 国的生产均衡点，B 国 X 的生产成本低于 Y 的生产成本。

对外直接投资后，T 和 M 由 A 国转移到 B 国，B 国的生产无差异曲线变为 x' 和 y'。因为高技术更容易被 X 产业接受且对技术工人的需求量较小，所以国际直接投资给 X 产业的生产函数提高的幅度大于 Y 产业。现在给定 B 国的要素价格比 w，生产的均衡点为 a' 和 b'，Y 的生产要素价格比高于 X。发生国际直接投资后两种产业新的比较成本如表 6-1 "2" 所

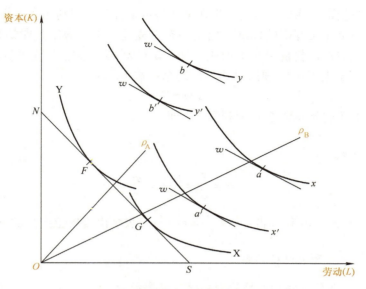

图 6-1 两国等产量线与等成本线

示：B 国两种产品的生产成本均有不同程度的下降，并且 X 的比较优势得到加强，这样 B 国的 X 产品在国际市场上就具有了比较优势。那么 A 国按照国际市场价格对 X 和 Y 产业进行对外直接投资的利润率分别是多少？假定 A 国 X 和 Y 的国内投资利润率 $r_X = r_Y = 10\%$，A 国为自由竞争市场。如表 6-1 "3" 所示，对 B 国的 X 产业进行直接投资的利润率 $r'_X = 13\%$，且 $r'_X > r'_Y$，因为 B 国在 X 产业的生产成本低于 A 国，所以在国际市场上演变为一种新的比较优势产业，直接投资导致收益增加。相反，B 国的 Y 产业仍然是具有比较劣势和竞争劣势的产业。在国际市场上，相对于国内投资而言，对 Y 产业的国际直接投资利润率小于其国内投资利润率 r_Y 和对 X 产业进行直接投资的利润率 r'_X。如表 6-1 "3" 所示，对 B 国的 Y 产业进行直接投资的利润率为 5%。显然，A 国应该增加 Y 产业的国内投资和 X 产业的国外投资。这一结论可以通过以下两种方式验证：①两种产业的国内、国际直接投资利润率不同；②比较利润率公式。

贸易导向的对外投资理论的核心是：对外直接投资应该根据比较投资收益进行，而这种比较收益反过来又是比较优势的反映。因此，对外直接投资不仅是对贸易的补充，而且是传统的比较优势理论引导的贸易模式改进的加速器。事实上，由于存在比较投资收益，A 国向 B 国的对外直接投资仅仅发生在 X 产业，从而产生一种新的比较成本模式如表 6-1 "4" 所示。与表 6-1 "1" 相比，表 6-1 "4" 反映了对外直接投资导致两国的比较成本差异扩大，B 国的 X 产业也从一种潜在的比较优势产业转变为一种具有强大竞争力的出口产业。由于这种比较优势模式的动态变化，A 国不得不收缩本国 X 产品的生产而将资源转向对外直接投资和国内 Y 产业，从而使本国的 Y 产业的比较优势得到加强，如表 6-1 "4" 所示。X 成为 A 国的进口商品。这种贸易导向的对外直接投资将增加 A 国和 B 国的实际收入。

二、对应原理——比较成本和比较利润率的对应

一国生产 X 产品或 Y 产品由比较成本原则决定，然而这只是一个理论标准。企业的生

产决策准则是比较投资利润率,而且如果在某些特定条件下比较利润率与比较成本相符,那么这种准则将是一个比较有用的标准。把这些条件概述如下:假定公司始终坚持"全部成本"原则,即公司将产品售价定在平均成本加一定的利润。假定 P 代表价格,Q 代表产品销售量(销售量等于生产量),则 PQ 为厂商的总收益 T,即

$$PQ = T \tag{6-4}$$

其中,总收益 T 包括总成本 C 和利润 R,即

$$T = C + R \tag{6-5}$$

由式(6-4),得

$$P = \frac{T}{Q} = \frac{R/Q}{R/T} = \frac{\pi}{r} \tag{6-6}$$

由式(6-4)和式(6-5),得:$\pi \equiv \frac{R}{Q} \equiv P - \frac{C}{Q}$,表示出售单位产品的利润;$r \equiv \frac{R}{T} = \frac{R}{PQ} = \frac{P - C/Q}{P} = 1 - \frac{C/Q}{P}$,表示总利润率。

由式(6-6)得在母国两种产品的价格比,可表示为

$$\frac{P_X}{P_Y} = \frac{\pi_X/r_X}{\pi_Y/r_Y} = \frac{\pi_X}{\pi_Y} \frac{r_Y}{r_X} \tag{6-7}$$

这种关系也适用于外国:

$$\frac{P'_X}{P'_Y} = \frac{\pi'_X}{\pi'_Y} \frac{r'_Y}{r'_X} \tag{6-8}$$

假定母国在 Y 产品的生产上具有比较优势,则

$$\frac{P_X}{P_Y} > \frac{P'_X}{P'_Y} \tag{6-9}$$

根据式(6-7)和式(6-8),得

$$\left(\frac{\pi_X}{\pi_Y}\right)\left(\frac{r_Y}{r_X}\right) > \left(\frac{\pi'_X}{\pi'_Y}\right)\left(\frac{r'_Y}{r'_X}\right) \tag{6-10}$$

假设

$$\frac{\pi_X}{\pi_Y} = \frac{\pi'_X}{\pi'_Y} \tag{6-11}$$

可以得到

$$\frac{r_X}{r_Y} < \frac{r'_X}{r'_Y}$$

综上,如果式(6-4)~式(6-11)得到满足,那么与总销售量的比较利润率 $\frac{r_X}{r_Y} < \frac{r'_X}{r'_Y}$ 相对应的比较成本为 $\frac{P_X}{P_Y} > \frac{P'_X}{P'_Y}$,即"一国具有比较优势的产业,其商品销售的总利润率相对也较高",这可称作比较成本和比较利润率的对应原理。如果这一对应原理被很好地运用,那么厂商将根据比较利润率而非烦琐的比较优势来进行生产。显然,这里的关键问题是假设式(6-11)是否合理。这一假设要求即使单位利润 π 不同,两国在两种产品生产的利润率之比也必须相等。在国际、国内是自由竞争的条件下,这种假设是成立的。例如:厂商通常保有

一定的利润额范围，假设母国 X 的单位利润为$10，Y 的单位利润为$20，在完全竞争的条件下，母国各厂商每种产品的利润率相同。假设外国在两种产品的生产上具有相同程度的竞争，则 $\pi'_X = \$10$，$\pi'_Y = \$20$，在此条件下满足式（6-11），即：$\pi_X/\pi_Y = \pi'_X/\pi'_Y = \$10/\$20$ 或 $\pi_X = \pi'_X = \$10$ 或 $\pi_Y = \pi'_Y = \$20$。在国内外两种产品的单位利润不同的情况下，假设式（6-11）也可能成立，即两国两种产品的单位利润之比仍可能相等。例如：$\pi_X/\pi_Y = \$10/\$20$，$\pi'_X/\pi'_Y = \$20/\$40$。由此可知，外国的竞争程度相对于母国来说并不重要，但是要求两种产业的竞争程度在两国间相同。发展中国家的市场体系不健全使其存在不完全竞争。

为简化分析，剔除两国由于竞争程度不同而造成的复杂性，假设两国竞争的程度相同，选择价值为$100 的产品作为一个单位，两种产品的单位利润均为$10，即 $\pi_X = \pi_Y = \pi'_X = \pi'_Y = \$10$。这完全符合要求的条件以及"全部成本"原则条件下的自由竞争条件。

图 6-2 解释了 π 和 r 的关系，以及两国竞争程度不同带来的影响。A 和 B 分别代表 A 国和 B 国 X 产品的一般平均成本曲线。为简化分析，假设两国在贸易前具有相同的产量 OQ。A 国 X 产品的平均成本为 OC，B 国 X 产品的平均成本是 OC'，$OC > OC'$。因为假设两国具有相同的竞争程度，则两国的单位产品的绝对利润相同，即 $PC = P'C'$。两国利润在图中分别表示为（a）和（b）。但是比较单位利润或总利润率 r 在 A 国为 PC/OP，在 B 国为 $P'C'/OP'$。因为 $PC = P'C'$，$OP > OP'$，表明即使两国单位利润相同，成本低的企业其总利润率也高于成本高的企业，从而促使成本低的企业扩大 X 产品的生产和销售，直到其产品成本与其他企业的产品成本相等，此时 B 国总利润率与 A 国相等。

现在重新考察表 6-1 "2"中假设 A 国在 X 和 Y 两种产品的单位成本为$100。在 A 国现有的竞争条件下，如果单位产品利润为$11，则产品价格为$111，此时总利润率为：$r_X = r_Y = 10\%$，如表 6-1 "3"所示。同样，B 国引进直接投资后，$C_X = \$75$，$C_Y = \$200$（见表 6-1 "2"），在两国具有相同竞争程度的条件下，两国单位产品利润为$11，则 X 产品的价格为$86，则 r'_X 为 11/86 或 13%。Y 产品的价格为$211，$r'_Y$ 为 11/211 或 5%（见表 6-1 "3"）。

B 国引进直接投资后，$\dfrac{P_X/P_Y}{P'_X/P'_Y} = \dfrac{111/111}{86/211} > 1$，完全对应于潜在利润率，$\dfrac{r'_X/r'_Y}{r_X/r_Y} = \dfrac{13\%/5\%}{10\%/10\%} > 1$。

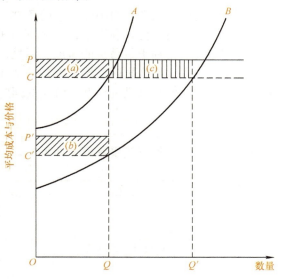

图 6-2 比较成本与比较利润率的成本分析

显然，A 国仅投资于 B 国能够带来高利润率的 X 产品。在这种投资模式下，B 国 X 产品的成本是$75，Y 产品的成本为$300（见表 6-1 "4"），从而两国的比较成本差较之没有国际直接投资（见表 6-1 "4"）时大。假设根据 6-1 "4"所示的比较成本，两国专业化生产具有比较成本优势的产品，A 国专业化生产 Y 产品，B 国专业化生产 X 产品，随着两种产品在两国生产规模的扩大,成本不断提高,同时,各国比较劣势的产品的生产成本下降,通过竞争市场机制,成本和单位利润之和将满足 $\frac{\pi_X}{\pi_Y} = \frac{\pi'_X}{\pi'_Y}$,因为两国两种产品将通过竞争机制根据国际市场价格比进行均衡。

从另一种形式来看,在自由贸易条件下,忽略运输成本,两国两种产品的价格比等于国际市场价格比 $\left(\frac{P_X}{P_Y} = \frac{P'_X}{P'_Y}\right)$。根据表6-1"4"所示的比较成本,假设X产品的国际市场价格为$90,Y产品的国际市场价格为$135。在国际价格条件下,A国扩大Y产品的生产和出口,同时减少X产品的生产,并进口部分X产品,直到X产品和Y产品的利润率相同。B国则相反,因为随着生产比例的变化,两种产品的单位产品利润也在变化,假设X产品的单位产品利润降为$10,而Y的单位产品利润为$15,则X产品的均衡单位成本为$90 - $10 = $80,Y产品的均衡单位成本为$135 - $15 = $120,如图6-2所示,A国将增加Y产品的生产,B国则相反。这时两国X产品的单位利润率为10/90或11%,正好等于Y产品的单位产品利润率15/135或11%。换句话说,如果自由贸易使国际价格比相同,即 $\frac{P_X}{P_Y} = \frac{P'_X}{P'_Y}$,两国市场均为自由竞争市场,即 $\frac{\pi_X}{\pi_Y} = \frac{\pi'_X}{\pi'_Y}$ 或 $\pi_X = \pi'_X = \pi_Y = \pi'_Y$,则两国的两种产业的利润率相同,即 $\frac{r_X}{r_Y} = \frac{r'_X}{r'_Y}$ 或 $r_X = r_Y = r'_X = r'_Y$。

综上,在自由贸易和自由国际竞争的条件下,比较利润率对应于比较优势,所以国内外投资目标的选择取决于比较利润率,而比较利润率高的行业,也符合比较成本原则,这些行业的对外直接投资有利于贸易量的增加。但是,如果由于存在垄断性因素而导致比较利润率不对应于比较成本,那么国际直接投资将带来什么样的结果呢?这就是美国式对外直接投资或逆贸易导向的对外直接投资模型要解决的问题。

三、逆贸易导向的对外直接投资模型

逆贸易导向的对外直接投资模型如表6-2所示。

表6-2　逆贸易导向的国际直接投资模型

1. 国际直接投资前两国的比较成本		
	P国	B国
X产品	$100	$150
Y产品	$100	$300
2. 发生国际直接投资后两国的比较成本		
	P国	B国
X产品	$100	$75
Y产品	$100	$200
3. P国的比较利润率		
	国内投资	国际直接投资
X产业	r_X　5%	r'_X　13%
Y产业	r_Y　10%	r'_Y　33%
4. 只有X产业发生国际直接投资时的比较成本		
	P国	B国
X产品	$100	$150
Y产品	$100	$200

假设有 P 国（领先国——美国）和 B 国两个国家，P 国的比较优势和比较利润率如表 6-2 "3" 所示，这是由如下原因导致的：①国内存在二元经济结构，导致 Y 产业相对于传统的具有竞争力的 X 产业供应不足，所以 Y 产业的国内投资利润率高于 X 产业。假定 $r_X = 5\%$，$r_Y = 10\%$。②假定 X 产业不仅在国内市场上具有竞争力，而且在国际市场上同样具有竞争力，P 国对外直接投资于 X 产业能够获得与贸易导向的直接投资相同的利润率，即 $r'_X = 13\%$。③如果 Y 是充分竞争的行业，则 Y 产业的对外直接投资利润率将低于国内投资利润率。但是因为现假定存在远远高于国内投资利润率、并且与比较优势无关的国际投资比较利润率，假设为 $r'_Y = 33\%$，这种极高的比较利润率源于技术优势、产品差异和营销优势等所带来的垄断利润。这种直接投资，使得资本、技术和管理技能作为一种特殊要素而非一般要素由 P 国投入到 B 国。

来看一种特殊情况。假设 B 国对 Y 产业征收 200% 的保护性关税，由此使得更高成本（如$300）的国内企业存在。此时，P 国对 B 国进行直接投资不仅可以规避关税壁垒，而且可以在生产成本为$200 的情况下以$300 的价格出售，从而获得 50% 的利润率。在逆贸易导向的对外直接投资模型当中，国际直接投资发生在 Y 产业，从而形成一种新的供不应求的产业和极高的比较优势，由此可以获得高于国内投资收益（10%）的国际直接投资利润率（50%）。这种模式的存在是由于个别利润率扩大而非宏观经济理论的观点。表 6-2 "3" 中比较利润率之间的矛盾意味着市场是非竞争的，存在垄断或供不应求的因素，从而导致资源在各国和世界范围不能得到有效配置。P 国垄断的市场结构通过国际直接投资输往其他国家。对 Y 产业进行直接投资后，新的比较成本如表 6-2 "4" 所示，相对于 6-2 "1" P 国 Y 产业的比较优势降低，从而使得 P 国 Y 产品生产的利润率降低和出口量减少，进一步说，如果厂商的国际直接投资达到预期效果，那么国外生产的利润率将高于本国的生产利润率，从而导致贸易方向逆转，这意味着直接投资使投资国的比较优势发生逆转。显然，这种直接投资模式使对外直接投资对本国具有比较优势产业的产品的出口形成替代。

这种直接投资模式带来的影响是不利的。跨国公司不断壮大，并通过垄断或其他方式使产品供不应求来增加利润。但是，对外直接投资带来的新技术的扩散使得新产品的生产不能长期被垄断。随着新技术的扩散，美国将失去在新产品（模型中的 Y 产品）上的比较优势。同时由于其他原因，美国也将失去在传统制造业上的优势（模型中的 X 产品）。长此以往，由于对外出口量减少，这必将对美国的国际收支平衡造成不良影响。如果要解决劳动力的就业，就要使他们就业于新产业，但是模型中的新产业并不能提供更多的就业机会，甚至由于对外直接投资而提供更少的就业机会，所以劳动力不得不被传统的比较劣势的行业所吸收，因此这些产业需要国家加强保护和提供更多的服务。这种对外直接投资模式阻碍了能够带来实际收入增加的经济结构的调整。因此，美国经济首先需要做的是打破传统的二元经济结构，从而使整个国家成为一个竞争系统，使传统产业的生产要素自由流入新的产业，促进国内产业结构的调整和行业间利润率均等化。跨国公司通过垄断或使产品供不应求的手段，进行对外直接投资会导致世界资源配置扭曲和整体福利下降。美国应该增加其具有比较劣势的传统制造业和农业的对外直接投资。日本继英国之后对本国具有比较劣势的行业进行对外直接投资取得成功。虽然对外直接投资并不一定导致"出口就业"，但是逆贸易导向的直接投资却通常会带来这样的结果。

总之，贸易导向的直接投资模式（日本式）和逆贸易导向的直接投资模式（美国式）

对投资国和东道国的经济发展和福利水平会产生不同的影响，同时也会对南北贸易和未来世界经济的发展产生不同的影响。

第三节 对边际产业扩张理论的评价

一、小岛清理论与新古典框架的关系

（一）关于 H—O—S 模型的动态拓展

小岛清将李嘉图限于最终产品生产的比较成本学说扩充到了中间产品的生产过程。这样，H—O—S 模型中除劳动（L）和资本（K）两种生产要素之外，还有必要加进中间产品投入，而最重要的两种中间产品是技术（T）和管理诀窍（M）。由此看来，小岛清使用的生产函数 $f(L, K, T, M)$ 体现了他对比较成本理论更高维度的发展，也体现了他对"对外直接投资以技术和管理手段为转移核心"的深刻把握。含 L、K、T 和 M 四种生产要素的 H—O—S 模型不仅因 T 和 M 的动态性脱离了静态框架，还因 T 和 M 的国际流动性被赋予更新的国际生产意义。在这个意义上，小岛清成功地建立起一个融国际贸易和国际直接投资于一体的宏观分析框架。在传统的 H—O—S 模型条件下达到的帕累托最优世界中，任何对外直接投资都是多余的。然而，在小岛清扩充了这个模型后，就不仅限于在一个静态世界中求得一个帕累托最优，其合适的目标应该包含两个方面的内容：①在任一时刻寻求可流动生产要素 K、T、M 与不流动生产要素 L 的有效配置；②继续扩大国际比较成本差，为将来进一步的国际专业化分工打下基础。国际直接投资是世界不均匀分布的 K、L、M（尤其是 T、M）的国际转移，可作为实现上面两个目标的有效手段；而国际贸易是连接各国专业化生产的纽带，实现目前和将来国际专业化分工利益的有效机制，它正确地反映了国际分工的深度、广度及其格局。所以，国际直接投资从属于贸易是国际分工的必然要求。

在这一点上，接受邓宁国际生产折衷理论的学者格雷（P. Gray）也有类似小岛清思想的描述："……在一定的国际流动生产要素和不流动生产要素的所有权优势格局下，对外直接投资应该最大可能性地使要素在国际得到最有效的配置。"邓宁也承认，国际生产折衷理论所得到的规范性，与小岛清理论的主要主张有许多是相符的，在资源导向型和对东道国进口替代的直接投资情况下更是如此。

（二）关于"边际产业"生产的转移

"边际产业"具有双重含义：它对于投资国和东道国来说都是"边际"的，只是它位于投资国比较优势顺序的底部，但位于东道国比较优势顺序的顶端。通过"边际产业"生产的转移，投资国摆脱了自己较弱比较优势的产业的生产，国内资源流向其较强比较优势的高新技术产业；东道国获得了发挥自己比较优势的技术和管理手段，使其较充裕的自然资源禀赋得以更有效地开发利用。由于双方各自的比较优势都得到了加强，不仅比较成本差扩大了，而且双方都得以提升自己的产业结构。所以，小岛清主张的"边际产业"的转移是"投资从属于贸易"这一规范前提的逻辑推论。

但是，小岛清的比较优势顺序概念似乎模糊不清，在这方面已有多位学者提出过质疑。一方面，小岛清断言，弗农产品生命周期理论中刻画的美国式投资是逆比较优势而行的。对此，跨国公司风险分散学说的创始人拉格曼给出了一个有力的反驳。拉格曼认为在包

含时间因素的动态 H—O—S 模型中，同一技术 T 不是同质的，新产品创新初期与产品标准化后同一产品中所含的技术已有了质的区别。弗农产品生命周期理论中美国的比较优势并不在于技术本身，而在于技术创新能力；而发展中国家则在利用其低廉劳动力使用标准化技术上占有比较优势，所以产品生命周期同时也是沿动态的比较优势产品生产转移的周期[1]。格雷则直接认为，比较优势顺序应当按国家把特定的流动生产因素和它们自身禀有的不流动要素结合在一起进行有效生产的能力来重新排列；产品生命周期后期从东道国到投资国的制成品贸易对产品生命周期前期相反方向制成品贸易（投资国到东道国的中间产品贸易）的替代，正是按照这种重新排列的比较优势而进行的对外直接投资的结果，显然很难说它是破坏贸易的[2]。

另一方面，小岛清断言，日本式的边际产业技术最易为东道国吸收消化，最有助于提升双方产业结构，而美国式投资的技术对欠发达国家经济增长的作用有限。但是，现实中的情况并不太清楚。小岛清有可能低估了美国式投资中的技术转移对东道国的发展所能起的作用。高新技术产品需求的收入弹性较高，这种产业的直接投资将使东道国工人的工资增加，因而会有效地提升东道国的需求，其溢出效应将有助于东道国经济的快速发展，当然这个观点也有待于实证检验。

小岛清还将"边际产业"投资原理推广到发达国家之间的交叉投资，显然，"边际产业"投资主要是指发达国家对欠发达国家的对外直接投资。对于发达国家之间的交叉投资，小岛清认为投资行业也应是投资国具有较弱比较优势（或相对比较劣势）的行业，并且以将来进口分公司产品为目的。这里至少可以提出两个问题：①发达国家跨国公司何来这种投资动机？发达国家禀赋相似，投资国相对比较劣势的产业往往也处于绝对劣势。因为两国（投资国和东道国）生产函数 $f(L, K, T, M)$ 中的 L、K 相似，所以往往又是投资国国内该产业的 T、M 较劣；较劣的 T、M 既不能到国外与当地厂商竞争，其转移也与小岛清自己坚持的国际分工原则相矛盾；②发达国家的交叉投资既然以进口分公司产品为目的，为何不直接进口外国公司的产品？即便以后进口分公司制成品同样会面临关税及非关税壁垒。

（三）日本式对外直接投资和美国式对外直接投资的区分及解释

尽管大多数学者认为，所谓日本式对外直接投资和美国式对外直接投资的区分并不成立，日本 20 世纪 60 ~ 70 年代的对外直接投资只不过具有欧美跨国公司某个历史阶段对外直接投资的特征，但这也从反面证明了小岛清的区分确实抓住了 20 世纪 60 ~ 70 年代现实中两种不同类型的对外直接投资的特征。虽然到了今天，日本制造业的对外直接投资与欧美对外直接投资已无多大差别，日本综合商社也未必会过多考虑投资对比较优势的动态影响，但发达国家跨国公司对资源丰裕的发展中国家的自然资源导向型投资，确实仍然具备一定的日本式对外直接投资的特征。当然，并不能把小岛清的有关评价照搬用来解释这些投资。

小岛清在论述美国式对外直接投资时，援引的是弗农和海默的解释，它事实上包括了美国和欧洲制造业的对外直接投资。小岛清在解释这两种投资模式发生的原因时，首先推导了比较优势和比较利润率的对应关系及其成立条件，使其理论具有完整性和严格性。因为只有

---

[1] 参见 A. Rugman：《Inside the Multinationals》，1981。
[2] 参见 P. Gray：《Macroeconomic Theories of Foreign Direct Investment：An Assessment》，载于 Rugman 所编的《Theories of the Multinational Enterprises》，1982。

在个体不影响外生的宏观变量时，宏观目标才会等同于个体目标的总和。他从寡占结构造成比较优势和比较利润率关系扭曲的角度来解释美国式对外直接投资，并将日本式对外直接投资归因于日本政府重视海外自然资源开发的投资诱导政策。这些阐述虽然不够全面，但仍具有较强的说服力。

二、小岛清理论与现代分工理论

小岛清坚持以国际分工理论来考察跨国公司对外直接投资行为，其思想是比较深刻的。事实上，如果要在总体上对跨国公司给出一个全面的评价，那么以国际分工为起点并在分析中贯穿国际分工思想十分必要。

然而，小岛清的理论毕竟出现在20世纪70年代初，当时新古典经济理论还占绝对统治地位，国际分工理论也仅限于对各国要素禀赋差异的考察。20世纪80年代发展起来的两个独立的新经济理论，大大丰富了国际分工理论的内容。一个是威廉姆森的"交易成本经济学"，它考察了交易市场失效下的企业行为；另一个是以克鲁格曼为代表的"新贸易理论"，它涉及的是结构性市场失效情况下国际贸易的方向和构成。摒弃完全竞争市场假设，汲取上述两个理论的成果后，可以发现小岛清理论只限于一部分由市场组织和协调的国际分工。正是这一点，造成了这一理论的最重大缺陷。从根本上说，对外直接投资是市场失效的反应，而小岛清却是在新古典完全竞争假设下的 H—O—S 模型中分析对外直接投资行为，这无疑使其理论基础存在着矛盾。马克思早在研究资本主义工场手工业时，便区分了"工场手工业内部的分工"和"社会内部的分工"，并且精辟地阐述了两种分工的起源和发展过程。恩格斯也区分了"支配全社会的自发的无计划的分工"和"在个别工厂里组织起来的有计划的分工"。现代企业理论的里程碑是科斯于1937年发表的论文《企业的性质》，文中提出了"企业和市场是两种互相替代的协调生产的手段"这一重要论点。科斯的思想在被经济学界忽视了几十年后，钱德勒以美国系统的历史资料验证了科斯的结论。他证明了随着现代多工厂企业内部管理层级制的形成，管理的协调比市场机制的协调更有效率，前者逐渐替代后者。而威廉姆森则以科斯的新厂商理论为基础，发展成了相当严密的交易成本经济学。之后，内部化理论又将这个体系应用到跨国公司理论分析中，详细论证了跨国公司通过建立公司内部中间产品市场，克服由这些中间产品的不完全市场所带来的效率损失。由此看来，在国际分工的理论研究中，已形成了两个研究对象不同的理论体系，一是研究由市场机制予以组织和协调的国际分工理论，二是研究由企业予以组织和协调的企业内部国际分工的理论。而且，跨国公司对世界市场交易机制的替代过程也就是将一部分国际分工转化为跨国公司内部国际分工的过程。

小岛清无法认识到在他理论出现之后才发展成熟的上述企业内部国际分工思想；另外，他对由市场组织和协调的国际分工的理解在今天看来也相当不全面。在受市场决定的国际分工条件下，当两国存在要素禀赋差异时，分工反映为部门间贸易；当两国禀赋相似时，也会由于规模经济、差异产品的存在而发生产品层次上的国际专业化分工，并反映为部门内贸易。"新贸易理论"已从理论上证明了这一点，发达国家之间大量的部门内贸易对此也做出了有力的经验证明。

【关键术语】

边际产业扩张理论　　日本式对外直接投资　　美国式对外直接投资

思 考 题

1. 日本式对外直接投资是属于直接投资发展某个阶段的特殊形式，还是一种完全区别于美国式直接投资的另一种新形式？

2. 小岛清对巨型跨国公司的批判是否符合现实？跨国公司在全球化的今天到底应该扮演一种什么样的角色？

延展阅读书目

［1］ Kojima Kiyoshi. Trade, Investment, and Pacific Economic Integration, Selected Essays of Kojima Kiyoshi［M］. Tokyo：Bunshindo，1996.

［2］ 小岛清. 对外贸易论［M］. 周宝廉，译. 天津：南开大学出版社，1987.

［3］ 蒋殿春. 小岛清对外直接投资理论述评［J］. 南开经济研究，1995（2）.

第七章

直接投资理论的新发展

【学习要点】
- 非均等能力思想
- 信号揭示理论
- 产业集群理论
- 小规模技术理论
- 地方化理论

第一节 跨国投资理论研究的新进展

邓宁在对折衷范式进行修正时曾指出,有关跨国公司理论研究的最新工作可以沿着以下三个方面展开:①利用许多实证研究中被确认的结构变量对不同种类国际化生产的内在变化进行解释;②对跨国公司作为一种组织体制和/或资源转移选择模式进行严格的模型化设计;③利用更为综合的方法如博弈论、网络分析等工具来研究跨国公司的战略行为。自邓宁这一评论发表之后,虽然跨国公司的发展已经日益影响到全球政治与经济并成为国际经济理论和管理学界关注的重点,但正如邓宁所预测的那样,这之后有关跨国投资理论的研究,并未出现具有全新分析框架的重大理论进展。但在一些重要的方面,跨国投资理论研究已经取得了重要成果,验证、修正并发展了原来的理论,并在推动理论系统化、规范化及与实证分析相结合方面有着明显的进步。以下分别从四个方面进行介绍:

一、海默理论中的"非均等能力"

继海默提出直接投资的不完全市场概念(或称市场失效方法)之后,主流跨国公司理论学派对它进行了更多的研究与推进(包括交易成本、内部化、折衷范式等理论主张)。主要的学者包括巴克莱、卡森、拉格曼、邓宁等人。他们认为,海默并未区分市场不完全概念所包含的两种类型:一是市场结构的不完全,市场结构的不完全源于生产技术的控制,生产要素的独家占有与限制,规模生产及货币市场的规模优势,品牌独到的忠诚,生产设计、营销渠道的垄断等因素。二是交易成本导致的市场不完全。这一不完全源于市场本身的特征,它构成了跨国公司投资的外生变量。卡森认为,海默未能区分这两种市场的不完全特征,导致其关于跨国公司的论述就没有与科斯的企业理论联系在一起。因此,为了与海默理论相区别并引进交易成本解释相关的市场失效问题,后来的研究者纷纷指出,在市场交易中出现的市场失效问题可以基于市场内生的特征或市场交易自然发展的结果来考虑,新古典理论所假定的完全信息与完全市场这一前提是不可能存在的。

上述研究者的观点仍然存有值得商榷之处。事实上，海默提到了对两种市场不完全特征的考虑。首先海默继承并研究了贝恩（J. Bain）关于垄断优势与市场准入问题讨论中所考虑的市场结构的不完全。海默特别指出，他将贝恩的研究方法运用于不同国籍企业的进入障碍上发现，一国企业到外国投资总会碰到各种不利之处，由于这一原因，一国企业的优势力量在国外通常要比在国内少。海默研究这一不完全市场的原因时认为，它与不同国籍的企业活动具有内在的联系（不同国籍的企业活动必然会反映出国家经济一体化活动中存在的各种障碍，这是导致结构性不完全市场出现的最根本原因——文化、政治、经济上的差别），因此为了克服这些结构性市场不完全，企业就会产生一体化（或称内部化）动机。例如，在许可证交易过程中，当企业之间存在相互作用时（也就是企业的行为能够彼此影响），如碰到买家是垄断者的情况时，或是许可方控制价格与产量有困难时，企业就会产生由自身替代不完全市场以利用其特定优势的动机。

许可证交易过程中的市场不完全内涵并不仅限于以上所谓的"市场不纯粹现象"（Impurities in the Market），海默特别提到了在不确定性世界中，可能存在着一种基于信息不完全而导致的许可双方评估上的冲突。可以考虑这样一种情形：由于新知识的非独占特性，跨国公司可能不愿意向东道国企业转让工艺或生产技术，跨国公司担心被许可方可能就达成的交易又重新否认，这样被许可方就可以免费获得技术。相应地，被许可方也存在顾虑，它并不知道交易结束后能真正获得什么。在这种情形下，最终的结果可能是不通过市场进行许可证交易，而由跨国公司在其自身内部使用这一优势。在应对这种基于知识与中间产品的市场不完全（交易成本类型）问题时，海默指出，应从企业的本质出发思考，"企业是一种替代市场的有效的组织设施，企业可以将市场内部化或是进行替代"⊖。显然，海默的理论已经提及了对两种不完全市场的理解。

进一步来看，海默将企业组织本身作为一种内部化制度存在来分析，因此内部化的制度优势在其理论中已经成为跨国公司对外投资研究的必要前提。在这一基础上可知，海默的垄断优势理论实际上要解决的问题是寻找企业开展国际化经营的充分条件。海默的研究得出，这一充分条件在于企业身上所具备的"非均等能力"（Unequal Ability）⊖。这一非均等能力的形成集结了以下三方面的优势：企业所累积的特有优势（也就是后来邓宁概括的所有权优势）；企业自身作为替代市场的一种组织制度优势，海默将它称为一体化优势（吸取了科斯企业理论的精髓，实质上是内部化优势的雏形）；投资者母国为其提供的区位禀赋优势（强大的资本市场、文化与政治上的忠诚等因素），从而使跨国公司可以克服到东道国投资可能遇到的各项额外"困难"。这样在海默理论中，可以看到一个非常清晰的"非均等能力——困难"的对外直接投资模型，而且海默"非均等能力"的内涵优势与折衷范式的三要素优势具有一定的渊源关系。这一概念与后来研究跨国公司竞争力的学者如迈克尔·波特（Michael Porter）所提出的"差异化能力"观点也有很大的关联。

⊖ 海默的这一观点为马库森（J. Markusen）所支持，"具有知识产品特性的所有权优势类似于公共产品，因而容易导致信息不对称，产生逆向选择与道德风险，从而跨国公司要将其进行内部化"。

⊖ 参见 Stephen Herbert Hymer, 1976（a 1960 dissertation）: The International Operation of Multinational Firms: A Study of Direct Foreign Investment, Cambridge: MIT Press, P46.

二、内部化优势的检验：信号揭示理论

在解释对外直接投资时，内部化优势理论认为，公司总是在非完全市场上追求利润最大化，当中间产品市场不再完美时，便产生绕过非完美产品市场开创内部市场的动机，它涉及共同所有权和对通过市场相联系的各种活动的控制。而一旦出现跨越国界的市场内部化，便产生了跨国公司。显然，内部化的好处来自避免了外部市场的缺陷，但内部化的一定成本也抵消了潜在利益，因此成本与内部化收益均等时的公司规模最佳。但另外，面对现实存在缺陷的市场，各种交易过程仍然持续。这些交易过程是如何进行的？是否存在其他途径来加以实现？上述问题正是由于内部化优势理论缺乏实证性分析而产生的。

斯科特（Scott Liu）运用信号揭示理论对此所做的研究指出，可以将跨国公司的决策本身，视为向市场提供有效信息的一种信号揭示。公司实体在市场交易时，对手很难获得公司交易完全的信息，只能通过观察公司的某些行动来获得相应信息，这样当一个公司选择使用对外直接投资内部化利用其知识资产时，至少表明其决策者认为知识资产具有很高的价值，因此，对手可以从跨国公司投资决策本身的行为获得有益的信息揭示。信息揭示的内容包括三方面：首先，跨国公司的对外直接投资，通过内部化而使新的知识资产进入市场，这可能对其外部市场的经营产生一定影响。其次，跨国公司在进行海外投资决策时，要依据可观察到的市场获利情况，对其海外预期获得利润进行收益与成本的比较，这时跨国公司的投资决策表明它对整个潜在市场未来获利可能性的看法。最后，跨国公司的海外投资决策，一般会围绕其整体战略进行相应部署，因此基于战略的投资决策行为含有重要的信息量。对外直接投资这一形式使得内含的信息进一步以不对称方式在市场中传递。信号揭示理论为内部化优势理论提供了间接的检验与补充。

三、区位优势的延伸：产业集群理论

跨国公司的主流优势学说探讨了对外直接投资的动力与引力问题，这类理论是以产业组织理论为基础的体系，所进行的是微观分析，其重要假设之一是不完全竞争。从微观企业角度解释投资动力具有其合理性，因为国际投资更多的是一种企业行为。但在研究中发现，即便是从企业行为角度解释的所谓投资动力，实际上也仅仅是企业具备的对外投资的条件，而并非是企业对外投资的动机。由企业不同对外投资动机而引发不同的区位选择行为模式是在国际投资领域中更微观的研究，但在主流学说中至今尚未见到这样的理论和模式。邓宁曾将区位论引入国际投资研究，阐明了区位优势是国际资本流动的必要条件，但并没有研究流动的空间差异问题。这其中最根本的原因在于存在着投资主体的不同动机差异和东道国区位条件的要素差异。企业对外投资的动机差异会对区位要素产生不同要求，并左右跨国公司相应的策略选择；而东道国的区位要素禀赋又存在着极大的差异，反过来会导致国际投资区位选择的巨大差异。在企业投资动机与区位特征的互动影响中，集群理论的诞生为跨国公司对外投资行为提供了一种有益解释。

（一）产业集群的背景

作为专业术语的"集群"（Cluster）是迈克尔·波特在 1990 年才提出来的，但是产业集群却是在产业分工出现之后就逐渐形成了。早在 100 多年前，马歇尔（Alfred Marshall）

在《经济学原理》中就提到了"在特别的地方,专业化的产业集中",这种"地方性工业"就是现代产业区的原始形态。100多年后,迈克尔·波特在《国家竞争优势》(The Competitive Advantage of Nations)一书中引出了"集群"的概念。"集群"指的是在某一特定区域内的一个特别领域,存在着一群相互关联的企业、供应商、相关产业和专门化的制度与协会,其实质是一定的企业围绕某个产业聚集在一起所形成的某种紧密联系。在他看来,发达国家都拥有全球竞争优势的产业集群,如美国的硅谷、底特律的汽车制造群等。因此,一国的生产率和竞争优势要求专业化,必须超越资源禀赋要素的比较优势,集群已经成为国家产业竞争力的源泉。

集群与区位优势既有联系又有区别。联系在于两者都离不开地理位置的重要影响,区别在于前者更多是从企业之间在特定区域中的投资动机出发进行研究,因而集群概念更强调创新优势的投资动因把握;后者则是在静态角度上展开分析,具有某些重要禀赋资源(如天然港或廉价劳动力供给)的地理位置常常享有成本比较优势,这样吸引跨国公司对外投资的解释在于资源优势的传统区位理论。从现实来看,经济竞争更具动态性,通过全球性的采购,跨国公司能够减缓不同区位在许多投入成本方面的劣势,这就使得许多关于区位比较优势的传统观点日益受到质疑。现今比较优势取决于更有效地使用多种投入要素,而这就需要持续地创新、集群的出现,从更紧密分工与协作的角度提供了有效创新网络形成的一种动力。

集群是生产者为降低专业化分工带来的交易费用和获取由分工产生的报酬递增而自发产生的产业组织形式。在集群形成的过程中,分工起了非常重要的作用。根据新兴古典经济学理论,分工能够提高交易效率,实现报酬递增。随着社会分工的逐渐细化,企业生产专业化趋势日益明显。企业之间生产的分工和专业化不断加深,必然导致在生产流程中企业之间以产业链为纽带,进行交易。随着企业间交易的增加,交易费用也日益增加。这就产生了报酬递增和交易成本增高的矛盾。产业集群正是解决这一矛盾的好办法。产业集群将产业链中不同位置的企业聚集在相对集中的区域,一方面提高了分工水平,更好地实现了报酬递增;另一方面,又大大降低了交易费用。具体体现在:①由于地理上的聚集,单个企业的技术知识会产生溢出效应,给集群内的其他企业带来正效应;②集群内企业共享了区域内的公共设施,实现了物质资源的共享,另外相对集中的企业也给信息传播带来便利,大大节省了企业搜索和捕捉信息的费用;③地理上的便利、信息的高效流通使得集群内的人才流动便利,降低了企业的人力资源交易费用;④地理相近容易建立互信机制,节省谈判和监督成本等。

因此,产业集群提高了企业间的专业分工水平,同时还降低了交易费用,使得集群里企业的整体竞争力提高了。这是集群自发形成的重要原因之一。此外,以下几个具体因素也在集群形成的过程中起到了关键的作用:

(1) 自然资源和运输成本。历来都有不少产业在靠近自然资源的地方聚集。另外,企业总是希望以最低的成本进入市场,这里面当然包括运输成本这一重要因素。所以,同类企业比较容易在一个靠近市场、运输成本较为低廉的地方聚集。

(2) 规模经济与外部性。规模经济与外部性(Externality)是集群形成的关键性因素。生产相同产品的企业之所以能够聚集在一个地方,很大的原因是规模经济在起作用。由于大量的企业聚集在一起生产，就形成了很大的规模，同时也会产生巨大的需求，这种规模经济效应足以保证在这个地区的企业能够得到从中间产品到劳动力的高品质、低成本的供给。在产业集群的地方，即使是新加入的企业，也能得到各种技能的劳动力供给，而且，价格一定相对便宜。此外，先进入某个地区的企业在生产中会产生经济活动的外部效应，且随企业规模的扩大而扩大，如为后进入的企业创造了生产和生活所需的基础设施、劳动力市场、中间产品的获得渠道，甚至是生产地点的知名度，后进入的企业就可以充分利用这种正面的外部性（Positive Externality），从而无须经过市场交换就获得利益。所以，充分的外部性就足以使后进入的企业聚集在原有的企业周围，形成产业集群。

（3）相关延伸产业的支持。相关延伸产业的支持，使集群内的企业可以得到专业化的服务，从而提高企业的竞争力。这些延伸产业包括交通运输业、技术服务业、专业销售公司、商业性印刷出版业、展览业、信息咨询业等。在这些相关延伸产业的发展和竞争中，一个成熟的专业服务市场形成了，促进了产业集群的出现。

（4）制度与政府政策。相应的制度安排和政府采取的产业政策对产业集群的形成和发展也有重要的影响。

（二）产业集群的内涵

1. 产业集群的形成条件

产业集群为该产业、该地区乃至整个国家都带来了一定的竞争力，但是从长期来看，如果产业集群要想在全球持续的激烈竞争中生存下来，就必须发展成为更广阔的集群，即参与全球价值链而成为全球性产业集群（又称跨国公司的产业集群）。全球价值链是指为实现商品或服务价值而连接生产、销售、回收处理等过程的全球性跨企业网络组织，涉及原料采集、运输、半成品和成品的生产和分销，直至最终消费和回收处理的整个过程。全球价值链中的各个环节在价值上是一个连续的过程，但是在空间上是被逐段分开的。全球性产业集群作为富有竞争力的产业组织形式，可以整合全球价值链在空间上的分段环节而获取竞争力。全球性产业集群的出现，使得产业集群竞争力由单纯的国家比较优势扩展到国家比较优势与跨国公司全球竞争力优势的耦合。一般来说，产业集群的形成需要具备以下六个条件（两个必要条件，四个充分条件）：

必要条件1：生产过程具有可分割性。产品的生产过程能够被分成几个不同的步骤，即可分割性，这是产业集群出现的第一个必要条件。这种生产过程的可分割性依赖于技术的可分割性。集群的产生一方面依赖于技术的可分割性；另一方面也依赖于各种专业化组织的大量聚集，它们在价值链中不同的环节相互学习，并进行良性的竞争与合作。

必要条件2：最终产品具有可运输性。如果最终产品很难移动，那么企业的区位选择只能由消费者或主要的消费市场决定，企业将分散在全球各个主要的消费市场，难以形成集群。所以，最终产品必须具有可运输性，特别是当原材料很难运输但最终产品非常容易移动时，产业集群的倾向更加明显。

充分条件1：产业具备较长的价值链。企业的专业化程度越高，其竞争力就越依赖于其他互补的企业。随着企业的接触面越来越多，如果产业的价值链较长，那么企业之间的协调就显得愈加重要，即价值链上的相关企业就越需要通过相互协调来形成最终产品。

充分条件2：生产技术的多样性。如果在一条价值链上的不同环节需要不同的生产技术，那么其中的某个企业就很难掌握所有的生产技术，而且生产技术差异越大，这种难度就越大。这样的话，不同的企业只能专注于不同的生产技术，于是各个企业的协调就成为问题。

充分条件3：具备网络化创新的特征。网络化创新是指具有不同能力但互补的企业结合它们各自的技术，共同提高现有的产品或生产流程的创新能力。这种创新活动不同于单个企业的创新，它需要多个企业、机构的相互配合。在这种情况下，整个创新活动和过程中多个企业的参加就显得非常重要。所以，如果某个产业主要以网络化创新为创新方式，那么就更加容易形成集群。

充分条件4：目标市场具有不稳定性。如果目标市场具有不稳定性，那么企业对市场的控制力就会减弱，这使得企业在区位选择上会采取谨慎的态度。在这种市场状况下，需要企业对不断变化的市场需求做出快速反应，如果在同一价值链上的企业在地理上相互接近并形成集群，就会具有对市场的快速反应能力，并转变为企业的竞争优势。因此，跨国企业对市场需求的反应速度的追求，会促使产业集群的形成。

需要说明的是，在上述六个条件中，两个必要条件是必不可少的，是产业集群形成的基础，缺少任意一个，产业集群都很难形成，更不用说发展成全球性产业集群。但四个充分条件却不是必需的。

2. 影响跨国公司产业集群区位选择的因素

上述条件只是说明跨国公司的产业集群有可能形成，但是具体在哪里产生却是未定的。跨国公司产业集群的区位选择涉及国际直接投资的环境，是多种因素综合的结果。

（1）经济因素。经济因素是跨国公司集群区位选择首先要考虑的。其中有非制度方面的经济因素，包括经济规模、经济发展水平、经济增长速度、通货膨胀率、经济外向度、国内投资率、国内储蓄率、贸易顺差、国际储备等多种经济指标，还有制度方面的经济因素，包括市场的进出壁垒、对外开放程度、市场发育程度、知识产权保护程度、市场规则的稳定性和可预测性等。细分来看，主要又和跨国公司的企业特性有关。如果是市场开发型跨国企业集群，那么会侧重于上述的市场规模、市场增长率、对外开放度等；如果是资源开发型的跨国企业集群，则会注重于原材料获得的成本和劳动力成本及技能等。但总体来看，经济规模、经济发展水平和经济增长速度等因素对跨国公司集群的区位选择普遍有着显著的影响。

（2）市场容量。市场容量可以作为经济因素的一部分，但是由于其在跨国公司国际直接投资中的重要地位，有必要单列出来。事实上，跨国公司进行国际直接投资的一个主要动机就是获取新的市场，因此，市场需求越大的国家和地区就越能够吸引跨国公司的进入。接近市场是跨国公司区位选择的重要因素。这主要是因为在那些地区，跨国企业的优势可以集中发挥出来，减少了市场搜寻成本和获得市场的信息成本，可以根据市场状况及时调整生产，避免了交通不便、市场信息不灵等状况。因此，那些市场容量大的地区往往会被众多的跨国公司选中，成为跨国公司的集群地。

（3）成本因素。成本因素也是单列出来的经济因素，因为成本总是企业投资时应该率先考虑的问题，跨国公司也不例外。在一些资源成本低的地区往往集中了大批的跨国公司。

由于劳动力成本在总成本中占有一定的比重，一些劳动力成本低廉的国家往往会吸引很多跨国企业，从而形成若干个跨国公司集群。随着劳动力质量越来越重要，人力资源丰富、拥有众多高素质人才的地区也成了跨国公司的重要集群地。

（4）基础设施。基础设施的完善对跨国公司非常有吸引力。作为企业发展的基础硬件环境，基础设施的好坏关系到投资环境的好坏。其中最重要的就是交通设施的完善，因为跨国企业总需要将产品运输到市场。因此，一个地区交通网络是否发达直接影响着跨国公司的进入与否。完善的公路、铁路等基础设施能够大大降低跨国公司的投资成本，保证企业的正常运行和生产经营效率，因而成了跨国公司集群形成的硬件环境。

（5）开放程度。一般而言，一个地区对外开放的程度代表了该地区的经济与国际接轨的程度。开放程度越高，与外界的联系就越紧密，就越便于跨国公司获取国际市场信息和开展国际贸易，保证企业的正常跨国经营，因此就越能吸引跨国企业，从而形成集群。

（6）政策因素。政策因素是很重要的制度因素。税收优惠等政策总是能够在一定程度上吸引一些企业。但是不同的企业对政策的弹性是不一样的。可能规模较小的跨国企业对此比较重视，而那些大型的跨国公司可能更加注重这个地区市场的发展状况和长远的盈利能力。

（7）集群效应。集群产生的众多外部正效应是一个地区吸引跨国公司的重要因素。拥有一定产业基础的地区往往有着良性循环。集群地区不仅拥有发达的基础设施、完善的服务和特定的劳动力，而且集群还会产生外部正效应和规模经济、范围经济，从而强烈吸引着相关产业的跨国公司；而众多跨国公司的进入则加强了集群效应，使得集群的吸引力更强。

（8）制度环境。与基础设施相对应的制度环境是一个地区吸引跨国公司的软环境。一个运行良好、拥有完善的法律制度和廉洁高效的政府的地区，将会为跨国公司提供一个透明的、可预见的投资环境，减少市场在制度方面的不确定性，增强对跨国企业投资的吸引力。

在上述各个因素的综合作用下，具备一定产业条件的跨国公司就能在某一个适当的地方实现集群（一旦跨越国界就构成了 FDI 流动的新动因），或者引领原有集群的发展与升级。

（三）垂直型跨国公司与水平型跨国公司的集群效应

在形成跨国公司的产业集群后，其具体形态也是不一样的。按照对东道国国际直接投资的方式，可将跨国公司分为垂直型跨国公司和水平型跨国公司。两者对集群的影响是不一样的。

1. 垂直型跨国公司

垂直型跨国公司是指将同一个价值链上不同的生产阶段放在不同的国家进行的跨国公司。这种类型的跨国公司有三个特点：①跨国公司在集群中具有某些所有权方面的优势，包括拥有专利权、管理方法等，这些优势是为公司的总部服务的。②在生产过程中，生产部门是由几个按照不同的要素比例垂直联系的生产阶段组成的，它们在空间上是分开的。公司出于成本或者收益的目的将它们放在不同的国家和地区。③价值链上的各企业之间属于上下游关系，公司总是倾向于把企业选址在靠近上游供货商或者下游消费者的位置。

这种集群的稳定依赖于成本。如果集群成了产业中心，那么该产业就会非常重要。在要素不能自由流动的情况下，要素特别是劳动力要素的成本开始上升，促使企业寻找成本更低的地方。当要素成本超过贸易成本时，就会用贸易来替代集群。这时，企业要么撤离产业中心，要么将要素价格高昂的部分产业迁出产业中心。这样，就会形成产业逐步演进升级的状况，典型的例子是新加坡。20世纪60年代，美国的电子生产企业对新加坡进行垂直型跨国投资，在新加坡建立组装和简单的测试工厂，然后将产品返销到美国，这属于典型的垂直型跨国公司投资。随后，美国、欧洲和日本的大量企业进入新加坡，由于劳动力有限，劳动密集型的装配活动很快就提高了劳动力工资，低附加值的生产活动纷纷转移到了附近低劳动力成本的国家和地区。但是，跨国公司并没有把所有的生产全部撤走，而只是迁走了劳动密集的部分，将非劳动密集部分的制造和服务活动留在了新加坡。于是，新加坡的跨国公司集群就实现了产业的演进升级。

当然，这种集群的稳定性也依赖于需求。如果世界对产品的最终需求不大，能够被某一个国家或地区的生产所满足，那么就不需要形成垂直型跨国公司的集群。正是因为随着经济的增长，世界对产品的需求不断增大，于是对某些要素的投入需求也会增大，使得成本上升，迫使跨国公司将生产过程的一部分转移到其他地方，从而实现了跨国公司的垂直化专业生产。

2. 水平型跨国公司

水平型跨国公司是指在国外开办工厂生产与国内工厂同样产品的跨国公司。这种跨国公司的突出特点就是存在着大量的产业内贸易和公司内贸易。传统的H—O模型只能够解释产业间贸易现象，而不能解释现在大量的产业内贸易现象。新贸易理论能够解释产业内贸易，却存在着两个问题：一个是分析局限于要素价格均等化的假设，没有考虑贸易和运输成本的问题；另一个问题是忽视了对多国公司的研究。

对于第一个问题，如果贸易是完全自由的、无贸易摩擦的，那么对于每种产品，只要世界供给等于世界需求就可以满足需要，而无须每个国家内部市场的均衡。在这种情况下，生产的定位是不重要的，因为无论在哪里生产，产品都可以无成本地向所有市场提供。但是，当存在贸易成本和运输成本时，在贸易模型中除了要考虑要素禀赋之外，还要考虑产品市场。贸易成本和运输成本的存在使得公司的销售倾向于国内市场。这就意味着，公司的定位和国家之间的产业分布不得不考虑产品市场的状况，甚至由产品市场单独决定产业分布也是可能的。

对于第二个问题，如果一个多国公司在两个国家各开一家工厂的固定成本高于它在国内开一家工厂的固定成本，那么它就不会进行跨国投资。

所以多国公司的存在需要两个条件：一个是贸易和运输成本要足够大，以至于在两个国家各开办一家工厂会比在国内开一家工厂划算；另一个是由于要从两个国家汲取要素，那么这两个国家的要素禀赋应该类似。

这样的话，贸易成本和运输成本的存在减少了要素价格均等的可能性，使要素禀赋在决定贸易模式中变得重要。水平型跨国公司的存在，创造了新的公司内贸易的形式，减少了实际要素价格的国际差异，减少了要素流动导致集群的可能性。

四、基于行为经济学视角的对外直接投资分析

就对外直接投资来说，跨国企业所面临的新环境的复杂性包括政治、经济与文化等多方

面因素，但传统经济理论并不关注这些复杂性中的非经济层面影响，仍然假设经济代理人是以最大化利润实现为其目标而进行理性选择。因此，跨国公司理论发展到海默时代（以垄断投资理论来取代以往资本流动理论）实质上标志着有关跨国公司的传统经济理论分析已经逐渐转向国际商业研究领域（垄断理论、内部化理论与折衷范式），因为传统经济理论分析并不能对跨国公司海外投资行为做出令人信服的解释，特别是基于不确定性背景下的战略决策行为考虑，非对称信息的影响力会进一步加大。于是这方面的研究也很快兴起，特别是行为经济学产生之后，在对传统经济理论分析引进更为现实与相关的假设条件后，有关对外直接投资现象及国际化生产特征又被重新纳入传统经济研究范畴中得到重视。这方面的代表人物包括海纳（Ronald Heiner）与霍塞尼（Hosseni）。海纳基于跨国公司代理人面临的国际复杂环境影响（政治、经济、文化的差异）提出对外直接投资决策的"能力—困难"差距模型（Capability – Difficulty Gap Model），而霍塞尼以行为经济学的分析视角在此基础上进一步拓展，提出了对外直接投资新模型——"基于行为经济学的认知能力—困难"差距模型（Behavioral Based C – D Gap Model）。后一模型在引进行为经济学分析研究对外投资与跨国公司现象时修正了传统经济理论分析的三个前提：①尽可能使传统经济理论与所有行为科学中的知识累积特性保持一致；②进一步改善了传统经济理论假设的现实特性；③利用有限理性来取代传统经济理论中关于理性经济人最大化利润的假设。

根据海纳的研究成果，霍塞尼提出如下假设：U 表示与正确的直接投资决策相关的不确定性，P 表示管理者的认知能力（Perceptual Ability），E 表示企业面临的外部环境（政治、经济、文化的复杂性），那么 U 就可以看作 P 的递减函数及 E 的增函数，N 表示企业获取的新信息（政治、经济与文化方面，分为积极的与消极的信息，它相应会引起公司投资项目的风险价值增加或减少，但总体来说，新信息有利于降低直接投资决策过程中的复杂性），显然 E 是 N 的减函数。可以得到：

$$U = [P, E(N)] \quad U'(P) < 0, U'(E) > 0, E'(N) < 0 \tag{7-1}$$

在模型中，怎样开展对外投资以及对外投资数量是企业所面临的不确定性的一个函数，再假设企业面临不确定性时，应该投资而做出了投资决策为 $R(U)$，相应地，当企业不应该投资而做出了投资决策为 $W(U)$。显然，当不确定性增加时，R 会下降，而 W 会上升，这意味着 R/W 将下降，$R'(U) < 0$，而 $W'(U) > 0$。

我们再假设 $Q(E)$ 是企业所做决策正确的概率，相应地，$1 - Q(E)$ 为企业所做决策错误的概率。$G(E)$ 为企业应该对外投资而做正确决策所获利润的概率，$L(E)$ 为企业不该对外投资而做错误决策带来损失的概率。

根据对外直接投资的预期收益与预期损失这一均衡关系，可以得到：

$$预期收益 = G(E)R(U)Q(E) \tag{7-2}$$

$$预期损失 = L(E)W(U)[1 - Q(E)] \tag{7-3}$$

企业对外直接投资，应该符合预期收益大于预期损失，即

$$G(E)R(U)Q(E) > L(E)W(U)[1 - Q(E)] \tag{7-4}$$

将式（7-4）两边同除以 $G(E)Q(E)W(U)$，我们得到：

$$\frac{G(E)R(U)Q(E)}{G(E)Q(E)W(U)} > \frac{L(E)W(U)[1-Q(E)]}{G(E)Q(E)W(U)} \tag{7-5}$$

由于 U 实际上是 $U(P,E)$，海纳的信赖条件值可以写成：$R/W = B(P,E)$，将式（7-5）进一步变为以下一个方程，并且引进容忍限度值 $T(E)$：

$$B(P,E) = \frac{R[U(P,E)]}{W[U(P,E)]} > \frac{L(E)[1-Q(E)]}{G(E)Q(E)} = T(E) \tag{7-6}$$

式中，$B(P,E) = \frac{R[U(P,E)]}{W[U(P,E)]}$，相当于海纳所说的直接投资决策的信赖条件，它是两个条件概率的比值，即做正确直接投资 $R(U)$ 带来预期收益的概率 $G(E)$ 与做错误直接投资 $W(U)$ 导致损失的概率 $N(E)$ 之比。这一比值包含了海纳所提出的跨国公司代理人的 "能力—困难" 差距模型是怎样影响到公司对外投资决策的对错的可能性大小。

式中，$T(E)$ 又称为容忍限度值，它取决于对投资项目的风险价值的判断。如果预期投资的风险价值为负，那么投资就是不适宜的。因此，可假定当项目的容忍限度值大于 1 时代表负预期价值的投资，等于 1 表示均衡状态，小于 1 但大于 0 则是正预期价值的投资。显然，容忍限度值的表现取决于 $Q(E)$、$G(E)$、$L(E)$ 的正负价值。它对均衡状态的偏离反映了决策者的行为变化，这一变化的速度与程度取决于决策信赖条件的大小，这一条件又取决于决策者对新信息的认知能力、自身学习过程中组织的协调优势以及容忍限度值对均衡状态的偏离。

显然，当新信息变得很难理解时，跨国公司代理人的行动就不会非常可信，从而会产生错误，因此信赖条件值是一个可参考的指标。比如发达国家的跨国公司由于对工业化国家环境及其信息的认知能力较强，因而能力—困难差距较少，信赖条件的比值较大，从而发达国家之间的企业直接投资决策活动会非常频繁。而发达国家对发展中国家（尤其是那些政治、经济与文化方面存有较大不确定性的国家）的直接投资决策相应就会减少。类似的，假设跨国公司代理人的认知能力是不一致的：当 $P_1 > P_2 > \cdots > P_n$ 时，假设他们能够接触到同样的信息，面临的信息复杂性是一致的，可以得知跨国公司代理人决策的不确定性状况为

$$U_1 < U_2 < \cdots < U_n$$

根据前面对 $R(U)$ 与 $W(U)$ 函数不同性质的描述，可以得到：

$$R_1(U_1) > R_2(U_2) > \cdots > R_3(U_3) \cdots > R_n(U_n)$$
而 $$W_1(U_1) < W_2(U_2) < \cdots < W_3(U_3) \cdots < W_n(U_n)$$

亦即

$$B_1(P_1,E) > B_2(P_2,E) > \cdots > B_n(P_n,E)$$

跨国公司代理人一般是根据项目的净现值做出投资项目可行性选择的，也就是说，对外投资项目选择仅当 $B(P,E)$ 大于 $T(E)$ 时才是可行的；假如信息模糊不容易判断，它就会带来很大的不确定性，以致 $B(P,E) < T(E)$，这时就不会做出对外投资决策，直到获得新的信息。显然，对于部分跨国公司代理人来说，当 $B(P,E) > T(E)$ 时，他们就可能做出最具现实意义的对外投资决策，而当不存在 "能力—困难" 差距模型时，传统经济理论的分析就会适用，决策者做决策时也就不会犯错误。从这一意义上看，基于新古典理论的传统经济最优行为模型仅是 "能力—困难" 差距模型的一个特例。

第二节　发展中国家对外直接投资的适用性理论

一、小规模技术理论

许多发达国家的跨国公司在其研究中都强调技术优势。对于发展中国家来说，技术同样可以为其对外投资提供竞争优势，使其在海外市场上存活。但是发展中国家的技术优势很特殊，它不但反映了投资者母国市场的特征，而且这一技术优势的发挥可能会对发展中国家的经济发展产生深远影响。这一理论被称作小规模技术理论，其主要代表人物是路易斯·威尔斯（Louis Wells）。

（一）小规模技术的特点

在发展中国家现代化的制造业中，大多数企业直接通过对外直接投资、机器设备进口、许可证贸易等方式从发达国家获取产品和生产技术。事实上，一个国家的现代化工业部门的发展速度和它从外国获取技术的能力之间有着直接的关系。发展中国家的技术发展有以下几种典型的渠道：首先是从发达国家"完全进口"技术；接着是在使用这些技术的过程中"通过模仿进行学习"或者"通过改进进行学习"；然后是"通过新的设计学习"或"通过提高设计进行学习"；下一步是"通过设立完整的生产系统而进行学习"或"通过技术革新进行学习"；最终实现"通过基础研究和发展而进行学习"⊖。随着发展中国家企业的经验和能力的增强，它们将个体生产技术和整个技术能力建立的过程提高到吸收技术、改进技术和发展技术这一整套的程序。它们的技术能力也随着它们母国经济的发展和劳动力技能、培训、受教育程度的提高而提高。也就是说，这些在发展经济中的企业在吸收、改进和发展技术能力的提高方面与母国工业经济发展的深度和广度有着密切的关系。

对于上述的普遍特征来说，例外情况也可能在一些基于"出口导向"工业化战略的国家或是外国投资（充分利用当地便利的、低工资的劳动力）占有相当份额的国家中出现。虽然这种工业化的模式经常带来工业产出和就业率的高速增长，但它不能促进当地现代化工业部门的跨国公司的子公司或者当地企业技术和制造技能的增长。

从这一意义上说，对进口技术的模仿、修正与改进和在发展中国家的企业新技术的发展反映了当地产品和要素市场条件发生变化的趋势。这些市场的需求受到市场大小和寡头垄断控制下各个行业中少数企业之间竞争程度的限制。为了满足这些条件，一些企业需要改进进口技术，使之能在比最初设计使用这一技术的发达国家规模更小的市场上被更有效率地使用，发展中国家可以通过三个相关的改进，将缩小机器设备的大小和减缓设备操作时的速度结合起来，以适应国内要素和产品市场的条件。

1. 改进生产技术以实现产品生产的灵活性

首先是调整引进的生产技术，使其在不同的产品之间更具灵活性。经过对生产设备和过程的改进和设计，使得几种不同的产品能够用同样的设备进行生产，同时也缩短了检修、待料等的停工期，降低了改变装备的成本；而不是追求单一的、精巧的设备或生产线，以达到一种产品的高速连续生产。另外，也可以修改生产程序和产品，以至不同的生产过程和机器

⊖ 这一对发展中国家技术的吸收和发展过程的分类是由拉奥（S. Lall）最早提出的。

设备能生产出同样的产品。发展中国家供求条件的快速变化使得生产技术灵活性的增强变得十分必要。在需求条件快速变化的条件下，想要实现有效率的操作，就需要在产品和生产力的利用上实现比一般发达国家更大的灵活性。

2. 改进生产技术以解决原料投入难的问题

无论是在国内市场还是在国际市场上，发展中国家的企业通常很难获得适用于引进的技术所需的原材料投入。这是由于国内的原料提供者没有能力生产满足质量和数量要求的原材料，同时又受到进口和兑换的限制。这就使得这些企业不得不改进产品和生产技术，以使用在当地就能获得的原材料进行生产和再生产。而且，由于存在着周期性的原料供应的短缺，企业必须经常改进生产技术和程序以增加在使用不同投入时的灵活性。

3. 改进生产技术以加大产品的劳动密集性

这种对引进技术的修正，通过改变产品、生产程序和改进新技术的规模和灵活性，使得这些发展中国家的企业使用的技术更具有劳动密集性。

大多数发展中国家拥有低成本的充裕的劳动力，这一特征促使发展中国家企业在生产过程中用劳动力代替资金投入以降低成本。与来自发达国家的投资相比，来自发展中国家的企业具有资本劳动比率较低的特点。例如，印度的小规模制糖作坊与发达国家同样规模的作坊相比，雇佣的劳动力大约是后者的 3 倍，而资金投入却仅为后者的 1/2 或 1/3。在比较母公司在发展中国家的子公司和母公司在发达工业化国家的子公司的资本劳动比率后可以看出，两者之间存在着巨大差别。来自发展中国家的投资比来自发达国家的投资使用的劳动密集型技术更多。这些劳动密集型技术除了能降低成本、减少能耗外，还可以为发展中国家提供更多的就业机会，从而提高企业知名度，以获取某些政府提供的优惠。因此，设在发展中国家的汽车制造厂，为减少高额的组装费会采取人力组装的方法；有的公司为了适应小规模技术的劳动密集性，充分利用发展中国家廉价的劳动力，会将产品进行重新设计，使之使用更多的手工劳作以代替机器生产。

在产品方面，发展中国家普遍存在的低收入水平导致低价低质的产品需求的增加，这些产品在营销和技术含量上的要求很低。这种需求也使得发展中国家的企业改进生产技术。为了生产市场需要的低成本的产品，企业通常从增加劳动密集性上改进它们的生产技术，因为对于这些产品来说，实现低成本比质量和式样更为重要。

（二）小规模技术理论对发展中国家的意义

小规模技术理论将发展中国家跨国公司竞争优势的产生与这些国家自身的市场特征结合起来，为经济落后的国家怎样利用现有的技术与自身的特征形成比较竞争优势提供了充分的思考空间。世界市场越来越多元化，即使企业的技术不够先进，经营范围和生产规模小，也可以获得其特有的经济动力。发展中国家的很多传统工业仍具有其技术优势，这些行业多数为劳动密集型产业且生产规模不大，产品和技术已趋于标准化，在生产成本上有较大的竞争力。在这些行业进行对外投资有利于企业主动参与国际竞争，提高企业的国际竞争力和综合实力。

二、地方化理论

许多对第三世界国家的跨国公司的研究都强调第三世界国家的跨国公司所拥有的竞争优势是来源于从各种渠道（主要是从发达的工业化国家）采购和部署的可用二手设备，但这种优势对有些发展中国家的跨国投资行为是解释不通的。英国经济学家拉奥（Sanjaya Lall）通过对印度海外公司的考察，提出了地方化理论。

（一）地方化理论的主要内容

拉奥的地方化理论是通过对印度跨国公司的个案分析形成的。在研究过程中，他将印度企业的优势划分为以下四个部分：技术、营销（产品多样化和其他技能）、管理（质量和成本）以及其他，包括所有权的聚结、种族因素和东道国的各种优惠政策。

1. 技术优势

就第三世界企业在对外直接投资中涉及的制造技术的转移程度来说，假设企业掌握了一些标准技术部件，它们就可以参与海外竞争。

不同的跨国公司转移的制造技术在内容上有很大区别。这些内容包括以下五个方面：①由投资者或者投资者所在国制造的资本产品，代表了技术转移中的实体部分；②故障的发现和维修、质量控制、副产品的提高和改进以及相似产品的生产过程；③当地零件和设备的获得，高质量的供应商的发掘，确保不断的技术升级或者建立连接功能；④技能训练和技术的转移功能；⑤当地的研究、开发、工程和相似的研发功能。

一个拥有高技术或设备制造能力的投资者独自转移上述所有的内容是可能的（其附属机构也要有足够的规模、经营能力，甚至研发能力），不过，如果投资者只是转移生产和培训功能，而向其他企业（或者国家）购买设备、工程机械、零部件等，它同样能在海外竞争中获得成功。也就是说，一个企业自身的技术转移可能是低水平的，但可以结合其他技术的能力来弥补该不足，使企业在海外经营中取胜。

就随后的技术改进而言，发展中国家的企业由于受到各种资源的限制，或者受到合作伙伴不足的限制，它们的优势主要来自它们通过原始的技术性创新而带来的机械设备、设计和研发成果。这些企业的研发费用与销售的关系并不像发达国家那样密切，但是，对于一个发展中的后起者来说，即使是研发费用上的一笔小的投入也可能会对技术的吸收、改进和创新有重大的影响。对于投资到海外的跨国公司来说，技术改进的主要动机有原材料的替代品和生产过程中成本的降低以及产品的更新，通过这些改进以使企业适应东道国当地的实际情况，从而使海外投资实现最大的回报。除了研发的作用外，还有一个技术因素在企业的海外活动中起了重要作用，这个因素部分来源于单纯地复制给定技术的能力；部分来源于提高的过程；部分来源于根据当地的原材料和经营条件而做的改进；部分来源于产品的改进和创新；部分来源于资本产品的制造能力。这些优势来源于相关企业的技术、工程和研发功能的整体作用。

从对印度的这些研究分析中可以看出，跨国公司潜在技术优势的两个主要特征是生产经验和基本的设计（研发）能力。复制现存技术的能力和根据特定环境改进现存技术的能力是跨国公司的主要技术力量。当然，印度的跨国公司所表现出来的技术优势并不是第三世界国家所特有的资产，发达国家的跨国公司在技术的改进以适应世界不同地区多样化的环境方面也有着更广泛、更长久的经验。例如，在印度的外国附属机构就几乎完全使用了印度当地的工作人员，并按照印度当地企业的需要进行了技术改进。

技术的转移并不一定意味着小规模、劳动密集型、接近淘汰产品。虽然在机械工程、消费品部门能较容易地实现这些改进，但大多数的程序性的产业却很难实现这种转变。不过在拉奥的研究中没有对此进行进一步的讨论，其研究还是保持了暂时性的特征。

2. 营销优势

就营销而言，现在的研究普遍认为第三世界国家的跨国公司的主要优势在于无差别产品的价格竞争力。尽管如此，如果认为这些企业在营销能力上处于劣势就过于简单了，毕竟大力推广的广告策略和商标的独特性仅仅是销售的一个组成部分，特别是在资本品的销售上，这些可能是最不重要的部分。成功的营销需要同消费者之间建立起经常的联系，交换设计意见，定制产品，技术链接，广泛的售后服务等。这些营销上的努力都能创造出"产品特性"，将非价格因素加入到产品竞争力中，产生的效果与极具说服力的广告一样，有时甚至还更有效。而中间产品则不需要这种在营销上的努力，其占据市场的主要因素是质量和价格。

印度的跨国公司普遍缺乏为有特性的消费品创造出知名品牌的能力，这也是许多发展中国家的跨国公司在国际竞争中广泛存在的问题，所以它们只能在产业营销中发展相当有竞争力的技能，加强与消费者之间的联系。

3. 管理优势

印度跨国公司的管理优势主要体现在两个方面：一是专门的管理技能，这使印度在东道国能够比来自于发达国家的竞争对手们经营得更有效率；二是相对低的管理成本和技术人员的工资。在许多有关发展中国家的跨国公司的著作中，作者们大都认为，发展中国家的跨国公司有独特的经营技能，可以使其在艰苦的、非工业化的环境下也能很好地生存。这些技能包括：在谈判中巧妙地跨越政治壁垒，建立基础投资设施，管理有限的投资，选择恰当的东道国供应商，使产品满足东道国的需求，培训所招募的东道国员工等。在一般情况下，管理技巧可以在企业的日常运营中经过经验积累而获得，另外，印度的艰苦环境也提升了印度企业应付政治和经济困难的能力。

对于印度跨国公司的管理优势来说，尽管很难对其从实证上进行评估，但可以从一些印度跨国公司的管理技巧方面来看，完全可以同西方或日本等发达国家的跨国公司相媲美，一个企业在海外成功的管理经验往往可以增加该企业的竞争优势。如果把获利能力当作衡量一个企业管理能力的必要因素，那么相当一大部分印度跨国公司都是很好的管理者。

除去一些其他因素，可以得出以下结论：在一些经营条件非常艰苦、政府又十分不配合的东道国，相比其他跨国公司，印度跨国公司可能具有管理优势，并且这一优势会使印度企业不断成长并发展壮大。因为，它们具有更高能力的管理者、更多的后备资源和对国外市场更强的预测能力。

4. 其他优势

在这里，拉奥考虑了东道国政府所关注的所有权归属、产权关系及其偏好问题。在拉奥选取的一些研究样本中，许多是大型的家族企业，这些企业进行海外扩张主要源于以下几方面的优势：抗资金风险能力强；易获取不同的技术、管理技能；市场信息充分；可能获得免税或减税优惠等。

（1）抗资金风险能力强。对于印度的跨国公司，我们通常会产生这样的印象：没有投资者会因为海外经营的扩张而向更大的集团寻求支援。印度法律严格限制了企业内部之间的转移，所以，除了以贷款的形式，公司不可能获得公开的支持。然而，正因为如此，印度跨国公司的抗资金风险能力很强，这也成了印度企业的一大优势。

（2）易获取不同的技术、管理技能。对于印度的跨国公司，一个产业集群内部的不同企业的技术都是该集群内其他企业的资产，企业间可能会共同享用。这一集群优势也可以说是技术优势，包括设备、生产技术和一些专门的技术。相似的，多数集群内部的企业都可以从产业集群中获取管理资源和一些秘密技术。

（3）市场信息充分。一个成熟的产业集群，一般都建立了完善的出口和外国投资机会网络体系，使企业很容易获取充分的、及时的市场信息。另外，集群内部一个企业的决策经验也很可能会影响到其他企业的国际化决策。

印度跨国公司在通过创新、产品差异化研究、研发以达到产品的特征化生产方面并不积极，在通过小规模或劳动密集型以达到技术的特征化方面也没有明显的优势，而在一些不需要技术和技能的产业发展中却表现得相当活跃。一些企业在复杂的营销中表现得相当熟练，廉价的劳动力资源仅仅被当作边际的、短暂的优势来对待。

印度跨国公司具有的技术优势并不十分明显。它们的生产经验、工程设计、产品的适应性大多建立在研发的基础之上，而不是从消除技术弊病、降低资本密集型入手的。因此，在印度，一些本国企业拥有的所谓一流的技术几乎和发达国家同类的技术没有区别，根本不能体现当地的特殊性。

在母国艰苦的环境中，技术优势可以使一个企业在管理技能方面得以长足地进步。一些企业的成功可能仅仅来自于恰当地掌握了营销技能，而不是企业的品牌效应。产业集群的所有权形式似乎形成了一些固定的专门的要素，产权关系或与政府之间的关系对企业的扩张作用并不大。

（二）地方化理论简评

在早期的著作和最近的一些理论研究中，经济学家认为跨国公司向发展中国家提供了现代技术。相对于其他技术转移的模式，跨国公司进行技术转移的成本没有明确地被提出，技术的适用性问题也没有得到很好的考虑。在这些研究中，经济学家们大都假定技术完全适用于发展中国家，要素市场是有效的，跨国公司通过对要素价格的及时反应和提供合适的技术以达到利益最大化；而更多的动态问题，例如发展中国家对技术的吸收、扩散和创新，则没有被深入地研究。简单的新古典分析框架是在技术获得免费、很快被吸收的前提下进行研究的，一些针对发展中国家引进技术的实证研究也仅仅是把发展中国家看作外国技术的被动接受者。所以，针对这些理论研究中的不足，拉奥主要对以下两个问题进行了简要的分析：

（1）外国投资者提供的技术是否能适用于发展中国家的环境？基本上，该问题的答案是肯定的。一方面，在企业的最初创立阶段，跨国公司总是先通过调整规模、设备、设计以符合当地的特点，并且常常忽略技术转移的所有权问题。这方面的适应是有大量实例支持的，通常跨国公司也能做得很成功。另一方面，企业规模是决定资本密集度的要素，因此，企业经营的相对规模将会对要素选择的结果产生重要的影响。例如，发展中国家的小企业通常采用自动化程度和资本密集度低的技术。一旦一个企业被创建，适应性问题将在不影响核心技术的功能而又相对便宜的技术要素中产生。因此，相比发展中国家，跨国公司的子公司生产的辅助部分，如包装、库存、运输等就可能会变成相对的劳动密集型。但是，随着企业的发展，市场的导向性、当地竞争的程度、要素价格的变化、劳动力市场的状况及其他因素，都会影响现有技术的适应性，相应新的技术就会被引进。总体而言，跨国公司设立在发展中国家的子公司与其母公司相比，大都资本密集程度低而且更能适应当地的发展环境。

（2）与当地的竞争对手相比，跨国公司是否能更好地适应东道国的环境？由于以上因素影响了企业对所有权的重视程度，一旦跨国公司控制了生产规模、产品和市场，并不会采取更进一步适应当地环境的举措。继而,跨国公司的资本密集程度将增强。

拉奥的地方化理论对于分析第三世界国家的对外直接投资有着很大的意义。地方化理论不仅分析了发展中国家对外直接投资的国际竞争优势,而且更强调了形成竞争优势所特有的企业创新活动。发展中国家对外国技术的改进、消化和吸收不应是一味被动地模仿和复制,而应是对技术的消化、改进和创新,正是这种创新活动给引进的技术赋予了新的活力,给引进技术的企业带来了新的竞争优势。

【关键术语】

集群　　行为经济学　　小规模市场　　地方化理论

思 考 题

1. 学术界对主流优势理论的拓展主要表现在哪些方面?
2. 试举例分析跨国公司对外投资与产业集群的关联效应。
3. 简评小规模技术理论。
4. 试举例分析我国跨国公司的发展特征及其在技术地方化方面所做的努力。

延展阅读书目

［1］ Wells Louis T Jr. Third World Multinationals: the Rise of Foreign Investment from Developing Countries ［M］. Cambridge: MIT Press, 1983.
［2］ Heiner RA. The Origin of Predictive Behavior: Further Modeling Applications ［J］. American Economic Review, Vol75, 1985.
［3］ 梁琦. 产业集聚论 ［M］. 北京: 商务印书馆, 2004.

第八章
跨国公司国际直接投资的环境分析

【学习要点】
- 投资环境的分类
- 跨国公司进行国际直接投资的世界宏观环境因素
- 跨国公司进行国际直接投资面临的东道国环境因素
- 跨国公司进行国际直接投资的母国因素
- 投资环境的评价方法

国际直接投资是指跨国公司在国外进行的伴有经营控制权的投资,是国际资本运动的一种重要形式。跨国公司在投资之前都要对投资环境进行考察。本章介绍国际直接投资环境的概念与分类、影响跨国公司国际直接投资的因素以及投资环境的评价方法。

第一节 国际直接投资环境概述

一、国际直接投资环境的概念

国际直接投资环境是指能影响国际直接投资活动的各种外部情况和条件的综合体。对国际直接投资环境的研究是国际投资决策中不可回避的一个问题。资本的本质决定了它不会闲置,而将处于不断流动之中,流动的目的是尽可能多地使资本增值。因此,当代资本无一不是朝着有利于自身增值的方向和较为良好的投资环境流动。资本的增值一般来源于整个投资的再生产过程,因此从这个角度上讲,凡是影响整个再生产过程的每一宏观、微观因素,都属于投资环境之列。故投资环境又可被定义为影响资本增值的外部条件,更倾向于被认为是外国投资者进行生产投资时所面临的条件和环境。

投资环境的特征可以概括如下:

1. 投资环境是一个综合体

投资环境是一个综合体,它是由决定和影响投资的各种因素相互依赖、相互完善、相互制约所形成的矛盾统一体。按构成要素可把投资环境划分为四大部分:政治环境、自然环境、经济环境和社会环境。政治环境是指东道国的政治状况、政策和法规等。它包括一国政府对外国投资者的态度,还有战争、内乱、政局稳定程度等情况。自然环境是指自然或历史上长期形成的与投资有关的气候、地理条件,如地形、地理位置、气候、降雨量、风力等。经济环境主要是指影响某国或某地区进一步投资的各种经济条件。例如,居民的收入水平,该国或该地区所处的经济发展阶段,经济制度与市场结构基础设施或经济基础结构等。经济环境是影响国际直接投资最直接、最基本的因素,常常是对外投资决策者首先考虑的问题。

社会环境是指对投资有重要影响的社会方面的因素，如文化背景、宗教习惯、教育、国民心理等，在研究投资环境时只强调某一个方面的因素是不恰当的。

2. 投资环境的优劣程度是国家间横向比较的相对概念

区域性投资环境是相对于国家投资环境而言的，它是国家投资环境的有机组成部分。投资环境区域性的存在，可能会使同一种项目投资或投资方式在此地适用，而在彼地不适用。因此，投资者在进行投资决策时，既要考虑国家因素，又要找准具体投资地区的因素，以达到投资的目的。

3. 投资环境是一个动态的概念

投资环境的动态性主要体现在以下四个方面：

（1）投资环境自身在不断变化。

（2）人们对投资环境的价值观在不断变化。例如，早期投资者主要看重物质资源和廉价劳动力，而现在则注重政治环境、金融和市场条件以及人员的素质等。

（3）投资环境应适应投资者变化的需要而不断完善。

（4）投资环境具有部门及项目的差异性。也就是说，一个既定的投资环境可能对某一些产业或项目有比较优势，而对另一些产业或项目不具有比较优势。特别应该指出的是，新兴产业的投资与传统产业的投资之间，要求的投资环境往往有较为明显的差异。

二、投资环境的分类

1. 按投资环境包含因素的多少划分

按投资环境包含因素的多少，投资环境有狭义和广义之分。狭义的投资环境主要是指投资的经济环境，包括经济发展水平（国民收入、经济增长速度）、经济体制、经济发展战略、基础设施、外汇管制、金融市场的完善程度、币值稳定状况等。广义的投资环境除经济因素外，还有社会文化、政治、自然环境等可能对投资发生直接或间接影响的各种因素。

2. 按投资环境表现的形态划分

按投资环境表现的形态不同，可将投资环境分为硬投资环境和软投资环境。硬投资环境是指那些具有物质形态的影响投资的因素，如交通运输、邮电通信、供电、供气、供水、环境保护、社会生活服务和旅游设施等。软投资环境是指那些不具备物质形态的影响投资的因素，如政策、法规、合作对象的经济管理水平等。

3. 按投资环境的属性划分

按投资环境的属性不同，可分为自然投资环境和人造投资环境。例如，具有观赏和旅游价值的湖光山水，有开采价值的矿藏资源等属于自然环境；而生产、生活及社会性的基础设施则属于人造投资环境。

4. 按投资环境的地域范围划分

按投资环境地域不同，可把投资环境分为国家宏观环境和地区微观环境。前者是指整个国家范围内影响投资的各种因素的总和；后者是指一个地区范围内影响投资的各种因素的总和。

5. 按投资环境构成要素内容划分

按投资环境构成要素的内容不同，投资环境可分为：政治环境，社会文化环境，行政、法律与政策环境和经济环境。

(1) 政治环境。政治环境主要是指国家的政局是否稳定，政策是否具有连续性，有无战争或动乱的风险，有无国有化的趋势等，还包括东道国政府对外国投资者的态度、政府机构的办事效率等。

(2) 社会文化环境。社会文化环境包括东道国的语言、宗教、教育水平、家庭状况、民族意识、社会心理等。国际直接投资对社会文化环境的敏感性要比国内投资强得多，投资者所在国和东道国在这方面往往存在较大的差异，这就要求投资者适应并针对东道国的社会文化特点进行投资，分析投资风险和成本，选择合适的投资方式。

(3) 行政、法律与政策环境。行政环境主要包括行政体制是否完善，渠道是否畅通，以及政府是否滥用政府权力，是否存在官僚主义与腐败，以及是否会因此而造成行政办事效率低下，增加企业经营成本。法律环境主要是指法律制度是否完善、执法是否严格、司法是否公正，特别是税法、海关法、外汇管理法及企业法等。政策环境主要是指东道国对外资的鼓励与限制政策及其执行程度。

(4) 经济环境。经济环境因素是影响国际直接投资的最直接因素，是进行国际直接投资决策前所要考虑的首要条件。它包括：

1) 东道国的经济发展水平。不同经济发展水平的国家，对外资的需求有较大的差异。发达国家主要吸收资本、技术密集型的投资；发展中国家则偏重于吸收劳动密集型投资。

2) 收入水平。它反映了东道国的市场规模、消费品市场需求、消费支出水平等。一般来说，高收入国家吸收投资的能力强，资金周转率较高。

3) 基础结构。基础结构是指一国的基础设施，它对国际直接投资活动具有明显的影响。投资于基础设施不完善的国家，会给经营活动带来许多障碍，并导致经济成本的提高。

4) 地理条件。地理条件包括东道国的位置、面积、人口、气候、自然资源等，是跨国企业进行全球性资源配置、合理进行生产布局所要考虑的重要因素。

5) 东道国的经济政策。东道国的经济政策包括财政金融政策、产业政策、地区发展政策、贸易政策等，影响着投资者的投资决策和投资效果。

第二节 影响跨国公司国际直接投资的因素

一、影响跨国公司进行国际直接投资的世界宏观环境因素

（一）经济全球化的影响

众所周知，经济全球化加速发展已成为一种时代大趋势。"冷战"结束导致世界经济大变化，这一变化之一是两个平行市场对立的消失，这为在全球范围内形成统一的世界市场，即市场全球化创造了条件。世界经济市场化是当代科技进步的必然结果。战后科技进步使社会生产力迅猛发展，国际分工不断深化，各国经济交流与合作的范围日益扩大，要求全球经济紧密联系和趋向一体化，并且世界经济市场化是两种经济体制和平竞赛与世界各国自由选择的结果。

经济全球化主要是通过以下两种途径形成的。一是由于世界生产力高度发展，国际分工日益深化，尤其是跨国公司通过在世界各地投资形成跨国界的内部化市场，使世界各国和地区的经济不同程度地日益融合为一个整体。这种经济全球化是一种随着世界生产力提高而自

然发展的过程。二是在这种自然发展的基础上，世界各国通过签订协议，成立全球性的一体化组织，各成员方遵照协议制定的规划，消除或逐步消除对其他国家的歧视或障碍，从而形成世界经济的全球一体化。

经济全球化的特征如下：

1. 世界多边贸易体制的发展与贸易自由化

1995年1月1日起，世界贸易组织取代1947年的关贸总协定正式生效运转。这是世界贸易自由化进程中的重要一步，是经济全球化加速形成的重要标志。

所谓贸易自由化，是指有关国家和地区通过多边贸易谈判达成协议，取消或降低关税，消除其他贸易壁垒及各种贸易歧视政策。

世界贸易组织比关贸总协定更具有全球化的性质，因为：

（1）关贸总协定是一套规则，一个多边协定，但没有组织基础；世界贸易组织是一个具有组织基础的常设组织机构。

（2）关贸总协定具有临时性质，世界贸易组织的承诺具有完整性和永久性。

（3）关贸总协定仅适用于货物贸易；世界贸易组织规则不仅适用于货物贸易，同时也适用于服务、投资及与贸易有关的知识产权领域。

（4）相比关贸总协定的争端解决机制，世界贸易组织的争端解决机制具有快速、自动且不易受到阻挠的特点，执行争端解决机构的裁决也更有保证。

2. 生产活动全球化

生产活动全球化主要表现为国际分工的变化，世界性的国际分工使各国成为世界生产的一部分。

跨国公司的全球化经营成为推动生产活动全球化的主体力量。跨国公司依靠其优势，进行跨越国界和地区界限的生产和经营，实施全球范围内最佳的资源配置和生产要素组织，对世界经济全球化起着越来越大的"助推器"的作用。

3. 金融全球化

金融全球化，即全球范围的金融自由化。其实质是要求各国放松金融管制，形成全球统一的金融市场和运行机制，保证金融资源在全球范围自由流动和合理配置。其核心是：取消利率限制，使利率完全自由化；取消外汇管制，使汇率浮动完全自由化；放松对各类金融机构业务经营范围的限制，使金融业务经营自由化；放松对资本流动的限制，实现资本流动自由化；放松和改善金融市场的管理，实现市场运作自由化。

4. 投资自由化与国际投资协议

国际投资自由化是指消除对资本流入及流出国境的限制和歧视，实现对外国投资和投资者的公平待遇。自20世纪90年代以来，资本项目自由化进度加快。为适应国际投资自由化的发展，各主权国家及地区间纷纷制定法规和签订协议，统一投资规则，规范投资行为。

在全球化趋势日益明显的同时，政府管制的放松和一些国际贸易壁垒的消除或减少正成为不可逆转的趋势。长期以来，在政府管制和贸易壁垒形成的国际不完全竞争市场上，西方大型工业企业凭借自身强大的"垄断优势"有效地克服了海外经营的成本和限制了中小企业的进入，从而成功地进行跨国经营。而随着政府管制的放松、国际贸易壁垒的减少或消除，许多传统意义上接受政府管制的产业和企业正在发生剧烈的变化，原来"不具备跨国经营条件"的许多中小企业现在也跻身到世界跨国公司的行列当中，进一步加剧了国际经营环境的动态性和不确定性，为企业的跨国经营带来了更大的挑战。例如，20世纪80年代末期，美国政府管制的放松打破了美国银行业中传统的稳定环境，使其进入了动态的巨变时期。与此同时，许多摆脱原有限制的产业和企业正迅速地发展成为全球产业和全球企业。为了应对这种趋势的挑战，一些大型跨国公司在通过内部成长和外部并购实现全球化的同时，又出现了反垂直一体化（De-verticalization）的倾向，一些企业开始"化大为小"，收缩经营范围，剥离非核心业务，实施"归核化"战略（Refocusing Strategy）。这种有悖于传统的经营方式，一方面是跨国公司为适应环境而做出的战略调整，另一方面又迫使跨国公司不得不思考在新的经营环境和新的战略下，企业成功进行跨国经营所需要的经营优势变迁的问题。

（二）国际直接投资在全球范围内的迅猛发展

1. 以全球化为特征的国际资本流动

（1）国际直接投资主体数量增长快，主体构成多样化，跨国公司平均规模不断扩大。20世纪80年代以后，特别是20世纪90年代以来，对外直接投资主体构成日益多样化，除跨国公司以外，中小型企业对外直接投资也有所增长。发展中国家的企业国际化发展速度、发展中国家跨国公司的国外资产规模也在不断扩大。

（2）国际直接投资总存量急剧膨胀，流量增长速度加快，生产国际化趋势明显，国际直接投资由萎缩转为旺盛。

（3）国际直接投资中跨国并购带动产业结构转移，促进各国国内企业重组和经济结构的调整。国际生产体系的形成和发展不断推进经济全球化。20世纪90年代以来，跨国并购已取代原来新建海外子公司的形式，成为当代跨国公司海外扩张的主要投资方式。美国的对外投资主要采用股权转让方式，目的是从全球范围获取战略资产，不断强化技术优势、市场营销优势，削减成本，加快技术创新，扩大世界市场占有率和控制力。跨国并购投资多发生于能源、电信、医药、金融服务、航空等领域。跨国并购带动了产业结构转移，促进了各国国内企业重组和经济结构调整，加快了国际生产体系的形成和发展，从而不断推进经济全球化。

2. 全球化投资规范框架开始形成

近年来，作为贸易增长的第四要素，全世界对外直接投资的增长引人注目。在许多发展中国家，作为资本流入的主要来源，外国直接投资已经取代了官方援助与计划。几乎没有发展中国家否认从国际直接投资中获取过经济发展的利益。

3. 全球发展战略

自联合国1983年在第三次调查报告中强调"跨国公司分布广泛的各单位，要在一个统一的决策体系下经营，采取一致对策和共同战略"之后，有关跨国公司全球发展战略型动机的分析应运而生并逐渐流行。全球发展战略作为跨国公司全球扩张的一种经营战略，是指跨国公司在建立起自己的国际生产体系之后，开始以全球市场为目标，依据资源和市场的分布状况在世界范围内进行灵活、有效和统一的经营，有计划地安排投资、生产、销售和技术开发等业务活动，使有限的资源得到更有效的利用，从而获得长期的最佳经营效果。出于全球发展战略型动机的投资所追求的是全球范围内最大限度的利润，而不仅仅是某一分支机构的盈亏得失，因而一般被认为是跨国公司海外直接投资较高层次的体现。

第二次世界大战后到20世纪60年代，跨国公司战略的普遍形式是所谓的"独立子公司战略"，即跨国公司在东道国经济中设立独立运作的子公司。西方跨国公司利用其资本、技术和管理上的优势，主要以全部拥有股权的方式在东道国进行直接投资。尽管各子公司或多或少要体现一些母公司的价值观念，但总体上实施独立战略，且每一个独立运作的子公司服务于一个独立的东道国，只要子公司是盈利的，母公司就可能对它行使很少的控制。

在 20 世纪 70 年代，跨国公司主要通过寻求外源来参与国际化生产，即所谓的"简单一体化战略"。外源化国际生产表明价值增值活动向非母国、非初始国或非最终销售国转移，其主要动机是利用东道国与跨国公司价值链有关部分的区位优势。相应地，跨国公司主要通过对子公司拥有部分股权或少量的非股权安排来从事海外直接投资，母公司集中于价值链关键部分的生产，而子公司或分包商则集中于其他部分的生产。

20 世纪 80 年代以来，随着国际经济一体化、计算机网络化和信息联网系统的发展，母公司对其拥有的一揽子生产资源及其经营活动进行跨国界的配置、协调和管理，国际化生产和经营可以发生在价值链的任何一点上，从而实现了全球范围内的专业化生产，此所谓"复合一体化战略"。实行复合一体化战略的跨国公司，从全球角度出发跨国界配置其价值增值链诸环节，从规模经济和范围经济两方面考虑，形成公司的全球分工体系。在这种情况下，跨国公司系统各单位的生产被明确界定为公司内部国际劳动分工，母公司与国外分支机构的区别越来越没有意义。跨国公司不局限于利用一个或几个国家的单项区位优势，而是对这些区位优势做综合利用以形成整体合力，因此，公司各单位无论大小都将注意力集中在改进知识结构、建立更加广泛的通信网络、连接终端的商业设施、寻求将不同价值观念结合起来的"协同效应"等方面。

可见，随着信息技术的进步、不同国家需求模式的趋同和全球竞争的激化，越来越多的跨国公司采取了复合一体化战略。实行这种战略的企业不再仅仅是分散的群体，各部门的活动取决于控制整体系统的统一战略。

（三）资源的分散化和全球化

在动态的环境里，资源，特别是知识等无形资源，与竞争的全球化和信息技术的高速发展等因素一起，日益成为跨国公司构建未来竞争优势的主导因素。现在，跨国公司越来越注重通过学习和创新途径来获得、积蓄和整合营造持久竞争优势的关键技术、经营诀窍等，并不断优化组织的资源结构，从而为竞争成功和获得持续成长奠定坚实的基础。可以说，未来的成功企业必将是那些把知识等无形资源作为独特生产要素，并能够较其他企业更快速地有效思考、学习、解决问题和采取行动的企业。

但不容置疑的事实是，随着信息和经济的全球化，有价值的资源和知识也正日趋分散化、多样化和全球化。作为这种"分散化"趋势的回应，越来越多的跨国公司已经抛弃了单纯依赖母国优势的做法，纷纷建立了遍布全球的网络体系，这不仅是为了开拓新市场和新业务，更是为了在全球范围内搜寻和获取有价值的、差异化的知识和资源，并把它们当作差异化优势的重要来源。

二、跨国公司进行国际直接投资面临的东道国环境因素

东道国投资环境是跨国公司所面临的东道国环境的总称，是指影响国际投资的各种政治因素、自然因素、经济因素和社会因素相互依赖、相互完善、相互制约所形成的矛盾统一体。在国际投资中，影响投资环境的因素是多方面的，包括：东道国的政治稳定性、经济发

展、外经外贸外资政策和法律规章制度状况，以及各种生产要素如资金、能源、原材料、技术、劳动力等保障供应的程度，基础设施状况，市场规模及其潜力，人们的文化素质和消费水平等。此外，东道国的国际竞争能力和国际协作环境，如东道国与其他国家签订的双边投资保护和投资优惠协议等，对投资者都至关重要。因此，东道国投资环境的定义也可以概括为：在国际直接投资期间，对投资目标和预期收益实现产生直接影响的东道国的政治、经济、社会、法律、文化、自然诸因素的总体。

（一）东道国的政治与政策环境

1. 东道国的政治环境

东道国的政治环境是指影响企业生存和发展的各种政治因素的总和。它们在不同程度上独立于企业而存在，可以给企业经营带来正面作用——机会和负面作用——威胁。前者是指企业享受与其竞争对手相同或不同的优势地位，为达到企业目的带来成功机会，起有利作用；后者对达到企业目的可能带来威胁，起不利作用。

政治环境的重要特点是其影响一般通过政府行为或国家行为的形式体现，因而带有极大的强制性。例如，东道国政府在经济政策调整中，有可能阻碍外资进入某些行业。当东道国爆发战争时，有关地区的所有经济活动都会受到极大影响，甚至会发生财产损毁和人员伤亡事件。各种政治力量作用的结果也可能使政治环境变化，不仅造成新投资进入困难，而且对国际企业原有经营活动造成伤害。所有这些影响国际企业都无法抗拒。相反，东道国政府对外商投资的鼓励政策和措施又会给国际企业创造良机。

就总体而言，政治环境分为两大类：间接政治环境与直接政治环境。前者是指在长期和短期内对所有企业都会产生影响的政治因素的总和；后者是指对个别企业经营活动产生直接作用的政治因素的总和。

政治环境对跨国企业的作用方式主要是政治干预，是东道国政府做出的迫使外资企业改变其经营和策略的决定。这种干预的程度从某种控制到完全接收不等，干预的形式有没收与征用、外汇管制与进口限制、价格与税收控制。

（1）没收与征用。没收是指东道国政府凭借其政权将外资企业或合资企业中的外资部分无偿收归国有。在这种情况下，投资者将蒙受全部损失。征用是指东道国政府将境内的外国企业买进，一般经过政府与外国投资者双方反复商谈而达成，又称"国有化"。

（2）外汇管制与进口限制。外汇管制的方法有三种，即数量管制、价格管制和综合管制。数量管制是指限制外汇买卖的数量，其目的是控制外汇支出，鼓励外汇收入。实行数量管制必须规定许多配套措施，如领取进口许可证、规定进口商品的种类和限额等。价格管制是指对外汇的买卖规定不同的汇率，征收不同的外汇税。综合管制则是指同时采取数量管制和价格管制，对外汇买卖实行更严格的控制。东道国的外汇管制对外国企业有双重影响：一是利润和资本难以自由汇出或抽出；二是生产所需的机器、零件和原材料难以按需要进口。进口限制对外国企业大都有不良影响。如果当地企业不能保质保量地提供产品，那么就会影响外资企业的产品质量或开工率。进口限制有保护关税、进口配额和进口许可证三种形式。

（3）价格与税收控制。在经济困难的情况下，政府往往会采取价格控制。在20世纪70年代初期，美国总统尼克松为对付通货膨胀也一度使用价格控制。如果价格控制只针对少数制成品，而将大量生产要素的价格置于控制之外，那么生产这些产品的外资企业的利润就会受到影响。东道国政府还可能对跨国企业课以超额税赋。东道国政府对跨国企业实行税收控制有时是为了增加财政收入；有时是对付利用各国税法和税则差异而逃税的现象；有时则是间接表明某些跨国企业不为东道国所需要。

2. 东道国的外资政策

根据邓宁的国际生产折衷理论，在影响对外直接投资的区位优势中，东道国政府的政策发挥着非常重要的作用。首先，东道国的外资政策能够对跨国公司的直接投资活动产生最明显、最直接的作用；其次，东道国与外资有关的其他政策也能改善一国的竞争优势，如教育政策可改善人力资本、研发能力和供应商水平，对基础设施的投资也能吸引对外直接投资；再次，随着全球化和高科技风潮的到来，廉价的劳动力和丰富的自然资源以及市场空间的吸引力不断减弱，跨国公司的区位选择战略日益重视那些流动性较小的因素，如透明的商业和法律基础设施以及促进创新的、稳定的政府政策等，而作为政策主体的东道国政府是最不具有流动性的。从这个意义上讲，对外直接投资政策也是影响跨国公司直接投资的重要因素，也是投资收益的一个重要决定变量。

各国有关跨国公司的政策体系由以下几个部分构成：

（1）东道国对外资进入的法律和政策。这包括东道国对外资进入的审批制度，对外资进入的部门、行业的限制与鼓励政策、对外资进入部门的比例控制等。

（2）东道国的公司法律制度与政策。这包括对公司法人的法律规定、对公司资本额的法律规定、对公司经营范围的法律规定、对公司股权份额的法律规定。

（3）东道国有关跨国公司税收的法律制度。这包括对不同类型投资的不同税目、税种、税率、优惠税率。

（4）东道国的资源法律制度。这包括环境法、资源保护法、资源开发法。

（5）东道国的劳动工资法。这包括雇佣人数、各种福利待遇、最低工资等。

（6）东道国的外汇管理法律制度。这包括资本金的进入和调出、利润的再投入和流出等。

各国在这些方面存在的差异，是对外投资决策必须考虑的问题。

东道国的外资政策因本国的经济发展状况和一定阶段的发展目标而异，可以分为优惠政策和限制政策，在发展中国家这两种政策一般并存。

优惠政策从正面鼓励外国直接投资，包括财政优惠、金融优惠等政策。财政优惠是世界各国最广为使用的吸引直接投资的优惠政策措施，它主要包括降低所得税率、提供免税期、加速折旧、投资奖励、进口关税减免等；金融优惠是指一些国家为吸引跨国公司进行直接投资，往往给予政府补贴贷款与贷款担保等。这对于跨国公司而言是额外获取的一种收益。对东道国而言，它产生两方面效应：一是激励效应，通过优惠政策吸收了更多的外国直接投资，弥补了本国经济发展中的资本缺口，从而获取更多引资的外部效应，进而增进本国的福利水平；二是成本效应，东道国因为放弃税收等收入而减少本国的总收入，并使市场产生扭曲，导致负面的资源配置效应，使得国内企业处于相对不利的竞争地位，这一系列利益割让都是东道国实施优惠政策的成本。

限制政策是指东道国对跨国公司进入国内某些经济领域或者经济活动的某些方面进行限制，包括产业限制、投资比例限制、进出口方面的限制以及融资限制等。这些手段旨在保护东道国的核心产业和落后产业，避免外资控制本国经济。对于跨国公司而言，限制政策显然是一种负面效应。

但保护与鼓励外来投资是各国政府的普遍态度,在法律上也有相应的规定。投资保证涉及两个方面的内容:一是投资利益方面的保证,无论各国外汇管制的程度如何,在法律中都保证外国投资者的投资额和投资收益在符合法定条件时,可以汇往境外;二是国有化的保证,虽然各国法律都宣布本国政府有权实行国有化,但同时又做出承诺,表明必须是出于公共利益的考虑,经过法定程序并依法补偿时,才能采取国有化措施;有的国家还规定了投资者提出申诉的权利及相应的程序。

各国立法都不同程度地鼓励外来投资,其中发达国家只是一般性地鼓励国外投资,而发展中国家和东欧国家则大力鼓励外国直接投资的进入。

影响跨国公司直接投资的政策和因素如表 8-1 所示。

表 8-1 影响跨国公司直接投资的政策和因素

	主要由本国控制的经济政策		其他政策和因素
	产业政策	宏观经济政策	
影响潜在的外国投资者("决定性因素")	金融和财政激励 有效的行政管理 促进 FDI 推进集聚的形成 出口加工区的建立	基础设施,人力资本 宏观经济状况与前景 私有化的机会 金融市场的发展 自由的贸易制度	进入广阔、富有的市场的机会 自然资源的可获得性 地理和文化障碍 国际、地区和双边协议,包括双边投资协议(BITs)和 WTO 相关协议;多边投资担保机构(MIGA)、出口信贷担保署(ECGD)、海外私人投资公司(OPIC)以及政治风险大小、腐败和冲突 母国的金融状况和其他措施
影响现有的外国投资者("升级因素")	税收补贴体系 绩效要求 建立研究机构 教育政策	劳动力市场政策 贸易政策、鼓励出口 基础设施建设 竞争政策 金融市场的发展	地区和国际投资协议 全球经济一体化 非政府机构的发展
影响国内企业的反应(创造关联)	鼓励与跨国公司建立关联 鼓励技术能力(研发) 鼓励人力资本的培训 提供辅助管理	教育和技术的形成 劳动力的流动性 竞争政策 出口促进	全球经济一体化

在表 8-1 中,第二行各项与吸引国际直接投资相关。第三行与国际直接投资升级相关,也就是对当前活动的技术升级,例如,提高产出或引进新的技术密集型活动。这些政策有助于判断跨国公司是利用附属公司业务的静态竞争优势(如低成本的劳动力、避税优惠和自然资源等),还是决定升级附属公司的技术、提高劳动生产率,或改进产品的质量。表格的最后一行讨论了跨国公司与本地企业之间的关联,列出了影响本地企业对跨国公司的活动做出反应的主要政策;这些政策关系到本地企业是否以及能在多大程度上从跨国公司获益,比如获得技术溢出等。

在表 8-1 中各列,依据东道国行为与国际直接投资关联性的大小,由强到弱依次将政策归为产业政策、宏观经济政策、包含较少受东道国行为影响的世界经济发展和协议等因素在内的其他政策和因素。

（二）从跨国公司动机角度考察的东道国环境因素

邓宁根据跨国公司进入东道国进行直接投资活动的不同目的，将跨国公司分为四类：开拓市场型、利用资源型、追求效率型和获得资产型。他进一步指出了影响不同目的的跨国公司的投资因素，具体如表8-2所示。

表8-2 跨国公司的投资因素

国际直接投资政策框架	(1) 经济、政治和社会稳定性 (2) 外资进入与经营的管理规则 (3) 外资子公司的对待标准 (4) 市场管制政策和市场结构，特别是竞争和兼并政策 (5) 私有化政策 (6) 有关FDI的国际协议 (7) 贸易政策及其与FDI的一致性 (8) 税收政策 (9) 产业地区政策	经济决定因素	开拓市场型 (1) 市场大小和人均收入 (2) 市场发展潜力 (3) 进入地区和全球市场的机会 (4) 当地消费者偏好 (5) 市场结构 利用资源型 (1) 土地和建筑成本、租金及利率 (2) 原材料、部件 (3) 低成本的非技术型劳动力 追求效率型 (1) 资源成本以及按劳动生产率调整的B股上市资产 (2) 其他投入要素成本，包括东道国的通信、运输成本、其他中间产品成本 (3) 东道国在成本节约和产品升级的地区一体化协议中的成员方资格 获得资产型 (1) 存在于个人、厂商或厂商群中的技术、管理关系以及其他创新性资产 (2) 基础设施建设（港口、公路、供电、电信等） (3) 宏观创新、企业家教育能力及环境
投资环境	(1) 投资促进机构的活动 (2) 投资激励措施 (3) 减少与腐败相关的"争论"成本 (4) 政府办事机构的效率 (5) 文化礼仪（双语学校、生活质量等） (6) 知识产权的保护 (7) 基础设施建设和金融、法律等服务 (8) 经济道德		

具体来说，跨国公司进行国际直接投资主要受到以下因素的吸引：

1. 市场吸引

跨国公司施行全球生产、全球销售，市场对其十分重要。以市场为目标的对外直接投资的主要目的是：绕过各种限制贸易的障碍，巩固、扩大原有市场并开辟新市场。

（1）绕过各种限制贸易的障碍。这些障碍主要是指关税壁垒和非关税壁垒。当跨国公司发现其商品因为关税壁垒或非关税壁垒而很难进入其他国家时，进行国际直接投资是一个很好的解决办法。通过国际直接投资，跨国公司在其他国家当地生产、销售；或是转向比原有市场国经济一体化程度高、没有出口限制的第三国投资生产，然后以"第三国制造"的身份再出口到原有市场国。例如，自从20世纪80年代开始，日本的丰田、日产、马自达等大型汽车公司为了绕过美国的关税壁垒，纷纷到美国投资建厂，以国际直接投资代替产品出口，使日本对美国的国际直接投资急剧增加。由于区域经济一体化的加强，各类经济一体化组织的建立加剧了跨国公司以投资替代出口的趋势。一方面，区域经济集团内跨国公司投资障碍的减弱和消除，使得区域内部投资的增长超过区域间投资的增长。如在北美自由贸易区内美国20%的对外直接投资投放到加拿大，加拿大30%的对外直接投资投放到美国。欧盟国家对外投资的30%是在欧盟内部进行的。另一方面，区域经济一体化使得跨国公司直接投资的目的变为在集团内部建立生产企业，分享集团化带来的经济效益。

（2）开辟新市场。跨国公司为发挥自身优势、达到规模经济都要求扩大市场，尤其是扩大海外市场。出口市场份额的大小对跨国公司的生存和发展具有重大意义。跨国公司更倾向于对外直接投资而不是仅仅依靠对外贸易来开发国外市场。这是因为：①就地生产和销售不仅可以节省运费和绕开贸易壁垒，而且还可以更加灵活地适应当地消费者的消费习惯，利于产品的设计与生产，同时还可以提供快捷的售后服务；②收购和兼并式的对外直接投资是占领东道国市场最为快捷的方式，尤其是在跨国公司在东道国没有任何基础的情况下，并购可以利用现有的生产和销售基础，在短时间内获得收益；③服务业部门的许多服务具有不可贸易性，只有通过直接投资，才能进入国外市场。

2. 生产要素吸引

跨国公司对外直接投资，通过对稀缺性生产要素在全球范围内的最优组合，可以获得长远的综合利益最大化。世界各国存在自身要素禀赋条件的约束，很少能同时具备经济发展所需要的所有生产要素，因此跨国公司通过直接投资寻求本国稀缺的生产要素。生产要素具体细分为以下四类：

（1）自然资源。跨国公司为追求自然资源而进行的直接投资是国际直接投资中最常见、最初级的形式。跨国公司寻求自然资源的直接投资一般投向矿产、农业、林业和渔业等初级产业部门。其中对不可再生性的初级产品行业（如采矿、采油等）的投资占主导地位。第二次世界大战前，跨国公司对外直接投资的主要目的就是获取自然资源。20世纪70年代以来，随着各国产业结构的调整，特别是发展中国家对自然资源的国有化政策和相关措施的实行，导致资源型投资在跨国公司直接投资中的比重急剧下降。尽管如此，无论从财政和外汇收入角度还是从经济持续增长和发展的角度来看，资源丰富的国家将继续发展其初级资源产品部门，资源型投资仍然在跨国公司对外直接投资中占据一定比例。

（2）劳动力资源。劳动力资源型投资源于跨国公司在国际分工与国际生产中利用发展中国家廉价的劳动力资源。跨国公司通过直接投资将标准化的生产过程转移到发展中国家，将研发与管理职能部门留在母国，特别是在产品生命周期的成熟阶段，劳动力成本成为关键性的竞争因素，国际工资水平的差异必将使标准产品的制造从发达国家向发展中国家转移。从20世纪80年代开始，美国将国内的生产制造部门向劳动力廉价的亚洲"四小龙"和墨西哥、巴西等国家和地区转移。1987年，美国本土的通用汽车公司工人平均工资为每小时16.16美元，而该公司在墨西哥的工人工资仅为每小时1.23美元；1986年美国服装业工人的平均工资为每小时7.41美元，而在我国香港则为每小时1.89美元。因此，劳动力廉价的国家和地区成为美国电子、汽车、服装等行业流水线组装厂的首选。当然，随着国际分工的纵深发展，廉价劳动力对跨国公司对外直接投资的吸引力在不断减弱。这是因为在资本和技术密集型产业占绝对优势的情况下，企业的劳动力成本在总成本中所占的比例逐渐减小，而且还有其他一些非价格竞争因素，跨国公司对外直接投资时考虑更多的是综合成本，而不仅仅是劳动力成本。

（3）先进技术。以取得和利用国外先进技术和信息、促进技术研究和开发为目的的跨国公司直接投资是一种较高层次的投资类型。跨国公司通过向技术先进的发达国家直接投资，在当地建立自己的研发基地，或者通过并购等方式控制当地的高技术公司，将其作为科研开发和引进新技术、新工艺和设计新产品的基地。这样有助于打破竞争对手的技术垄断，获取一般贸易或技术转让所无法得到的技术。美国是第二次世界大战后世界先进技术的主要输出国，外国公司也因此大量投资于美国的技术密集型产业。从20世纪70年代起，许多对美国的直接投资都和"技术吸收"连在一起。例如，日本为了跟踪最新电子工业技术，就在美国的电子技术发源地"硅谷"附近投资，建立自己的高技术公司或收购当地的高技术公司。20世纪80年代中期，美国工业研究与开发费用的10%以上都是由外国公司承担的。

（4）资金。跨国公司对外直接投资的过程同时也是充分利用外资的过程，即跨国公司通过在国外利用贷款投资或以母国的技术、设备折价投入，进而利用当地配套资金来达到利用外资的目的。跨国公司对外直接投资资金中的很大一部分是从体系外部筹措的。1992年，日本对外投资中53%的资金来自于外部，其中从东道国当地金融机构筹措的资金占总投资的35%；1993年，美国跨国公司海外分支机构投资支出中，55%来自外部筹措。我国的对外直接投资中有相当一部分属于资金追求型投资。例如，1986年中信公司与有色金属工业公司联手向澳大利亚波特兰炼铝厂投资1.2亿美元，购买其10%的股份，中方资金就是由澳大利亚、美国、英国、日本等国家银行贷款提供的。20世纪90年代以来，我国之所以成为发展中国家最大的对外投资国之一，主要是因为我国跨国公司通过在香港和纽约证券市场上市和采用各类债务手段筹措了巨额境外资金，从而将对外投资与吸收外资有机地结合在一起。

3. 东道国投资环境吸引

这里所考察的投资环境主要是指一个国家或地区对开办企业最基本的条件状况。它包括东道国的经济发展水平、基础设施条件、信息服务、各项法律和政策的完备程度、自然条件、民族文化历史传统和风俗习惯等。

一国经济发展水平在很大程度上决定着外来投资的方向。目前，资本与技术密集型行业投资多集中在经济发达国家，那些需要高层次水平协作的直接投资更是如此；而劳动密集型加工工业和采掘业投资一般集中于发展中国家。这一方面是由于发展中国家劳动力价格低廉，资源丰富；另一方面是由于发展中国家经济比较落后，科技水平不高，生产分工与协作水平低，因而技术水平高的生产活动和知识资本密集的投资难以在此正常展开。跨国公司在进行投资之前，要对东道国的经济发展程度和类型进行考察。

为吸引跨国公司直接投资，东道国政府常常提供与本国相关的最新经济信息，并将信息网络化，供跨国公司查阅。东道国比较完善的基础设施，包括运输条件（如高速公路、铁路、机场等）和厂区环境优化等，这些也是跨国公司考虑的因素。

三、跨国公司进行国际直接投资的母国因素

1. 政府鼓励对外投资

投资国为了保护本国国民在国外的投资安全，通常依照本国国内法的规定，对本国海外投资者实行一种以事后弥补政治风险损失为目的的保险制度。这种保险制度叫作海外投资保证制度，又称海外投资保险制度。

在各个发达国家的海外投资保证制度中，以美国、德国和日本的最有特色。美国是世界上最早实行海外投资保证制度的国家。它于1969年依照修订后的《对外援助法案》成立了海外私人投资公司，该公司完全按照公司的体制进行经营，但却直属美国国务院领导，是主管美国海外投资保证事务的半官方机构。德国的海外投资保证制度由两家国营机构——海尔梅斯信用保险公司和德国信托与监察公司，根据由联邦经济事务部、财政部和外交部代表组成的部际委员会的有关规定负责具体实施。日本的海外投资保证制度由通商产业省负责实施。

2. 货币价值变化

这是指20世纪八九十年代以来出现的对外直接投资流量短期内大幅度波动的现象，并认为对外直接投资短期巨大波动主要与汇率变化有关。

一般说来，货币的贬值或被低估有利于吸引外国直接投资而不利于对外直接投资；而货币的升值有利于对外直接投资而不利于吸引外国直接投资。

一个国家货币的贬值或被低估降低了以外币计算的该国资产的价格、市场上原材料的价格以及名义工资，从而降低了外国投资者在该国的经营成本。来自强货币或币值被高估的国家的投资者能够以较少的资本在这个国家建厂、办公司或并购企业，以较少的投资做价值较高的生意。许多跨国公司把一部分生产放在弱货币或币值被低估的发展中国家进行，以此来降低产品的生产成本，然后将产品出口，在强货币或币值被高估的国家市场上以较高的价格销售，从而获取高额利润。所以，一个国家的货币贬值或低估往往有助于该国吸引更多的外来直接投资。

当一国货币出现大幅升值时，有利于对外直接投资，但不利于吸引外国直接投资。因为货币升值一方面使升值国的投资者在本国的财富增加，从而降低了在东道国投资的成本；另一方面，使他国投资者在本国的财富相对减少，其投资成本增加。

这一论点可从日本的情况中得到印证。从20世纪70年代初开始一直到1995年，日元对美元不断升值，1970年1美元可兑换360日元，但是到了1995年，在外汇市场上1美元却只能兑换94日元。日元的升值极大地提高了日元的国际购买力，使日本投资者在国外能较容易地进行企业并购、开公司和建厂。在历史上的一段时期，由于日元价值被低估，日本的经济曾长期从产品出口中获利。自从日元大幅升值后，日元被高估削弱了日本国内出口产品的竞争力，日本企业就开始大举对外直接投资，将其一部分产品的生产转移到人工成本较低的国家，特别是一些货币处于弱势的亚洲发展中国家，从而使其能继续保持出口产品在国际市场上的竞争力。

3. 一国资源短缺强度

如果一国有很大的资源缺口，就需要外部弥补。弥补方法是通过对外贸易输入资源，或是通过对外直接投资开发国际资源，然后输入国内。世界经济发展的趋势是贸易保护主义越来越强，各类关税和非关税壁垒越来越多。在商品的输出输入变得困难的条件下，通过资本输出解决商品输出和输入的困难，就成为一种非常可行的方式。资源短缺强度越大的部门和行业，对外投资的驱动力越大，这会使得一国政府放宽对资源约束部门投资的限制，采取鼓励其向外投资的政策。

4. 国内资金可供应程度和国际资金可借贷程度

国内资金可供应程度和国际资金可借贷程度也决定一国对外投资的限度。国内资金可供应程度受多种因素影响，如果一国货币升值，虽然会影响对外出口，却有利于对外投资。较大的贸易顺差，也能增加对外投资的资金实力。日本从 20 世纪 80 年代以来日益增加的海外投资，就是占据这两方面的优势。拥有丰富战略资源的国家，通过出口战略资源获取巨额的资金，形成对外直接投资的来源。科威特 1000 多亿美元的海外资产，海湾阿拉伯国家合作委员会国家 3500 亿美元的海外资产，都是由出口石油收入转换而来的资产。

5. 国内市场规模

企业的发展需要不断开拓市场，只有市场扩大了，成本才能得到进一步的降低，从而获得规模经济。当国内市场对企业发展产生制约时，企业就开始进行跨国经营。

6. 企业自身的成长状况

英国经济学家邓宁借鉴了海默的垄断优势理论，将俄林的要素禀赋理论、巴克莱和卡森的内部化理论结合起来，并引入区位优势理论，采用折衷的方法和体系加以综合，形成了国际生产折衷理论。

国际生产折衷理论认为，企业进行对外直接投资首先必须拥有所有权优势和内部化优势。所有权优势又称厂商优势，是指一国企业拥有或能够获得的、其他企业没有或无法获得的资产及其所有权。具体讲所有权优势包括以下几个方面：第一，技术优势，包括专利、专有技术、管理经营、销售技巧研究与开发能力等；第二，企业规模优势，企业规模越大，越能在国际市场上获得规模经济优势；第三，组织管理优势；第四，金融和货币优势，跨国公司能在国际金融市场上多渠道、低成本地筹措资金。

内部化优势是指企业在内部运用自己的综合所有权优势，以节约或消除交易成本的能力，即企业为避免不完全市场带来的影响而把企业的优势保持在企业内部的能力。邓宁认为，市场的不完全性包括两个方面：一是结构性的不完全，这主要是由于对竞争的限制所引起的。在这种情况下，交易成本很高，相互依赖的经济活动的共同利益就不能实现。二是认识的不完全，这主要是由于产品或劳务的市场信息难以获得，或者要花很大代价才能获取这些信息。如果特殊资产的交易成本过高，那么具有特定优势的企业就无法在国际市场上通过技术转让的方式来实现其利润，而只能将这种特殊资产的商业利用控制在企业组织机构的内部，这就造成了特殊资产利用的投资现象。而如果企业不具备内部化优势，那么这种投资就不会出现。由于市场的不完全性，企业所拥有的各种优势可能会丧失殆尽，企业本身就存在对优势进行内部化的强大动力，只有通过内部化，在一个共同所有的企业内部实现供给与需求的交换关系，通过企业自己的行政手段来配置资源，才可能使企业的所有权优势发挥最大的效用。

总之，环境的变动带来的变化是跨国公司必须面临的挑战。为了应对这些挑战，跨国公司所做出的反应又强化了环境的动态性，促使全球经营环境结构发生了根本性的变化，致使复杂的组织间跨国网络应运而生，几乎把所有的企业间接或直接地联系在一起，使得跨国公司经营优势的来源已经不再局限于公司内部的资源或能力，或者是依靠母国优势，而是在全球网络中获得并重新组合一系列互补的资源，并进而获得新的经营优势。

第三节　投资环境的评价方法

任何一个海外经营项目的决策都必须将项目本身与目标国家的经营环境联系起来做分

析。而作为企业，必须考虑有关国家环境因素的三方面问题：①在经营环境中，有哪些变量是本项目成功的关键因素？②这些关键因素在目前的态势如何？③在整个项目计划期内，这些关键因素将可能会发生什么样的变化？不同的环境评价方法的侧重点不同，下面介绍在环境评价中用得比较多的几种方法：

一、"冷热国"分析法

1968年，美国经济学家 I. A. 里特瓦克（I. A. Litvak）和 P. M. 庞丁（P. M. Banting）根据从美国、加拿大、埃及和南非等国大批工商界人士那里搜集到的大量有关影响海外经营活动因素的看法的资料，进行归纳分析，从中选出了影响外资企业经营的七项主要因素，并据以判定一国的经营环境。他们认为，各国经营环境有"冷"与"热"之分，而一国经营环境的"冷""热"程度则取决于该国七项因素的"冷""热"情况。他们还站在美国对外投资者的立场上，对10个国家经营环境的"冷""热"情况进行了评价[⊖]。这七大因素是：

（1）政治稳定性。政治稳定性是指东道国有一个由社会各阶层代表所组成的，为广大群众所拥护的政府。当该国政局稳定、政府得民心、鼓励私人经营时，此因素则为"热"因素。

（2）市场机会。当东道国市场容量大、顾客购买力强并欢迎本公司产品或劳务时，该因素为"热"因素。

（3）经济发展水平与成就。当东道国经济发展速度较快、效率较高时，该因素为"热"因素。

（4）文化一元化程度。当投资国与东道国文化差异小，各阶层所信奉的哲学、人生观与目标、消费习惯与产品偏好等方面接近时，该因素为"热"因素。

（5）法律阻碍。东道国法律繁杂、对外资有限制性条款时，该因素为"冷"因素。

（6）自然阻碍。东道国的自然条件，如地形、地理位置等，往往会对企业的有效记忆感产生障碍，若阻碍较大，则此因素为"冷"因素。

（7）地理和文化的差距。当东道国与投资国两国距离远，文化差异、社会观点差异和语言差异大时，此因素为"冷"因素。

在上述七项因素中，东道国的投资环境越好（即越"热"），外国投资者越倾向于在该国投资。在这七项因素中，前四项的程度大，称为"热"环境，而后三项因素则相反，其程度大，称为"冷"环境，中等程度为中。即当政治稳定、市场机会大、经济增长较快并且稳定、文化统一、法律阻碍少、自然阻碍少、地理和文化差距不大时，它们就是有利于投资的"热"环境，具有这些条件的国家即为"热国"，反之即为"冷国"。

表8-3是里特瓦克和庞丁根据当时10国七项因素的"冷""热"情况，站在美国投资者的立场对各国经营环境的优劣进行的排序，其中加拿大最佳，埃及最差，日本居第四位。母国与东道国之间的地理和文化的差距是影响经营环境优劣的因素之一，并且不同行业不同企业投资者的眼光存在差异，因而对于同一东道国来说，不同国家企业所评价的结果会有出入，同一母国内不同行业不同企业的评估结论也可能不一致。例如，就德国与新加坡而言，美国企业可能认为德国的环境较佳，而日本企业可能认为新加坡优于德国。

⊖ 参见 I. A. Litvak, P. M. Banting：《A Conceptual Framework for International Business Arrangement》. in R. King（ed.）；《Marketing and New Science of Planning》, American Marketing Association, 1968, 460 – 497。

表 8-3　美国企业对 10 国经营环境的冷热评价

国别	环境因素						
	政治稳定性	市场机会	经济发展水平与成就	文化一元化程度	法律阻碍	自然阻碍	地理和文化的差距
	环境判定						
加拿大	大	大	大	中	小	中	小
英国	大	中	中	大	小	小	小
联邦德国	大	大	大	大	中	小	中
日本	大	大	大	大	大	中	大
希腊	小	中	中	中	小	中	大
西班牙	小	中	中	中	中	大	大
巴西	小	中	小	中	大	大	大
南非	小	中	中	小	中	大	大
印度	中	中	小	中	大	大	大
埃及	小	小	小	中	大	大	大

二、多因素等级评分法

多因素等级评分法是由美国学者罗伯特·斯托鲍夫（Robert Stobaugh）在 1969 年提出的。他认为，投资环境中各个因素对投资的影响程度不同，不能等同看待。多因素等级评分法强调微观因素，并将各个因素数量化，以便于决策人员进行评估。这种方法的基本思路是，把影响国际投资环境的重要因素列举出来，以表格的方式逐级评分，并以累计评分的多少来评估投资环境。首先根据不同因素的作用确定其等级评分；然后再按每一个因素中有利和不利程度给予不同的评分；最后把所有因素的等级总分加总作为对投资环境的总体评价。总分越高表示投资环境越好，反之则表示投资环境越差。多因素等级评分法根据八大因素各自在投资环境中作用的大小确定不同分数，使得投资者很容易对不同的投资环境进行较合理的评估，可以择其优者投资。具体方法如表 8-4 所示。

表 8-4　投资环境多因素等级评分法

投资环境因素	等级评分
一、抽回资本	0~12 分
无限制	12 分
只有时间上的限制	8 分
对资本有限制	6 分
对资本和红利都有限制	4 分
限制繁多	2 分
禁止抽回资本	0 分
二、外商股权	0~12 分
准许并欢迎全部外商股权	12 分
准许全部外商股权但不欢迎	10 分
准许外商占大部分股权	8 分
外商最多不得超过股权半数	6 分
只准外商占小部分股权	4 分
外商不得超过股权三成	2 分
不准外商控制任何股权	0 分

(续)

投资环境因素	等级评分
三、对外商的管制制度	0～12 分
外商与本国企业一视同仁	12 分
对外商略有限制但无管制	10 分
对外商有少许管制	8 分
对外商有限制并有管制	6 分
对外商有限制并严加管制	4 分
对外商有严格限制并严加管制	2 分
外商禁止投资	0 分
四、货币稳定性	4～20 分
完全自由兑换	20 分
黑市与官价差距小于一成	18 分
黑市与官价差距在一至四成之间	14 分
黑市与官价差距在四成至一倍之间	8 分
黑市与官价差距在一倍以上	4 分
五、政治稳定性	0～12 分
长期稳定	12 分
稳定但因人而治	10 分
内部分裂但政府掌权	8 分
国内外有强大的反对力量	4 分
有政变和动荡的可能	2 分
不稳定，极有可能发生政变	0 分
六、给予关税保护的意愿	2～8 分
给予充分保护	8 分
给予相当保护，但以新工业为主	6 分
给予少数保护，但以新工业为主	4 分
很少或不予以保护	2 分
七、当地资金的可供程度	0～10 分
完善的资本市场，有公开的证券交易所	10 分
有少量当地资本，有投机性的证券交易所	8 分
当地资本少，外来资本多	6 分
短期资本极其有限	4 分
资本管制很严	2 分
高度的资本外流	0 分
八、近五年的通货膨胀率	2～14 分
<1%	14 分
1%～3%	12 分
3%～7%	10 分
7%～10%	8 分
10%～15%	6 分
15%～30%	4 分
>30%	2 分
总计	8～100 分

注：引自罗伯特·斯托鲍夫，《如何分析对外投资环境》，哈佛商业评论，1969（9）～(11)。

多因素等级评分法的特点是：①比较看重东道国政府对国外直接投资者的限制和鼓励政策，如抽回资本、外商股权、对外商的管制制度等；②对不同因素各自在投资环境中的作用大小规定了不同的分值，避免了对不同因素的相同对待。

多因素等级评分法有三方面的优点。首先，它引导企业辨认哪些是影响重大的环境因素；其次，它要求决策部门的专家对所考虑中的国家进行深入研究，从而有助于各决策层次人员对环境的总体认识；最后，它有助于改进有关投资决策各部门之间的沟通。

多因素等级评分法主要基于有关管理人员的主观判定，因而需谨慎使用，且最好结合其他环境评估方法来使用。对一个经营项目有利的环境不一定对另一个经营项目同样有利，一家公司感到适宜的环境不一定对另一家公司适宜。因而一家公司不应借用另一家公司的评分结论，即便那一家公司恰巧是同行。使用多因素等级评分法时，需注意其以下三方面的局限性：

（1）该方法所列因素范围偏窄，没有考虑文化因素的影响，也没有考虑经济发展水平对投资的制约作用。其实，东道国的民族成分、宗教信仰、语言等文化因素既影响人们的消费偏好与生活方式，也决定或影响人们的心理状态和社会活动，从而对企业的投资方向、产品生产销售以及商业交往等诸多方面产生影响。而一国经济发展状况则决定着投资领域的选择，在某种程度上也会影响到股权形式与经营方式的选择。

（2）有些因素难以适当加权。特别是有些因素对于经营活动可能具有决定性影响，因而在一定程度上决定着整个环境的优劣。例如，假定某国经营环境的总评分尚可，但政治局势前景不妙，则对该国经营环境的评估结果值得怀疑。

（3）不同行业和不同目标的项目对某些环境因素的敏感程度是不一致的。以技术优势为先导、出于独占市场目的的投资对"准许外资股权"政策一项的关注就会比在海外从事成熟产品生产的投资对它的关注大得多。如果外资企业产品以内销为主，那么是否提供保护关税则关系重大；如果产品以外销为主，那么是否给予保护关税则意义不大。

因此，当利用多因素等级评分法评价某国环境时，需适当加入某些环境因素，并根据所拟项目的特点侧重考虑某些因素。

三、动态分析法

上述环境评估方法主要偏重于对目标国现实环境状况的静态考察，而经营环境等多项因素并不是固定不变的，考虑到项目的长期性，环境因素变化对于项目计划执行的影响更为重大。当然，不同环境因素的易变程度也有很大的差异。根据各项因素的易变状况，环境各项因素可大致分为三类：①相对恒定的自然因素；②中期可变的人为自然因素；③短期可变的人为因素。

（1）相对恒定的自然因素包括自然资源、人力资源、地理条件等。
（2）中期可变的人为自然因素包括经济增长率、经济结构、劳动生产率等。
（3）短期可变的人为因素包括开放进程、投资刺激、政策连续性等。

美国道化学（Dow Chemical）公司制定了一套适合考察经营环境现实状态及其未来趋势的经营环境动态分析方法，其基本做法（见表8-5）是：

第一，确认影响本项目的各项经营条件，这些条件构成项目的竞争风险。

第二，分析目标国影响各项经营条件变化的各种压力，这些压力构成项目的环境风险。

第三，在以上两步工作的基础上确认影响本项目的关键因素。

第四，提出多套预测方案。

道化学公司认为，环境评估的目的是要通过对有关因素的估价来提高决策的准确性，以排除环境风险可能造成的损失，并确认东道国是否具备合适的竞争风险（表8-5第一列中的"企业经营条件"），此条件不因环境风险（表8-5第二列中的"引起变化的主要压力"）而朝不利于企业的方向变化。竞争风险的存在正是跨国公司发挥其优势的必要前提与自然环境。这种自然环境有自己的发展趋势和"周期因素"，企业力图寻找这种趋势并假设它会继续下去，一旦来自表8-5第二列中的压力使竞争环境中断，跨国公司的优势便会受到威胁。

表8-5　美国道化学公司经营环境评估的主要内容

企业经营条件	引起变化的主要压力	有利因素与假设汇总	预测方案
评估以下因素： （1）实际经济增长率 （2）能否获得当地资产 （3）价格控制 （4）基础设施 （5）利润汇出规定 （6）再投资自由 （7）劳动力技术水平 （8）劳动力稳定性 （9）投资刺激 （10）对外国人的态度	评估以下因素： （1）国际收支结构与趋势 （2）被外界冲击时易受损害的程度 （3）经济增长相对于预期的变化 （4）舆论界领袖观点的变化趋势 （5）领导层的稳定性 （6）与邻国的关系 （7）恐怖主义骚乱 （8）经济与社会进步的平衡 （9）人口构成与人口趋势 （10）对外国人和外国投资的态度	对前两项进行评价后，从中挑出8～10个决定在目标国的计划项目能否获得成功的关键因素（这些关键因素将成为不断核查的指数或继续作为国家评估的基础）	提出4套国家项目预测方案： （1）未来的7年[①]中关键因素造成的最可能方案 （2）如果情况比预期的好，会好多少 （3）如果情况比预期的糟，会有多糟 （4）使公司"遭难"的方案

注：根据 T. S. 施文蒂曼《多国公司与东道国环境》编制，转引自《跨国经营与跨国公司：理论、原理、运作、案例》。

① 道化学公司的盈利高峰一般为决策后的第7年，故将7年作为分析的时间段。

四、指数法

美国特拉华大学商业与经济学院教授韩讷尔（F. T. Haner）在20世纪60年代提出了环境风险指数法。他站在美国海外投资者的角度对42个国家分别进行了数量化的估计风险评级（经营环境风险指数）。在建设指数过程中，韩讷尔请100多位专家根据下列因素对这些国家予以评分：①政治稳定性；②与国民沟通的能力（文化和谐性）；③经济增长；④对外国投资与利润的态度；⑤货币自由兑换；⑥国内通货膨胀；⑦经常项目余额；⑧东道国对母国政府的立场；⑨合同关系的安全性和法律保护；⑩被接收或被破坏的可能性；⑪对投资者母国的通信服务；⑫会计、律师、研究和其他服务；⑬审批、建设等时间拖延的可能性；⑭当地劳工供给（熟练劳工5年展望）；⑮当地管理潜力。

每一项因素的打分范围是1～5分，5分最好，1分最差。根据一国情况对以上各项因素分别打分。前5项因素十分重要，其分数加权一倍。汇总15项因素的得分结果得到了一个指数，指数值越高，经营环境越好。根据当时的情况，韩讷尔给美国打了100分，认为美国是理想的经营之地。所有其他国家参照美国情况加以排队，加拿大的指数是89，刚果的指数是18。

韩讷尔在以后对风险指数的评定做过两方面的调整和改进：一是调整了某些评估内容，

增加了对当地资本供应、交通设施、履行合同状况等因素的评估，同时删减或归并了某些因素项目；二是将各要素的权数由原来的两等增加为四等，同时将每项因素评分范围由原来的1~5分调整为0~4分。韩讷尔认为对评分在40分以下的国家，除非有特殊的条件与必要，否则不可进行投资；投资评分在40~55分之间的国家，风险较大，但可获得较大利润，相关情况如表8-6所示。

表8-6　经营环境风险指数

项　　目	权数	评分	说　　明
政治稳定性	2.5	0~4	如瑞士政治稳定性高，得3.9分
经济增长	2.5	0~4	如智利经济增长情况，仅得1.0分
货币自由兑换	2.5	0~4	如智利汇出困难，仅得0.8分
工资与劳动生产力	2.0	0~4	如巴基斯坦工人劳动生产率低，仅得1.2分
短期贷款供应	2.0	0~4	如在巴基斯坦不易获得贷款，仅得1.3分
长期贷款与资本筹措	2.0	0~4	如巴基斯坦缺乏资本市场，长期贷款难取得，仅得0.8分
对外国投资与利润的态度	1.5	0~4	如利比亚，更亲近本国人，仅得0.7分
企业国营政策	1.5	0~4	如利比亚，强调国营，仅得0.7分
国内通货膨胀	1.5	0~4	如智利通货不稳定，仅得0.7分
国际收支平衡	1.5	0~4	如利比亚外汇充裕，得3.2分
履行合同习惯	1.5	0~4	如瑞士重视合同，得3.8分
官僚作风、迟缓	1.0	0~4	如意大利不太追求高办事效率，得2.1分
会计师等专业服务	1.0	0~4	如澳大利亚有适当专业服务，得3.3分
交通状况	1.0	0~4	如巴基斯坦交通不良，得1.0分
当地企业与合伙人	1.0	0~4	如在英国易找到合伙人，得3.2分

五、投资障碍分析

投资障碍分析是一种定性分析方法，其要点是根据对投资环境的因素分析，分别列举阻碍对外投资的主要因素，并对所有潜在的投资接受国（东道国）加以比较。如果一国的阻碍因素较另一国少，那么该国的投资环境较好。

通常影响投资顺利进行的阻碍因素包括下列10个方面：

（1）政治障碍。东道国的政治制度与投资者母国不同；政治动荡，包括政治选举变动、国内骚乱、内战、民族纠纷等。

（2）经济障碍。经济停滞，国际收支赤字增大，外汇短缺，劳动力成本高，通货膨胀和货币贬值，基础设施不足，原材料等基础行业薄弱。

（3）东道国资金融通困难。

（4）技术人员和熟练工人短缺。

（5）实施国有化政策与没收政策。

（6）对外国投资者实施歧视性政策。如禁止外资进入某些产业，对当地的股权比例要求过高；要求有当地人参与企业管理；限制外国人员的其他措施。

（7）东道国政府对企业干预过多。如实行物价管制，规定使用本地原材料的比例，国有企业参与竞争等。

（8）普遍实行进口限制。如限制工业品和生产资料的进口。

（9）实行外汇管制和限制利润汇回。

（10）法律体制不完善。如民法、商法、投资法规不健全，没有完善的仲裁及律师制度，行政效率低，贪污受贿行为多。

六、抽样分析法

抽样分析法是指东道国政府选定或随机抽取不同类型的外商投资企业来进行投资环境的评估。通常由外商投资企业的经理或部门主管，根据调查人提出的投资环境评估要素，做出口头或书面评估。评估项目包括政府政策、法律法规、税收制度、利息水平、劳资关系、劳动生产率、动力供应、供水排水、运输、通信、劳动成本、市场营销、人力资源等。评估标准分四级：非常好、良好、一般、不佳。

抽样分析法的好处在于其信息资料来自基层，具有较大的参考价值；缺点是分析要素不能面面俱到，只能突出重点，难免会不够全面，有时会带有评估人的主观色彩。经过精心组织的抽样调查，有助于东道国政府了解本国投资环境对外国公司的吸引力大小，以便及时做出政策性调整。此外，国际组织、外国咨询公司、外国投资者也可借助于抽样调查，了解一国的投资环境。

七、成本比较法

成本比较法是加拿大经济学家拉格曼在1981年出版的《跨国公司的内幕》一书中提出的。它将投资环境的因素都折合为数字作为成本的构成，进行成本和收益分析，然后做出投资决策。

如果用 C 表示投资国国内生产正常成本，C^* 表示东道国生产正常成本，M^* 表示出口销售成本（含运输、保险和关税等），A^* 表示国外经营的附加成本，D^* 表示各种风险成本，那么将各种投资环境因素作为成本代入，会出现以下三类情况，其中第二类为最佳投资决策：

第一类，如果 $C+M^*<C^*+A^*$，可选择出口，因为在这种情况下出口比对外直接投资有利；如果 $C+M^*<C^*+D^*$，也可选择出口，因为在这种情况下出口比许可证贸易有利。

第二类，如果 $C^*+A^*<C+M^*$，可选择投资建立子公司，因为在这种情况下对外直接投资比出口有利；如果 $C^*+A^*<C+D^*$，可选择对外直接投资，因为在这种情况下对外直接投资比许可证贸易有利。

第三类，如果 $C^*+D^*<D^*+A^*$，可选择许可证贸易，因为在这种情况下许可证贸易比对外直接投资有利；如果 $C^*+D^*<C+M^*$，也可选择许可证贸易，因为在这种情况下许可证贸易比出口有利。

【关键术语】

国际直接投资环境　　软投资环境　　硬投资环境　　"冷热"国分析法
多因素等级评分法　　动态分析法　　指数法

思 考 题

1. 什么是软投资环境和硬投资环境？
2. 影响国际直接投资的东道国环境因素是什么？
3. 影响国际直接投资的母国环境因素是什么？
4. 怎样用"冷热"国分析法比较各国的投资环境？
5. 怎样用多因素等级评分法分析一个国家的投资环境？

延展阅读书目

［1］ 刘力. 经济全球化：中国的出路何在［M］. 北京：中国社会出版社，1999.
［2］ 王志乐. 著名跨国公司在中国的投资［M］. 北京：中国经济出版社，1996.
［3］ 联合国跨国公司中心. 再论世界发展中的跨国公司［M］. 南开大学经济研究所美国经济研究室，对外经济联络部国际经济合作研究所，译. 北京：商务印书馆，1982.

第九章

跨国公司国际直接投资的风险管理

【学习要点】
- 跨国公司投资面临的风险形式
- 跨国公司的风险识别与评估
- 针对不同风险的具体管理措施

第一节 跨国公司国际直接投资风险的形式

一、风险的含义

风险是人们在社会活动中由于受到各种难以预料的因素的影响,使得作为行为主体的期望目标与实际状况之间发生差异,从而给行为主体所追求的利益造成经济损失的可能性。早在 1901 年,美国学者威雷特(A. H. Willett)博士就为风险下了定义,他认为,风险是指关于不愿发生的事件发生的不确定性之客观体现。可见,风险源于不确定性,是一种损失或获益的机会。其概念在理论界有不同的理解:①风险是指损失的机会;②风险是指损失的不确定性;③风险是指可测定的不确定性;④风险是指对特定情况下未来结果的客观疑虑;⑤风险是指一种无法预料的、实际结果可能与预测后果存在差异的倾向等。比较以上各种定义,本书认为把风险定义为"损失发生的不确定性"是合理的,它也是风险管理领域普遍采用的定义。

二、跨国公司投资面临的风险形式

跨国公司对外投资除了要面临与国内投资相同的灾害事故以外,还面临独特的政治、外汇、信用和融资等风险。

1. 政治风险

政治风险是指由于政府行为而可能对国际企业经营产生负面影响的不确定性。此处政府行为是指由于难以预料的力量所造成的政治变化,其对国际企业经营产生的负面影响表现为企业经营环境的中断并导致损失的产生,这种负面影响一般为东道国的政府机构的行为和其他政治因素对跨国公司的经济环境、利润和其他目标产生的剧烈影响。政治风险的发生不局限于经济不发达国家曾经实行的国有化、没收和征用,它也发生在经济发达国家。例如,1980 年加拿大实行了新的能源政策,把外国在本国能源工业方面的参与率从 75% 降到 50%,这是对本国能源工业的保护和对外国投资者的抵制。

支配政府机构决策的力量不仅是政治原因,也可能是纯粹的经济原因,因此政治风险也包括了货币不可兑换和汇兑限制风险。战争、暴动、社会动乱、罢工、恐怖主义行为等也属于政治风险，其产生的原因涉及政治、经济、法律、宗教、种族等方面。它不仅会影响到跨国公司的经营，也会影响本国企业的经营。但是，跨国公司的政治风险主要还是指东道国政府对外国投资企业实行国有化、没收和征用。20 世纪 70 年代中期以后，这方面风险明显减少，主要投资国政府与许多东道国政府签订了投资双边保护协定，并且对私人投资者对外直接投资提供了政治风险保险。

2. 外汇风险

跨国公司在对外投资决策中，除了考虑公司的发展战略以外，还必须考虑外汇风险，即考虑汇率对公司的收入和成本的影响。浮动汇率使国际经营产生了新的风险因素，但外汇风险不属于纯粹风险。此外，有些国家不实行外汇管制，但其他一些国家对资本流动加以限制。例如，对不同的交易使用不同的汇率，对设备进口给予税收优惠，而对汇向母公司的利润课以重税或加以比例限制。

跨国公司对外汇风险的管理是其财务管理中的一个重要方面，因为汇率的变动会影响到公司交易的金额、现金流量、资产、债务和收益。对外汇风险的管理主要包括建立风险评估制度、区分外汇风险的类型、制定风险管理的策略。例如，在跨国公司内部，可以通过提前或推迟支付或采取外汇远期交易来应对风险，对不能自由汇兑风险可采用政治风险保险。

3. 信用风险

跨国公司无论是在内部进行交易，还是在外部与其他公司进行交易，都需要进行融资。在进出口信贷方面主要有卖方信贷和买方信贷两大类：①卖方信贷是指出口方从当地金融机构取得向进口方提供货物或设备的信贷；②买方信贷是指出口方当地金融机构直接向外国进口方提供的信贷。卖方信贷通常是短期信贷，有些是中期的；买方信贷通常是大额的中期和长期信贷，它主要用于资本货物的购买。卖方信贷是为了便于出口方以延期付款或赊销的方式向进口方出口货物或设备，但面临着通货膨胀、贸易保护、信用和政治风险。为了鼓励出口，许多国家实行出口信用保险，即如果进口方不能如期偿付货款，则由保险公司或政府出口信贷担保机构赔偿出口方损失。对出口方来说，取得出口信用保险或政府担保更便于筹资，而且筹资成本也比较低。买方信贷也是为了便于扩大本国出口，同样也存在着信用风险，在买方信贷协议中要规定信用保险事项。

4. 融资风险

融资风险意味着跨国公司的资产不能与其负债相抵，即常说的资不抵债。因为这种风险与跨国公司的偿付能力直接相关，所以对于公司尤其是跨国公司来说极其重要。融资风险主要与跨国公司的融资活动相关联，但同时又与信用风险、市场风险等有重叠之处。因为跨国公司的融资活动本身受不同因素影响，所以其面临的风险也是多方面的。

融资风险管理是风险管理的特例，从风险管理的定义可以直接推出融资风险管理的定义，它是指经营主体对其融资过程中存在的各种风险进行识别、测定和分析评价，并适时采取及时有效的方法进行防范和控制，以经济、合理、可行的方法进行处理，以保障融资活动安全正常开展，保证经营主体经济利益免受损失的管理过程。

第二节 跨国公司国际直接投资风险的识别和评估

进行跨国公司风险管理，就要识别跨国公司所面临的各种风险。存在于跨国公司内部和周围环境的风险多种多样、错综复杂。有的是静态的，有的是动态的；有的实际存在，有的潜在存在。全面、正确地识别、分析跨国公司所面临的风险，衡量风险和选择对付风险的方法，对跨国公司来说具有实际意义。

一、什么是风险识别

风险识别，即经济单位在财产、责任和人身损失刚出现或出现之前，就系统连续地发现它们。风险识别是一项复杂的系统工程，因为一个经济单位，例如一个跨国公司，即使规模很小，它所面临的风险也是多方面的，如何把握全局，正确识别全部风险，在理论研究和实践调查中需要运用科学的方法多角度、多层次地认识、分析。风险识别是一个连续的过程，跨国公司是发展的，市场是变化的，实际风险也就不会一成不变。即使跨国公司刚进行了一次大规模的识别工作，不久之后，旧的风险可能会消失或减少，新的风险也可能会出现。因此，风险识别工作是持续不断和永无终止的。

风险是客观存在的，跨国公司风险管理人员在研究跨国公司所面临的风险对策时，最重要也是最困难的工作就是去了解及寻找跨国公司所有可能遭受的损失的来源。这些来源可能会增加跨国公司的支出，产生诉讼纠纷及管理系统的混乱。风险管理人员如果不能识别跨国公司面临的所有潜在损失，那么就不能确定对付这些风险的最好方法。所以风险识别的目的有两个：一是用于衡量风险的大小；二是提供最适当的风险管理对策。风险识别是否全面、深刻，会直接影响风险管理的决策质量，进而影响整个风险管理的最终结果。任何一种风险在识别阶段被忽略，尤其是重大风险被忽略，都可能导致整个风险管理的失败，给跨国公司造成不可估量的经济损失，甚至可能导致跨国公司的破产和倒闭。增强风险意识，认真识别风险，是衡量风险程度、采取有效的风险控制措施和风险管理决策的前提条件。

二、跨国公司的风险识别与评估

下面具体阐述政治风险和外汇风险的识别与评估。

（一）政治风险的识别与评估

从政治风险的定义可以归纳出政治风险的特征：首先，政治风险属于风险的一种，因而具有不确定性，同时有可能给跨国公司带来损失；其次，政治风险的原因在于政府为了达到某种政治目标而采取决然行动（这里的政府事实上不仅是指东道国政府，而且也包括母国政府和第三国政府），这一特征使得政治风险明显地区别于一般的市场因素造成的风险；最后，导致政府采取行动的原因错综复杂、难以预料，这就大大增加了政治风险分析、评估与控制的难度。

与政治风险联系紧密的还有两个概念：国家风险和主权风险。所谓国家风险，是指国际投资中的有关债务国（东道国）由于政治经济或其他特殊原因，不履行契约或协议规定的保障投资安全和偿付债务本息的义务，致使外国投资者遭受全部或部分经济损失的风险。主权风险是指为了维护国家主权而违约所造成的风险。一般认为，政治风险和主权风险都属于国家风险，同时国家风险还包含了债务风险。

一个完整的政治风险评估从理论上讲应当包括宏观与微观两个方面的内容。斯蒂芬·罗伯克（Stenfan Robock）第一个将政治风险划分为宏观和微观两种。宏观风险是指大范围的政治事件和政府行为的综合风险，如政体变动、革命、战争和派系斗争及其他广泛影响外国投资和商业经营的风险。微观风险是指有选择地影响某些投资领域或商业活动的措施和事件。大多数风险都是针对具体某一项目或行业而言的，如 20 世纪 70 年代的征收行动多针对专门的工业部门而采取，制造业项目受到的威胁相对较小。这种划分便于更精确地定义风险。

通过进一步的研究，杰弗里·西蒙（Jeffrey Simon）为宏观和微观政治风险的划分构建了一个更具系统性和综合性的风险分类方法。除了微观与宏观因素，他又考虑了来源于内部的风险。另外，宏观与微观风险又区分为社会相关与政府相关两种。西蒙的多维分类系统区分了定义风险时易混淆的概念，同时更为集中地研究了风险事件的本质和事件对跨国公司财产的冲击度及操作。此结构为特殊风险的识别提供了方便，可用于指导不同类型投资和跨国公司的风险分析。

西蒙的分类结构中有如下的定义：政治风险可视作这样一种政府和社会的行为和决策，它既引发东道国的内外矛盾，又影响国际企业的经营和投资。

西蒙认为，应当建立一个公司政治评估系统来分析宏观风险和微观风险。他称这样的系统为"预警系统"，这是一个包括国家定位和跨国公司定位的全方位（封闭）系统。该系统须能容纳大量由世界范围内多个国家传递的信息，且能不断加以修正，使其适应于迅速变化的国际形势。系统的微观风险数据由各东道国内外分支机构的计算机系统加以收集和记录。同时，控制中心制定微观、宏观分析方法，二者的不协调部分通过技术处理加以解决。西蒙认为，中心应当对整个系统负有分析风险并将信息传递至不同部门的责任。

总之，宏观与微观政治风险的分析对于国际企业的风险评估是不可分割的两个方面。因为宏观的政治事件不可避免地会影响到一国经济的各个层面，只是程度不同而已；然而对于具体的某个国际企业来说，它又只是属于某个具体的行业，有其与众不同的个性，所以对于一些微观的因素应当投入更多的精力。一个高质量的政治风险评估往往是二者的有机结合。下面介绍几种具体的政治风险评估方法。

1. 实地考察法

跨国公司在进行海外投资决策时，一般要派遣高级管理人员到有可能投资的国家或地区做实地调查，通过现场参观和与当地政府官员、企业家的接触了解该地区的投资环境和风险状况。当然，由于实地调查的时间较短，而且当地官员可能因吸收外资的迫切心情隐藏一些事实或做出不可能兑现的承诺，参观者们极有可能获得一些不完整的和虚假的信息。为弥补这一缺陷，实地调查的方法要与广泛地征集意见结合起来。向熟悉该地区情况的外交官、商人、记者等社会人士进行征询，以便做出更为全面和准确的判断。不过总的来说，实地调查不能提供对风险的精确估计，它只能作为初步的参考意见。

2. 专家评估法

专家评估法是一种更为精确的风险评估方法。这一方法是将各个专家评估的结果放入一个加权计算系统中得出最终评价。其具体的步骤是：首先设定影响政治风险大小的主要变量，并同时设定每个变量在总的风险指数中所占的计算权数，然后请专家们给每个变量打分并取其平均值，最后将各个变量的值进行加权汇总得出总的风险指数。从它的计算方法中可以看出，这一评估的有效性主要取决于三个因素：①是否考虑到了所有主要的变量；②各个变量所占的权数是否恰当；③专家们自身的素质。

目前有一些公共评估机构按照这种方法计算出政治风险指数以供国际企业进行参考。例如，跨国公司环境风险指数（Business Environmental Risk Index，BERI）就是其中之一，它由各国专家对 15 个基本变量按 0～4 级进行评分，经加权计算 45 个国家的风险总指数，每季度修订一次。有时跨国公司也按照这一方法进行独立的风险评估。

3. 计量分析法

近年来，由于统计学和计算机技术在政治学研究中的广泛应用，研究者们发现风险事件的发生与一些先行指标有着密切的关系，通过统计分析可以辨别出这些指标并测定它与风险事件发生的相关度，从而在这些指标的基础上建立一个风险指数，这一方法就是计量分析法。比如 H—W—M 政治体系稳定性指数就建立在这 15 个指标之上，包括 GNP 增长率、政府危机发生的频率、和平示威次数、每千人中武装力量人数等指标。此外，指数制定者还将各国统计资料的完备性、可信度分为 1～5 级，作为判定总指数稳定性的标志。

4. 金融市场资料分析法

这一分析法的理论基础是假定各国的金融市场均是完全有效率的市场，即可预见的风险因素都会通过竞争性的交易活动反映到金融市场的价格上，因此金融市场价格指数的变动能够充分反映风险的变动。《欧洲货币》杂志和《机构投资者》杂志根据这一方法各自独立地给 100 多个国家按风险大小进行排名，排名表每年公布一次。

以上评估方法都只能对宏观风险做出评估，而对直接影响跨国经营的微观风险目前尚无系统有效的评价手段。前面曾提到，微观风险的大小与跨国公司的经营策略有很大关系，因此风险管理显得尤为重要，后面将介绍跨国公司进行风险管理的策略。

（二）外汇风险的识别与评估

1. 外汇风险的形成与种类

外汇风险又称汇率风险，是指经济主体在持有或运用外汇的经济活动中，因汇率变动而蒙受损失的一种可能性。从事涉外贸易、投资、借贷活动的经济主体不可避免地会在国际范围内收付大量外汇或拥有以外币表示的债权债务，一旦汇率发生变化，将会给外汇持有者或运用者带来不确定性，甚至可能造成巨大损失，当然汇率的变化也为外汇持有者或运用者提供了获利的机会。

自 1973 年 2 月西方主要国家实行浮动汇率制以后，汇率波动再无上下限的限制，各主要货币的汇率不仅不同幅度、频繁地波动，而且它们之间经常出现难以预料的强弱势的变化。这就大大加大了涉外经济主体——国际企业的外汇风险。外汇风险按对跨国公司的联系关系分为直接外汇风险和间接外汇风险，直接外汇风险和受险金额是可以确定的，而间接外汇风险和受险金额则是难以确定的，下面讨论的是直接外汇风险。外汇风险一般分为交易外汇风险、换算外汇风险和经济外汇风险。

（1）交易外汇风险。交易外汇风险是指在确认以外汇进行的交易中，在进行交易与价格结算的期间内，汇率发生变动，因而影响跨国公司最终应收入或支出的金额的可能性。对由于交易外汇风险引起的、会计年度期间了结的、确认以外汇交易而实现的盈亏，称为外汇差价盈亏。交易外汇风险可分为买卖外汇风险和交易结算外汇风险。

买卖外汇风险又称金融性风险，以买卖外汇为基本业务的外汇银行及以外币进行借贷的跨国公司承担的主要是这种风险，见例 9-1。

【例 9-1】

日本银行在买进的 100 万美元之中，卖掉了 80 万美元，还剩下 20 万美元，通常将这 20

万美元称为多头，这种多头将来在卖掉时会因汇率水平变化而发生盈亏。如果当日收盘价为1美元合100日元，该银行卖出20万美元应收回2000万日元。如果次日外汇市场美元兑日元比价跌至1美元合80日元，那么该银行只能收回1600万日元，损失400万日元。

交易结算外汇风险，又称商业性风险，主要由进出口商承担，见例9-2。

【例9-2】

中国某公司向国外出口一批产品，以意大利里拉结算，货价为100万里拉。签订合同时1万里拉合人民币40.92元。但三个月后1万里拉仅合人民币37.38元，则该公司少收入354元人民币。

（2）换算外汇风险。换算外汇风险是指在将外汇交易的结果换算为跨国公司所拥有的以外汇确认的资产及债务时，或为了合并海外子公司与本公司的财务报表，以国外通货进行换算的情况下，由于汇率浮动引起盈亏变动的可能性。折算外汇风险主要出现在跨国公司进行报表合并的时候把记账货币换算成报告货币时由于汇率变动所产生的可能损失，在融资方面的体现就是跨国公司的负债会承受一定的汇率变动风险。当公司将其以外币计量的资产、负债、收入、费用等折成以本币表示的有关项目时，汇率的变动很可能会给公司造成账面损失，这种风险是由货币转换带来的。

【例9-3】

中国合资企业以美元为记账本位币，年初在其账上有20 000英镑的借款，年初英镑对美元的汇率为1英镑=1.50美元，在该公司的财务报表中这笔负债可折算为30 000美元。年底，该公司编制资产负债表时，汇率变为1英镑=1.83美元，这笔负债经过重新折算后为36 600美元。同样数额的英镑负债经过不同汇率的折算，最终使得企业多承担6600美元的债务。

对由于这种换算外汇风险所引起的，在会计年度末对以外汇确认的资产及债务进行换算或评估过程中的盈亏，称为外汇（资产）债务评估盈亏。当公司将其以外币计量的资产负债、收入费用等折成以本币表示的有关项目时，汇率的变动很可能会给公司造成账面损失，这种风险就是由货币转换带来的。

跨国公司的换算外汇风险可分为存量暴露风险、固定资产暴露风险及长期债务暴露风险。

1）存量暴露风险。存量暴露是指公司在海外持有和销售的存量。当汇率变化时，这些存量的价值和成本在转换成母公司所在国货币时会发生变化，从而发生存量暴露风险。

2）固定资产暴露风险。当公司购入固定资产时，如采用现行汇率法，则子公司账面价值在转化为母公司所有国货币时，可能会发生风险。若采用历史汇率法（即购入这批资产时采用的汇率），那么汇率的变化不影响这笔固定资产的价值。当固定资产折旧时，根据现行汇率，折旧费按每会计年度的平均汇率转换成母公司所在国货币，汇率变化也使折旧费发生变化。而根据历史汇率，折旧费的转换不受汇率变化影响。固定资产更新时，汇率变化对固定资产暴露所产生的影响都是一样的，因为这时固定资产的实际市场价值会把以前由于不同转换方式而造成的账面价值与实际价值的差别消除。

3）长期债务暴露风险。运用不同的转换方式，公司的长期债务在面对汇率变动时会呈现不同的风险状况。如果当地货币对美元贬值，那么负有美元债务的公司若以现行汇率转换，就可反映为转换盈利，而负有当地货币债务的公司若以现行汇率衡量则出现亏损。若以历史汇率衡量，在账面上看不出盈利变化，但实际上歪曲了长期债务的价值。

（3）经济外汇风险。经济外汇风险是指跨国公司的未来预期收益因汇率变化而可能产生的风险。经济外汇风险对跨国公司的影响最大，是跨国公司最关心的一种外汇风险。经济外汇风险暴露产生于实际经营活动中的货币波动和价格变动，预期的汇率变动的影响反映在子公司的预期现金流量和母公司的市场价值中。这种风险使汇率变动对公司海外开支和业务活动产生了间接影响。例如，一美国公司在日本的子公司从事出口业务，如果日元升值，它可能在转换方面得到好处。如果日元升值对其出口业务产生不利影响，削弱了从日本出口商品的竞争力，反而可能会造成损失。同时，日元升值又会使该子公司进口原料和产品的费用降低，这种复杂的风险和机会既不是在交易中产生的，也不是在换算中产生的，可归于经济风险。

2. 外汇风险的识别方法

风险识别过程是跨国公司财务风险管理的第一步，也是最基础的一步，它是指跨国公司在生产经营活动中对其财务活动可能遇到的各种风险进行预测和分析，包括对跨国公司外部的社会环境进行科学分析，以及对跨国公司内部财务管理中资金在筹集、投入、耗费和分配等环节上存在的各种不利因素进行分析。通过风险识别，了解面临的各种风险和致损因素，其目的之一就是为了便于实施风险管理过程的第二阶段，即便于评估预测风险的大小。

风险评估方法有定性评估方法和定量评估方法。定性评估方法即运用风险评估者的知识、经验，理智地对风险大小做出主观判断。最具有代表性的就是由美国兰德公司创立并推广使用的德尔菲法（Delphi Method）。首先收集有关所在国政治、经济、社会资料并以此为基础，邀请国际问题专家、国际经济学家、熟悉东道国状况的新闻媒体代表人、外交人员、企业经营管理者代表等参加评议会，每一个人都能自由地发表自己的观点。当意见初步汇总后，跨国公司可将这些看法进行归纳、总结、反馈，如此反复，直至形成较为一致的意见。有条件的大公司可以设置自己的风险分析机构，一些中小企业就可借助此方法，此方法成本低，准确率相对较高。其有效性取决于是否综合准确地考虑了其主要影响因素：专家思考的深度和水平以及汇总专家意见的手段。这种评估方法的运用在很大程度上依赖于分析人员的直觉和观点，是一个带有主观色彩的信息处理过程。定量评估方法即是指以统计资料为基础采用数学方法进行信息处理和风险处理的评估方法，迄今为止，已经确立并被广泛应用的风险评估经济计量模型主要包括随机游走模型、弗兰克模型和自回归移动平均法模型等。自回归移动平均法模型是按照时间序列加权平均或加权移动平均进行分析预测；运用指数平滑，建立平滑模型进行分析预测；采用回归分析，处理变量与变量之间的相互关系进行分析预测等。这类方法准确、可靠、说服力强并且参考价值高。

风险识别是风险计量的基础，也是进行风险管理决策的基础，因此，风险识别的另外一个目的就是选择最佳的风险管理方案。风险识别所需信息主要通过调查、问询、现场考察等途径获得。下面给出几种财务管理中常用的风险识别方法。

（1）财务报表分析法。财务报表分析法是财务管理中识别风险最常用的一种方法。任何跨国公司的经营活动都会涉及货币和财产，跨国公司的任何风险和价值都可以归结为跨国公司的资金及其流动。换句话说，跨国公司任何风险的存在和发生都会在跨国公司资金上表现出一定的征兆。这样，跨国公司的很多问题都有可能从财务报表中反映出来，这就为利用财务报表识别风险提供了可能。因此，按照跨国公司的资产负债表、财务目标、利润表等资料对跨国公司的财务状况进行分析，特别是建立指标报警系统，通过计算一系列的财务指标，可以说明该跨国公司在资金融通、资金流向、资金运作等方面的情况。这种方法所需的资料客观且容易取得，并且用财务术语来表达风险识别，容易被跨国公司的会计师、财务管理人员所接受。

（2）流程图法。流程图法通过一系列流程图来展示跨国公司经营活动的全过程，对过程的每一阶段和环节逐一进行调查分析，运用潜在损失一览表来确定跨国公司所面临的损失。跨国公司既可编制从供给者所在地的原料、能源等投入开始至成品送到用户手中为止的总体经营流程图，也可编制部分经营详细的流程图。

（3）因果图法。从风险损失的结果出发，首先找出可能导致风险损失的大原因，然后再从中找出中原因，再进一步缩小范围找出小原因，依此类推，步步深入，直到找出引起损失的根本原因。将大系统分解为小系统，将复杂的事物分解成简单的、易于认识的事物，从而识别风险及潜在损失。

（4）调查表法。调查表法通过分类罗列有关项目内容，指导跨国公司风险管理者对某些信息源进行有关调查，以一种系统的方式获得跨国公司财产和经营的专门信息，因而对跨国公司的风险识别是有引导作用的；而且跨国公司可以免费或只需很少的费用就可以从这种表中得到专家服务。调查表分为两种，一种是通用于所有企业的一般性用表，这种表未考虑到特定企业的特殊性，因此企业的风险管理者可能会发现它忽略了一些对该企业而言不可忽视的风险，这是任何企业在风险管理中都必须予以注意的问题。另一种就是特定型的调查表，这种表是专门针对某一企业或某一业务而设计的表格，现在一些知名的跨国公司都有自己的风险管理部门，通过聘请一些专家来进行有针对性的风险分析和研究。

第三节　跨国公司国际直接投资的风险管理

一切经济活动都面临不同程度的风险，它客观存在、不可避免，并且在一定的社会条件下还带有某些规律性。因此，风险不可能被完全消除，但是可以采取一些措施来减少或规避风险。这就要求社会经济各部门、各行业主动认识风险、重视风险、积极防范风险、有效控制风险并把风险减少到最低程度。在这种背景下，随着生产力和科学技术的不断发展，20世纪30年代产生了风险防范理论，即风险管理。

风险管理是研究风险发生规律和风险控制技术的一门新兴管理学科，它是指经济单位对风险进行识别、衡量和分析，并在此基础上进行有效处理，以最低成本实现最大安全保障的科学管理方法。各经济单位通过风险识别、风险估测、风险评价并在此基础上优化、组合各种风险管理技术，从而对风险实施有效的控制，妥善处理风险所致损失的后果，期望达到以最少的成本获得最大安全保障的目标。

一、管理中的风险防范措施

1. 风险回避

风险回避是指跨国公司通过风险识别和评估，来预料风险发生的可能程度，判断导致风险发生的因素,在国际经营和财务管理活动中尽可能做到避免风险,这是跨国公司对付风险最彻底的一种方法,有效的风险回避可以完全避免由某一风险可能造成的所有损失。但是,风险回避的应用要受到一定的限制,因为它常常会由于放弃某一投资机会或者是回避了某一种风险,而在另一个层面上增大了其他风险发生的可能性。因此,只有当某风险发生的损失程度很高并采用其他方法的成本超过了其收益时,才可能采用风险回避的方法。

2. 风险减少

风险减少是指对于跨国公司不愿放弃也不愿转移的风险,设法减少风险发生的概率以及风险损失的程度。跨国公司力图维持原有投资决策、实施风险减少的积极措施包括两个方面:一是控制风险因素,减少风险的发生概率;二是控制风险发生时的损失程度。

3. 风险转移

风险转移是指跨国公司通过若干技术和经济手段,将风险损失有意识地转给与其有相互经济利益关系的另一方承担。风险转移一般有两种方式:一是将可能遭受损失的财产转移出去,转移可能会引起风险及损失的活动;二是将风险及其损失的财务结果转移出去,而不转移财产本身。在财务结果转移方式中,保险是最重要和最常见的形式。其他财务结果转移的方式,称为非保险型风险转移,是实践中普遍采用的财务工具。

4. 风险自留

如果跨国公司有足够的资源可以承受该风险损失,那么就可以采取风险自留来自行消化风险损失。风险自留策略与风险减少策略的不同之处在于,风险自留策略是在风险发生之后再处理其风险,而风险减少策略则是在风险事件发生前就采取措施,以改变风险事件发生的概率和影响。风险自留包括风险自担和风险自保。风险自担就是损失发生后,摊入成本或费用,或冲减利润;风险自保就是跨国公司预留一笔风险金或随着生产经营的进行,有计划地计提风险基金,如呆账损失、大修理基金等,这适用于损失较小的风险。运用风险自留方式须具备以下条件:一是跨国公司的财务能力足以承担由风险可能造成的最坏后果,一旦损失发生,跨国公司有充分的财务准备,不会使跨国公司的生产经营活动受到很大影响;二是风险损失额可以直接预测,并且损失额在跨国公司的承受范围之内;三是在风险管理过程中无其他处理方式可以选择。在实践过程中,有主动自留和被动自留或者说有计划自留和无计划自留之分。

二、针对不同风险的具体管理措施

跨国公司面临的理财环境的特殊性造成的政治风险、外汇风险、信用风险和融资风险,是跨国公司需要重点关注的四种风险。下面本书将阐述在风险识别和风险评估的基础上,如何控制和规避这四种风险。

(一)政治风险的管理

即使是全面、系统地进行了政治风险的评估和预测,也仍然难以保证实际的政治和经济情况不发生意料之外的变化。因此,跨国公司有必要事先做好防范措施,以使潜在的变化所带来的风险降到最低。

1. 投资之前的控制措施

在投资之前,跨国公司可通过回避、保险、特许协定和调整投资策略等方法,来预防性地控制政治风险。回避风险是最简单的方法,当东道国的政局不稳、前景不确定时,跨国公司自然而然会放弃原来的投资计划。与此相对应的一种方法就是投保,跨国公司可以通过对各种资产进行投保,来集中精力管理其经营业务,常见的保险项目有没收、充公和国有化保险,进出口政治保险,违约保险和战乱保险。特许协定是指跨国公司在决定投资之前,通过谈判就双方的权利和义务与东道国政府达成谅解,明确该跨国公司在当地经营的各种规则,这种协定本身带有一定的特权和掠夺的意思,因此在经济不发达国家,特别是殖民地国家比较普遍。一旦这些国家独立或政权更替,那么这些协定也要随之变更。这种方法障碍率越来越高,使用率越来越低,因而大多数公司会寻求更为积极的方式。调整投资策略主要是通过控制原料的供给、限制技术转移和扩大当地的债务比例等方式来增加东道国对跨国公司海外子公司的干预,使其面临的政治风险最小化。

2. 投资之后的控制

一旦跨国公司决定在某国投资之后,它对该国政治风险的抵御能力就会降低,但仍然可采用以下策略来有效控制投资后的政治风险:一是有计划撤资;二是短期利润最大化,具体做法就是通过紧缩费用、抬高价格等方式尽可能地从中提走现金;三是改变征用的成本效益比率,如果东道国政府的征用行为目标是理性的,那么在经济上的征用应该是征用后的效益大于征用所付出的成本,跨国公司可以建立研发基地、扩大生产规模来加大征用成本,以防止被征用;四是与当地的企业合资,聘用当地的劳动力,使用当地的资金,发展当地的利益相关者,如消费者、原材料供应者、公司当地雇员、当地银行及其合资企业的合伙人等,这些人在政府采用征用策略时,有可能会因自身利益受损而反对,这样就削弱了被征用的危险;五是进行适应性调整,把征用看成是不可避免的,一旦发生征用,就使用特许证和管理合同的方式从原投资中继续获利。

3. 征用后的控制

征用是政治风险的极端形式,是指东道国依法占有国外资产的行为。通常东道国政府对外资企业的征用都会提前发出通告,在一段时间里,公司应到东道国进行利益游说和说服工作,争取其放弃征用的决定。如无法说服,则采取理性谈判、给对方施加压力、寻求法律保护等方法。

由以上措施可以看出,所有权的放弃并不等于盈利机会的丧失,关键是运用财产创造现金流量的能力。

(二)外汇风险的管理

1. 外汇风险管理战略

外汇风险管理战略是指导汇率风险管理的总体方针、规划和策略,涉及的是经济主体在外汇风险管理中的指导思想和基本态度。不同的经济主体在涉外业务中可能会采用不同的管理战略。它们可分为三大类,即完全避险管理战略、消极避险管理战略和积极避险管理战略。

(1)完全避险管理战略。完全避险管理战略是指跨国公司在涉外业务中,千方百计阻止外汇风险的形成,不允许存在外汇风险暴露,或通过各种套期保值手段消除实际业务中发生的一切敞口头寸,以避免汇率波动可能给公司带来的风险损失。

(2)消极避险管理战略。消极避险管理战略是指跨国公司对其业务中的外汇风险采取听之任之的态度,既不否定、排斥风险,也不对风险进行管理,勇于承担一切外汇风险的风险管理战略。如果汇率变动对其有利,那么它就获取风险报酬,享受"免费午餐";如果汇率变动对其不利，那么它就承担风险损失。

（3）积极避险管理战略。积极避险管理战略是指跨国公司积极地预测汇率走势，并根据不同预测对不同的涉险项目分别采取不同的措施，运用各种金融工具，达到既避免外汇风险造成的损失，又谋取风险收益的目的。例如，在预期汇率变动对其不利时，跨国公司采取完全和部分避险的管理手段；在预期汇率变动对其有利时，跨国公司承担外汇风险以期获取风险报酬。

2. 交易风险的管理

交易风险的管理是围绕着套期保值的概念进行的。对某一风险进行套期保值是指建立外汇头寸以对冲原有的外币头寸，以避免将来汇率不利变动所带来的影响。其方法可分为两种，即非金融管理方法和金融管理方法，下面分别加以说明。

（1）非金融管理方法。非金融管理方法主要包括以下四种：

1）净得与配合法。净得指的是同一企业集团之间的收入与支出相抵；配合是指不仅是同一集团内的企业之间，而且连同其他企业的交易也包括在内，按通货类别，使收入与支出的金额与时期一致起来，以规避外汇风险。因此，净得与配合虽有相似之处，但严格来说又互不相同。跨国公司可以合理利用"净得"来进行风险管理，而进出口商则可以使用"配合"来进行风险管理。

2）选择货币法。在国际经济交易中，最常采用的选择货币法包括：

① 选择可自由兑换的货币。选择可自由兑换的货币既有助于资金的调拨使用，也有助于转移货币的汇率风险，可以根据汇率变化的趋势，随时在外汇市场上兑换转移。

② 争取用本币计价结算。如果清偿时不会发生本币与外币之间的兑换，那么外汇风险便无从产生。

③ 在进口时选用软币，在出口时选用硬币。选择硬币作为出口合同货币，可以避免应收账款的货币在远期贬值所带来的损失；选择软币作为进口合同货币，可以避免应付账款的货币在远期升值所带来的损失。这种方法虽然不能消除风险因素，但却可以把经济损失转移给对方，属于风险转移型方法。选用这种方法的前提是能对备选货币的汇率走势做出较准确的预测。

④ 选用两种以上软硬搭配的外国货币。因为在进出口合同中，出口方选择硬币则对进口方不利，进口方选择软币则对出口方不利，所以如果双方互不相让，那么必然难以成交。妥协的方法就是将软币和硬币搭配使用，这是一种风险中和型的方法。

3）货币保值法。货币保值是指选择某种与合同货币不一致的、价值稳定的货币，将合同金额转换，用所选货币来表示，在结算或清偿时，按所选货币表示的金额，以合同货币来完成收付。通常采用"一揽子"货币保值或硬货币保值。

4）超前和滞后法。所谓超前和滞后，是指进行国际交易的跨国公司调整支付时间，以减少外汇风险的方法。如预测债务通货汇率看涨，那么就提前支付债务；如预测债务通货汇率看跌，那么就延期履行义务。超前和滞后，使得两个当事企业的借贷对照表向相反方向变化，因此，在独立的企业之间形成的超前和滞后，彼此间的利害关系是不一样的。超前和滞后法严格来说并不能完全消除外汇风险。提前结汇使承受外汇风险的外币金额不复存在；而延期结汇则不同，外汇暴露被保留下来，具有投机性质，一旦预测失误就会造成损失。

（2）金融管理方法。在跨国公司运用内部管理策略仍不能消除净外汇头寸的情况下，可以通过金融市场与外部的某个金融中介（如银行）、某种政府机构（如官方、半官方的保险公司、进出口银行等）或某个当事人（如外汇经纪人）达成、签订契约，也就是利用外部管理技巧来减少外汇交易风险产生损失的可能性。它主要包括以下的技巧：

1）外汇远期交易。外汇远期交易是指外汇买卖双方签订合同，约定在将来一定时期内，按照预先约定的汇率、币种、金额、日期、地点进行交割的外汇业务活动，交易双方无须立即收付对应货币。外汇远期交易的期限按交割日分为两种：一种是整月期限交割，一般为30天、60天、90天、180天或一年，一年以上的外汇交易在实务中较为少见；另一种为特殊期限交易，如零头天数交易、择期交易。其中择期交易的交割日较为灵活，可以在固定期限内，临时确定交割日期，如在一个月之间任何一天交割。

外汇远期交易是防范外汇风险的常用方法之一。在交易风险的防范方面，如果预期以外币计价的进口或筹资活动中外币将会升值，则买入该外币的远期合同，到期按照商定的汇率进行交割，进而固定了支付成本；如果预期以外币计价的出口或投资活动中外币将会贬值，则卖出该外币的远期合同，到时以收取的外币按固定汇率进行交割，从而固定了到期收益。

2）外汇期货交易。外汇期货交易是指在固定的交易场所，买卖双方各自交付保证金和佣金，通过经纪人及交易所买卖外汇期货合约的行为。外汇期货合约是指具有法律约束力的标准化的外汇远期购销合约，该合约具有规范的交易单位、指定的交割月份、每日结算及独特的交割方式。外汇期货市场的交易对象是外币期货合约，不同的外汇期货市场对外汇期货标准化合约的规定略有不同。

利用外汇期货市场，跨国公司可通过灵活地买入或卖出外汇期货来"对冲"现货外汇空头或多头头寸，以避免将来汇率变动对将来外汇债务造成多付本币或对外债权造成少收本币的损失，这就是所谓的利用外汇期货市场进行套期保值。

一般的结论是：当跨国公司持有净外汇债权时，将承受由于外汇贬值而引起以本币衡量的收入减少的损失，应卖出外汇期货合约；当跨国公司持有净外汇债务时，将承受由于外汇升值而引起本币支出增加的损失，应买入外汇期货合约。

3）外汇期权。外汇期权合约是期权买卖双方的一个契约，该契约赋予合约的买方以权利而非义务，在某一天或在此之前，以事先约定的汇率（即执行价格）向合约的卖方购买或出售约定数额的货币，期权的买方可以放弃合约赋予的权利，也可以在约定的期限内行使权利，与卖方按约定价格交换约定金额的货币，从而结束合约。为获得该权利，买方需要事先向合约的卖方支付一笔费用，即期权费。无论合约最终是否被履行，卖方都将拥有这笔费用。

利用外汇期权市场，跨国公司可灵活地通过购买买入外汇期权或卖出外汇期权来"对冲"现货外汇空头或多头头寸，以避免将来汇率变动对将来外汇债务造成多付本币或对外债权造成少收本币的损失，这就是所谓的利用外汇期权市场进行套期保值。

一般的结论是：当跨国公司持有净外汇债权时，将承受由于外汇贬值而引起以本币衡量的收入减少的损失，应购买卖出期权合约；当跨国公司持有净外汇债务时，将承受由于外汇升值而引起本币支出增加的损失，应购买买入期权合约。

4）掉期交易。掉期交易是指同时将不同交割期限的同一笔外汇买进和卖出。实际上是即期交易与远期交易或者是远期交易与远期交易的综合。

掉期交易通常不会改变交易者的外汇持有额，但是会使他们所持有的货币的期限发生变化。掉期交易中最常见的是即期对远期交易的掉期，也有远期对远期的掉期，即同时买进并卖出两笔金额相同但交割日不同的远期外汇的交易。

掉期交易是一种组合型外汇交易，它同时包含两笔交易方向相反、交易币种相同、交易金额相同而交割日不同的外汇交易。在既有外币支付又有外币收入，而且收支日期不相吻合的情况下，跨国公司就可以利用这种方法来控制交易风险。

5）货币市场借贷。货币市场借贷涉及同时在两个不同的货币市场上借入和贷出，以锁定外币债权、债务的本币衡量价值。这样当跨国公司在未来某一时日需要买入或卖出外国货币时，就可以用货币市场借款的方式来控制外汇风险。假设进口方在将来要买入外币进行支付，就可以在签约时借入一笔本币，其金额按借入日的即期汇率和相关利率计算与此笔外币金额等值、期限与外币的远期支付期限吻合。然后做一笔即期外汇交易，用借入的本币买入远期支付的外币，再将外币做相应期限的投资，到结算日，以收回的外币履行支付业务。如果是出口方在将来某一时日要卖出外国货币，也可以先借入期限相同、币别相同、金额吻合的外币，然后做即期外汇交易，将借入外币兑换为本币，再将本币进行投资。到结算日，以收入的外币偿还到期的借款。

利用货币市场借贷的避险方法与利用外汇远期交易避险的方法类似，都包含一个合同及外汇资金偿付，但货币市场是借贷合同，远期市场是买卖合同。

6）货币互换。货币互换是指在一定时期内，具有相同身份（均为债务人或均为债权人）的互换双方按照某一不变汇率、直接或间接（通过银行等中介）地交换不同货币表示的债务或债权。货币互换合同一般规定：在合同生效日以约定汇率交换等值本金；在合同期内按约定日期和所换币别的利率，相互支付利息给对方；合同到期后依原汇率再换回本金。

货币互换的基本步骤是：

第一步，在期初交换本金，双方确定各自名义本金的金额。既可以是实际的本金互换，也可以是名义上的本金互换。

第二步，期内双方进行利息互换。在本金金额确定后，双方按协议约定的固定利率，以尚未偿还的本金金额为基础，进行互换交易的利息支付。

第三步，期末换回本金。双方于到期日换回交易开始时确定的本金。

在上述的各种外汇风险管理的方法中，跨国公司究竟应采用哪一种或哪几种方法，必须根据该跨国公司所处的环境、经营性质等因素来综合决定。但是，在决定的过程中，如何比较不同外汇风险管理技法的各种费用以及由此而产生的效益，从而决定应选用何种外汇风险管理技法，目前尚无完整的理论。

3. 换算风险的管理

换算风险管理的基本原则是：增加强势货币资产，减少强势货币负债；减少弱势货币资产，增加弱势货币负债。

具体而言，可采用如下四种方法：

（1）在远期市场、货币市场、期权市场、互换市场和期货市场等利用金融工具来避险，其具体做法与交易风险的管理方法大同小异。

（2）利用提前和递延支付、转移价格调整、选择结算货币等非金融方法。

（3）资产负债表管理法。这种方法是指通过交易活动，调节跨国公司各资产、负债账户，使借贷对照表上外汇的资产与负债一致，以回避外汇风险。另外，涉外主体对换算风险的管理，通常还实行资产负债表的保值。这种方法要求在资产负债表上各种功能货币表示的受险资产与受险负债的数额相等，以使其风险头寸（受险资产与受险负债之差）为零。只有这样，汇率变动才不致带来会计折算上的损失。

为实现资产负债表的保值，对资产负债表进行管理时主要应注意以下几点：①搞清资产负债表上各账户、科目，各种外币的规模，并明确综合折算风险的大小。②确定调整方向。如果以某种外币表示的受险资产大于受险负债，则需减少受险资产，或减少受险负债，或同时并举。③明确调整方向和规模后，进一步明确要对哪些科目、账户进行调整，并进行分析和权衡，使综合成本最小。

（4）外汇储备法。这里的外汇储备是指预测有可能损失外汇，在其发生时间与大小不能准确掌握的情况下建立外汇储备，旨在修匀国际企业在该会计期间的收益。可以说，外汇储备法是为缓冲外汇亏损才使用的。

4. 经济风险的管理

经济风险管理的关键是在做出长期性国际经济业务的决定之前就能预测和防止非预期汇率变动对海外企业未来净现金流的影响。经济风险的存在要求跨国公司善于并能及时发现市场上出现的不均衡状况，并随时采取措施。对于经济风险的管理，主要通过多元化经营、多元化融资来分散或减少经营风险，运用市场营销、生产经营和财务管理等策略的组合来制定一套管理经济风险的策略。其基本原理在于：汇率风险影响跨国公司长期经营目标和跨国公司经营的各个方面，是财务、营销以及生产等各项策略都要考虑的因素。

通过重新制定营销和生产策略，跨国公司能够达到这样的效果：或者消除其负面效应，或者利用汇率变动而获益。下面是一些常用的营销策略和生产策略组合，跨国公司可以通过这些策略对预期发生或已经发生的实际汇率变动做出反应。

（1）营销策略。在本币汇率波动的条件下，跨国公司的营销策略的设计为其提高竞争能力提供了机会。因此，营销的任务之一就是在确定汇率变动可能产生的后果之后，通过调整价格和产品策略对汇率变动做出反应。

1）市场选择。对跨国公司而言，在其销售产品时首先要考虑的因素就是产品销售市场的选择及如何针对每个市场的不同情况进行区别对待。

进行市场选择的第一步就是要对目标市场的汇率水平进行评估。一般来讲，把国家货币高估的市场作为开拓的目标市场比较有利，因为在同等条件下，与别的市场相比，该国产品在价格方面将更有竞争力。对一国市场的汇率水平进行估计时，要特别注意汇率变动的长期性和时滞性，高估的货币可能正在贬值过程中，而被低估的货币也许正在升值。在不同的国家实行市场细分也是第二个必须考虑的问题。一方面，实行多样化产品销售以适应不同顾客需求的损失小一些；另一方面，随着本币的贬值，那些拥有高收入顾客群的跨国公司会发现其进入国外市场的能力得到增强。

市场选择及市场细分为跨国公司在不同时刻调整其营销策略提供了基本方法。然而，对于预期或已经发生的实际汇率变动，这两种基本策略都不可能在短期内做出反应。所以，跨国公司在短期内必须采用一定的巧妙方法，如调整价格、促销等。

2）价格策略。在介绍价格策略时涉及两个重要问题：一是如何均衡市场份额与边际利润；二是调整价格的频率大小应如何确定。

① 市场份额与边际利润的均衡选择。当一国货币升值时，该国涉外企业会面临这样的选择：是保持其以本币衡量的产品价格不变以期保持其边际利润（这样做的后果是损失市场份额），还是降低价格以保持其市场份额（这样做的后果是边际利润降低）。假设在海外出售产品的跨国公司在制定价格时遵守边际成本等于边际利润的基本经济规则实现以本币衡量的利润最大化。据此决策时，跨国公司应该使用远期汇率将外币衡量的收益折成本币衡量的收益。本币升值后，在海外出售产品的跨国公司应考虑如何提高其产品的外币价值。问题的关键是，这样做使得当地的生产者具有了相对的成本优势，因而也就限制了出口商通过提高外币销售价格来获取更大收益的可能性，因此，出口商的最佳选择是使其产品价格上升程度等于外币贬值程度。实际上，在大多数情况下，外币衡量的价格会有所提高，出口商也会通过其更低的边际利润来获得市场份额。

当一国货币贬值时，该国出口商会在世界市场上获得比较价格优势。出口商此时可以选择提高单位利润率或扩大市场份额。该选择受如下因素影响：该汇率是否会持久，是否存在规模经济，扩大输出后的成本结构、消费者价格弹性和高利润率是否会引起其他竞争者的进入。需求价格弹性越大，跨国公司降低价格并因此扩大销售量和销售收入的可能性越大。而且，如果存在规模经济，则更应该降低价格以扩大需求，如果不存在规模经济或价格弹性低则不宜如此。

如果本币升值，在决定是否提高其产品的外币衡量价格时，跨国公司不能只考虑当前销售量的减少，还应考虑将来销售量减少的可能性。其原因在于：如果提高价格，那么其他跨国公司很可能利用其拥有价格优势之时建立起强大的销售与服务网络而占有顾客，然后通过开设工厂、充实其销售体系等途径保持其顾客占有量。那么对跨国公司而言，则可能会永远地失去这些顾客。

② 合理调整价格变动频率。参与国际竞争的跨国公司在通过调整价格以对汇率变动做出响应时的意愿程度和能力上是不同的。一些跨国公司会频繁地调整价格，而另一些跨国公司则认为稳定的市场价格是保持其顾客的关键因素。

有一点不可忽略，即频繁的价格波动会对出口商的分销商产生影响，因为他们必须不断地调整其利润以对他们所支付给出口商的价格做出反应。现在许多跨国公司对国内和国外顾客有不同的报价单，通过对其海外报价的不断调整以适应汇率变动。

至于本币贬值后的国内定价，原本就面临强大进口竞争压力的国内企业可能在定价方面有更大的选择自由度。既可以提高价格，也可以保持价格不变以提高市场占有率。最终如何选择，取决于是否存在规模经济和消费者价格弹性。

3）促销策略。在任何一个促销策略中，用于广告、推销等促销手段的预算都是一个关键问题。促销应考虑汇率因素，特别是在多国间分配预算时更应如此。在本国货币贬值时，出口其产品的跨国公司会发现：因为出口产品在国际竞争中处于有利的价位，其出口收益将增加；相反，如果本国货币升值，从而导致所投入本身的单位收益减少，此时可能会导致跨国公司的产品政策发生根本性的变动。

4）产品策略。跨国公司经常通过改变它们的产品策略来管理其经济风险。产品策略涉及引入新产品、生产线的决定和产品创新。管理汇率变动的一个途径是改变引入新产品的时机。例如，因为竞争性价格优势，本币贬值后的一段时期内会是开发新产品、获准特许经营的有利契机。汇率波动也会影响跨国公司生产线的决策。一国货币贬值后，该国跨国公司会有扩大生产线的潜在能力，并在国内外拥有更多的顾客，一般会将其定位于收入高、对产品质量要求高和价格敏感度低的顾客群体。对于面向工业的跨国公司，本币升值后的策略是通过扩大研究和开发预算支出而争取实现产品创新，即引入新产品。

（2）生产策略。以上讨论的调整涉及试图改变本币衡量的收入的价值。但有时汇率波动会大到价格或其他营销战略都不能保证其产品不受冲击的程度，此时，跨国公司必须甩掉其不具有竞争力的产品或削减成本。产品资源和产地位置是跨国公司在通过营销策略管理竞争性风险不能奏效时通常采用的策略。假设一国货币坚挺，则该国企业的基本战略可能是将其生产地转换到国外，可以通过以下几种方法达到这一目的：

1）改变投入组合。一个更灵活的办法就是通过在海外实现更多的原料和零部件购买而改变其投入组合。例如，在20世纪80年代初期，随着美元的升值，大多数美国公司扩大了它们的全球原料来源地。对那些已经实现在国外生产的跨国公司来说，在当地货币贬值后，通过购买本国产品和服务而节约成本的大小取决于随之而来的本国物价的变动情况。用于国际贸易或拥有大额进口成分的产品服务将比那些进口含量低或很少进入国际贸易领域的本币衡量的价格高。

从长远看，跨国公司在提高生产能力时，应考虑设置新厂，以便提供在不同的原料来源间选择的可能。当然，此时必须考虑"通过在国内和国外进口的组合而对汇率变动做出反应所取得的好处"与"设置新厂所导致的额外设计和建设费用"的比较。

2）分散生产策略。拥有跨国生产体系的跨国企业能够通过在不同国家的工厂分配产量，以适应汇率变动，即在货币贬值的国家提高产量，而在货币升值的国家减少产量。因此，跨国公司通过在全球范围内的产量调整和营销运作，使其在汇率变动时与一般企业相比，具备更强的抵御风险冲击的能力。当然，理论上所说的生产转移能力在现实中受到了限制。该限制由许多因素决定，其中至少有当地工会的干涉。

分散生产策略假定该国企业已在世界范围内拥有多个工厂。例如，作为其全球配备资源战略的一部分，一家跨国公司的某些产品在国内和国外拥有双重原料来源地，这使得跨国公司在任何给定的汇率都能实现最大的产量，但多个工厂也会产生生产过剩和成本提高等负面影响。

当存在规模经济时，一般以建立一个或两个工厂为宜，此时多个工厂会使生产成本增加。但大多数跨国公司发现，在一个拥有诸多不确定因素的世界里，生产多样化可能会带来更大的益处。实际上，拥有多余的生产能力和通过购买期权实现产量转移具有同等效力。与货币期权一样，随着汇率的波动，实物期权的价值也会增加。因此，尽管小规模工厂和多余生产能力会导致高单位成本，但汇率风险证明多地生产很有必要。

3）选择生产地址。当某国发生外币贬值后，那些没有在该国设厂的企业在向该国出口时会发现仅仅在国外购进原部件不足以保证单位产品的利润，因此企业可能被迫在该国设厂。在第三国设厂在很多场合下也是可以考虑的途径，这主要取决于产品的劳动密集程度。例如，许多日本企业为了应付日元升值的压力，将产地移至国外，不仅包括韩国、新加坡等国家和中国台湾地区，还包括美国等一些发达国家。在做出这一重大决策前，管理者首先要评估目标国保持成本优势的时间长短。如果目标国货币贬值是由于通货膨胀而引起的，那么这种成本优势很快就会被抵消，而且，在本币升值时将产地移至海外有时并不是最好的办法。

4）提高劳动生产率。跨国公司可以通过如下途径来提高劳动生产率：关闭效率低的工厂，实现自动化，与工会协议削减工资和福利待遇等。许多跨国公司还通过对职员的激励机制来提高劳动生产率及产品的质量。另外一个提高生产率和降低成本结构的办法就是改变其产品供应方式。日本企业现在正采用这一办法，许多日本企业为了获得更大的市场份额，创建了过多的产品系列，对顾客提供了过大的自由度。其结果就是零部件厂和装配厂不得不频繁地变动产品以适应不同的订单，即使有时订单数量很小。这要求太多的设计工作、资本投入、部件库存和频繁的设备更换。通过将其产品种类削减到原有种类的20%（这些即占其销售和利润额的80%），它们发现市场份额损失不大，但成本却得到了大幅度的削减。

除了以上介绍的多元化经营外，在管理经济风险时，跨国公司还应在融资时做到货币多元化，在不同的资本市场上利用多种筹资工具融资，还可以通过多种货币、多样渠道筹资，尤其是可多借软币等，有时还可以使得融资的货币组合与生产经营使用的货币组合匹配来降低经济风险。实现或部分实现上述内容的国际多元化的跨国公司，将会处于一种"有备无患"的有利地位。一旦出现意外的汇率变动，跨国公司就能根据经济条件的变化，快速、有效地做出反应，缩小其对收益的影响。

（三）信用风险的管理

1. 信用调查是风险防范的前提

跨国公司在进行跨国经营中，一项重要的工作便是信用调查。信用调查不仅能帮助公司避免与减少信用风险的发生，而且还有利于协调金融活动，以改进整个国际经营环境。信用调查主要是针对贸易中相应的客户进行全方位的调查了解，并进行评估。进出口业务中的信用调查，一般较为重视对方的品性、能力和资本。品性是指客户在商业交往中的商业道德，能力是指客户的业务经营能力和实力，资本则是指客户的资力。但这种信用调查绝非一项简单的工作，不仅要求公司具备庞大的国际信息网络，而且还要求具有一批专门的技术人员、先进的设备、大量的资金和一定的空间，而一般公司并不具备这样的实力或精力。所以，跨国公司通常利用其他中介机构代为调查，如委托自己在对方境内有往来的商户代为调查，或委托对方国家商会或进出口工会调查，或委托本国驻外经济代办机构代为调查，或委托征信所调查。

2. 采用其他融资方式防范信用风险

当前国际贸易中还有许多的融资方式可以选择，主要有：

（1）国际保理业务。国际保理与信用证虽都给出口商提供一定的信用担保，但它们却有各自不同的担保范围。信用证是以银行为开证人和第一付款人，充分包含了银行信用的一种支付方式。银行的业务只是依据"单单一致、单证相符"来审单付款，只要出口商所交单据与信用证严格相符，无论实际交货状态如何，银行都要给出口商议付，这就大大方便了出口商，但进口商却不愿接受此种方式。因进口商申请开证须交抵押金或抵押品并支付一定的手续费，所以从某种程度上讲，降低了进口商的资金周转率。若为买方市场，出口商以此种方式出口，也会降低自己的竞争能力。

在国际保理的业务方式下，进口保理商在对进口商进行资信调查后，会提供信用额度给出口保理商或出口商，以保证在信用额度内对进口商的信用提供100%的担保。此业务对单据要求不高，但却十分强调货物与合同的一致性。保理商不仅可以为出口商提供贸易融资，还可提供销售分户账管理、债款回收、信用销售控制、坏账担保等服务项目，这样出口商便可以放心地向其客户提供远期信用付款方式以争取更多的客户，进口商也无须缴纳费用和保证金，不受资金占压等问题的困扰。所以，保理业务使买卖双方都可从中获利，从而促进贸易发展。

（2）福费廷。福费廷业务是指包买商（Forfaiter）常为商业银行或银行的附属机构，从出口商那里无追索权地购买已经承兑的、并通常由进口商所在地银行担保的远期汇票或本票的业务，也称为包买票据业务。从这个定义可以看到，出口商通过福费廷业务将远期应收账款变成即期预付款，从而来解决占压资金问题，加速资金周转，并可持币待购。同时，也把一切如商业信用风险、国家风险、外汇风险、利率风险等都转移给了福费廷商，而这一切便利的取得只需出口商提交有效的、真实的、合格的并有银行担保的债权凭证。福费廷业务带给进口商的最大益处是使其获得中、长期固定利率的贸易融资。

（3）出口信用保险。出口信用保险是指在商品出口或相关经济中发生的，由保险人（经营出口信用保险业务的保险公司）与被保险人（向国外买方提供信用的出口商或银行）签订的一种保险协议。根据该保险协议，被保险人向保险人缴纳保险费，保险人赔偿保险协议项下被保险人向国外买方赊销商品或投放货币后因买方信用及相关因素引起的经济损失。

（四）融资风险的管理

跨国公司融资风险的形成既受到举债本身因素的影响，也受到举债之外因素的影响。政治风险、外汇风险、利率风险属于举债之外因素，举债本身因素主要包括负债的规模、负债的期限、负债的结构等。跨国公司在管理融资风险中，由于举债本身带来的风险有以下几个层次：第一，跨国公司母公司要确定一个良好的资本结构，在举债总额、期限结构、资本成本等方面依托有效的现金支付能力，或者通过资金预算安排好现金的流入与流出的匹配关系；第二，子公司或分支机构也要保持一个良好的资本结构状态，并同样以预算的形式安排好现金的流入与流出比例；第三，当母公司和子公司面临财务危机时，管理总部或财务公司就要发挥内部资金融通调剂的功能，以保证集团整体财务的安全性。必要时，财务公司还应当利用对外融资的功能，来弥补集团内部的资金短缺。

对于融资风险，特别是整体融资风险，跨国公司可以利用财务杠杆系数加以衡量。这一操作的关键在于在控制融资风险的同时，应该发挥负债财务杠杆的效应。财务杠杆系数的计算公式为

$$财务杠杆系数(K) = \frac{基期息税前营业利润}{基期税前营业利润}$$

$$= \frac{基期息税前营业利润}{基期息税前营业利润 - 利息}$$

$$= \frac{基期息税前营业利润}{基期息税前营业利润 - 投资总额 \times 资产负债率 \times 负债利率} \quad (9-1)$$

当市场前景乐观、经营业绩良好时，跨国公司可以考虑增大财务风险，扩大财务杠杆系数，在融资方面可以扩大融资规模，提高资产负债率，而且较多采用长期债务；反之，若预计未来市场前景不是很乐观，那么跨国公司可以降低财务风险，缩减融资规模，降低资产负债率，尽量用短期债务来筹集资金。

跨国公司融资风险的管理还和其所处的经济环境以及其所采用的融资战略相关。通过表9-1可以从侧面看出跨国公司在不同的融资战略下所采用的不同的风险管理技术。从表9-1

中可见，这些经济条件由理想的市场条件开始进而改变公司所处的环境、平价差异及市场的不完备程度，由此对跨国公司的融资与风险管理整体战略进行全面的考察。

表 9-1 跨国公司全球融资风险管理

	有效市场	有效但有独特的公司优势或情况		主要不完备性
	1	2	3	4
经济情况	有效的一体化世界市场，平价关系发生作用	有效的一体化市场，但：跨国公司有违约风险；跨国公司有优良的预测能力	IRP①、IFE①、UBFR①运行良好，但并非处于特殊跨国公司水准。IFE 对跨国公司无效，跨国公司有独特税收	（1）金融平价差异和市场细分会产生实际利率的不同和国内市场与离岸市场风险与收益的权衡 （2）在某些国内市场与离岸市场存在无效性
融资战术	明确的融资机会并不存在。资金来源与融资时间不相关。融资仅在跨国公司的投资项目有价值时才进行	（1）避免增加风险的资金来源 （2）若有剩余资金，仍可在利率处于历史低水平时选择融资，并将额外资金投资于高利率机会	寻找可利用独特的公司税赋优势和税后 IFE 差幅的资金	（1）在市场或价格信号错误的市场之间利用利率差异，来减少融资成本 （2）资金的位置十分重要 （3）利用对跨国公司竞争者无用的国内资源 （4）用不能提供给国内企业的资金为海外子公司融资
风险管理技术	自我保险，以抵消不同时期由于利率变化而产生的损益	（1）使资产和负债在规模和现金流量的时间性上相符合。如果仍有暴露，那么用套期保值来减少违约风险 （2）创造暴露头寸以利用预测技巧。在预期利率上升（下降）时，借入固定（浮动）利率资金	套期保值减少跨国公司面临独特利率的风险	（1）分散融资来源，减少利率的多变性 （2）利用所有融资来源和风险管理方法，利用金融市场的不完备性，处理融资与风险的问题
风险和融资措施的态度	（1）在第 2、3、4 种情况下的平衡措施与廉价融资、管理风险和改变一些实际决策之间的动态价值权衡有关 （2）保守措施是将减少风险置于廉价融资之前考虑 （3）风险措施只致力于财富的盈利，资金在世界金融市场上充当投机者和套利者 第 2、3、4 种情况是新的融资机会和利率风险问题、机会的主要条件。要运用所有融资方法处理融资与利率风险			
战略	被动的	积极乐观的②		

① IRP——利率平价；IFE——国际费雪效应；UBFR——无差异远期利率理论。
② 积极乐观的战略可分解为：优先考虑实际决策且采取金融决策措施来支持；或将公司资金部作为套利者或风险接受者，且将财务部作为跨国公司价值的主要来源。

在表 9-1 第 1 种情况下，即存在着有效的一体化国内市场与国际资本市场以及所有的平价关系的情况下，跨国公司主动寻求廉价资金的积极进行利率风险管理的行动对股东是没有价值意义的。在有效的资本市场上，股票和债券等都是被公正定价的，跨国公司想确保资金供应，并同时获取融资净现值大于零的廉价资金十分困难。在这种情况下，融资风险相对较少，所以风险管理采用的是被动的自我管理技术。

在表9-1第2、3、4种情况并存或单独存在的场合，跨国公司采用的是积极的融资与风险管理战略。在前两种情况下，假设世界资本市场是一体化和有效的，且具有金融平价关系，但跨国公司自身在这些运行良好的金融市场上拥有其独特的地位。如在表9-1中第2种情况跨国公司有违约风险的情况下，为了减少这种预期发生在负债与融资现金流量中的高风险，跨国公司往往会采取配对与套期保值的措施，同时还要尽量保持资产和负债在规模和现金流量的时间性上相符合。在有效市场与违约风险并存的情况下，管理者应集中精力来保证跨国公司资金的稳定、灵活供应和减少管理层的金融与政治风险。在表9-1中第2种情况跨国公司相信其拥有良好的预测信息的情况下，跨国公司可以创造暴露的利率头寸，利用其独特的技能，并增加跨国公司的浮动利率融资比例，即使利率接近近期的最高点。相反，如果预测利率会持续维持目前的低水平，那么低固定利率的融资比例会有望增加。

在表9-1第3种情况下，如果存在国际费雪效应，那么各国间债务的税前成本将是相同的。但是各国税制的不对称会导致各国间债务的税后成本不同，这样也为跨国公司在这种情况下面临的融资风险提供了可行的对策，可以利用相应的利率管理工具，如套期保值等化解风险。

在表9-1第4种情况下，可能存在金融平价的主要差异、市场细分和某些市场的无效性。跨国公司只有在汇率或利率以规则的方式偏离市场预期时，才会有盈利机会。在这种不完备性存在的情况下，跨国公司可以通过内部资金转移系统绕过这些管制措施，也可以在这些风险发生时，掌握融资与风险管理的主动权，采取分散资金来源的融资战略，同时利用可以利用的所有的融资风险管理工具进行风险的防范与控制。因为跨国公司可以融资的市场是国际性的，来源渠道也是多方面的，所以要求管理人员在制定跨国公司融资战略时要充分考虑到资本市场的有效性，判断是否存在运用套利减少融资成本的机会。自20世纪80年代以来，跨国公司融资由国内金融体系向外部信贷、商业票据与欧洲股票市场融资逐渐转变，越来越多的跨国公司从具有竞争性的资本市场上获得了资金，取得了融资的竞争优势，也很好地规避和减少了融资风险。

由此可见，跨国公司的融资风险管理措施是和其采用的融资战略密切相关的，不同的经济环境和融资战略决定了不同的融资风险管理技术。

【关键术语】

政治风险　　外汇风险　　信用风险　　融资风险　　外汇远期交易　　外汇期货交易　　外汇期权
掉期交易　　货币市场借贷　　货币互换　　福费廷　　国际保理业务

思 考 题

1. 跨国公司进行跨国经营时将会面临哪些风险？
2. 什么是政治风险？跨国公司应如何对其进行管理？
3. 什么是外汇风险？跨国公司应如何对其进行管理？
4. 什么是信用风险？跨国公司应如何对其进行管理？

5. 什么是融资风险？跨国公司应如何对其进行管理？

延展阅读书目

[1] 霍利韦尔. 金融风险管理手册［M］. 励雅敏，等译. 上海：上海译文出版社，2000.
[2] 徐忠. 金融全球化与金融风险［M］. 昆明：云南人民出版社，1999.
[3] 杨忠，赵曙明. 国际企业：风险管理［M］. 南京：南京大学出版社，1998.

第十章

跨国公司国际直接投资项目的可行性分析

【学习要点】
- 项目周期的内涵
- 国际投资项目可行性研究的程序和主要内容
- 国际直接投资项目经济评价与分析的主要内容
- 国际直接投资项目评价的方法
- 国际直接投资项目的投资效益评价体系

第一节 项目周期与可行性研究

所谓对外投资项目的可行性研究,是指在投资决策前,为揭示跨国公司能否获得最佳效益,而运用多学科知识对投资项目进行调查分析、技术经济论证的一种综合性研究过程。可行性研究是第二次世界大战后公司为适应市场竞争,赚取商业利润,在生产技术、市场经济、企业经营管理等学科发展的基础上,逐步形成并被广泛运用的一整套科学分析方法,它对于提高公司投资效益、避免投资风险和损失无疑是不可或缺的。

国外投资项目的可行性研究是对外投资决策的一个重要步骤,通过可行性研究,可以从经济和技术等方面对投资项目进行全面的论证,从而做出投资决策。可行性研究主要围绕项目的发展周期进行。

一、项目周期概述

项目周期是项目运动规律的总概括。长期以来,人们发现虽然项目是一次性的,但在国民经济活动中,项目又是层出不穷的,并且项目之间交错运转。项目运动的这种单体的独立性和群体的交叉性使新项目不断产生。项目发展周期是指任何一个项目,按照自身运动的客观规律,从项目设想立项,直到项目竣工投产、收回投资达到预期目标的过程,这一过程中的每一阶段都会导致下一阶段的产生,最后一个阶段又会导致对新项目的设想,进而选定新的项目。这样,一个项目的过程完结,往往会导致新项目过程的开始。本书把项目按过程循环的现象称为投资项目周期,简称项目周期。

在项目管理中,通常把项目工作分成几个互相密切联系并合乎逻辑的前进程序的阶段,项目周期阶段的分法及其命名方式各有不同,本书采用世界银行的划分方法,按项目管理需要将项目分为项目鉴定、项目准备、项目评估、项目实施和事后评价五个阶段。其实项目阶段的划分,特别是早期的项目鉴定、项目准备阶段,在实践中往往难以划清,而且各阶段的相对重要性往往因项目的性质和来历而异。

(一) 项目鉴定

简单地说,项目鉴定是指通过机会研究以确定项目可达预期目标的程度并对可能的项目意向进行初步的鉴定和筛选。根据世界银行的做法,鉴定阶段所被考虑的方案,必须按照一定的程序编写项目摘要并进行鉴别测试。

1. 项目摘要

编写项目摘要的目的在于对项目进行鉴别,并明确以下基本内容:
(1) 项目的开发目标。
(2) 项目的基本特征以及在项目规划中要进一步考虑的不同方案。
(3) 在项目准备、评估和实施中可能涉及的主要问题。
(4) 对项目进行准备的必要步骤以及所需要的人力和其他资源。

2. 项目鉴别测试

世界银行《开发投资》认为,若一个项目的鉴定阶段工作达到了以下要求,就被认为通过了鉴别测试:
(1) 主要选择和挑选的方案已经通过鉴别并进行了某些初步选择。
(2) 影响项目结果的体制上和政策上的主要问题都已经通过鉴别,并且表明已可获得解决。
(3) 已选定的项目方案看起来是合理的,对预计的成本和收益都做了粗略估计。
(4) 项目看来从政府当局和预期收益人方面都能得到充分的支持。
(5) 可从国内获得足够的资金,如果需要的话,还可获得国外资金,因而项目前景是合理妥当的。
(6) 已制订了具体的准备规划。

(二) 项目准备

项目准备阶段就是进行项目可行性研究的阶段。一个项目经过鉴别之后,随之而来的就是项目可行性研究。值得指出的是,这种过程可能是反复的。

就其完整性来讲,项目可行性研究包括初步可行性研究、专题研究和详细可行性研究。但不同的项目,如简单项目和复杂项目、小项目和大项目,尽管其研究的思路是相同的,但其研究的深度和广度却大不相同,以上阶段也可以适当合并或细化。

(三) 项目评估

项目评估是项目周期中的一个关键阶段,它是项目准备工作的顶点(至少对于世界银行项目来说确实如此)。项目评估的目的和任务,就是要对项目前一阶段的准备工作以及项目本身的各个方面进行全面细致的审查,并为今后项目执行和项目完成时,对项目进行评价奠定基础。

(四) 项目实施

项目的鉴定、准备和评估,实际上都是项目的前期工作,是进行项目实施的必要条件。项目实施中的三个基本问题是:
(1) 选择合适的实施单位;
(2) 设计项目组织结构;
(3) 制订项目计划与管理实施方法。

项目实施中的三个基本目标是:

(1) 在规定的时间内完工（时间）；
(2) 施工费用不能突破施工图预算（成本）；
(3) 质量必须达到施工图样要求（质量）。

（五）事后评价

事后评价与项目准备阶段的评估和项目实施中的检测和评价不同，它是在项目建成投产并已进行经营时进行的一种评价，其主要目的是查明项目成功或失败的各种原因，以作为未来项目的借鉴。

二、国际投资项目可行性研究的程序和主要内容

（一）项目可行性研究的特点和作用

可行性研究是对范围确定的项目，在收集资料、现场考察的基础上进行有关的功能实验，在反复综合论证的基础上建立具有确定地址、确定投入产出和确定有效期的不同项目方案，然后，对备选方案进行综合评估，最后对各项目提出系统的建议，这就是可行性研究报告制定的完整过程。

可行性研究的特点是：

（1）可行性研究的对象是投资项目，研究的目的是论证项目是否具有技术和经济上的可行性。可行性的英文——Feasibility 一词的原意，是指一项事物可以做到的、现实行得通的、有成功把握的可能性。就工业项目而言，其可行性就是指技术上的先进性和适应性、产品在市场上的可接受性或容纳性、财务上的经济合理性和盈利性、符合社会生产力发展的需要、对国民经济的贡献性和对社会效益的创造性等。

（2）可行性研究是项目建设前期的一项工作。可行性研究是在项目正式投资之前进行的，它研究的不是既定项目的经济效果，也不是为既定项目找依据，而是为未来项目做论证，以避免或减少项目的决策失误。

（3）可行性研究具有综合性的特点。要判断某一投资项目是否具有可行性，必须查阅大量资料来进行全面分析，应当从各个投资主体的立场出发，结合有关法律、制度规定，充分考虑国民经济需要、公众安全、就业以及环境保护等因素，分析市场资源条件、建设规模、工艺技术、建设工期、厂址、所需资金及筹集渠道、建成后的经济效益和社会效益等情况，考察并落实项目在技术上是否先进、投资结构上是否合理、财务上是否有保障、经济上能否获得效益。因此，可行性研究具有较强的综合性。

投资一个项目的目的在于最大限度地获得经济效益和社会效益。任何投资决策的盲目性或失误，都可能导致重大的损失。特别是重大项目，它的决策正确与否可能会影响整个国民经济的结构和规模。投资项目进行可行性研究的主要作用表现为：

（1）可行性研究是科学的投资决策的依据。任何一个投资项目的成立与否，投资效益如何，都要受到社会、技术等多种因素的影响。对投资项目进行深入细致的可行性研究，正是从这三方面来对项目进行分析、评价，从而积极主动地采取有效措施，避免因不确定因素而造成的损失，提高项目经济效益，实现项目投资决策的科学化。科学的投资决策，是项目顺利进行、项目投资效益正常发挥的保证。

（2）可行性研究是项目设计的依据。在现行的规定中，虽然可行性研究是与项目设计文件的编制分别进行的，但项目的设计要严格按批准的可行性研究的报告内容进行，不得随

意改变可行性研究报告中已确定的规模、方案、标准、厂址及投资额等控制性指标。项目设计中的新技术、新设备也必须经过可行性研究才能被采用。因此，我国规定，可行性研究是建设程序中的一个重要阶段，要在设计前进行，并作为项目设计的依据。

（3）可行性研究是项目实施的依据。只有经过项目可行性研究论证，被确定为技术可行、经济合理、效益显著、建设与生产条件具备的投资项目，才能被列入国家或地方的投资计划，允许项目单位着手组织原材料、燃料、动力、运输等供应条件和落实各项投资项目的实施条件，为投资项目的顺利实施做出保证。项目的可行性研究是项目实施的主要依据。

（4）可行性研究是项目评估的依据。在可行性研究报告中，具体分析了项目建设的必要性和可行性，从而做出最终决策，并选出最优方案。项目评估是在可行性研究的基础上进行的，通过论证、分析，对可行性研究报告进行评价，判断项目是否可行、是否是最好的选择方案，为以后做出投资决策提供咨询意见。可行性研究还会详细计算项目的财务效益、经济效益、贷款清偿能力等详细数量指标以及筹资方案和投资风险等，因此银行可在对可行性研究报告进行审查和评估后，决定对该项目的贷款金额。

可行性研究的目的是为投资项目的决策提供科学的依据。一般的可行性研究包括三个阶段，即机会研究、初步可行性研究和正式可行性研究。典型的可行性研究的工作内容包括四个方面，即经济论证、技术论证、管理论证和政治与社会论证。从事可行性研究的机构和从业人员应坚持三项行业道德标准，即独立、客观、公正原则（Principle of Independent, Objective and Just）。可行性研究的特点是应用性、综合性和精确性。可行性研究报告要求达到一定的精确度，以保证投资决策的正确，但在实践中，它又必须保留适度的误差，以保证研究所需的时间和资金不超过允许的限度。

（二）项目可行性研究的程序

可行性研究是项目投资的前期准备，具有一套严格的工作程序。

1. 筹划阶段

在此阶段，从业人员需要一般性地收集有关资料，了解项目投资背景，了解项目投资意图和投资者的要求，以确定是否需要对项目进行初步可行性研究。为此，从业人员应当掌握如下情况：①项目目的；②替代方案；③调查方法；④影响项目效益的因素等。

2. 调查研究阶段

通常，采用案头调查和现场调查两种方法，掌握与项目有关的资料，确定选址范围，初步选定技术方案和完成市场营销预测。

3. 拟订备选方案阶段

将已收集的资料和数据进行综合分析，形成备选方案，并在此基础上，反复论证从而筛选出少数的较优备选方案。

4. 筛选方案和提出投资项目建议阶段

对少数的较优备选方案进行深入、全面的研究论证，草拟论据，提出投资项目建议书，供有关人员做进一步研究。

5. 编制正式可行性研究报告阶段

按照合同完成报告及有关附件，以书面文本或电子文本的形式报请审批。

（三）国际投资项目可行性研究的内容

跨国公司走向国际化，第一个粗略的甄选工作就是国别分析，然后进行产品种类的投资机会的分析。在此基础上，在正式投资前，还要进行详细的"投资可行性研究"，分析公司在海外投下一大笔资金以后，其预期的经营目的是否能够达到，以及所计划的方法是否可行。

投资项目的可行性研究有其阶段性，其主要包括投资机会研究、初步可行性研究、详细可行性研究和评价报告四个阶段。

投资项目可行性研究的主要内容包括以下几个方面：

1. 市场分析

要论证一个投资项目是否可行，首先应分析其市场需求，预测产品的市场销路、价格水平、盈利程度。对那些利用外资的项目，掌握国际市场动向尤为重要，如果其产品不能外销，则无法按期还本付息，必然会导致负债，对投资者来说也一样。所以，市场分析是可行性研究的关键。

市场分析主要是分析对市场要求影响较大的因素的变化，其主要内容包括：

（1）明确生产什么样的产品。这必须包括产品的技术规范和特点。

（2）预测市场对这种产品的可能需求量。这应从东道国和其他国家来预测产品需求量。

（3）货源分析。预测这一产品的可能供应量。

（4）"市场渗透"程度。所谓"市场渗透"，是指预测投产后产品可能会占有市场的多大份额。

市场分析的准确性，直接关系到某项目投产后生产成本的高低和利润的大小，因此，市场分析的意义十分重要。在进行市场分析的过程中应注意下列一些问题：

（1）市场需求预测要有资料。如人口、收入水平及与产品消费有关的政府政策、法规、代用品的生产情况等。

（2）对市场需求的分析。除对消费量的估计外，还要分成几个部分进行预测：一是按产品的性质划分；二是按消费者划分；三是按地区划分。

（3）科学掌握市场需求预测的时间。

（4）市场分析。除了分析销售量外，还要分析价格。

2. 生产技术条件分析

生产技术条件分析包括：资源、原材料、能源的供应情况，价格水平，交通运输能力，供水能力，环境保护，职工福利设施和基础设施的完善程度，技术工艺的先进程度，厂址选择，协作配套，工程造价的合理性，项目对技术力量的要求、来源和培训方法等。

3. 建设投资分析

建设投资的计算一般按下列程序进行：

（1）起始阶段。在这个阶段，项目还是假设性的，只要提供这个项目产品的方案、建厂地址和工厂平面图，就可以利用已经建成的同类型但不同规模的工厂平面图以及所需的投资额进行比较概算。

（2）概算阶段。在这个阶段，要说明某一项目建设可能性的一般概算。这既需要前一阶段的资料，又需要有设备或主要设备的明细表、价格和总安排图样，以供粗略计算，这叫作研究估算法，误差一般在±30%以内。

（3）初步估算阶段。在这个阶段，通常要决定项目的可行性，并帮助制定项目的主要预算。除了需要前一阶段的资料外，还需要有概略范围、电动机、管道、单纯电路等图表，以做出初步估算，其误差在±20%以内。

（4）最终估算阶段。在这个阶段，要决定这一项目所需的准确的投资数额。这需要增加管道系统图、设备明细表和初步设计，其误差在±10%以内。

（5）详细评估阶段。这个阶段的分析是计算和投资的依据。这需要增加施工图、详细设备规格和价格，其误差在±5%以内。

4. 财务可行性研究

跨国公司在进行跨国投资时往往会面临复杂的环境因素和较大的投资风险。因此，跨国公司在进行跨国投资时，除了要认真分析国外投资环境、合理选择投资方式之外，还要对投资项目进行财务可行性分析。

在一般情况下，对跨国投资项目进行财务分析时，与国内投资不同，要做两套分析：一是计算跨国投资项目的现金流量和净现值；二是把国外现金流量按一定的汇率折算为本国的现金流量，从而计算出总公司获得的净现值。

财务可行性研究，即具体核算公司承担该项投资从财务上来说是否可行。通常做财务可行性研究分两步走：第一步，做出投资项目的"现金流程表"及"资金流程表"；第二步，根据表中的数据，分析投资项目资金来源是否有保障以及投资项目最终会给投资者带来多少现金收益。在利润可行性研究中，以生产可行性研究和销售可行性研究中的"收入"和"支出"为基础，来编制今后几年的利润表。这种利润表，表示一种"流量"，即收入、支出的流量，而非"存量"。此表记录公司在某一特定时间，对某一项目"损额"和"益额"的总额，而损额和益额之差即为"净值"。若净值为正号，则说明公司投资经营的项目有利可图；反之，则无利可得。

5. 经济分析

经济分析是指对投资者整体收益的经济影响进行分析。它主要从两个方面进行：一是分析与投资相关的各种因素的效益，如分析与外部相关的工程、基础设施的投资效益等；二是分析环境保护的效果，投资者要选择环保费用最低的方案，同时也要尊重东道国的环境保护权益。

6. 总体配置能力分析

总体配置能力的分析就是从实际情况出发，量力而行而进行的分析。它包括配套能力、消化能力和偿还能力三个方面。对配套能力的分析，主要是分析东道国的国内投资、设备、原材料、燃料、动力、运输及土建工程等是否配套；东道国的消化能力是投资者获取收益的关键因素，东道国的消化能力如何，决定着投资的经济效益如何；另外，还要分析东道国的偿还能力等。

7. 对各种风险的分析

在做了上述六个方面的可行性研究之后，还要对复杂、多变、竞争激烈的海外投资中可能出现的各种风险进行综合评估，估计它们对投资项目的影响程度。实际上，它是对投资方案的"敏感性试验"（Sensitivity Test），倘若原投资方案风险过大，超出了投资者所能承受的限度，则将用"交替方案"取代原方案。

（四）国际投资项目评估的特点

随着经济全球化的发展，各国之间的经济、政治、金融等投资环境都处于一种紧密的联系与变化之中，对跨国公司对外直接投资项目进行可行性分析和国内的做法基本相同，但是要面向国际市场，涉及各国经济、政治、法律、社会文化等因素，因而要求公司对未来投资的预算分析数据进行更为科学、准确的预测和估算。

国际直接投资财务评估的预算分析相比国内投资更为复杂和困难，主要受以下因素的影响：

（1）各国币制不同，各国政府又实行不同程度的金融管制，限制资金的出入，这可能会给企业的资金收支造成一定的困难。

（2）各国在利润分配制度、税赋、经济法律、商业惯例等方面存在较大差异。

（3）母公司现金流必须与项目现金流区分开来，因为它们的价值含义不同。

（4）母公司现金流时常取决于融资方式。

（5）子公司汇回母公司的款项必须以合同的形式予以确认。因为两国不同的税收制度，对资金流动的法律或政策限制以及不同的金融市场和机构操作上的区别，要求母、子公司之间的资金收益与费用流动有明确记录。

（6）要预测东道国及母国的通货膨胀率的差异。两国利率变动的趋势以及汇率可能出现的意外波动，将会影响母公司的现金流状况，给项目带来额外的财务成本，影响国际直接投资分析的准确性。

（7）项目的期终价值难以预估。潜在的购买者对该项目的价值判断可能会因角度不同而大相径庭。

（8）诸多涉外因素有的应被适当量化。但量化的过程往往主观因素过多，并且缺乏必要的理论依据和经验依据。

因此，海外投资项目要从三个不同的角度加以评估：①项目的角度（子公司的角度）；②母公司的角度；③跨国公司整体系统的角度。

在一般情况下，对于同一个海外投资项目从不同角度加以评估所得出的结论会有一定出入，有时甚至会相互矛盾，其根本原因在于项目自身的现金流量和该项目对母公司或公司体系的现金流量不一致。为了方便而有效地进行海外投资项目评估，可采用四步分析法：

第一步，从子公司的角度计算项目现金流量。此时，假定该项目是一个完全独立的项目，在考虑汇率因素、财务费用因素和风险因素的基础上，分析项目的估计收入与估计支出。

第二步，将对项目的考察从海外子公司的角度转移到母公司的角度，包括子公司资金和收入在什么时间、以什么方式、有多大的数量可以转移到母公司，这种转移会遇到哪些税收和额外支出等。

第三步，考察该项目对整个公司体系（包括母公司和其他子公司）的间接收益与成本的影响以及其他的正向效应与逆向效应。例如，项目投产是否会形成对母公司材料需求的增加，是否会挤占母公司原有的海外市场等。

第四步，对多个初选方案进行比较，从中选择最佳方案。选择标准通常是项目以投资报酬形式带给整个公司系统的净增现金流量是否最大。其理由是，跨国公司的整体战略与目标是最为重要的，其统率和指导着公司内的各项投资与经营活动。母公司的战略与目标通常就是跨国公司的整体战略与目标，故以上标准也是母公司选择海外投资项目的标准。

（五）跨国公司进行国际投资项目分析时应正确处理的关系

1. 正确处理好企业目标与项目定位的关系

企业当如何生存、应怎样发展、要实现什么目标，这不是一个空洞的战略问题，它需要企业在不同时期、不同阶段定位准确的项目投资等一系列经济活动与之相配套。企业项目定位是否准确，直接影响到企业目标能否顺利实现。如果说企业追求的产品经营目标是实现"小而精"，而具体投资项目的趋势却是打造"大而全"，就背离了企业的目标，是项目定位不准确的标志。如果具体的投资项目背离了企业的经营目标，那么不管该项目有多么好的前景预期，最终都必将会影响或阻碍企业既定目标的顺利实现。

2. 正确处理好项目投入与产出的关系

投资的根本目的是为了获得预期的经济利益，而未来预期经济利益的获得即是现行项目投资的产出效果，投入与产出相配合便会产生经济效益。一个优良的投资项目，应该能产生良好的经济效益，也即要能实现很好的增值功能，使投资者能够取得一个良好的投资回报。不能产生或不能很好产生经济效益的项目，即使其投入成本很低，也应该放弃。应该注意的是，投入的生产要素内容是多方面的，既有固定资产和存货资料的投入，也有人力资源的投入，衡量不同内容投入效果的形式也应有区别。投入常常是分阶段的，产出往往也有时限，所以在配比分析投入和产出的关系时，不仅要注意结果的配比，也要考虑过程的配比。

3. 正确处理好项目投资短期利益与长远利益的关系

项目投资的利益回报往往是有期限的，不同的项目投资，其回报期限的长短也不尽相同。有的项目投资期限短、见效快，其回报利益短期内可以见到；而有的项目投资期限较长，短期内效益难以体现或效益不明显，利益回报期较长。片面地追求短期利益，往往会丧失更好、更大的发展机会，而若是过分重视长远利益，则往往会使得企业承担过高的经营风险和财务风险。不能简单地以投资项目利益回报期限的长短作为项目取舍的主要标准，而应更加注重项目的实质，合理地布局回报期不同的投资项目，这将有利于企业长期稳定、持续、协调地发展。

4. 正确处理好项目投资经济效益与社会效益的关系

随着社会的进步，企业的理财目标也由初始时期一味地追求利润最大化逐步地向多元化目标过渡。现代企业的理财目标不应仅仅追求经济利益，而应同时强调经济效益和社会效益的协调。在评价一个企业的投资项目时，不能仅仅看它实现了多少利润，创造了多少经济效益，还要看它解决了多少劳动力的就业问题，对区域经济的发展起了哪些作用，为国家和社会做了哪些贡献，有没有对区域环境造成污染，治理环境污染付出了多大代价等，这些问题就是企业要实现的经济效益和社会效益的综合体。因此，企业在进行项目投资决策时，不能过于片面化或单一化，应充分考虑投资项目经济效益和社会效益之间的协调关系，不断地追求实现企业的社会价值最大化。

第二节　跨国公司国际直接投资项目的经济评价及方法

一、经济评价与分析的主要内容

项目投资的经济评价的主要内容是对项目进行财务经济效益分析。一个确定的项目投资，在对其进行经济效益评价与分析时，主要看该投资项目的产出是否超过投入，也即项目投资的投入产出效果如何。衡量一个项目投资的投入产出效果，既可以从不同的角度来评价，也可以以不同的方式来表达；相同的角度可以用不同的方式来评价，不同的角度也可以用相同的方式来分析。评价与分析的内容一方面可以从总量上进行分析，另一方面也可以从相对量上进行分析。总量分析可以称为绝对数值分析，主要评价的对象是项目投资总产出和总投入的绝对数量差额。当总产出的绝对数量大于总投入的绝对数量时，说明该投资项目体现了经济效益，两者绝对数量的差额越大，说明项目投资所体现的经济效益越好，在进行项目投资评选时，可以根据投入产出的差额大小作为选取和放弃方案的依据。相对量分析是从投资项目所呈现的投入和产出的相对数量角度来进行分析和评价，是对总量分析的补充和完善。对于一个确定的投资项目，在对其进行经济效益分析时，总量差额越大，相对量差额往往也越大（或者说相对比值越大）；反之亦然。但通过财务评价对多个不同的投资项目来进行比选时，投入产出总量差额越大的项目，其相对量差额（或比值）并不一定越大，这时就需要从多方面综合考虑，慎重比选。项目投资财务评价的概念基础，可以选用会计要素，如收入、费用、利润，也可以选用现金流量。现金流量与收入、费用、利润之间存在一定的联系，但它们所反映的概念内容的口径和范围不同。利润的形成受很多具体会计原则的约束和影响，因此，它不能真实地反映项目投资的投入产出效果。对具体的投资项目进行经济效益评价时，常常选用现金流量指标作为评价基础。一个投资项目实质上就是一项长期投资，其投资期限一般比较长，因此在运用现金流量作为评价基础时，常常需要考虑资金的时间价值因素。

二、跨国公司项目投资财务评价与分析相关数据的预测与估算

（一）财务评价与分析相关数据预测与估算应遵循的原则

1. 系统性原则

在进行企业项目投资财务数据预测和估算时，应该把投资额、生产成本及相关费用与销售收入、税金、利润、现金流量等项内容看作一个有机的系统，既要考虑各项目内容不同的实际情况，也要充分注重各项目之间的内在联系，找出其内在的规律，从全面性、系统性的角度出发，对财务决策评价及分析所涉及的相关数据进行较为准确的预测和估算。

2. 客观性原则

财务数据估算的正确与否直接关系到项目投资决策评价的结果，因此在进行财务数据估算时既要科学、严肃，又要尽可能保证资料的真实可靠。在预测和分析时，既要本着实事求是的精神，真实地反映客观情况，防止预测过于主观和片面，也要充分把握重要基础数据及其参数的变动趋势和影响因素，学会从不同的方位、角度或层次来观察、分析和核实相关数据，从而保证各项基础财务数据尽可能地客观、真实、准确、可靠。

3. 一致性原则

不同的计算方法和计算依据会得出不同的数据结果，如果预测的方法和依据与企业现行的财务实务口径不一致，则在此基础上预测的数据便没有太大的现实意义，由此所做出的项目投资决策评价结果自然与现实情况不太相符。因此，在收集预测成本、费用、收入等方面资料时，应按企业的实际情况，采取与企业现行的财务实务相一致的处理程序和方法，只有这样，才能保证不同时期企业的财务数据资料口径一致，信息前后可比，也只有这样，才能保证预测和决策的信息资料更具有用性和实效性。

（二）财务评价与分析相关数据预测与估算的一般流程

由于预测与估算项目投资基础财务数据时涉及的内容和因素较多，测算过程繁杂，为了

保证预测与估算的工作效率和预测资料信息的准确可靠，工作人员在预测与估算时应事先制定科学合理的预测与估算流程。不同的企业项目投资，其内容和性质往往不同，其所需的具体财务决策资料也存在差异，因而具体的财务资料预测与估算程序也不尽相同，但总的说来，财务数据的预测与估算流程一般都可以按照图10-1来进行。

（三）财务评价与分析相关数据预测与估算的内容

企业的项目投资是为了获取一系列的预期收益而在现时投入或垫付一定数量的货币资金或者实物的经济活动，因此，获利性是企业项目投资的主要特征，对项目投资进行财务决策主要是对投资项目的经济效益进行评价和分析。在进行具体项目的财务决策时，主要运用以定量分析为主的方法指标体系，对企业拟建项目的收益和支出进行预测，通过比较项目的收益和支出，对项目可能会产生的经济效益进行预测和分析，为投资者提供相关的决策依据。项目投资经济效益的分析主要是对项目的成本和收益等相关的基础财务数据进行分析和研究，通过多方面的比较，对项目投资的可行性得出结论。既然项目投资是一种未来的经济行为，那么其结果也必然具有一定的不确定

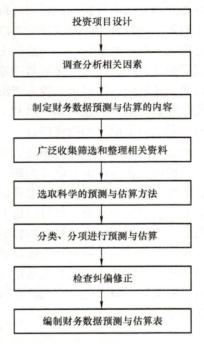

图 10-1 财务数据的预测与估算流程图

性，在对其进行可行性研究分析时所采集和利用的财务数据也只能是一些测算值。项目投资财务数据的测算是指在目前的项目投资市场、资源、技术条件评估的基础上，从企业项目投资的实际出发，依据现行的经济法规、市场供求规律等因素，对一系列与项目相关的财务资料进行调查、搜集、整理和测算，并编制有关基础财务数据测算表格的工作活动。

预测与估算企业项目投资基础财务数据的主要目的是为该项目投资的财务可行性评价提供基本的数据和资料，该资料往往以企业历年来的经济活动情况及其相关的财务收支情况为基础，按照一定的程序和方法对预测期的相关数据进行计算推测，从而满足财务决策评价的需要。一般来说，要预测与估算的数据主要包括投资额、生产成本及相关费用、收入、税金及利润，现金流量等。

1. 投资额、生产成本及相关费用

投资额主要是指项目建设期间各年的投资支出和建设项目的总投资支出等，它既包括为项目初期建设而发生的总投资支出，也包括项目建成投产后需要垫付的流动资金支出。生产成本和相关费用是指项目建成投产后一定时期内，为生产经营而发生的生产成本，以及各年度必要的相关费用支出，包括产品的制造成本和制造成本以外的其他相关成本费用。

2. 收入、税金及利润

这里所说的收入主要是指在正常预测的生产经营期间内对外销售项目产品等所应获取的经济利益，它既包括达到项目正常设计生产能力年份所预计实现的销售收入，也包括未达到设计生产能力年份所预计实现的销售收入。税金是指按照国家税法等规定，企业应该缴纳的各种税金及附加费，如增值税、消费税、营业税、所得税、城市维护建设税和教育费附加等。利润是企业在一定时期内的经营成果，在数量上等于收入与相关的成本费用相配比后的

差额。收入是利润产生的前提和基础,利润是企业追求的主要目标,税金是企业对国家所承担的责任和义务,因而科学、合理地预测企业收入、税金及利润等财务资料,是进行正确财务决策的基础,有着非常重要的现实意义。

3. 现金流量

现金流量是指与企业项目投资决策相关的现金流入和流出的数量,现金流入和现金流出的数量差表现为项目投资的现金净流量,是评价投资方案财务可行性的基础性指标。现金流量的内容主要包括初始现金流量、营业现金流量和终结现金流量三部分。初始现金流量是指项目开始投资时发生的现金流量,主要包括固定资产的投资支出,如购入或建造成本、运输成本和安装成本,以及流动资金的垫付支出等。营业现金流量是指在项目投产后,其寿命周期内由于生产经营所发生的现金流入和流出的数量,为了便于计算和使用,营业现金流量一般按年度来计算,在数量上等于营业现金收入扣除付现成本费用和相关税金后的差额。终结现金流量是指投资项目完结时所产生的现金流量,主要内容包括固定资产的残值收入、变价收入、原先垫支在各种流动资产上的资金收回等。

(四)财务评价与分析相关数据预测与估算的方法

1. 销售收入、销售税金及附加费的预测与估算方法

销售收入是项目建成投产后补偿总成本费用、上缴税金、偿还债务、保证利润能够实现的前提,销售税金及附加费主要是指项目产品销售收入后应负担的各种流转税等。销售收入预测是一项复杂又细致的工作,它对于改善企业生产经营管理、提高企业经济效益具有重要的意义,同时它也会为企业进行投资决策等方面的工作提供重要的基础资料。销售收入的预测要在充分调查、研究的基础上,根据企业过去的销售资料,运用科学合理的方法,对市场关于本企业产品在未来时期的销售状况及发展变化趋势进行预测和估算。在销售收入的预测过程中,首先要认真做好项目产品的市场调查与预测。若市场调查和预测值不准确,会直接影响企业的销售收入预测值的准确性,市场调查和预测的目标是分析和估计未来市场对企业产品的需求量以及需求变化趋势。其次,预测销售收入时要选择科学、合理的方法。销售收入的预测应以定量计算方法为主,辅以一些定性的方法来加以完善和补充,将定量和定性的方法有机结合。常用的销售预测定量方法主要有趋势预测和因果预测两大类。每类方法体系中又包含很多具体的方法,如简单平均法、加权平均法、移动加权平均法、趋势平均法、指数平滑法、回归分析法等。每一种具体方法对既定的项目资料的预测结果往往不同,为了尽可能地克服或减少预测时产生的偏差,在选用具体的预测方法时,不妨先对预测方法进行检验,即用备选的方法对企业或行业历史的同类或类似的项目投资销售情况进行预测,然后将预测值与历史的实际值进行对比。两者差异越小,说明该方法对于同类或类似项目的销售预测结果越准确。企业拟投资新项目时既可以首选对同类或历史项目预测的准确度最高的预测方法,也可以采用联合预测法进行预测。所谓联合预测法,是指对一系列历史预测准确度较高的方法进行综合,以其对同类或类似历史项目资料预测结果的差异度为基础来设定准确度参数,根据准确度参数计算权数,继而根据选用的方法对拟投资的新项目进行预测,然后对预测结果进行加权汇总进而计算联合预测值的一种综合预测方法。其具体的计算过程为

$$Y = \sum W_i Y_i \qquad (\sum W_i = 1)$$
$$= W_1 Y_1 + W_2 Y_2 + W_3 Y_3 + \cdots + W_n Y_n \qquad (10\text{-}1)$$

式中　Y_i——第 i 种预测方法的预测值；
　　　W_i——第 i 种预测方法预测结果的准确度参数；
　　　Y——各种预测方法的联合预测值。

对于准确度参数 W_i，可以通过下列方法来确定：

$$W_i = \frac{(1-D_i)^2}{\sum(1-D_i)^2}; \quad D_i = \frac{(S_i-R_i)^2}{\sum(S_i-R_i)^2} \tag{10-2}$$

式中　R_i——第 i 种预测方法对同类或类似的某历史项目的预测值；
　　　S_i——第 i 种预测方法对同类或类似的某历史项目预测值对应的实际值；
　　　D_i——第 i 种预测方法对同类或类似的历史项目预测结果的差异度。

根据上述资料可将联合预测法的计算用表 10-1 表达。

表 10-1　相应数据

常用预测方法	历史项目预测值	历史项目实际值	差异度	准确度	新项目预测值	新项目加权预测值
	R_i	S_i	D_i	W_i	Y_i	$W_i Y_i$
方法一	R_1	S_1	D_1	W_1	Y_1	$W_1 Y_1$
方法二	R_2	S_2	D_2	W_2	Y_2	$W_2 Y_2$
方法三	R_3	S_3	D_3	W_3	Y_3	$W_3 Y_3$
⋮						
合计	—	—	$\sum D_i = 1$	$\sum W_i = 1$	—	$\sum W_i Y_i$

2. 生产成本及相关费用的预测与估算方法

企业发生的生产成本及相关费用是企业生产经营活动的综合性质量指标，它是以货币形式表示的一定期间内产品在生产制造和销售过程中所消耗的物化劳动和活劳动的总和，是维持企业正常生产经营活动不断进行的重要条件。项目投产后企业产量的多少、产品质量的好坏、物质消耗的节约或浪费程度都会通过成本费用指标来综合表现。因此，成本费用预测提供的资料既能综合反映项目投产后的企业生产经营水平和工作质量，为确定和计量盈亏奠定基础，也是产品定价的最低界限，为产品定价决策提供重要的依据。项目总成本费用一般由生产成本和期间费用两部分组成，生产成本即制造成本，是企业在制造产品的生产经营过程中实际消耗的直接材料费、直接人工费和制造费用等生产费用的总和。而期间费用则是指在一定期间内发生的与产品生产制造没有直接关系的管理费用、财务费用和营业费用等费用的总和。在估算产品的直接材料费时，一般以产品的预计产量和单位产品耗用的材料成本为预测基础值。直接人工费则可以通过以上年实际数为基础做必要的调整来进行预测，而与产品生产间接相关的制造费用则应根据费用项目发生的性质不同而采用不同的方法做相应的估算预测。例如，生产用固定资产的折旧，既可以采用平均年限法和工作量法计算折旧，也可以采用加速折旧法计算折旧。企业选择的折旧方法应符合国家、行业等方面的具体规定，方法一经选定，非特殊情况，企业不宜也不能做随意更改，不同的折旧计算方法会导致应计入当期产品成本费用的数额存在差异。在预测管理费用和营业费用时，通常以上年实际数为基数，在分析销售收入的变化趋势及变动幅度的基础上综合估算，而财务费用主要是指与筹资相关而发生的支出，因此它的估算往往由银行贷款的数量和利率水平等因素共同决定。

3. 项目投资额的预测与估算方法

项目投资额是指项目从前期准备工作开始到项目全部建成投产为止所发生的全部投资费用，其主要包括建设投资支出和流动资金投资支出两个方面。建设投资支出是项目建设期间与项目筹建期间所花费的全部费用，主要是指固定资产的购建及其相关支出。固定资产投资支出除了包括土建费、设备购置费及安装费等基本工程项目建设费用以外，还包括了勘测设计费、保险费、建设单位管理费以及技术人员的培训交流等各项费用。流动资金投资支出是指企业在生产经营过程中处于生产和流通领域的供周转使用的资金支出，适度的流动资金投资是保证生产经营活动正常进行的基本条件。

4. 项目投资利润及所得税的预测与估算方法

利润反映一定期间内项目产品的经营成果，是期间收入扣减期间成本费用后的余额，企业项目投资利润及所得税的预测是以项目销售收入、销售成本、销售税金及附加、营业费用、管理费用、财务费用等方面的资料为基础所进行的估算。利润估算的资料是进行项目投资决策评价的一项重要基础数据。

5. 项目投资现金流量的预测与估算方法

估算项目投资预期的现金流量是进行项目投资决策的首要环节，实际上它也是分析评价投资方案时最重要、最困难的步骤。项目产品的销售收入、固定资产残值的回收和垫支流动资金的收回等会影响各年的现金流入量，销售成本、销售税金及附加、营业费用、管理费用、财务费用等成本费用主要会影响各年的现金流出量。值得注意的是，不付现的成本费用并不意味着现金流出。估算投资方案所需的资本支出以及该方案各年的现金流量会涉及很多变量，在预测时需要很多部门的共同参与。

三、项目评价的方法

对企业项目投资的评价主要侧重于对项目的经济效益分析，经济效益分析是项目投资可行性研究的重要内容之一，所以在评价某个项目投资是否可行时，通常是以该项目预期是否会给企业带来经济效益为基准的，这里所说的经济效益亦即某项目投入产出的预期效果。衡量项目投资经济效益的评价指标很多，常用的指标主要有净现值、现值指数、内部收益率、平均报酬率、投资回收期、会计收益率等，每个评价指标本身就构成了项目经济效益评价和分析的具体方法。各个评价指标之间往往存在着千丝万缕的内部联系，在运用不同的评价指标进行项目投资可行性决策评价分析时，有时结果会存在差异。

海外投资项目评估方法与国内投资项目评估方法在本质上是一致的，相异之处不在于方法而在于内容，即在分析中会加进对影响海外投资项目的现金流量的特殊因素和风险因素的考察，因而在实践中一般会采取对国内评估方法加以调整的办法来进行。

（一）静态法

静态法是指在对投资项目方案进行比选和评估时，从静止的状态出发，不考虑时间因素对投资效益影响的一种评价方法。

1. 差额投资收益率法

差额投资收益率（Ra）法是指通过计算两个方案的差额投资收益率来进行方案比选的一种方法。差额投资收益率是两个比较方案的经营成本差额与投资差额之比。差额投资收益率的计算公式为

$$Ra = \frac{C'_1 - C'_2}{I_2 - I_1} \times 100\% \tag{10-3}$$

当两个方案产量相同时，C'_1 和 C'_2 分别为两个比较方案的年经营总成本（$C'_1 > C'_2$），I_2 和 I_1 分别为两个方案的全部投资（$I_2 > I_1$）；当两个方案产量不同时，C'_1 和 C'_2 分别为两个比较方案的单位产品经营成本（$C'_1 > C'_2$），I_2 和 I_1 分别为两个方案的单位产品投资（$I_1 > I_2$）。

若差额投资收益率大于设定的折现率（在财务评价中为基准折现率，在国民经济评价中为社会折现率），则说明投资额大的方案较优。

【例 10-1】

某项目有 A、B 两个方案，方案 A 的投资额为 750 万元，年经营成本为 200 万元。方案 B 的投资额为 300 万元，年经营成本为 50 万元。假定项目所在行业的基准折现率为 15%，试进行方案比较。

解

将案例中的有关数据代入上式，得

$$Ra = \frac{200 - 50}{750 - 300} \times 100\% = 33.3\%$$

33.3% > 15%，说明方案 A 与方案 B 相比，方案 A 较好。

2. 差额投资回收期法

差额投资回收期（Pa）法是指通过计算两个方案的差额投资回收期来进行方案比选的一种方法。差额投资回收期是两个比较方案的投资差额与经营成本差额之比。差额投资回收期的计算公式为

$$Pa = \frac{I_2 - I_1}{C'_1 - C'_2} \tag{10-4}$$

式中各符号意义同前。若差额投资回收期小于基准投资回收期，则说明投资额大的方案较好。

【例 10-2】

以例 10-1 为例，假定基准投资回收期为 5 年，试进行方案比较。

解

将例 10-1 中有关数据代入式（10-2），得

$$Pa = \frac{750 - 300}{200 - 50} \text{年} = 3 \text{年}$$

3 年 < 5 年，比较结果仍说明方案 A 较好。

差额投资回收期法除了没有考虑资金的时间价值外，还有一个主要问题在于基准投资回收期选择的随意性，以及只考虑了基准投资回收期内的现金流量。该方法没有确定可接受项目回收期的长度的标准。尽管可能给出了根据企业现金流量情况来确定的一些原则，但最终的选择还是随意的。这就可能导致企业对项目接受与否做出随意的决策。差额投资回收期法选择项目的标准是项目现金流入的时间性，而忽略了现金流入的总量。对项目的选择会倾向于回报快的项目而不是使投资者的利益最大化的项目。因而，差额投资回收期法具有与生俱来的短视性和对具有长久生命力项目的歧视性。这一投资分析判断标准与企业的投资目标是

相背离的。

差额投资回收期法的支持者认为，差额投资回收期法提供了一个内在的进行风险项目投资的保护措施，采用差额投资回收期法可以避免风险项目或使项目的风险损失降到最小。但问题在于，用差额投资回收期法并不能降低风险，相反，它可能会导致风险的增加，特别是当可接受回收期较短时，更是如此。对于 4 年回收期来说，任何可接受项目都必须会产生 25% 的平均收益率，而 3 年回收期则需要约 33% 的平均收益率。显然，高收益率是与高风险相联系的，很少有项目能提供 33% 的投资收益率而又被认为是无风险的。因此，由于对快速回收投资的需要，公司更偏向于接受风险项目。

在实现企业评价投资的目标方面，用差额投资回收期法可能会使企业投资不足，使许多能增加投资者财富的项目被拒绝。这是因为该方法没有考虑到资金的成本。例如，采用 4 年回收期的标准，一个平均收益率为 20% 的项目将会被否定，因为它要 5 年才能回收投资。甚至在资金成本为 10% 时，该项目也将被拒绝。显然，如果企业能以 10% 的利率借到资金并进行投资，由此获得 20% 的回报，那么企业的财富就增加了。然而差额投资回收期法却不能接受这样的投资项目。因此，它不是一个合理的借以进行投资决策的工具，因为它与企业的投资目标不一致。

因为静态分析相对而言不能完全地反映项目的客观实际，所以跨国公司在进行项目评价时，往往会运用折现的动态法，强调时间因素，同时也会运用非折现的方法计算投资回收期，因此用动态指标更能准确分析项目的经济效应。

（二）动态法

动态法也称折现现金流量分析法，是指通过折现现金流量来进行方案比选的一种方法。这种方法考虑了货币的时间价值以及项目整个计算期的成本和收益，消除了静态法所存在的缺点，可以对投资方案做出客观的评价。

1. 内部收益率法

内部收益率（IRR）法也叫作财务内部收益率法。它是用内部收益率来评价拟建项目投资财务效益的动态分析法。所谓内部收益率，就是指资金流入现值总额与资金流出现值总额相等、净现值等于零时的折现率。如果不使用电子计算器，那么内部收益率就要用若干个折现率进行试算，直至找到净现值等于零或接近于零的那个折现率。净现值越接近零，求得的内部收益率越正确。它的计算步骤如下：

（1）在计算净现值的基础上，如果净现值是正值，那么就要采用比这个净现值计算更高的折现率来测算，直到测算的净现值正值接近于零。

（2）再继续提高折现率，直到测算出一个净现值为负值。如果负值过大，那么就降低折现率后再测算接近于零的负值。当找到按某一折现率所求得的净现值为正值，而按相邻的一个折现率所求得的净现值为负值时，就表明内部收益率在这两个折现率之间。

（3）然后根据接近于零的相邻正负两个净现值的折现率，用线性插值法求得精确的内部收益率。但要注意，正负值的两个折现率的间距不要太大，否则，就不够精确。用线性插值法计算内部收益率的公式为

$$IRR = 偏低的折现率 + 两个折现率的间距 \times \frac{偏低折现率的净现值}{两个折现率的净现值绝对数之和} \quad (10-5)$$

在投资方案的比选中，内部收益率法只适用于单一方案的取舍，在互斥方案的比选中，

若直接采用内部收益率法，可导致其比选结果与采用其他方法进行比选的结论相互矛盾，而应用差额投资内部收益率的方法取而代之。

2. 差额投资内部收益率法

差额投资内部收益率法是指通过计算两个方案各年净现金流量差额的现值之和等于零时的折现率（ΔIRR）来进行方案比选的一种方法。

差额投资内部收益率的表达式为

$$\sum_{t=1}^{n}[(CI-CO)_2-(CI-CO)_1]_t(1+\Delta IRR)^{-t}=0 \quad (10\text{-}6)$$

式中　　$(CI-CO)_2$——投资额大的方案的净现金流量；
　　　　$(CI-CO)_1$——投资额小的方案的净现金流量；
$[(CI-CO)_2-(CI-CO)_1]_t$——两个方案第 t 年的净现金流量差额；
　　　　ΔIRR——差额投资内部收益率。

式（10-6）与式（10-5）的含义完全相同。在各个方案都可行的条件下，若差额投资内部收益率大于基准折现率，则说明投资额大的方案较好；反之，则说明投资额小的方案较好，但要保证该方案的内部收益率大于或等于基准折现率。

3. 净现值法

使用净现值法进行项目评估的企业在不断增加，目前它几乎是所有大公司主要依赖的预算方法之一。净现值是指项目寿命期内逐年净现金流量按资本成本折现的现值之和。用净现值法可以比较现金流量的现值能否为企业带来额外的资金收益。具体步骤如下：

（1）计算有关投资项目的未来所有的净现金流量。
（2）用适当的贴现率将这些净现金流量转换成等值的现值。
（3）将未来的净现金流量加总。
（4）用未来的净现金流量的现值之和减去项目初始投资。

最后计算的结果就是净现值。计算净现值的数学公式为

$$NPV=-I_0+\sum_{n=1}^{N}\frac{CF_n}{(1+r_0)^n} \quad (10\text{-}7)$$

式中　NPV——净现值；
　　　I_0——项目初始投资；
　　　CF_n——第 n 年的现金净流量；
　　　r_0——必要报酬率；
　　　N——项目的生命周期持续的年份。

【例 10-3】

有一项成本为 $5\,000\,000$ 的投资，生命周期为两年，预测第一年将产生 $7\,000\,000$ 的净收益，第二年的净收益为 $100\,000$，必要报酬率为 10%，则计算的净现值如表 10-2 所示。

式（10-7）计算出来的结果是项目的盈余，该盈余是按必要报酬率进行投资所获得的超额收益。如果净现值是正值，那么投资就会产生盈余，也就会增加股东的财富；如果净现值是负值，那么投资就会产生亏空，而进行这样的投资就会减少股东的财富。投资于净现值为正的项目，说明寿命期内的净现金流量按资本成本折现后的总和抵消初始投资后仍有余额。这是项目对企业的贡献。净现值越大，企业的价值增加越多。

表 10-2　项目的 NPV

时期	现金流量	现值
0	$-5\ 000\ 000	$-5\ 000\ 000
1	$7\ 000\ 000	$6\ 363\ 636
2	$100\ 000	$82\ 645
NPV		$1\ 446\ 281

4. 获利指数法

获利指数法可被视为是净现值法的延伸和补充。净现值法计算的是投资产生的现金净流量的现值与项目初始投资之差，而获利指数法则是计算两者的商数，具有广泛的可比性，弥补了净现值法的不足。其计算公式为

$$\text{ROI} = \frac{\sum_{n=1}^{N} \frac{\text{CF}_n}{(1+r_0)}}{I_0} \quad (10\text{-}8)$$

式中　ROI——获利指数，净现值大于、等于或小于 0 分别对应于获利指数大于、等于或小于 1，只有当获利指数大于 1 时，项目才是可以接受的。

第三节　国际直接投资项目的投资效益综合评价

投资项目的投资效益指标体系设置一般要求既要有反映、评价投资经济效益的指标，又要有反映、评价投资社会效益和环境效益的指标。凡是投资项目建成投产或交付使用后，能为项目本身和其他企业单位、居民带来可以用价值形式来计算的投资效益，就叫作投资经济效益；凡是在投资项目建成交付使用后，为社会带来的不能用价值形式计算，只能通过它的使用价值表现的效益，就叫作投资社会效益和环境效益。

要评价投资项目的投资效益必须借助于投资效益指标。投资效益有不同的表现形式，说明不同方面的内容，单独一个指标不能概括各方面的投资效益，因此，需要运用一套指标体系，才能全面考核投资项目的投资效益。

投资项目的投资社会效益和环境效益是多方面的，如新建、扩建投资项目建成投产或交付使用后，能为城乡居民增加就业人数等。这些投资社会效益和环境效益，对发展国民经济、实现城乡现代化，无疑是极为重要的。在分析、评价投资项目投资效益时，不能只考虑投资经济效益，而忽视投资社会效益和环境效益。

评价投资项目对社会贡献的大小和环境改善的状况，即对投资社会效益和环境效益评价的指标，可分为定性效益指标和定量效益指标两大类。投资社会效益和环境效益的定性指标主要包括：资源利用、技术扩散、国民生产布局、地区经济发展、工业经济结构、生态平衡、环境保护等。投资社会效益和环境效益的定量指标主要包括：劳动就业效益、收入分配效益和综合能耗等。

1. 劳动就业效益

劳动就业效益是指单位投资创造的就业机会。在劳动力过剩、有较多失业人员存在的情况下，分析投资项目的劳动就业机会、评价投资项目对社会的贡献具有十分重要的意义。投

资项目劳动就业效益，可分为直接劳动就业效益、间接劳动就业效益和总劳动就业效益三种。

直接劳动就业效益是指投资项目新增就业人数与项目投资支出的比值。它的计算公式为

$$直接劳动就业效益 = \frac{项目新增就业人数}{项目投资支出} \tag{10-9}$$

间接劳动就业效益是指与投资项目有关的配套项目新增就业人数与这些配套项目投资支出的比值，如为旅游、旅馆投资项目服务的交通运输、商业、土特产、工艺美术生产和当地市政设施等有关项目新增加的就业人数与其所需投资支出的比值。它的计算公式为

$$间接劳动就业效益 = \frac{配套项目新增就业人数}{配套项目投资支出} \tag{10-10}$$

总劳动就业效益是指投资建设这个项目后，会给社会带来的直接劳动就业机会和间接劳动就业机会的总效益。它的计算公式为

$$总劳动就业效益 = \frac{项目新增就业人数 + 配套项目新增就业人数}{项目投资支出 + 配套项目投资支出} \tag{10-11}$$

对劳动就业效益的评价，在劳动力过剩、有失业人员的情况下，应尽可能以单位投资带来较多的就业机会为好。但是，劳动就业效益与技术进步、劳动生产率提高是有矛盾的。项目的自动化程度越高，工人的劳动生产率越高，需要的劳动力就越少，劳动就业效益就越低。所以，劳动就业效益应与自动化程度、劳动生产率等联系起来分析、评价。因此在投资项目评价时，如果由于劳动生产率提高而降低劳动就业效益，也不能说明这个项目没有投资社会效益和环境效益。

2. 收入分配效益

根据投资项目国民经济评价的要求，为实现社会经济发展的收入分配目标，需要对项目的国民收入净增值按社会主义分配原则进行合理分配。所谓国民收入净增值，是指从事物质资料生产的劳动者在一定时期内所创造的价值，也就是从社会总产值中扣除生产过程中消耗掉的生产资料价值后的净产值。可用生产法和分配法计算。生产法是用各物质生产部门的总产值减去生产中的物质消耗价值（如生产过程中用于生产的原材料、燃料、动力等的消耗，生产用固定资产折旧等）后的净产值。分配法是从国民收入初次分配的角度出发，等于物质生产部门的工资、职工福利费、税金、保险费、利息、税后利润等的总和。国民收入净增值在职工、投资者、企业和国家之间的分配，一般用职工分配比重、投资者分配比重、企业留用比重和国家分配比重四个指标来表示。投资项目必须正确处理好投资项目中的分配关系，才能取得更好的效益。

3. 综合能耗

在设计和评价投资项目时，应把综合能耗列作技术经济指标和投资社会效益和环境效益指标。在投资项目后评价时，也必须计算综合能耗指标，评价能源利用对投资社会效益和环境效益的影响。

在评价投资项目综合能耗时，一般可采用产值综合能耗指标来反映能源的利用情况。产值综合能耗指标的计算公式为

$$产值综合能耗 = \frac{年度能源消耗量}{年度 GDP} \tag{10-12}$$

式中　能源消耗量——年度生产耗用的煤、油、电、气折合成标准煤的吨数。

将算得的项目产值综合能耗与设计规定或其他类似投资项目的产值综合能耗对比，就可评价项目能源的利用情况和对社会效益带来的影响。

【关键术语】

项目周期　　可行性研究　　项目投资的经济评价　　差额投资回收期　　内部收益率　　净现值

思 考 题

1. 什么是项目周期？它包括了哪些阶段？
2. 投资项目可行性研究的主要内容是什么？
3. 某工程项目有四种备选方案，各方案的现金流如表 10-3 所示，方案的寿命期均为 10 年，如果要求项目的最低收益率为 10%，试选择最佳投资方案。

表 10-3　各方案的现金流　　　　　　　　　　　（单位：万元）

方案	A	B	C	D
初始投资	1 700	2 600	3 000	3 300
年净现金流量	440	490	660	680

4. 投资项目的投资效益指标体系包括哪些内容？

延展阅读书目

[1]　国家发展改革委，建设部．建设项目经济评价方法与参数［M］．北京：中国计划出版社，2006．
[2]　李敏新．工业投资项目评价与决策［M］．北京：中国计划出版社，1996．
[3]　王超．项目决策与管理［M］．北京：中国对外经济贸易出版社，1999．

第十一章

美国的跨国公司与国际直接投资

【学习要点】
- 美国的跨国公司与国际直接投资各阶段的特点
- 美国的跨国公司与国际直接投资的影响

以跨国公司为代表的对外直接投资是各国参与世界分工的载体,极大地促进了各国经济的相互融合和依赖。美国作为当今世界实力最雄厚的经济发达国家之一,是经济全球化的倡导者和推动者,也是世界上最大的对外直接投资国。可以说,美国对外直接投资的状况是对全球对外直接投资面貌的展示。本章将对美国的跨国公司与国际直接投资的发展、特点及效应进行介绍,以期达到对美国的跨国公司和国际直接投资的全方位认识。

第一节 美国跨国公司国际直接投资的发展

纵观美国对外直接投资的发展历程,根据其发展速度、规模、地区和行业分布等因素的阶段性差异,可以分为第一次世界大战前、两次世界大战期间、第二次世界大战到 20 世纪 60 年代末、20 世纪 70 年代初到 80 年代末、20 世纪 90 年代至今这五个阶段。

一、第一次世界大战前

南北战争结束后,美国进入了发展迅猛时期。随着垄断资本的形成,美国资本输出迅速增加。对外直接投资作为资本输出的方式之一,1897 年美国对外直接投资累计额为 6 亿美元,1908 年增至 16 亿美元。到 1914 年第一次世界大战前夕,美国对外直接投资累计额已达 26.32 亿美元,占当时世界各国对外直接投资累计总额的 18.6%,成为仅次于英国的第二大对外投资国。

在 19 世纪后期的美国对外直接投资中,铁路投资额为 1.43 亿美元,占对外直接投资总额的 22.6%,居各行业首位。其次是采矿业,投资额为 1.34 亿美元,占美国对外直接投资总额中的比重为 21.2%。20 世纪初,对外投资集中在采矿业等资源开发型行业和公共设施部门。

第一次世界大战前夕,从地区分布看,美国对外直接投资主要投向与美国毗邻的加拿大、墨西哥和拉美地区,对这些地区的直接投资总额占美国对外直接投资总额的 72%;对欧洲的直接投资总额占美国对外直接投资总额的 20%;而对亚洲、大洋洲和非洲的直接投资总额仅为 1.5 亿美元,约占美国对外直接投资总额的 5.7%。这与美国正处于对外直接投资的起步阶段相适应,在美国刚开始进行资本输出的时候,首要考虑的是地缘因素。

从行业分布来看,此时的美国对矿业、石油这类原料能源的直接投资占对外直接投资总额的比重为40%，对制造业的直接投资占总额的18%，对公共设施和农业的直接投资分别占总额的14.7%和13.5%。这显示美国绝大部分投资投向了生产初级产品部门和为初级产品服务的公共设施部门。

同时，对不同地区美国对外直接投资的行业所占比重也不同。对邻近的墨西哥和拉美地区的直接投资主要针对矿业、石油、农业等初级产品部门，体现了资源主导型的投资策略，为使周边国家成为其廉价原料的来源地。而对加拿大和欧洲的直接投资则倾向于制造业、销售业和石油等领域，这与美国已经具备了一定的经济实力，生产力水平和消费水平与这些资本主义国家接近有关，属于市场开拓型的对外直接投资。

据统计，1914年以前的对外直接投资在国际投资总额中所占的比例约为10%，绝大部分国际投资通过间接投资的方式实现。所以这一时期跨国公司的海外业务在整个经营活动中的分量还比较小，主要还是立足于国内的生产经营活动。尽管美国在第一次世界大战前的20年里，资本输入较快，对外直接投资不断发展，但直到大战前夕，美国对外直接投资还不及外国在美投资的一半，美国仍然是净债务国，以跨国公司为载体的美国对外直接投资实际上刚刚迈出了新的步伐。

19世纪末，美国国内企业还很少向国外投资，基本没有形成跨国公司。建国初期，美国以农业为本，1790~1860年才形成了比较完整的工厂制度。1790~1815年以手工作坊为主，1815~1840年小型工厂制度诞生，1840~1890年诞生了机器工业。铁路公司是早期美国对外直接投资的主要对象，19世纪工业化初期，伴随着铁路公司竞争的白热化，为了在竞争中求生存，各铁路公司进行了兼并和收购，形成了铁路垄断公司。这种兼并和收购运动逐步扩展到金属原料、石油化工、烟草等行业，形成初级产品加工工业的垄断公司，并进一步发展成美国早期的对外直接投资跨国公司。

1914年是美国跨国公司孕育的时期，第一家向海外投资建厂的是美国的胜家公司。然后，通用电气等公司也纷纷到国外投资建厂，如通用电气在加拿大、德国、英国和日本开展了制造业务；美国烟草公司也向外扩张，分别在澳大利亚、加拿大和德国建立了子公司。

二、两次世界大战期间

持续四年的第一次世界大战给世界带来了深重的灾难，但是对各国的经济却带来了截然不同的影响。欧洲国家饱受战乱之苦，经济遭到严重破坏，老牌工业国英国虽然仍是最大的对外直接投资国，但其发展速度放缓。而美国却利用在战争中的"中立"角色，充当交战双方的兵工厂，大发战争财，从战争前的净债务国一跃成为债权国。

到1919年，美国在国外的直接投资累计额为39亿美元，1929年达75亿美元。大战后，美国充分利用欧洲经济恢复期和20世纪20年代资本主义发展相对稳定这一有利时机，凭借其雄厚的经济优势，加紧扩大对外投资。

第一次世界大战结束后的近20年间，是美国对外直接投资的迅速发展时期。美国对外直接投资累计余额增长了1.86倍，年均递增7.3%，逐渐呈现出超越英国的态势。据统计，1938年英国对外直接投资累积额为105亿美元，由1914年占世界同期总比重的44.6%降为39.6%；而1938年美国的对外直接投资累计额为73亿美元，尽管20世纪30年代初的经济危机使美国经济遭受了巨大破坏，影响了美国对外直接投资的步伐，但此时美国对外直接投资在世界累计对外直接投资额的比重却升至27.7%。

虽然这一时期美国对外直接投资仍以周边国家和经济落后地区为主，但其加紧了对亚洲、非洲和大洋洲的经济扩张，对经济发达国家和地区的投资力度也在不断加大，尤其是注重对加拿大和欧洲的直接投资。1940年，美国对加拿大和欧洲的投资额上升到21.03亿美元和14.20亿美元，对经济发达国家的直接投资占比达50.3%，这表明美国对外直接投资转向以发达国家和地区作为主要投资对象。

初级产品部门和基础设施部门仍然是美国对外直接投资的主要领域，但其对制造业、通信业的投资速度逐渐增加，而对采矿业的投资增长却在放缓。到1940年，美国对外直接投资中制造业的比重达到27.5%，在单项行业中居首位，说明了美国的对外直接投资结构正在逐步走向高级化。

1914～1938年间，资本主义国家对外直接投资年均增长率为3.4%，这使得对外直接投资在对外投资中的比重由10%上升到25%，虽然间接投资仍然占对外投资的主导地位，但直接投资的地位正在日渐增强。究其原因是，第一次世界大战以后，世界资本和生产相对集中，发达国家的很多企业利用资本技术优势，发挥规模经济效益，使得跨国公司如雨后春笋般地呈现出来。美国的一些大型跨国公司抓住机遇，在某些行业获得了垄断地位，截至1939年，美国有135家公司在国外拥有715家子公司。[⊖]

三、第二次世界大战到20世纪60年代末

第二次世界大战由于参战国多、规模庞大、持续时间长，使得参战国的经济受到重创，各大资本主义国家的经济几近瘫痪。原来与美国抗衡的对外直接投资大国——英国在第二次世界大战中损失了25%的财富，对外直接投资减少了50%。美国由于参战时间晚，且本土没有成为战场，不仅经济损失相对较少，反而大发"战争横财"。

在第二次世界大战期间，美国利用各种有利的条件，加紧对外资本输出。1940～1945年间，美国对外直接投资累计额由70亿美元增至84亿美元，1949年突破100亿美元大关。1947年美国实行"马歇尔计划"帮助欧洲各国战后重建家园，1948～1953年，美国向欧洲提供了136亿美元的资金，美国跨国公司通过该计划，大规模参与欧洲经济重建，巧妙地把战时工业转变为民用工业。随着欧洲经济的恢复，美国对欧洲的直接投资逐渐增加，各大跨国公司都增加了在欧洲的子公司数量。同时，战后初期美国经济高速发展，企业对原材料和燃料的需求量也大大上升，美国对发展中国家的直接投资也有较快增长。从1955年到20世纪60年代后期，特别是1958年欧洲原子能共同体和欧洲经济共同体成立后，美国对外直接投资增长最快。1950年，美国对外直接投资为117亿美元，1955年、1960年、1965年的直接投资累计额分别为194亿美元、318亿美元、494亿美元，到1970年增加到754亿美元，在世界对外直接投资累计额中占50%左右。

1950年以后，美国对外直接投资趋向已由发展中国家为主转向以发达国家为主，在发展中国家的直接投资占其全部对外直接投资的比重不断下降，1960年为1/3，20世纪60年代末期降至1/4。尤其是随着亚洲、非洲、拉丁美洲民族解放运动的蓬勃发展，美国垄断资本认为欧洲是资本更安全的去向，同时由于欧洲共同市场的建立和国家经济力量的加强，也为了绕过欧洲的贸易壁垒，美国将对外直接投资重心逐渐转移到欧洲。1936年，在欧洲的对

⊖ 参见陈继勇：《美国对外直接投资研究》，武汉大学出版社，1993年，第1～10页。

外直接投资还只有 11 亿美元，1950 年为 17 亿美元，1960 年增至 67 亿美元，到 1970 年再增至 276 亿美元，超过此时反美情绪高涨的加拿大，欧洲成为美国第一大对外直接投资区域。

第二次世界大战以后，制造业在美国对外直接投资中的比重稳步上升，从 1950 年约占 1/3，到 1970 年的 2/5。石油业的投资在对外直接投资中的比重节节高升，在 20 世纪 50 年代后半期曾一度超越制造业投资，这取决于石油的高利润和战略物资地位。20 世纪 60 年代美国对外直接投资对石油业的投资减缓，于是制造业又重新超过了石油业的投资额，这两个部门占美国对外直接投资的 2/3 以上。相关内容如表 11-1 所示。

表 11-1　美国对外直接投资按经济部门的分布

（单位：亿美元）

	1950 年	1956 年	1960 年	1965 年	1970 年
总额	118	222	318	494	782
采矿与冶炼	11	24	29	39	62
制造业	38	72	110	193	323
石油业	34	72	108	153	217
其他	35	54	71	109	180

注：引自《美国历史统计》，1961 年，第 566 页；《商业现况》1962（8），1967（9），1972（10）。

20 世纪 60 年代，由于美国国际收支逆差增加，公众舆论认为，这是因为跨国公司对外投资导致大量资本外流所致。美国政府也曾采取了限制资本外流的措施，如 1963 年开始征收利息平衡税，1965 年对资本输出采取自动限制办法，1968 年对资本输出采取强制性管理办法，这些措施在一定程度上阻碍了跨国公司的对外扩张。

但是，伴随着第三次科技革命的掀起，美国的垄断企业开始采用先进的科学技术，竞争力大大提高，凭借其竞争优势，不断吞并中小企业，使得生产规模不断扩大。1950～1963 年，美国最大的 500 家垄断企业吞并了 3404 家生产各种不同产品的企业，其结果是美国垄断企业的生产和资本的集中达到了惊人的程度。资产超过 10 亿美元的大垄断企业，1901 年只有 1 家，1919 年和 1939 年分别有 6 家和 31 家，1960 年有 96 家，1970 年达 298 家。大垄断企业对原料和销售市场的需求日趋旺盛，而生产能力的增长与国内市场的瓶颈形成了尖锐的矛盾，这一现象促使它们纷纷投资海外，从而促进了跨国公司的迅速发展。

在这一时期，美国许多大公司加速向国外大规模输出生产资本，在世界各地建立子公司和附属机构发展海外业务，因而 1963 年美国《商业周刊》第一次使用"多国公司"这一名称，后来也被称为"跨国公司"。美国跨国公司获得了空前的发展，它们在国外新建和收买的子公司数目不断增加，生产和资本国际化程度越来越高。

据联合国跨国公司中心的调查，1951～1965 年间，美国 180 家最大的制造业跨国公司在国外新增的子公司数目为 5530 家，1968 年达最高峰，增加了 1006 家。国外子公司已经拥有了相当的实力，逐渐成为羽翼丰满的企业，它们以其雄厚的实力、庞大的规模、先进的技术而称雄于世界，是世界经济发展的"弄潮儿"。20 世纪 60 年代末，美国跨国公司的子公司年生产总值已高达 2000 亿美元，超过了日本和联邦德国的国民生产总值，仅次于美国和苏联。据统计，1956 年在世界 100 家最大跨国公司排名中，美国有 79 家；1965 年在世界上最大的 200 家跨国公司中，美国有 144 家，占比 70% 以上。在资本主义各国的对外资本输出中，美国通过跨国公司进行的直接投资所占的比重不断提高，1955 年为 30.3%，1965 年为 41.1%，1970 年达到 45.6%。

四、20 世纪 70 年代初到 80 年代末

美国对外直接投资在 20 世纪 70 年代的增长率与在 20 世纪 60 年代的增长率相当，每年大约增长 10%～12%。就金额而言，1970～1978 年间共增长了 926 亿美元，1978 年投资总额达到 1680 亿美元，远大于 1960～1970 年间增长的 436 亿美元；但是，由于 20 世纪 70 年代资本主义世界经济"滞胀"，以工商业利润为主的直接投资收入远不如靠投机和高利贷牟利的银行贷款及债权的收入高，这使得美国对外直接投资在对外投资中的比重不断下降，到 1970 年该比重为 50.8%，1975 年为 44.5%，1978 年降到 39.0%。

进入 20 世纪 80 年代以后，美国对外直接投资的增长更加缓慢，1981 年美国对外直接投资存量为 2283 亿美元，到 1984 年增长至 2334 亿美元，3 年仅增长了 51 亿美元。20 世纪 80 年代是美国对外直接投资相对萎缩的 10 年。在这 10 年中，美国对外直接投资的年均增长率仅为 5%，投资总额也仅比 20 世纪 70 年代增加了 491.6 亿美元。加上欧盟，特别是日本对美国的直接投资迅速增加，使得美国在 20 世纪 80 年代末曾一度失去其在第二次世界大战后一直保持的直接投资净输出国的地位而成为直接投资净输入国，其对外直接投资最大国的地位被日本所取代。

20 世纪 70 年代以来，美国在欧洲的对外直接增长速度大大超过对加拿大和拉丁美洲的投资，1970～1985 年，美国对欧洲的直接投资增长了 3.2 倍，对加拿大和拉丁美洲的直接投资分别增长了 1.2 倍和 1.5 倍。同期，对欧洲的投资在美国对外直接投资中占的比重从 33.5% 上升到 45.9%，对加拿大投资的比重从 27.8% 下降到 20.5%，对拉丁美洲的投资比重从 14.7% 下降到 12.0%。

翻开美国对外直接投资的历史画卷，1970 年对其来说是一个历史性的转折点。这一年，美国对制造业的直接投资在所有行业中脱颖而出，占该年对外投资总额的 41.3%；而以往投资的重点领域矿业和石油业屈居第二，占总额的 35.7%（其中包括在 20 世纪 70 年代初期"石油危机"之后，美国加大了对国外石油资源开发的投资力度，使对石油业的直接投资占对外直接投资总额的 1/4）；服务业的投资份额上升到 12%，名列第三。这意味着美国对外直接投资由以初级产品为主转向以制造业为主的第一次投资结构性变化。

20 世纪 80 年代中期，当美国的产业结构处于新一轮的调整中时，美国对外直接投资发生了第二次根本性变化，由以制造业为主转向以制造业与服务业并重的局面。1985 年，服务业在对外直接投资中的比重达 42.8%，以微弱优势排在占比 38.7% 的制造业之前。进入 20 世纪 80 年代以后，国际石油价格稳定低廉，对石油业的直接投资迅速跌至总投资额的 3%，初级产业在对外直接投资中的份额降至 18.5%。1970～1989 年的 20 年中，矿业、石油业在对外直接投资总额中所占的比重下降了近 20 个百分点，服务业所占的比重上升了 26.4 个百分点，制造业所占的比重略微下降。

20 世纪 70 年代，随着欧洲和日本经济的崛起，美国跨国公司经受住了这些资本主义国家跨国公司的挑战，经济管理体制从"本国中心"转移到既有集权又有分权的"全球中心"上来，对外直接投资额仍然稳居榜首。据联合国跨国公司中心（United Nations Centre on Transnational Corporation，UNCTC）的统计资料显示，1973 年，从美国跨国公司的数量上看，如果把只要在国外 1 个国家拥有子公司的企业就算作跨国公司，那么美国有 2567 家，占全

世界的 27.1%；如果至少在 6 个国家拥有子公司的企业才算跨国公司，那么美国有 656 家，占 34.2%。1971~1976 年，在按来源国划分的发达国家对外直接投资总额中，美国跨国公司是唯一占到 50% 左右的对外直接投资群体。1971 年、1973 年、1976 年分别占 52.3%、51.0%、47.6%；而居第二位的英国跨国公司同期占有的比重分别为 15.0%、13.5%、11.9%。

美国经济在经历了 20 世纪 70 年代的"滞胀"和 1979~1982 年的经济衰退之后，尽管美国跨国公司对外直接投资存量始终稳居世界跨国公司首位，但所占的比例明显降低。1969~1976 年间，美国跨国公司对外投资存量年均在世界跨国公司对外投资存量的 1/2 以上，1980 年下降为 42.9%，1985 年再次降至 36.6%，第二次世界大战所形成的旧世界经济格局正在被逐步打破。

五、20 世纪 90 年代至今

进入 20 世纪 90 年代后，美国产业国际竞争力显著增强，经济持续增长，摆脱了 20 世纪 80 年代所处的被动困境，出现了以低失业率、高增长率为标志的"新经济现象"。整个 20 世纪 90 年代，美国对外直接投资以年均 26.8% 的速度高速增长，投资规模也迅速扩大。美国对外直接投资总额高达 7930 亿美元，是 20 世纪 80 年代对外直接投资总额的 4.6 倍。1990~1991 年，美国跨国公司对外直接投资从 239 亿美元增加到 331 亿美元，再度夺回世界头号"对外直接投资大国"的宝座，而日本跨国公司该项数值反而从 480 亿美元下降至 307 亿美元，此后美国的对外直接投资继续大幅度增加，1994 年达到 732 亿美元，1997 年接近 1000 亿美元，到 1999 年超过 1500 亿美元。

2000~2003 年，美国对外直接投资增长在低位徘徊，分别为 1426 亿美元、1248 亿美元、1349 亿美元和 1294 亿美元。2004 年，由于美元疲乏，美国跨国企业对海外资产投资的热情高涨，使得对外直接投资一举增长至 2949 亿美元，占当年 OECD 国家对外直接投资的 1/3。此后，美国的对外直接投资虽然存在波动，但仍保持了增长的基本态势。比如，2007 年为 3935 亿美元，2011 年为 3966 亿美元，2017 年为 3423 亿美元，长期居于世界首位。从总体上看，20 世纪 90 年代至今，美国跨国公司在世界跨国公司对外直接投资的存量总额中一直保持在 1/4 左右，尽管这一比例较 20 世纪 90 年代以前再次下降，但从国际背景来看，20 世纪 90 年代随着经济全球化的发展，发展中国家崛起，各类国家都占据了对外直接投资的一席之地，美国跨国公司能保持 1/4 的份额，完全能够说明美国跨国企业的竞争力。

20 世纪 90 年代初，美国拥有跨国公司 3000 家，占世界跨国公司总数的 8%，拥有海外子公司 18 899 家；日本拥有跨国公司 3529 家，占 9.6%，拥有海外子公司 7986 家；德国拥有跨国公司 6984 家，占 19%，拥有海外子公司 19 222 家。相比之下，美国跨国公司平均拥有海外子公司的数量大大超过其他发达国家。到 20 世纪 90 年代末期，世界跨国公司总数上升到 59 902 家，美国跨国公司仅为 3382 家，占 5.6%，远远低于日本、德国等发达国家的比例，甚至少于韩国。

1992 年，海外资产排列最大的 100 家跨国公司中，美国跨国公司占 29 家；1997 年，《财富》杂志评比的世界最大的 100 家跨国公司中，美国占 32 家；2000 年，美国《商业周刊》评出的名列全球前 100 名的大公司中，美国占 61 家。2004 年，世界 500 强企业前 100

位，美国有34家。2010年，世界500强企业前100位，美国占32家。2018年，世界500强企业前100位，美国占38家。数量较少的美国跨国公司控制了整个世界大量的对外直接投资，充分体现了美国跨国公司的庞大规模和竞争力。

20世纪90年代以来，虽然美国对发达国家的直接投资在其对外直接投资中仍占主导地位，对外直接投资的区位格局没有根本性变化，但为了获取发展中国家廉价的自然资源、劳动力，美国明显加大对发展中国家直接投资的力度。1990~1999年，美国对发展中国家的直接投资总额约为2625.7亿美元，相当于20世纪80年代的5.7倍，约占同期美国对外直接投资总额的33.1%，比20世纪80年代高近7个百分点，这与20世纪80年代末以来经济全球化的大规模、全方位推进有着紧密的联系。

美国的对外直接投资区域从以欧洲和加拿大为主，逐渐转向以欧洲、加拿大和亚太地区为主的局面。以2016年为例，美国对欧洲的直接投资为2554亿美元，其次为对亚太地区的投资，为434亿美元，加拿大吸取172亿美元，可见亚太地区对美国企业的吸引力越来越大。2007~2009年，美国对加拿大、欧洲、亚太地区的直接投资数据如表11-2所示。

随着20世纪80年代中期以来服务贸易自由化的迅速发展，美国服务业所拥有的比较优势日益凸显。1990~1999年，美国服务业对外直接投资总额高达4255.6亿美元，是1982~1989年美国服务业对外直接投资总额的5.4倍，占美对外直接投资总额的53.7%，大大超过同期占比31.2%的制造业，服务业首次取代制造业，成为美国对外直接投资最多的行业，投资的产业结构越来越高级化。

表11-2 2007~2009年美国对加拿大、欧洲、亚太地区的直接投资数据

（单位：亿美元）

地区（国家）	年份		
	2007年	2008年	2009年
加拿大	223	60	181
欧洲	2398	1927	1290
亚太地区	675	471	242

注：参见 U. S. Direct Investment Abroad, Capital Outflows Without Current - cost Adjustment。

第二节 美国跨国公司国际直接投资的特点

一、第一次世界大战前

第一次世界大战前美国的跨国公司和直接投资刚刚起步，从流量和存量上看数额都比较小，因而其特点也相对简单。

（一）按地缘投资且主要集中在经济落后地区

美国对外直接投资于19世纪末出现并逐渐增加，而当时美国的经济实力和欧洲老牌资本主义国家相比相差还较大，投资到欧洲的机会不多，因此其对外直接投资绝大多数投向地缘很近的加拿大、墨西哥及拉丁美洲，共占美国对外直接投资的72.2%；而对欧洲国家的直接投资只占美国对外直接投资的21.8%；对亚洲、非洲、大洋洲的直接投资仅为1.5亿美元，约占美国对外直接投资的5.7%。美国选择就近投资并主要流向美洲的落后地区，符

合美国的发展状况。由于美国是新兴的资本主义国家,经济发展还处于迅速上升阶段,对外直接投资也正处于起步阶段,需要在地缘很近的墨西哥、拉丁美洲等落后地区进行投资,以很低的成本获取发展所需的自然资源,尤其是矿产资源。

(二) 投资的主要产业部门为初级产品部门

美国的对外直接投资绝大部分投到了原料、能源等生产初级产品部门,而投到制造业部门的直接投资所占比重较低,服务业所占比例更小,主要是向为初级产品生产部门服务的相关部门进行投资。通过垂直型投资,美国将一半以上的直接投资投向了经济落后国家的初级产品生产部门。第一次世界大战前夕,美国在采矿业和石油业的直接投资达10.63亿美元,占其全部对外直接投资的比重为40.4%;对农业的直接投资为3.56亿美元,占其全部对外直接投资的13.5%;对公共基础设施的直接投资为3.88亿美元,占其全部对外直接投资的14.7%;商业的直接投资为1.7亿美元,占其全部对外直接投资的6.5%;制造业的直接投资为4.78亿美元,占其全部对外直接投资的18.2%。对殖民地落后国家初级生产部门进行投资,主要目的是占领原料产地,维持美国与经济落后国家之间的垂直型国际分工,为美国的经济服务。

(三) 对外直接投资的地区产业结构存在差异

第一次世界大战前,美国的对外投资集中在初级产品生产部门,但对各个地区或国家的投资产业又有所不同。对拉丁美洲的直接投资中的72.2%投向了石油、采矿和农业等初级产品生产行业,而投向制造业的投资仅占1.4%,其意图重在掠夺该地区丰富的资源,使其成为美国的原料生产地,控制拉丁美洲的经济发展,影响其经济发展结构,使其成为美国主要的工业品销售市场;而美国对加拿大和欧洲的直接投资结构则明显不同,初级产品行业和制造业并重。1914年,美国对加拿大直接投资中的35.8%投向制造业,46.1%投向采矿、石油和农业部门;美国对欧洲的直接投资中的34.9%投向制造业,25%投向采矿、石油和农业部门。

这种投资部门结构反映了美国与这些国家之间存在着混合型的国际分工,即在有些部门(如采矿、石油)是垂直型的分工,而在另一些部门(如制造业)则是水平型的分工,有利于美国占据欧洲的市场份额。

二、两次世界大战期间

(一) 对外直接投资的地区分布稍有变化

从第一次世界大战开始至1929年间,美国对加拿大的直接投资增长得最快,年均增长8.2%;对拉丁美洲次之,年均增长7.0%;对欧洲投资增长速度最慢,年均增长5.9%。至1929年,美国对加拿大的直接投资为20.10亿美元,比1914年增加13.92亿美元,占当年美国对外直接投资的26.7%;对拉丁美洲的直接投资为35.19亿美元,比1914年增加了22.38亿美元,占当年美国对外直接投资的46.7%;对欧洲的直接投资为13.53亿美元,比1914年增加了7.8亿美元,占当年美国对外直接投资的18%;对亚洲、非洲、大洋洲等其他地区的直接投资有一定增加,1929年在美国直接投资总额中所占份额上升到8.6%,达6.46亿美元。

以上数据表明,在第一次世界大战至1929年这段时间,美国对外直接投资流向仍以拉丁美洲国家和加拿大为主,对欧洲直接投资的份额反而有所下降。同时,美国对外直接投资的部门结构在不同地区仍存在着显著差异：对加拿大的直接投资中，40.8%投向制造业，19.9%投向采矿业，27.0%投向交通、通信和公共工程部门，2.7%投向石油业，1.9%投向贸易业，7.7%投向其他行业。在欧洲，美国的直接投资的46.5%投向制造业，17.1%投向石油业，10.7%投向交通、通信和公共工程部门，10.3%投向贸易业，15.4%投向其他行业。在拉丁美洲，美国的直接投资主要流向原料、能源等初级产品生产行业和为之服务的公共工程，采矿业、石油业、农业和交通、通信及公共工程行业总共占据美国直接投资的86.7%，而制造业所占比重仅为6.6%。可见，美国对拉丁美洲直接投资中，以低廉的经济代价掠夺拉丁美洲经济资源的战略意图仍没有改变，甚至有所加强。1929年美国对外直接投资的地区分布和部门分布如表11-3所示。

表11-3　1929年美国对外直接投资的地区分布和部门分布　（单位：亿美元）

	总额	采矿业	石油业	制造业	交通、通信和公共工程	贸易业	其他
总计	75.28	11.85	11.17	18.13	16.10	3.68	14.35
拉丁美洲	35.19	7.32	6.17	2.31	8.87	1.19	9.33
加拿大	20.10	4.00	0.55	8.20	5.42	0.38	1.55
欧洲	13.53	—	2.31	6.29	1.45	1.39	2.09
其他	6.46	0.53	2.14	1.33	0.36	0.72	1.38

注：参见陈继勇编写的《美国对外直接投资研究》，武汉大学出版社，1993年，第6页。

（二）对外直接投资重心开始由初级生产部门向制造业转移，但仍以初级生产部门为主

同样在上述这个时期内，美国对国外制造业的投资快速增长，1929年上升至18.13亿美元，是1914年的3.79倍，比重也由18.2%上升至24.1%；对交通、通信和公共工程的投资也迅速增加，1929年增加至16.10亿美元，是1914年的4.15倍，所占比重由14.7%上升至21.4%；对采矿业的直接投资增长不大，因而所占比重急剧下降，由1914年的27.4%降至1929年的15.7%；而对其他行业的直接投资份额则变化不大。

可以看到，美国开始将对外直接投资的重心转向国外制造业，制造业在直接投资中所占比重提高了近6个百分点，是美国产业升级在对外直接投资上的反映，同时也反映出美国在第一次世界大战中，经济不仅没有受战争影响，反而趁着欧洲各国经济受损后急需恢复的机会，大力发展本国经济并输出资本，极大地推动了美国经济的发展。美国对初级产品生产部门的投资基数较大，虽然增长较慢，但在对外直接投资的部门结构中，初级产品生产部门仍然占据主导地位，1929年，初级产品生产部门所占份额依然在50%以上；对交通、通信和公共工程等为初级产品生产部门服务的部门投资也增长较快。

（三）20世纪20年代末30年代初的经济危机使美国对外直接投资出现新变化

1929~1933年的经济危机使美国经济遭受重创，其对外直接投资也由1929年的75.28亿美元下降到1940年的70亿美元，这主要是由于美国在此期间从拉丁美洲抽回了大量直接投资，同时对加拿大的直接投资基本没有变化，而对欧洲和亚洲等其他地区的直接投资只是稍有增加，从而导致对外直接投资急剧下降。1940年，美国对拉丁美洲的直接投资为27.71亿美元，比1929下降了7.48亿美元。另外，在美国对外直接投资的部门结构中，对海外制造业的投资上升趋势已经相当明显。在直接投资总额下降的情况下，海外制造业投资仍然增加了1.13亿美元，在1940年达到19.26亿美元，占美国直接投资总额的27.5%，海外制造

业投资主要集中在加拿大和欧洲地区；对石油业和采矿业等初级产品生产部门的投资进一步下降，仍主要集中在拉丁美洲。1940年美国对外直接投资的地区和部门分布如表11-4所示。

表 11-4 1940 年美国对外直接投资的地区和部门分布　　（单位：亿美元）

	总额	制造业	石油业	采矿业	农业	贸易业	公共工程	其他
总计	70.00	19.26	12.78	7.82	4.32	5.23	15.14	5.45
拉丁美洲	27.71	2.10	5.72	5.12	3.59	0.82	9.62	0.74
加拿大	21.03	9.44	1.20	1.87	0.10	1.12	4.07	3.23
欧洲	14.20	6.39	3.06	0.53	—	2.45	0.74	1.03
其他地区	7.06	1.33	2.80	0.30	0.63	0.84	0.71	0.45

注：参见美国商务部编写的《1940年美国对外直接投资》。

从总体上看，在两次世界大战期间，尽管在20世纪30年代美国所遭受的经济危机使其对外直接投资增长较慢，但直接投资的分布相对于第一次世界大战前有了相当大的变化。地区分布方面，美国对加拿大和欧洲的直接投资快速增加，拉丁美洲等落后地区所接受的投资虽然仍然占主要部分，但其地位正在逐渐丧失；部门分布方面，尽管美国对外直接投资仍以初级产品生产部门和为之服务的公共设施行业为主，但所占比重逐步下降，而对制造业的直接投资所占比重则不断上升，尤其是对发达国家的制造业的投资，反映了发达国家的产业结构都开始倚重制造业，而美国急需在制造业中站稳脚跟，以谋求更大的利益。

三、第二次世界大战后至20世纪80年代末

第二次世界大战后以来，美国的对外直接投资获得了空前的发展，并在其发展过程中呈现出与第二次世界大战前不同的特点和趋势。

（一）第二次世界大战后美国跨国公司对外直接投资迅速扩张

总体而言，美国在第二次世界大战后对外直接投资迅速增长。从存量上看，美国对外直接投资于1949年突破100亿美元，1956年突破200亿美元，1980年突破2 000亿美元，1990年达到4 305.2亿美元。从流量看，在1945～1989年间，美国对外直接投资净增加额达12 362.54亿美元，平均每年增加274.72亿美元。1914～1945年间，美国对外直接投资平均每年增加仅有1.87亿美元，1945～1950年年均增加额为6.8亿美元，1950～1960年年均增加额为20亿美元，1960～1970年年均增加额为46亿美元，1970～1980年年均增加额为137亿美元，1980～1990年年均增加额为215亿美元。除20世纪80年代上半期年均增长较低为1.4%，其他时期均高于10%，其中1985～1990年年均增长速度高达17.4%。

第二次世界大战后美国对外直接投资的迅速发展可以从以下几个方面解释：①美国在两次世界大战中都获得了巨大的经济收益，国内资本快速聚集，使得不少部门资本过剩，生产成本增加，利润降低，而在第二次世界大战后对外直接投资的利润率比国内利润率高得多，刺激美国跨国公司迅速向外扩张。②整个世界的经济政治条件也促使美国跨国公司的直接投资迅速发展，第二次世界大战后不论发达国家还是发展中国家都需要大量的资金来发展本国经济，而只有美国能够提供如此多的资本。③随着经济的发展，贸易保护主义抬头，关税壁垒、非关税壁垒纷纷涌现，美国跨国公司为维持自身的垄断优势，只有通过直接投资打入东

道国市场这种方式。④美国科学技术迅速发展，由于在技术上一直领先，根据产品生命周期理论，美国跨国公司首先在本国进行大规模的研发，经过一段时间，会将成熟的技术逐步转向国外子公司，以迅速扩大生产。⑤第二次世界大战后迅速发展的现代化交通和通信设备，为跨国公司的对外迅速扩张提供了必要条件，电话、电子计算机、国际航空的发展使美国跨国公司能够更有效地进行跨国经营。

（二）20世纪80年代对外直接投资出现剧烈波动，美国对外直接投资的地位逐渐下降

20世纪80年代以来，美国的直接投资净流量出现剧烈波动，曾由直接投资净输出国变为直接投资净输入国。从1929年开始，美国一直保持世界上最大的直接投资净输出国的位置。在第二次世界大战结束后的20世纪五六十年代，美国利用经济和军事上的强大优势，大肆向外进行经济扩张，美国对外直接投资远远大于外国对美的直接投资，巅峰时期前者是后者金额的6倍左右。

1973年美国经历经济危机之后，对外直接投资增长减缓，与外国对美直接投资的倍数逐渐缩小，到1980年下降到3.26倍。进入20世纪80年代之后，美国经济形势好转，进口大量增加，出现了巨额的对外贸易逆差，与此同时，日本、联邦德国等国的贸易顺差不断增加，反而导致日本、联邦德国等国资本相对过剩和美国国内资本的短缺。此外，美国利用外资政策和美国国内良好的投资环境，加上贸易保护的原因、美元汇率政策变化等原因都造成了国外对美国直接投资的增加。外国资本大量涌入美国市场，从而导致美国对外直接投资额与外国对美国直接投资额的差距急剧缩小。据统计，1980~1989年，美国对外直接投资累计额年增长速度为7.2%，而外国对美国直接投资累计额增长速度则高达22.1%，到1988年年底，外国对美国直接投资累计额首次超过美国对外直接投资累计额的19.5亿美元，第二次世界大战后美国首次由直接投资净输出国变为直接投资净输入国，到1989年年底，这一差距剧增至273.81亿美元。

美国对外直接投资的剧烈波动反映了美国国际直接投资地位的逐渐下降，这是战后美国对外直接投资的一个重大变化，它是与美国的经济发展和世界经济发展不平衡而紧密相关的。

从第一次世界大战到第二次世界大战前，美国对外直接投资在国际直接投资总额中的比重一直维持在50%以上。第二次世界大战后初期，由于其他主要资本主义国家在战争中遭到剧烈破坏，严重影响了它们的经济发展，联邦德国、法国等发达国家甚至不如战前的水平，使得美国拥有绝对的经济技术优势，确立了其在世界经济中的霸主地位，而欧洲国家、日本等国战后经济重建又急需大量外来资金来弥补国内资金的短缺，从而为美国的资本输出大开绿灯，因此美国的对外直接投资发展获得非常好的机会。

20世纪60年代以后，一方面，尽管美国对外直接投资仍然发展迅速，但日本、德国等发达国家经济发展更快于美国，其对外直接投资与美国的差距在逐步缩小；另一方面，由于生产国际化的迅猛发展，使得国际分工和专业化生产日益加强，参与国际直接投资的主体也日益多元化，许多发展中国家也加入到国际直接投资的队伍中来，并且增长迅速，在一定程度上也降低了美国在世界国际直接投资总额中的比重。

总之，20世纪80年代以来美国对外直接投资的变化，表明了美国与其他国家特别是发达国家在经济上的联系加强，世界上朝着多极化的方向前进，使得美国的跨国公司面临更大的竞争。

(三) 第二次世界大战后美国对外直接投资的地区重点由以发展中国家为主转向以发达国家为主

从表 11-5 可见，第二次世界大战结束时，美国的对外直接投资投向发达国家和发展中国家的金额基本相同，所占比重基本接近，各占 48% 左右。此后 20 年间，美国对发达国家的直接投资累计额所占比重节节攀升，从 1955 年的 55.1% 上升至 1965 年的 65.3% 和 1975 年的 73.1%，到 1990 年占到美国对外直接投资的 74.1%；而对发展中国家的直接投资额占美国整个对外直接投资额的比重则不断下降，1960 年降至 34.9%，1970 年进一步下降至 25.4%。美国对发达国家的直接投资主要集中在欧洲和加拿大，又以欧洲国家成为美国第二次世界大战后投资转移的重心；对发展中国家主要集中在拉丁美洲及亚洲的中东地区等，拉丁美洲的直接投资一直占到美国对发展中国家直接投资的 50% 以上，1966 年美国对发展中国家的投资中，拉丁美洲占 70.1%，到 1978 年上升到 80.5%，此后由于亚洲"四小龙"等国家和地区的经济迅速发展，美国对发展中国家的直接投资开始主要流向亚洲，而对非洲国家的直接投资增长很快，由战前不到 1 亿美元，到 1985 年已经上升到 45 亿美元，投资重点主要集中在资源丰富的非洲国家。

从另一个侧面来看，1950 年美国对外直接投资最多的地区仍然是拉丁美洲，总额为 46 亿美元，占总比重的 38.8%，其次是加拿大，为 36 亿美元，占总比重的 30.3%，而欧洲只有 17 亿美元，占总比重的 14.7%。20 世纪 50 年代中期，美国资本大量渗入加拿大，1957 年，美国对加拿大的直接投资为 88 亿美元，超过其他地区成为第一位，而对拉丁美洲的直接投资为 82 亿美元，对欧洲的直接投资为 42 亿美元，位居第二、三位。到 20 世纪 60 年代，美国将直接投资的重点移向欧洲。1970 年，美国对欧洲的直接投资为 245 亿美元，已经超过对加拿大的 228 亿美元，跃居首位，到 1985 年，对欧洲的直接投资达到 1053.7 亿美元，接近美国当年对外直接投资总额的一半。对拉丁美洲及其他发展中国家的直接投资虽有所增长，但已失去战前的重要性。

表 11-5　第二次世界大战后美国对外直接投资的地区分布（%）

年份	总额	发达国家	发展中国家	国际机构等
1950 年	100	48.4	48.7	2.9
1955 年	100	55.1	41.4	3.5
1960 年	100	60.6	34.9	4.5
1965 年	100	65.3	30.7	4.0
1970 年	100	68.7	25.4	5.9
1975 年	100	73.1	21.2	5.7
1980 年	100	73.5	24.7	1.8
1985 年	100	74.3	23.4	2.3
1990 年	100	74.1	25.1	0.8

注：参见美国商务部的《现代商业概览》有关各期，参见尹建军的《美国对外直接投资的分析及对我国的启示》，对外经济贸易大学硕士学位论文，2003 年。

纵观第二次世界大战后的美国对外直接投资，由于战后，美国政府提出的"马歇尔计划"等以及和社会主义国家的"冷战"带来的效应，美国将大量资本投向欧洲市场，使欧洲各国经济快速恢复到战前水平，利用打入欧洲市场的跨国公司对其进行经济控制，进而实现政治上的控制，使其成为美国对抗社会主义阵营的屏障，以达到美国称霸世界的目的；同时，战后欧洲国家经济复苏后，美国的跨国公司开始面临该地区公司的激烈挑战以及各个国家对美国公司设置的贸易壁垒，美国为了减少运费、保险等费用，并利用较美国国内便宜的当地高技术水平工人以及其他资源，降低企业的产品成本，也为了避开欧洲国家的关税壁垒，争夺国际市场，因而明显加大了对该地区的直接投资力度。

反观发展中国家，由于战后旧殖民体系瓦解，民族独立解放运动兴起，美国的殖民扩张政策受到强烈的抵触，不稳定的局势带来投资环境的下降，不利于美国资本的良好发展，使其在发展中国家的投资比重不断下降，其投资部门也在过去以资源开采为主的基础上，逐渐转向发展制造业，输出劳动密集型产业、国内淘汰产业和一些外部不经济产业。

（四）第二次世界大战后美国对外直接投资的部门结构日益高级化

第二次世界大战后，美国对制造业和服务业的直接投资累计额迅速攀升，改变了以往直接投资以初级产品生产部门为主的情况，形成以制造业直接投资为主、服务业直接投资高速增加、到20世纪80年代末基本形成与制造业并重的格局（见表11-6）。制造业在直接投资中的比重稳定上升，1950年为38.31亿美元，约占对外直接投资总额的32.5%，到1970年上升至1557.04亿美元，份额占到41.3%，其中对制造业直接投资的80%左右投向发达国家，主要是由于发达国家经济水平较高，制造业的市场空间相对较大。

表11-6 第二次世界大战后美国对外直接投资部门结构变化（%）

年份	投资总额	采矿业	石油业	制造业	服务业	其他
1950年	100	9.6	28.8	32.5	18.6	10.5
1960年	100	9.4	33.9	34.7	14.4	7.6
1970年	100	7.9	27.8	41.3	12.0	11.0
1978年	100	4.2	19.8	44.1	27.0	4.9
1985年	100	合计25.1		41.1	28.3	5.5
1990年	100	合计14.2		39.9	40.9	5.0

注：参见《现代商业概览》各期，《美国历史统计》和《商业现况》1979（8）；参见章嘉琳、姚廷纲主编的《现代美国经济问题简论》，上海人民出版社，1981年，第176页。

对国外石油业和采矿业的直接投资，特别是石油业在第二次世界大战后初期到20世纪50年代末增长迅速，在20世纪50年代后半期甚至一度超过制造业，一方面是由于石油资源对于美国的重要战略作用，另一方面是由于石油业的利润高，吸引美国的直接投资进入。但进入20世纪60年代以后，其增长速度开始慢于对制造业和服务业的直接投资，在美国对外直接投资中的比重不断下降。1950年，石油业和采矿业的直接投资累计额占美国对外直接投资总额的38.4%，而1960~1978年，采矿业的直接投资比重从9.4%下降到4.2%，石油业从33.9%下降到19.8%。

美国对国外服务业的直接投资金额以及所占比重上升速度最快，1950年对服务业的直接投资仅有22亿美元，在美国对外直接投资中只占到18.6%，由于在早期统计中石油业和制造业中的服务以及其他行业的服务没有被分离出来，实际上服务业所占比重比表中所列数字要高，而到了1989年，服务业与制造业所占比重基本持平，1990年，服务业所占比重达到40.9%，已超过制造业。制造业和服务业直接投资的快速增长，体现了美国国内产业升级促进对外直接投资部门结构的高级化。

第二次世界大战后美国对外直接投资的高级化进程如此之快，主要是由于第三次科技革命的发生，世界科学技术发展迅猛，科技作为第一生产力成为最重要的生产要素，生产对原料能源的依赖下降，越来越依靠科技进步。美国是第三次科技革命的重要发源地，其拥有强大的经济实力和雄厚的技术优势，美国跨国公司正是利用其技术领先优势，抢占世界的制造业和服务业市场，实现经济扩张，维持和巩固美国在世界上的经济优势。美国国内制造业和服务业的迅速发展和实力积累，促进美国在第二次世界大战后对制造业的直接投资不断上升，并相对集中在一些高新技术部门；而科技的发展，生产自动化程度和规模的提高，社会分工的发展，使世界经济联系日益密切，从而导致服务业的兴起。

（五）战后美国跨国公司直接投资的资金来源发生变化，海外子公司的利润再投资逐步增长，成为美国跨国公司直接投资的主要资金来源

按照美国的统计方法，美国跨国公司直接投资的资金主要来自于三部分：母公司的股权投资、跨国公司体系内部的资金流动净额以及海外子公司的利润再投资，前两者总称为汇款投资。20世纪70年代之前，美国跨国公司直接投资的资金来源主要是汇款投资，子公司利润再投资的数额不大；但20世纪70年代以后，由于海外子公司的蓬勃发展，美国跨国公司在对外直接投资中取得丰厚的收益，占据跨国公司总收益的绝大部分，在可以保持海外现有公司体系正常运转的情况下，海外子公司完全有足够的额外利润进行再投资，海外子公司的利润再投资所占比重逐步上升，成为美国跨国公司直接投资的主要资金来源，而汇款投资的数额却增长缓慢，在资金来源中的比例逐渐下降。

1973年，美国跨国公司对外股权投资额为19.82亿美元，占当年美国对外直接投资增加额的15.8%，到1986年该比重已降至1.4%。1982～1989年美国对外股权投资仅为7.24亿美元，占同期对外直接投资增加额的0.4%，其中，1988年、1989年不仅没有向外进行股权投资，而且还分别从国外子公司抽回股权投资54.69亿美元和48.6亿美元；在20世纪80年代前半期，美国跨国公司体系内部资金流动净额连续几年出现负数，这意味着海外子公司的资金大量回流到国内母公司，自1985年起，跨国公司体系内部资金流动净额出现正数增长，趋势稳定，从1985年的3.68亿美元增至1989年的141.66亿美元；而1982～1989年美国海外子公司的利润再投资额高达1392.61亿美元，占同期美国对外直接投资增加额1621.20亿美元的85.9%。

（六）第二次世界大战后美国跨国公司向生产国际化和生产多样化的方向发展

第二次世界大战后，美国跨国公司在国外新建和收购的子公司数目快速增加，国际化程度逐渐提高，据统计，美国180家最大的制造业跨国公司，在20世纪50年代每年平均增加295家子公司，到20世纪60年代上半期这一数据迅速上升到645家，在1968年高峰时期，一年增加1006家，20世纪70年代由于经济危机的影响，增长速度有所减缓，1975年为276家。

美国跨国公司在世界各地增设子公司，提高其国际化程度，不仅扩大了对各国市场的占有率，阻止其他竞争对手的进入，获得明显的规模效应，而且还降低了由于生产集中在少量东道国、一旦其中的东道国发生经济危机会带来巨大损失的风险，起到了分散市场风险的作用，从而使跨国公司的收入趋于稳定。

同时，众多的子公司也有利于母公司实行"全球战略"，即从整个公司长期内获取最大利润的目标出发安排经营活动，母公司对整个公司的资金运用、生产计划等做出整体决策，从而更有效地利用所拥有的各地资金、技术和人力物力。

除了少数经营范围较窄的跨国公司外，美国跨国公司也越来越倾向于多样化经营，将资本分散在各个领域，减少单个行业出现风险的影响，同样起到分散经营风险、获得稳定收入的作用，加强了其竞争力。

四、20 世纪 90 年代以来

20 世纪 90 年代以来，美国经济形势再次好转，新经济带来的经济增长使美国国内拥有更多的资本，美国跨国公司进入又一轮的投资热潮，显示出不少新的特点。

（一）美国新经济带来跨国公司和对外直接投资发展的又一轮高潮

进入 20 世纪 90 年代后，由于经济全球化的发展和美国新经济所带来的美国经济的高速发展，美国对外直接投资在速度和规模上都呈现出前所未有的扩张态势，对外直接投资规模明显增大，对外直接投资速度明显加快。1989 年美国海外资产为 2071 亿美元，2002 年为 6649 亿美元，2003 年为 7638 亿美元，2004 年为 9341 亿美元，2005 年为 11 961 亿美元，2006 年为 14 281 亿美元，2007 年为18 340亿美元，2008 年达到峰值 19 245 亿美元，2009 年受金融危机影响下降为18 379亿美元。美国《商业周刊》根据股票市值所列的1999 年全球 1000 家公司中，美国有 494 家上榜，比 1990 年增加了 165 家，其总市值为 112 730.83 亿美元，占全球 1000 家大公司总市值 196 993.34 亿美元的 57.23%。

20 世纪 80 年代，日本对外直接投资飞速发展，而美国的对外投资增加却在减缓，美国曾一度位居日本之后，失去了保持半个世纪多的世界直接投资头号大国的地位。20 世纪 90 年代后，美国的对外直接投资以年均 19.4% 的速度高速增长，再次抢回世界直接投资第一的宝座，但在全世界总投资额中所占的比例却仍然有所下降。世界朝着多极化的方向发展，使美国的经济再难重现一枝独秀的辉煌局面，欧盟、日本等发达国家以及中国等经济实力蒸蒸日上的发展中国家都在世界对外直接投资领域占据一席之地。

（二）美国对外直接投资的区位选择相对变化

进入 20 世纪 90 年代以后，发达国家仍然是美国对外直接投资的首选，占其直接投资总额的 60% 以上，尤其是对欧洲的直接投资。欧洲的市场环境较好，企业技术和管理水平高，有助于美国跨国公司子公司的生产经营，且美国与欧洲的消费结构近似，美国跨国公司的同类产品在欧洲也能开辟市场，因此美国对欧洲的直接投资一直保持在其投资总额的 50% 左右；加拿大与美国地理关系特殊，使其在美国对外直接投资中仍占有很大份额，但相比 20 世纪 90 年代以前，加拿大所占比重已经大大降低，一直保持在美国对外直接投资的 10% 左右。对发达国家的对外直接投资体现了其经济发展水平相似、地理位置邻近等对外投资优势的特点。

20 世纪 90 年代以前，美国对发达国家的直接投资比重一度高达 75%，但 1991 年以后，这一比重不断下降。也就是说，20 世纪 90 年代至今，尽管美国直接投资仍以发达国家为主，但对发展中国家的直接投资增加趋势却相当明显。发展中国家从 1990 年占美国对外直接投资的 25.1%一度上升到1997 年的 32.2%，到 2003 年，美国对发展中国家对外直接投资达 368.55 亿美元，占当年对外直接投资的 28.8%。美国对发展中国家的直接投资增加主要是因为 20 世纪末期经济全球化的发展使得国际市场竞争愈发激烈，美国跨国公司更注重降低生产和研发成本，从而提高企业的产品竞争力。而发展中国家廉价的资源，特别是高新技术人才再次成为美国跨国公司注目的焦点。另外，发展中国家在 20 世纪 90 年代也逐渐意识到向世界开放的重要性，对外商直接投资的态度由限制转向欢迎，在吸引外来投资时往往具有非常优惠的条件，而且随着发展中国家经济实力的提高，投资环境得到大大提高，进一步吸引了美国直接投资的流入。

（三）美国对外直接投资的部门结构进一步高级化，服务业取代制造业成为美国对外直接投资的第一大产业

20世纪90年代，服务业终于超过制造业成为美国对外直接投资最多的行业，在以后近20年的发展中，美国对外直接投资从制造业和传统行业完全转向服务业，特别是金融、保险和房地产业。1990年，初级产业、制造业和服务业所占比例为12.27%、39.53%和48.2%。到2003年，各自比例变为7.02%、21.13%和71.85%。1990～2003年，美国对国外服务业的直接投资年增长率为15.16%，远高于制造业的6.5%和初级产业的6.9%。从以上数据可以清楚地看出，其对服务业的直接投资比例急剧膨胀。不仅如此，在传统的制造业对外直接投资中，受到美国产业结构调整的影响，资本和技术密集型制造业在美国制造业对外直接投资中占到一半以上，实现了制造业对外直接投资的高科技化。

美国对初级产业的投资主要集中在具有战略意义的石油业上，20世纪80年代由于国际石油价格一直走低，美国对其投资急剧下降。20世纪90年代，石油价格再次上涨，美国对该产业的直接投资又有所增长，但总的份额还是在不断下降。

虽然对制造业的直接投资所占比例不断下降，但制造业内部结构逐渐高级化，跨国公司的投资新建企业从劳动密集型、低成本型转向资本密集型、高技术型，尤其是计算机、软件等新型电子行业和信息技术产业增长较快，其成本较低，而利润较高，成为制造业对外直接投资的主要部分。

20世纪90年代美国国内产业结构的变化带来了服务业的迅速发展，使美国服务业积累了丰富的资金和经验，在国际市场上拥有显著的竞争优势，从而要求各国服务市场的开放，而发展中国家为在开放的格局中占据一席之地，转而向跨国公司寻求技术和资金，因而随之开放了本国的服务业。国际贸易中服务贸易的快速发展以及东道国对服务业的放开，为美国对国外服务业的直接投资提供了十分有利的条件。而金融、保险和房地产业更成为美国服务业对外直接投资中的佼佼者。

2007年美国银行业和金融业的对外直接投资达到峰值，分别为107.9亿美元和821.7亿美元，在经历经济危机之后，2008年各降至53.2亿美元和556.7亿美元，降幅分别为50.7%和32.3%。而零售业的对外直接投资却在经济危机中保持较高水平，危机前的2007年为128.7亿美元，2008年在遭遇危机后反而涨至331.7亿美元，增长了近两倍，在2009年对外直接投资锐减的情况下，仍有213.0亿美元的零售业对外直接投资。

（四）20世纪90年代以后，利润再投资和跨国并购成为美国跨国公司对外直接投资的主要方式

20世纪90年代以后，跨国公司对外股权投资在直接投资增加额中所占比重有所回升，1990年为87.39亿美元，占同期总增加额的28.21%，到2000年上升为54.72%，再次成为美国对外直接投资的主要组成部分，而进入21世纪后，又迅速回落，2007年再次到达峰值51.0%。随后受经济危机的影响，2008年和2009年分别降至44.0%和7.4%。对外股权投资的增加主要与跨国并购密切相关。美国跨国公司体系内部资金流动净额在20世纪90年代以后先增后降，1993年，曾高达226.68亿美元，占美国跨国公司直接投资资金来源的38.85%，而后，由于美国联邦储备局1994年以后6次升息，国内筹资成本变高，其所占份额开始下滑，除 1998~1999 年有较小回升外，到 21 世纪所占份额已不足 5%，变得相当次要。从 2005 年到 2008 年，美国跨国公司体系内部资金流动净额连续 4 年均为负数，海外子公司的资金大量流回母国；2009 年再次恢复正值，但也仅占直接投资增加额的 4.5%。利润再投资成为美国跨国公司运用最多的资金来源，除了个别年份外，如 1997 年东南亚金融危机使美国跨国公司投资利润严重缩水，利润再投资几乎都占其资金来源的 50% 以上，到 2003 年甚至高达 78.48%，2006 年更是高达 87.7%，2007 年下降为 53.4%，即使在 2008 年和 2009 年这一比例仍分别达到了 66.2% 和 88.4%。

新建投资一直以来在美国跨国公司直接投资中占据主要地位，而在进入 20 世纪 90 年代后，美国公司的跨国兼并与收购活动风起云涌，跨国并购逐渐成为美国对外直接投资的主要方式。整个 20 世纪 90 年代，跨国并购在美国跨国公司直接投资中所占的比重约为 57%，例如 1998 年，在美国公司参加的超过 10 亿美元并购外国企业的案例中有 20 项，涉及传媒、电力和天然气、机场、电信服务、保险、金融等各个领域。由于经济水平的相近，跨国并购主要在发达国家进行，造就了一批跨国公司中的"巨型航母"。尽管由于跨国并购案的成交金额存在跨期支付问题（即成交金额可分几年支付），但从总体情况看，跨国并购无疑已成为美国跨国公司对外直接投资的最主要方式。2007 年和 2008 年跨国并购额分别为 1649.8 亿美元和 2274.5 亿美元，受经济危机影响，2009 年骤跌至 400.1 亿美元。

利润再投资及跨国并购成为美国跨国公司对外直接投资的主要方式，不仅反映了进入 20 世纪 90 年代后，美国跨国公司直接投资处于"蜜月"时期，所取得的投资利润相当可观；而且反映出国际贸易的快速发展，欧盟、日本跨国公司的不断壮大，使得美国跨国公司在国际市场上的竞争越来越激烈。跨国并购能够节约固定资产投资时间，迅速抢占东道国市场、降低生产成本，因而成为美国跨国公司占领国际市场最快、最有效的手段。

2001~2016 年美国对外直接投资的资金来源构成如表 11-7 所示。

以遭受经济危机最严重的 2009 年为例，美国对外股权投资由 2008 年的 1455.3 亿美元骤降至 184.4 亿美元，达到自 1992 年以来的最低点。下降的地区主要集中在亚太地区和欧洲；下降的产业主要集中在银行、金融和保险业。利润再投资与 2008 年相比几乎无变化，尽管海外分公司的利润下降了 15%。同时，利润的下降标志着全球经济活力的转折点。2009 年跨国公司体系内部资金流动净额为 103.4 亿美元，主要是因为母公司减少了对外国分公司的债务。

（五）跨国公司经营战略的变化

进入 20 世纪 90 年代以后，美国跨国公司的经营战略由从宽业务范围的相关多元化战略向核心业务为基础的适度多元化战略转变，主要原因在于产品生命周期大大缩短，使跨国公司的技术领先优势很难在较长时间内维持，而 20 世纪 90 年代的核心能力理论认为，基于企业的核心资源创造并发展企业的核心竞争力更为重要，因而美国跨国企业通过剥离、外包、并购等方式实现适度的多元化战略，向其核心业务靠拢。

20 世纪 90 年代，美国跨国公司的并购不再单纯追求经营规模的扩张，而是在追求规模经济的同时更注重资源的结构优化，即更注重企业内在竞争力的提高，突出地表现在跨国公司之间在全球范围内的强强联合。1995 年迪士尼公司以 190 亿美元收购美国广播公司；西屋电气公司以 55 亿美元并购哥伦比亚广播公司；1996 年波音公司以 133 亿美元收购麦道公司等，使美国跨国公司的实力得到进一步的提高。

表 11-7 2001～2016 年美国对外直接投资的资金来源构成

（单位：亿美元）

年份	2001年	2002年	2003年	2004年	2005年	2006年	2007年	2008年	2009年	2010年	2011年	2012年	2013年	2014年	2015年	2016年
投资增加额	1 248.7	1 349.5	1 293.5	2 949.1	153.7	2 242.2	3 935.2	3 304.9	2 480.7	2 777.8	3 965.7	3 182.0	3 034.3	2 947.5	2 625.6	2 806.8
利润再投资	523.1	657.6	1 004.8	1 415.9	-311.8	1 966.4	2 100.1	2 188.7	2 192.9	2 791.9	2 899.1	2 638.2	2 965.6	2 928.0	2 718.2	2 787.8
股权投资	609.4	427.1	354.8	1 332.8	619.4	489.7	2 008.5	1 455.3	184.4	405.5	891.3	372.4	196.4	187.9	55.7	311.4
跨国公司体系内部资金流动净额	116.2	264.8	-66.1	200.4	-153.9	-213.9	-173.4	-339.1	103.4	-419.6	175.3	171.4	-127.7	-168.4	-148.3	-292.4

注：资料来自 U. S. Bureau of Economic Analysis。

同时期，制造业的发展已经相当成熟，同行业的制造业企业在产品的外观、质量等方面的差距都相差无几，纯制造业的跨国企业的经营提高空间越来越小；随着科技的快速发展和科技成果的广泛应用，制成品也日益体现出科技含量高、功能多、保养维修专业性强等特点，而消费者消费意识的提高，使其对产品购买前后的要求也随之越来越苛刻，除了产品本身价值，与产品相关的服务成为用户更为看重的一环，为用户提供全面、可靠的服务，成为跨国公司的相互竞争的主要方面。为适应新的消费状况，服务化成为美国制造业跨国公司的新的战略趋势。例如比较早实行服务化的通用电气，1998年其销售总额中服务销售所占比重达到67%，2000年上升至70%。

在2008年度《财富》"世界500强"排行榜中，受到金融危机的严重影响，美国上榜企业有153家，虽然是10多年来的最低水平，但是仍是上榜公司最多的国家。这些公司一半以上的经营集中在电器和电子设备、汽车、化学、医药以及石油与分销行业，涉及领域从传统技术、基础学科扩大到生物技术、空间科学、信息、自动化、新材料、新能源、激光等高技术领域，"世界500强"研发费用占营业收入的平均5%水平。对许多全球最大规模的美国跨国公司来说，海外市场的增长一直是企业规模与利润增长的重要贡献部分，如2008年沃尔玛的全球销售额增长了17.5%，增幅达到美国本土市场的3倍，全球销售额占公司总收入的比重从10年前的8.9%增长到2008年的24%。2014年起，沃尔玛在《财富》世界500强排行榜上蝉联榜首，已经连续四年摘下了世界500强榜首的桂冠。

第三节　美国跨国公司国际直接投资的效应

一、对美国经济的影响

1994年，2658家非银行跨国公司在全球的雇员总数为2590.5万人，其中母公司在国内的雇员为1894.7万人，占73%；国内母公司的产值为1.33万亿美元，占美国全部私营部门生产总值的26%；资产总额达6.63万亿美元，相当于美国一年的实际国内生产总值；这些公司几乎控制了美国石油和煤炭工业全部产值的97%，在其他制造业的比重平均也高达59%。

2007年美国非银行跨国公司雇员总数达到3156.1万人，2008年在金融危机的影响下减少为3122.7万人。其中，母公司国内雇员由2154.9万人下降为2110.3万人，减少了2.1%，而东道国分公司从1001.2万人增加至1012.4万人，增加了1.1%。国内母公司的产值由25 484亿美元降至23 963亿美元，下降了6.0%，而东道国分公司产值由11 197亿美元增至12 119亿美元，增幅达到8.2%，在"金砖国家"更是保持增长势头，产值达839亿美元，与2007年相比，增幅达25%。另外，2007年美国非银行跨国公司在国外收购或新建分公司434家，而2008年受全球金融危机和经济衰退的影响，降为300家。

20世纪以来，国际贸易和国际投资蓬勃发展，对外经济活动在一国经济中的地位越来越重要。美国对外投资迅速发展，跨国公司以全球为背景，有利于获得廉价的原材料和劳动力，以获取高额利润，跨国公司在美国对外经济活动中的地位不可替代。美国跨国公司的母公司对外出口额以及海外子公司的进口额占全美出口总额的66%。在高新技术的研究与开发中，美国跨国公司，尤其是母公司的出资额和科研人员的数量都是最高的。

美国跨国公司的发育、成熟、全面发展壮大的历史也是美国垄断资本经济发展的历史。美国跨国公司是当代美国社会的经济基础，占据美国经济的主导地位，据统计，在美国农业、公用事业、采矿业、贸易业、石油业和制造业，跨国公司资产总值和生产产值都占绝对优势地位。跨国公司的技术创新和科学管理是美国经济强盛的基石，其兴衰关系到美国经济、社会生活的各个方面，诸如科学进步、技术创新、就业状况及社会稳定，对美国乃至世界的经济、政治的影响都举足轻重。

(一) 微观层面

(1) 增强跨国公司的竞争力。美国跨国公司的海外子公司往往具有较低的成本和较高的利润率，尤其是投向发展中国家的部分，给美国跨国公司带来了巨额的利润收入，其资本积累的速度迅速增加，对外直接投资的能力也随之扩大。随着海外子公司劳动力成本的降低和盈利的增加，海外子公司的收益在美国跨国公司的收益总额中逐渐占据绝对份额，一大批规模庞大、实力雄厚的跨国公司因此出现，大大加强了美国公司的国际竞争力，如英特尔占据全球计算机芯片市场的 85%，惠普和太阳占据世界计算机工作站市场的 55% 以上，网景和微软占据互联网浏览器软件市场的 96%，对外直接投资在提高美国企业的国际竞争力方面起着重要的促进作用。

(2) 有利于占据国际市场。20 世纪后期，美国的经济霸主地位受到日本和欧洲的挑战，国际商品市场的竞争日益激烈，美国对外直接投资的重要目标之一就是占领更多的国外市场份额。美国跨国公司将大量资本投向欧洲、日本等市场容量大的发达国家，以及有潜力的中国、印度等发展中国家，以求获得更多的市场空间，从而壮大企业。

(3) 促进美国跨国公司的技术进步。经济全球化的发展要求跨国企业为保持其竞争力必须拥有持续的技术创新能力，海外子公司的大量收益为跨国公司的技术研发提供了足够的资金，而遍布世界的海外子公司能够使跨国企业充分整合各东道国的资源，特别是高新技术人才，从而提高效率，降低研发活动的总成本；通过海外子公司，美国将技术含量低的产业转移到发展中国家，而国内母公司则主要针对高新技术研究，不仅进一步增强了跨国公司适应各类市场的能力，也进一步增强了其在技术层面上的领先优势。

(二) 宏观层面

1. 有助于拉动美国的消费与投资，推动美国的经济增长

正因为对外直接投资能带来更高的利润率，所以美国的大量资本在 20 世纪 90 年代才纷纷流向国外。1991~2000 年，美国对外直接投资所带来的收入高达 10 987.50 亿美元，超过这期间的对外直接投资资本流出的 8 109.23 亿美元，巨额投资利润的汇回，在美国转化为投资、消费，直接带动美国经济的增长。

2. 促进美国贸易的增长

对外直接投资对一国贸易存在贸易替代作用和贸易创造作用，跨国公司进行直接投资有两种方式：一是跨国并购；二是在东道国投资设厂（绿地投资）。第二种方式能带动母公司及其他母公司对东道国新建企业的技术设备及各种服务的出口，从而产生贸易创造效应。20 世纪 90 年代以前，各主权国家的关税与非关税壁垒比较高，生产的国际化程度也不是很高，因此美国跨国公司的对外直接投资主要以水平直接投资为主，即主要是市场寻求型的，这种投资对美国制成品出口的替代效应比较大。20 世纪 90 年代以后，美国对外直接投资仍然主要投向发达国家，而发达国家的技术与美国相近，直接投资对美国贸易的替代作用不能忽视，因此美国跨国公司对发达国家新建企业制成品的出口总量不大；而美国对发展中国家的直接投资则明显是垂直型投资，即存在技术差距，因而对发展中国家的直接投资有一定的贸易创造作用。随着美国对发展中国家的直接投资份额越来越大，垂直型投资带来了巨大的贸易创造效应。从事经销批发的国外分支机构极大地促进了美国的进口；而外包活动则极大地促进了美国中间产品的出口。

对进口而言，毫无疑问的是美国跨国公司的对外直接投资促进了美国从国外分支机构的进口。美国跨国公司初级产品的对外直接投资在全部投资中所占份额虽然逐年减少，但总量依然很大，其中绝大部分初级产品出口到美国，使母公司能够获得稳定的自然资源供应。近年来，美国加快了对发展中国家的对外直接投资步伐，发展中国家为吸引外资往往设置了很多优惠条件，同时也会对外资有出口的要求。对发展中国家的垂直型对外直接投资也会促进公司内贸易，增加美国从国外分支机构的进口。

3. 有助于美国产业结构的升级

20世纪新科技革命的蓬勃发展带动了各国产业的升级，尤其是在第二次世界大战后，美国劳动工资上升，传统劳动密集型产业的比较优势逐渐丧失，于是美国开始调整产业结构，第一产业比重逐渐下降，第二产业比重逐渐上升到顶峰，到20世纪90年代，第三产业成为国民经济的主导产业。由于欧洲和日本等发达国家经济迅速发展，美国传统工业受到巨大挑战，仅仅依靠传统工业难以维持美国的国际竞争力。美国的应对策略就是进行产业结构升级，将国民经济的重心从传统工业向高新技术产业转移，由初级生产部门向第三产业部门转移，其中，美国的对外直接投资起了重要的促进作用。美国对外投资将劳动密集型的低技术、低附加值的产品转移到国外，而本国则大力发展高技术、高附加值产品以及服务业，使得美国的产业结构不断高级化，使美国的跨国企业拥有强大的竞争力。

4. 对国际收支具有明显的促进作用

20世纪60年代，美国国际收支逆差增加，公众舆论认为，这是跨国公司对外投资导致大量资金外流所致。美国政府也曾采取了限制资本外流的措施。1963年开始征收利息平衡税，1965年对资本输出采取自动限制办法，1968年对资本输出采取强制性管理办法，在一定程度上阻碍了跨国公司的对外扩张。1968年，美国经济学家赫夫鲍尔（Hufbauer）和阿德勒（Adler）对该问题进行研究，假设对外直接投资取代东道国的投资，并不会减少母国的资本形成，也不会替代和扩大母国的出口，所以仅考虑对外直接投资对国际收支的直接影响。根据其假设，他们发现从长期看，美国对外直接投资对美国的国际收支产生着不可忽视的积极影响。美国国际贸易委员会的前身——美国关税委员会于1972年进行了关于美国跨国公司对美国国际收支等方面影响的研究，结果显示，美国海外直接投资水平愈高，出口水平也愈高，两者之间大致有正相关关系。在伯格斯坦（C. F. Bergsten）1978年的研究报告中认为，在没有考虑对外直接投资过程中的设备出口、中间产品和最终产品贸易的条件下，根据对外直接投资的资金流出与汇回的股息、专利权费和管理费用的比较，美国跨国公司对美国国际收支的净影响是积极的，其估计的海外投资平均回收期在10~12年之间。

从上述分析可以得知，美国对外直接投资对美国的国际收支有明显的促进作用。从20世纪90年代美国对外直接投资的资金流出和收益状况可以看到，美国对外直接投资的收益明显高于资金流出，不会影响美国的资本形成。对东道国特别是发展中国家的投资带来的丰厚利润，以及专利费等收入，为跨国公司的海外子公司进行再投资提供了足够的资金，使其成为美国对外直接投资的主要资金来源。

5. 增加了美国国内就业

对外直接投资对母国就业水平的影响取决于"替代效应"和"刺激效应"的对比。替代效应是指跨国公司的海外子公司在东道国进行投资建厂、生产销售以及子公司的产品再出口到母国，导致母国同类企业的生产减少，造成母国的就业机会转移到东道国的效应。替代效应会减少母国的就业机会。而刺激效应则会增加母国的就业机会，包括跨国公司及其相关产业向海外子公司出口商品、服务增加的就业机会，以及东道国使用外资所必需的母国技术人员等产生的就业机会。当对外直接投资的刺激效应大于替代效应时，对外直接投资就能增加母国的就业机会，反之，则会导致就业机会的减少。从美国 20 世纪 90 年代的统计数据来看，1990 年，美国跨国公司与其海外子公司的贸易顺差为 42.8 亿美元，到了 1998 年，顺差增至 295.4 亿美元，9 年累计总额高达 2000.7 亿美元，可见美国对外直接投资大大促进了美国对东道国的出口，有利于美国就业机会的增加。从美国经济分析局的数据可知，1990 年美国跨国公司母公司在国内的雇员总数为 1843 万人，到 1998 年增至 2006.8 万人，2007 年增至 2154.9 万人，年均增长率为 0.92%。对应对外直接投资的产业变化，就业人口的结构也明显高级化。美国将劳动密集型产业转移到国外，本国大力发展高新技术产业以及服务业，促进了就业人口从制造业向服务业流动，第三产业的就业人口也逐年增加。

二、对东道国经济的影响

美国对外直接投资对发达国家与发展中国家的影响有所不同，发达国家经济发展水平高，企业国际竞争能力强，国内市场容量大，因而对外国直接投资的流入不是特别敏感。而对发展中国家来说，吸收外资就是一把"双刃剑"，一方面外国直接投资的大量流入，弥补了发展中国家建设资金不足的缺陷，可以在短期内大幅度提升本国经济发展水平；另一方面，由于发展中国家承担经济风险的能力比较低，过多外国直接投资的流入也给本国经济发展带来不少负面影响。

（一）对东道国资本形成和经济增长的影响

对外直接投资有助于东道国资本的形成，不少经济学家将之视为对东道国的最大贡献，"两缺口模型"认为外来直接投资能够填补国内投资和储蓄的缺口，尤其是在发展中国家，"贫困化增长"的根源就是低收入导致低储蓄，从而转化为投资不足。美国作为世界第一对外投资大国，其直接投资的投入对于缺少资本的国家犹如甘露。

第二次世界大战后，包括欧洲、日本等经济强国的经济都受到毁灭性的打击，急需进行重建，而美国在第二次世界大战后成为世界绝对的经济霸主，其对外直接投资，如援助欧洲的"马歇尔计划"，满足了其他国家对资本的需要，加速了经济的恢复和发展。20 世纪 80 年代，亚洲"四小龙"的崛起很大程度上也依赖于美国直接投资的进入。

当然，美国对外直接投资对东道国资本形成的积极作用是有限的。在长期内，当发展中的东道国经济取得一定增长，居民储蓄增多时，其国内筹资能力将大大增强，而大量流入的美国资本反而会排挤东道国的自由资本，不利于东道国自身的资本积累，并且美国跨国公司在初次投入后，再次投入的金额往往不多，相反从东道国取得的高额利润却会大量流回美国，抵消直接投资带来的资本增加。

（二）对东道国技术进步的作用

在第三次科技革命的推动下，技术进步在经济发展中的作用愈发重要，美国对外直接投资给东道国带来了先进的机器设备、技术知识和管理经验等等。由于发达国家技术结构与美国相近，美国对发达国家的多是水平型投资，对技术进步影响不大；而美国对发展中国家多是垂直型投资，具有一定的技术溢出和扩散作用，跨国公司的海外子公司通常会培训并雇佣当地人员，以适应跨国公司先进的设备和技术，同时会进行独资投资或与东道国企业合作进行适应东道国的产品研发活动，这些都能够带动东道国科研能力的提高。

特别是对于发展中国家而言，由于其本身技术有限，且发明创造一项新技术往往需要大量资金、人才和时间，东道国企业进行技术创新困难较大，而美国跨国企业的技术明显与发展中国家企业的技术有较大差距，美国对外直接投资带来发展中国家现阶段所必需的技术，节省了东道国企业的该项支出，有助于东道国企业将有限的资金用于更长远的技术创新。

美国对外直接投资虽然能够促进发展中国家的技术进步，但美国向发展中国家转移的多是已经成熟的甚至落后的、耗能高、用人多的技术和污染严重的产业，它们不仅影响发展中国家的环境保护，而且其技术转让一般收费也较高，会附加一些限制性条款，进行不公平的技术贸易，损害发展中国家的利益；同时，这也会影响发展中国家的技术发展，使其在技术上始终成为美国经济的附属，给东道国带来各种直接或间接的经济损失。

（三）对东道国就业的影响

美国对外直接投资影响东道国的就业主要有三种途径：一是在东道国投资建厂，就地聘用东道国的工作人员，直接增加了东道国的就业机会；二是美国对东道国的直接投资必然会带动东道国的经济发展，使国民收入得到提高，东道国企业的数量和质量都会逐渐增加，间接地增加了东道国的就业机会；三是美国的直接投资对东道国的企业发展有一定的抑制和排挤作用，由于美国跨国公司规模较大、竞争力强，进入东道国市场后，部分东道国的中小型企业难以为继，会减少东道国的就业机会。从总体上看，美国对外直接投资增加了东道国的就业机会，且对发展中国家东道国的就业效应要大于发达国家。

1990~2008年间，美国跨国公司在东道国创造的就业量如图11-1所示。

（四）对国际收支的影响

对国际收支的影响主要看美国投资的流入和流出、海外子公司生产的进口与出口等综合因素。短期来看，美国的直接投资对平衡东道国的国际收支有积极影响，可以弥补东道国从国外进口设备和技术产生的外汇缺口，有利于东道国国际收支状况的改善；但跨国公司初次投资后，持续投资增长速度减慢，反而能从东道国子公司合法地取走任何利润，使东道国改善国际收支的目标难以实现。

（五）对经济安全的影响

美国跨国公司实力强大，对发展中国家，特别是对经济实力弱小的国家进行投资，能够通过经济上的优势影响东道国的经济发展，一旦跨国公司与东道国的经济目标发生冲突，跨国公司有能力与之抗衡，将会破坏东道国的经济政策，加大经济发展的不平衡性。过于依赖美国的投资，也会加大东道国发生经济危机的可能性，一旦美国经济出现波动，其效应会成倍地放大到其投资的东道国。

三、对世界的影响

美国对外投资幅度增长很快，自20世纪90年代初开始更是一直保持在两位数的发展水

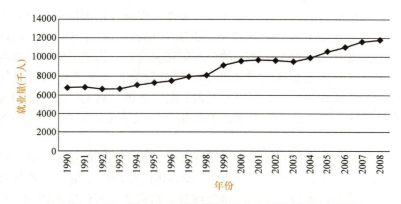

图 11-1　1990～2008 年美国跨国公司在东道国创造的就业量

注：1. 1990～2008 年间，美国跨国公司在东道国就业年平均增长速度达 3.12%。
　　2. 资料来自 Kevin B. Barefoot and Raymond J. Mataloni Jr.，U. S.，Multinational Companies Operations in the United States and Abroad in 2008 [J]. Survey of Current Business 2010 August：P207 Table2 Selected Statistics for Nonbank U. S. MNCs，U. S. Parents and Foreign Affiliates，1982～2008。

平，投资净流出逐年增加。且在 20 世纪 90 年代后期，跨国并购取代投资建厂成为美国跨国投资的最主要方式，同时，利润再投资也成为美国跨国公司对外投资的主要方式，这些充分反映了美国对外直接投资的良好状态。

从整体上来说，美国跨国公司和国际直接投资促进了世界经济的良性发展，提高了世界的总产出水平。资本在各国间的自由流动使资本的边际生产力在国际上得到平均化，从而提高了世界资源的利用效率，增加全世界的财富总量，其利益被美国与东道国所共同分享，促进了世界经济的增长。尽管美国跨国公司从东道国取走巨额利润，但直接投资除了直接增加东道国的生产以外，所转移的管理经验、经营能力、技术知识等经营资源给东道国带来的间接效应也是相当巨大的。

美国跨国公司和国际直接投资加快了经济全球化的进程，使各国的联系更加密切。经济全球化使货物、服务、生产要素更加自由地跨界移动，各国经济相互依存、相互依赖、更加一体化的过程，主要表现为贸易自由化、生产国际化和金融自由化。

（1）美国对外直接投资和跨国公司推动了国际贸易的发展，促进了贸易自由化的进程。跨国公司把部门间的分工扩展到整个世界范围，带动了各国之间的进出口贸易，美国对外直接投资的地区与规模的扩大带动了各东道国经济的发展和国民收入的增加，美国与投资东道国及各个东道国之间的对外贸易的数量大大增加；而整合各东道国的资源降低了公司内部的贸易交易成本，跨国公司与海外子公司的资源转移成本必然会小于进行对外投资部门之间的交易成本，而且原来部门之间的国内贸易发展成为母公司与子公司之间的公司内贸易，促进了跨国公司内部贸易的发展；随着对外投资的发展，新的贸易领域的出现拓展了国际贸易，如技术贸易、服务贸易等业务。

（2）美国对外直接投资和跨国公司使国际分工进一步深化，推动了生产的国际化进程。从美国对外直接投资的地区结构来看，其对发达国家主要进行水平型投资，以水平分工为主；而对发展中国家进行垂直型投资，以垂直分工为主，使国际分工更加细致，提高了生产专业化程度。跨国公司的子公司遍布世界各地，促进产业内分工的发展，这有利于跨国公司在世界范围内更有效地配置资源，降低整体生产成本，促进新的国际生产结构的建立。

（3）美国对外直接投资和跨国公司加快了资本的国际流动，促进了金融自由化的进程。美国跨国公司对外投资量大，对跨国银行的公司信贷具有巨大需求，而且需要跨国银行为其提供各种金融服务，这一方面促进了美国跨国银行的发展，加大了美国对海外银行业的投资，加快了国际资本流动和各国金融市场的开放；另一方面，也对国际金融市场抵抗风险的能力提出了更高的要求，一旦达不到要求，将会出现严重后果，如在 1997 年东南亚发生的金融危机。

美国跨国公司的扩张和对外直接投资的不断攀升，加剧了国际市场上各国跨国公司的相互竞争。20 世纪末 21 世纪初，美国从重视对欧洲等传统市场的投资转而重视对亚太市场的投资，以抢占更多的世界市场份额，这使得全球对外投资的地理位置也同向变化，欧盟、日本等都纷纷意识到只有掌握国际市场的主导权，才能在对外直接投资中获取更大利益。增强企业核心竞争力已成为企业开展国际化经营，争夺国际市场最快、最有效的手段。因此，各国都出现了一大批规模庞大、实力雄厚的跨国公司，公司趋于大型化和国际化，竞争也将更加激烈。

【关键术语】

地缘投资　　对外股权投资　　体系内部资金流动　　替代效应　　刺激效应

思 考 题

1. 简述美国跨国公司和国际直接投资的发展过程。
2. 思考美国新经济与 20 世纪 90 年代后跨国公司和国际直接投资的关系。
3. 对美国和日本等其他发达国家的跨国公司和国际直接投资的特点进行比较，分析其产生不同之处的原因。
4. 结合美国跨国公司和国际直接投资的经济影响，谈谈美国直接投资对中国产生的经济及其他效应。

延展阅读书目

[1] 陈继勇. 美国对外直接投资研究 [M]. 武汉：武汉大学出版社，1996.
[2] 湛柏明. 经济全球化与美国新经济的关系 [M]. 武汉：武汉大学出版社，2003.
[3] 储玉坤，孙宪钧. 美国经济 [M]. 北京：人民出版社，1990.
[4] 陈继勇. 二十一世纪初的美国经济 [M]. 北京：中国经济出版社，2003.
[5] 陈宝森. 美国跨国公司的全球竞争 [M]. 北京：中国社会科学出版社，1999.

第十二章
欧洲国家的跨国公司与国际直接投资

【学习要点】
- 欧洲国家跨国公司对外直接投资的发展
- 欧洲国家跨国公司对外直接投资的特点
- 欧洲国家跨国公司对外直接投资的效应

欧洲是当今世界重要的对外直接投资力量之一，20世纪90年代至今，欧洲特别是西欧国家的对外直接投资在年均数额和累计总额上都超过了美国和日本，雄居世界首位。不断扩大的对外直接投资规模，不仅显示出了欧洲国家的强大实力，而且也推动了世界经济的发展。本章中所说的欧洲，主要是指西欧国家。

第一节 欧洲国家跨国公司国际直接投资的发展

当提及"跨国公司"一词时，人们通常会将其与美国和日本联系在一起，也自然而然地认为跨国公司最早出现在这两个国家。然而，与美国、日本相比，欧洲国家的跨国公司产生得更早一些，对外直接投资的历史也更长一些。早在1815年，比利时钢铁公司撒·高克里尔就在德国北部的普鲁士建立了它的第一座外国工厂，比美国第一个跨国公司早产生了37年。在其后将近两个世纪的时间内，又有大批的欧洲国家跨国公司纷纷在国外建立子公司和分支机构。从欧洲国家跨国公司对外直接投资的历史来看，大体可分为以下四个阶段：

一、19世纪中期到20世纪初期的萌芽阶段

马克思和恩格斯曾在《共产党宣言》中写道，资产阶级在它不到100年的阶级统治中所创造的生产力，比过去一切时代所创造的全部生产力还要多、还要大。在1760~1870年资本主义发展鼎盛时期，生产技术的不断变革，大自然的被征服，化学在工农业中的广泛应用，机器的采用，电报、电话的发明，火车、汽车、轮船的行驶等，共同推动了资本主义经济的迅猛发展。大机器工业显示出的巨大威力为欧洲的对外投资提供了必要的物质基础。

工业革命后，英国废除了限制农产品进口的《谷物法》，全面推行自由贸易政策。英国资产阶级摆脱了各种束缚，在全世界到处创业发展。与此同时在欧洲大陆，1848年的法国革命给法国乃至整个欧洲都带来了巨大的社会变革。法国在革命中推翻了反动的"七月王朝"，代表大金融资产阶级的路易·菲利浦上台执政。资产阶级摆脱了各种政治束缚，得到了甚至连自己也想不到的发展。在德国，1848~1849年的革命虽然不是一次彻底的资产阶级革命，但毕竟封建农奴制在此次革命中被废除了，封建地主也不得不与资产阶级妥协，共同分掌政权。从此，德国封建割据的局面被打破。总之，欧洲国家的封建制度已接近尾声，

这为资本主义的发展提供了肥沃的土壤，它开始阔步前进。1800～1870年，英国的棉纺织业产量增加了2倍，煤炭产量增加了5倍，生铁产量增加了近40倍，有66%的英国人从事商业活动。1850～1870年，法国的工业产值增长了2倍，国民收入增长了1倍，德国工业翻了两番。欧洲经济高速发展，工厂林立，大型工业城市纷纷兴起。

随着资本主义的发展，欧洲各国的资本家为谋求高额利润，获得商业竞争的主导权，在扩大商品输出的同时，开始进行对外直接投资，在国外建立产销机构并购买外国公司的股份。最先为资本主义拉开对外直接投资序幕的是19世纪上半期完成工业革命的英国。早在1868年，英国就创立了"国外及殖民地政府信托机构"从事对外直接投资活动。最初，该机构只是从事购买外国公司股份或国债券的业务。1891年，"国外及殖民地政府信托机构"易名为"国外及殖民地投资信托公司"，除继续购买外国公司股份外，还开始在国外投资设厂，建立产销基地。此外，英国的帝国化学公司，英国和荷兰的联合利华公司也在这一时期大力发展对外直接投资。法国则紧紧追随英国的脚步，在非洲法属殖民地国家进行大量的直接投资，开发矿山、发展农业。德国的对外直接投资虽然比英国和法国起步晚，但发展较快。到1913年年底，德国的对外直接投资额已从1883年的50亿马克增至240亿马克。到1914年，欧洲国家已有97家跨国公司，其中英国60家，法国20家，德国14家。在第一次世界大战前的资本主义各国的对外直接投资总额的145.82亿美元中，仅欧洲国家就占了约76.5%，其中英国居首位，为65亿美元，其次是法国，为17.5亿美元，然后是德国，为15亿美元，此外意大利、荷兰、瑞士和瑞典共12.5亿美元。

在第一次世界大战爆发前的几十年里，欧洲国家的对外投资取得了极大的发展。但这一时期欧洲国家对外投资的主要形式是间接投资而非直接投资，对外直接投资仅占欧洲国家国际总投资额的29%。从行业分布来看，欧洲国家这一时期的对外直接投资主要流向了铁路建筑业和矿业，而流到制造业的资金所占的比重较低。如英国的对外直接投资主要集中在不发达国家的铁路建设和矿业开采。从地区分布来看，这一时期欧洲国家各国的对外直接投资主要流向了它们各自的殖民地。

二、两次世界大战之间的停滞阶段

两次世界大战的爆发和20世纪30年代的经济大萧条放缓了世界经济前进的脚步，欧洲国家无一例外地遭受了打击，一些国家的经济甚至出现了停滞或倒退。在这一阶段，国际投资增长减缓，全球国际直接投资总额由1914年的143亿美元逐渐上升到1938年的264亿美元，年均增长约3.86亿美元，年均增长率约为2.7%。而欧洲国家在1914年以后，基本停止了对外直接投资，其在国际直接投资舞台上的主导地位已逐渐被美国取代，而降为世界第二大对外投资者。1960年，欧洲国家对外直接投资累计总额仅为275亿美元，远远落后于美国的328亿美元，在世界对外直接投资累计总额中的比重由1914年的98%下降到41.6%。英国和法国因大量的战争借款而削减了对外直接投资，加上在国外的投资贬值，使其债权国的地位遭到削弱；德国则因战争赔款的支付、在协约国及其他地区的投资被没收或贬值，由债权国沦为债务国。总结这一阶段欧洲国家对外直接投资停滞的原因，主要有以下几点：

（一）第一次世界大战使欧洲国家大伤元气

因为第一次世界大战主要参战国大部分是欧洲国家，所以这次战争给欧洲国家带来了惨重的损失。欧洲国家的经济遭受到严重破坏，大片土地荒芜，工农业生产下降。参战国在战时被战争拖得筋疲力尽,在战后需要一段时间来恢复。它们本身力量被削弱,无暇自顾,因而无力从事对外直接投资。其中,法国在战争中受到严重打击,小麦产量从1913年的84.4亿kg下降到1916年的55.7亿kg;牲畜头数从1914年的250万头锐减到1919年的17万头;工矿业也遭到严重破坏,战争期间在法国工业中占据着十分重要地位的大片领土被德国侵占,使法国很多部门的工业生产只有战前的10%~20%。虽然法国作为战胜国,在战后得到了德国丰富的煤田和巨额赔款,但到1919年,法国的工业产值只有战前的50%。英国本土虽未受到战火冲击,但由于原料缺乏和出口萎缩,在1913~1918年间,其工业下降了14.3%。英国在战后出现了"商品荒",各种商品一上市就被一抢而空,物价急剧上涨。1918~1926年,英国物价上涨30%以上,英镑购买力下降到只及战前的33%。德国作为战败国,损失更惨,几乎到了经济破产的地步。由于领土被割让,德国损失了铁矿资源的75%、煤炭产量的33%、生铁产量的40%、钢产量的33%,耕地面积减少4%。德国赔偿了14万只奶牛、5000万辆卡车、5000万辆机车、15万节火车车厢、25%的渔船和140万t以上的全部轮船,此外,还要逐年向战胜国交出大量原煤、建筑材料、化工品、新建船只和大量奶牛。德国工农业生产急剧下降,国内商品流通极端困难,对外贸易受到致命打击。1919年,德国工业产量已下降到只有战前的33.8%,最严重时只有14.7%的企业能够勉强开工,国家黄金储备近于枯竭,政府财政赤字惊人地增加,在各国的直接投资被战胜国接管。

(二)经济危机的频繁发生困扰着欧洲国家经济

在此期间,资本主义危机频繁。这对刚刚遭受战争风暴的欧洲国家经济无疑是雪上加霜,严重阻碍了欧洲国家经济的发展,使欧洲国家难以挤出资本用于对外直接投资。

1920年,正当欧洲帝国主义国家刚刚从战后初期的经济困难和混乱中蹒跚走出时,第一次世界大战后的首次经济危机爆发了。这次经济危机虽然只持续了两年,但却严重地破坏了欧洲国家资本主义的发展。法国、德国两国经济停滞不前,英国工业生产下降46%,失业率高达15%,200多万人失业。危机之后,欧洲国家经济曾进入了一个相对稳定的发展时期。到1927年,法国、德国两国经济都接近战前水平。而英国经济一直都很糟糕,在渡过了1920年的经济危机之后,又出现了两次经济下降。到1929年,英国工业产量仅比1913年高5.7%。

1929年爆发的震撼整个资本主义世界的经济大危机破碎了欧洲国家垄断资产阶级"永久繁荣"的梦想。危机先是在美国发生,随后很快地波及整个欧洲国家,并一直持续了5年。这5年间,英国出口从35亿美元下降到13亿美元,进口从54亿美元下降到23亿美元;德国出口从32亿美元下降到14亿美元,进口从32亿美元下降到11亿美元;法国出口从20亿美元下降到8亿美元,进口从23亿美元下降到12亿美元;英国、法国、德国三国破产企业分别为3.2万家、5.7万家和6万家。

(三)第二次世界大战使欧洲国家丧失了对外直接投资的能力

第二次世界大战使欧洲国家的经济长期处于崩溃状态,欧洲国家的国际经济地位迅速下降,对外直接投资锐减。法国在战争中被德国占领,经济遭到全面破坏。德国是第二次世界大战的战败国,国家被一分为二。英国虽是战胜国,但战争已使它筋疲力尽,虚弱不堪。英国在第二次世界大战中损失了25%的财富,出售了海外42亿英镑的资产,对外直接投资减为一半。欧洲国家工业产值大幅度下降,农业歉收,进口粮食又缺少必需的外汇,导致欧洲国家出现的饥荒、挨饿和死亡人数比战争期间还要多。英国农业生产退到19世纪的水平，被迫把面粉碾磨率从80%增加到85%，又回到战争年代吃粗面包的日子；交通运输阻塞，一半以上工业完全瘫痪，失业人数超过600万人，煤炭配给额削减一半；法国有100万公顷的土地因战争破坏而不能耕种，另外还有1500万公顷土地因5年没有精心管理而处于荒芜，家畜比战前减少一半。战后欧洲国家为摆脱经济困境，用了10多年的时间把大量资金用于国内经济建设而无暇顾及对外直接投资。

（四）对外直接投资的动因不再是经济因素

在战火纷飞、动荡不安的国际大环境下，国际直接投资的发展受到了极大的影响，其决定因素已从经济转为政治。两次战争加上20世纪30年代的经济大萧条使不少欧洲国家金融动荡、货币贬值和通货膨胀，这给对外直接投资带来了更大的风险和困难。据统计，法国战前的对外投资，有2/3在战争期间和战后被拖欠；英国在拉丁美洲和欧洲国家的投资也有不少被拖欠；1932年德国拖欠偿付其所有的外债。金融大恐慌由此形成，国际货币体系瓦解。此外，贸易保护主义的抬头、关税的提高、贸易限额和汇兑控制的普遍实行，导致国际贸易一直不能恢复到战前水平。在上述种种不利的形势下，有些国家政府开始制定一些限制对外投资和吸引外资的政策，这也影响了欧洲国家对外直接投资的发展。

三、第二次世界大战后欧洲国家跨国公司的迅猛发展阶段

1860年欧洲国家成立的跨国公司，占当时世界跨国公司总数的87%以上。进入20世纪以来，欧洲国家发展跨国公司的势头被打断，两次世界大战和20世纪30年代的经济大萧条，使欧洲跨国公司停止了发展，并有很多公司倒闭。直到20世纪50年代末，欧洲国家公司才恢复了正常发展的势头，但此时已远远落后于美国。1960年欧洲国家拥有1600多家跨国公司，占世界跨国公司总数的27%，比美国少1400多家。20世纪70年代以后，随着经济实力的提高，欧洲国家跨国公司出现了加速发展的势头，数量迅速上升。据联合国跨国公司中心统计，截至1992年，整个欧洲共拥有40 565家跨国公司（其中欧洲国家39 715家），占世界跨国公司总数的63.5%（其中欧洲国家为62.2%），远远超过了美国和日本。

（一）欧洲国家巨型跨国公司发展迅速

第二次世界大战之后，在美国的帮助下，欧洲国家经济得到了迅猛发展，20世纪五六十年代堪称欧洲国家经济发展的"黄金时代"。随着经济实力的逐渐增强，欧洲国家开始大力发展跨国公司。据美国《财富》杂志统计，在1967～2010年间，欧洲国家在500家最大的跨国公司中的巨型公司数目迅速增加，从136家增加到194家，相比之下，美国则从303家下降到了138家（见表12-1）。欧洲国家在世界500家最大的跨国公司中拥有的比例已从1967年的27.2%上升到2010年的39%。

（二）对外直接投资迅速增长

第二次世界大战后，欧洲国家在经济得到全面恢复和发展的基础上加快了对外直接投资的步伐。不仅进行对外直接投资的国家增多了，而且对外投资额也显著增加。20世纪50年代末，欧洲国家中对外直接投资的国家仅有英国、法国、联邦德国、荷兰等6个国家。到20世纪60年代末，已发展到15个国家。20世纪70年代初，欧洲国家中每年对外直接投资超过2亿美元的国家有7个，到1990年，对外直接投资超过20亿美元的国家有9个。另据联合国贸易和发展会议数据库的统计数据，2009年，在欧盟27国中，对外直接投资超过

200 亿美元的国家有 8 个。2017 年对外直接投资超过 200 亿美元的国家有比利时，法国，德国，卢森堡，荷兰，西班牙，瑞典 7 个国家。其投资规模可参见表 12-2。

表 12-1　2010 年在世界 500 家最大公司中各国家（地区）所占的公司数目

国家（地区）	公司数	国家（地区）	公司数
法国	39	美国	138
德国	37	日本	71
英国	30	中国（除港、澳、台地区）	54
意大利	20	澳大利亚	20
瑞士	15	加拿大	11
荷兰	14	韩国	10
西班牙	10	中国台湾	8
比利时	6	印度	8
俄罗斯	6	巴西	7
瑞典	5	中国香港	4
奥地利	3	墨西哥	2
丹麦	2	新加坡	2
爱尔兰	2	沙特阿拉伯	1
芬兰	1	泰国	1
土耳其	1	马来西亚	1
波兰	1	委内瑞拉	1
挪威	1	墨西哥	1
卢森堡	1		

注：来自美国《财富》杂志中文网。

表 12-2　欧洲国家、美国和日本的对外直接投资（1970～2017 年）　　（单位：百万美元）

年份	欧洲国家	美国	日本
1970 年	2883	4413	904
1971 年	3492	4441	858
1972 年	4214	3214	2338
1973 年	6107	3195	3494
1974 年	7084	1275	2395
1975 年	6617	6196	3280
1976 年	7354	4253	3462
1977 年	8156	5497	2806
1978 年	10 516	4713	4598
1979 年	14 075	6258	4995
1980 年	16 666	-3354	4693
1981 年	18 376	-11 131	8931
1982 年	12 763	—	7703

(续)

年份	欧洲国家	美国	日本
1983 年	21 933	6710	3610
1984 年	25 212	11 580	5960
1985 年	27 252	13 170	6450
1986 年	49 524	18 690	14 480
1987 年	71 646	31 040	19 520
1988 年	98 018	17 880	34 210
1989 年	115 219	33 400	44 160
1990 年	130 963	33 440	48 050
1991 年	111 960	27 150	30 750
1992 年	83 416	42 647	17 304
1993 年	65 024	77 247	13 913
1994 年	77 679	73 252	18 121
1995 年	10 1120	92 074	22 630
1996 年	142 029	84 426	23 426
1997 年	146 327	95 769	25 994
1998 年	260 565	131 004	24 151
1999 年	474 030	209 391	22 745
2000 年	511 482	142 626	31 557
2001 年	355 181	124 873	38 333
2002 年	198 117	134 946	32 281
2003 年	198 313	129 352	28 799
2004 年	262 190	294 905	30 949
2005 年	482 622	15 369	45 781
2006 年	545 862	224 220	50 264
2007 年	833 574	393 518	73 548
2008 年	643 316	330 491	128 019
2009 年	324 855	248 074	74 699
2010 年	478 906	277 779	56 263
2011 年	491 730	396 569	107 599
2012 年	467 070	318 197	122 549
2013 年	387 670	303 432	135 749
2014 年	240 296	294 754	130 843
2015 年	728 175	262 569	134 233
2016 年	526 427	280 682	145 243
2017 年	417 806	342 269	160 449

注：来自《2018 年世界投资报告》。

欧洲国家由于对外直接投资国家众多和投资增长速度快而在世界对外直接投资舞台上的地位不断上升。20 世纪 60 年代初，欧洲国家对外直接投资仅占世界对外直接投资总额的

29%左右，而当时美国的对外直接投资额占世界的66%。1978年，欧洲国家对外直接投资占世界对外直接投资总额的47.8%，美国为44%。此后，欧洲国家连续多年控制着世界对外直接投资52%以上的份额。2010年，欧洲国家对外直接投资占世界对外投资总额的36.0%，而美国则为24.9%。2017年，欧洲国家对外直接投资为435 736百万美元，全球对外直接投资为1 429 972百万美元，欧洲国家对外直接投资占世界对外投资总额的30.47%，美国对外直接投资为342 269百万美元，占比23.93%。

（三）欧洲国家对外直接投资发展迅速的主要原因

1. 为了夺取世界经济发展的主导权

第二次世界大战后，当世界的主题从战争与贫穷转向和平与发展的时候，西方主要发达国家开始了"经济战"。为了争夺世界经济的主导权，美国和日本加快了在国际市场上扩张的步伐，并把对外直接投资作为其扩大国际市场份额的主要手段之一。据统计，在1960～1990年的30年间，美国对外直接投资累计额增加了17倍；日本增加了40倍。整个20世纪80年代，英国年均对外直接投资额为170亿美元，占世界对外直接投资总额的20%。然而，日本的对外直接投资额随着其经济的复苏迅速增长，从1986年开始超过了美国，到1989年日本已经超过了英国而一跃成为世界最大的对外直接投资国，其对外直接投资额占该年世界对外直接投资总额的23%。到20世纪80年代中期，美国利用直接投资控制了欧洲国家生产的电子计算机的80%，集成电路的95%，半导体和家用电器的50%；日本则占领了欧洲国家录像机市场的80%，照相机市场的14.7%。与此同时，欧洲国家在世界其他国家和地区的传统市场不断萎缩。为了维持其国际地位，欧洲国家展开了与美、日争夺世界市场的战争，加快了其对外直接投资的速度，在世界各地建立生产、销售基地和服务网络，跨国公司数额也不断上升。

2. 科技开发与科研成果的利用

1964年，在OECD（经济合作与发展组织，以下简称经合组织）国家的科研经费总额中，欧洲国家仅占22%，美国占61%；到1979年，欧洲国家上升到33%，美国则下降为43%。1980年，欧共体国家从事科研工作的人数已达110万人，仅次于美国的152万人，而高于日本的69万人。据联合国统计，1980年欧共体国家申请获准的发明专利达96 000项，远远高于美国的62 000项和日本的46 000项。欧洲国家在通过增加投资、加快科研成果开发利用以促进欧洲国家地区经济迅速发展的同时，也在世界范围内进行直接投资来开发新产品，或把科研成果，包括专利权、商标、生产工艺等，作为对外直接投资的资本加以利用，以夺取世界经济发展的主导权。

3. 建立产、供、销网络

第二次世界大战后，欧洲国家在其对外直接投资中，对有比例地建立原料生产、成品加工及销售服务体系十分重视。在发展中国家的对外直接投资中，欧洲国家注重原料开发，它们通常利用发展中国家的廉价劳动力进行产品粗加工；而在发达国家的对外直接投资中，则致力于建立产品加工、销售网络和售后服务体系，以利用发达国家较强的市场购买力来扩大国际市场份额，以弥补出口商品存在的不足，确保远期经济效益。

4. 受欧洲国家狭小市场的束缚

欧洲国家虽然经济富有，但市场狭小，加上各国的技术标准不同，因而发展潜力有限。欧洲国家各国的民族公司发展到一定阶段后都会受到本国市场的限制。因此，对外扩张，就成了其维系生存与发展的必由之路。第二次世界大战后，欧洲国家中的不少中小公司仅靠本国市场也有过辉煌的发展时期，但它们没有抓住机会向国际市场拓展，结果都以倒闭告终。而那些敢于冒险、通过对外直接投资向世界市场扩张的公司却得到了发展，有的甚至成为当今世界著名的大公司。有了前车之鉴，欧洲国家的公司越来越重视利用对外直接投资，以解决本国市场狭小的问题。

四、20世纪90年代以来欧洲国家对外直接投资发展趋势

自20世纪90年代以来，随着美国新经济的崛起，美国企业家的创新精神、美国的企业文化等，都发生了巨大变化，许多美国企业的国际效力大大提高。相比之下，欧洲国家企业就落后了。造成这种落后的原因有很多，既有欧美文化观念上的差异，也与各自的经济发展模式有关，还与企业组织与管理手段有关。但自20世纪90年代以后，伴随着欧洲国家掀起的企业并购高潮，欧洲国家对外直接投资迅猛增长。从1993年起，欧洲国家的对外直接投资额（不包括欧洲国家内部相互投资）开始超过其吸收的外来投资额，使欧洲国家开始成为对外净投资者。1992年，欧洲国家对世界直接投资总额（包括欧洲国家内部相互投资，下同）为671.1亿欧洲货币单位，1998年猛增至3181.8亿欧洲货币单位。同期欧洲国家吸收的外来直接投资由554.9亿欧洲货币单位增加到1936亿欧洲货币单位。2009年，欧盟27国对世界直接投资额为4416.2亿欧洲货币单位，同期吸收的外来直接投资为4411.2亿欧洲货币单位。2009年欧盟27国中，对外直接投资居于前四位的是法国、德国、意大利和瑞典。2017年欧盟28国对世界直接投资额为487 150百万美元，同期吸收的外来直接投资为435 736百万美元。2017年欧盟28国中，对外直接投资居于前四位的是英国、德国、卢森堡和荷兰。

截至1999年，欧洲大型跨国公司发展迅猛，根据1999年世界投资报告中欧盟、美国、日本大型跨国公司总体状况比较，欧盟在公司数量、总资产、总销售额、雇员人数、跨国公司平均指数方面均超过美国和日本（见表12-3）。而且欧洲跨国公司在企业并购浪潮中同样充当十分重要的角色，如英国沃达丰吞并德国曼内斯曼公司等。

表12-3 欧盟、美国、日本大型跨国公司总体状况比较

地区/国别	公司数量（个）	总资产（亿美元）	总销售额（亿美元）	雇员人数（万人）	跨国公司平均指数（%）
欧盟	50	15 566	14 722	586	65.1
美国	27	16 417	12 576	345	44.0
日本	17	8494	11 481	177	39.5

注：根据1999年世界投资报告整理。

20世纪90年代以来，欧洲国家对外，直接投资增长的一个重要特点，就是对区外尤其是对发展中国家的投资迅速增加。1992年，欧洲国家对区外全部直接投资额仅为178亿欧洲货币单位，主要投在美国等西方发达国家。此后，欧洲国家对区外直接投资迅速上升。1995年增加到455.8亿欧洲货币单位，1998年高达近2000亿欧洲货币单位，相当于1992年的11倍还要多，远高于其对世界直接投资总额（相当于1992年的近5倍）的增长速度。但受世界经济的影响，2002年这一数字降到1280亿欧洲货币单位，2003年又有所下降。

2007年，欧洲国家对区外直接投资上升到5507亿欧洲货币单位，但2008年开始又有所下降；2009年为2737.7亿欧洲货币单位。20世纪90年代上半期，欧洲国家对外直接投资的大约45%流向美国，1995年这一比重高达49%，1996年则猛降至29.5%，1997年进一步降至17.5%。此后因受东南亚金融危机的影响，1998年又升至35.3%，之后持续上升，到2003年上升至43%。在1992~1995年期间，欧洲国家向除美国、日本以外的其他国家和地区的直接投资额上升尤其明显，平均每年达138亿欧洲货币单位，占欧洲国家对区外直接投资总额的56%，这些国家和地区对欧洲国家的投资占欧洲国家吸收区外投资总额的40%。2002年和2003年，欧洲国家对向除美国、日本以外的其他国家和地区的直接投资额占欧洲国家对区外总投资额的比重分别为57%和56%。表12-4反映了20世纪90年代以来欧洲国家对外直接投资变化。

表12-4　20世纪90年代以来欧洲国家对外直接投资变化

（单位：亿欧洲货币单位）

年份	对世界	对非欧洲国家	来自世界	来自非欧洲国家
1992年	671.1	178.3	554.9	227.6
1993年	643.6	241.6	558.9	215.1
1994年	746.9	241.3	577.4	218.2
1995年	991.5	455.8	803.5	372.2
1996年	998.3	427.7	699.6	284.2
1997年	1500.8	776.7	925.8	359.7
1998年	3181.8	1916.4	1936.0	943.0
1999年	7476.2	3203.1	4817.9	—
2000年	11 283.9	4356.8	9520.0	1458.7
2001年	6245.4	2863.5	5490.6	1265.7
2002年	4841.3	1277.5	4866.3	1153.7
2003年	3859.9	1262.3	3487.1	666.6
2004年	3691.3	1422.8	3691.3	1422.8
2005年	6679.8	2394.5	6679.8	2394.5
2006年	8798.2	3176.9	8798.2	3176.9
2007年	12 712.4	5507.4	12 712.4	5507.4
2008年	8832.7	3782.7	8832.7	3782.7
2009年	4416.2	2737.7	4611.2	2737.7
2010年	5745.47	3027.74	4833.54	2226.35
2011年	9676.18	4731.13	9093.09	4246.96
2012年	4879.80	3166.19	5049.82	3095.59

注：根据欧盟统计局《经济与金融统计》统计数字制表。

值得注意的是，2008年开始蔓延的金融危机与债务危机对欧盟对外直接投资的影响开始显现。2008年，全球外国直接投资在世界范围内遭受到经济和金融危机的严重影响背景下，跨国并购历经的五年繁荣期于2007年结束后，并购额下降了39%。欧盟地区的巨额交易（即交易额超过10亿美元的交易）不可避免地受到这场危机的影响。欧洲的跨国并购交易骤跌56%，外国直接投资格局的巨大变化导致外国直接投资东道国和母国的总体排名发生变化。许多欧洲国家，无论是外国直接投资流入量还是流出量，排名均有所下降。英国不再是欧洲国家中最大的外国直接投资来源国和接受国。

根据2009年欧盟统计局发布的统计数据，欧盟对外直接投资从2008年的3480亿欧元下降到2009年的2630亿欧元，同比下降24%；与此同时，欧盟以外对欧盟的投资从2008年的1990亿欧元上升到2009年的2220亿欧元，同比上升12%。其中，美国仍然是欧盟对外投资的主要投资国，虽然欧盟27国对美国的投资额从2008年的1210亿欧元下降至2009年的690亿欧元，但美国对欧盟成员国的投资却从2008年的500亿欧元增长到2009年的970亿欧元。

经济危机的阴霾还未散尽，2010年希腊发生的主权债务危机再次使人们担心，外国银行的大量存在可能会给欧洲国家带来系统风险。欧洲国家流向发达国家的直接外资的下降幅度，是所有区域中最大的，投资量收缩44%，降至5660亿美元。

但是，此次挫折的幅度小于2000~2003年的经济衰退期，虽然此次经济和金融动荡远比上次剧烈。北美受影响最大，而欧盟的27个成员国的状况却较好，例如德国实现了46%的增长，这主要是由于公司内借款的增加。另外，流入该区域的另一个主要东道国英国的直接外资比前一年锐减了50%。发达国家的跨界并购减少了2/3，制造部门的交易收缩了大约80%。

第二节 欧洲国家跨国公司国际直接投资的特点

作为资本主义的发源地，欧洲国家一直是对外直接投资的重要地区。据联合国贸易和发展委员会统计，2004年，欧洲国家对外直接投资额为3095亿美元（其中欧盟为2798亿美元），占全球对外直接投资的42%。2017年，欧洲国家对外直接投资为435 736百万美元，全球对外直接投资为1 429 972百万美元，欧洲国家对外直接投资占世界对外投资总额的30.47%，美国对外直接投资为342 269百万美元，占比23.93%。欧洲国家的对外直接投资规模远远大于美国和日本。下面从地区分布、产业分布、跨国并购三方面来介绍欧洲国家跨国公司与国际直接投资的特点。

一、欧洲国家跨国公司对外直接投资的地区分布

第二次世界大战以后，欧洲国家根据国际形势、商品行情和科技发展的变化不断调整对外直接投资的方向。从整体上看，欧洲国家各国跨国公司一直非常重视对发达国家的直接投资，而把对发展中国家的直接投资放在次要位置。随着新兴工业化国家的兴起，欧洲国家才开始以前所未有的战略高度看待这些国家的市场，认为抢占这些市场将是决定未来跨国公司国际市场地位的最重要因素。

（一）美国

美国是欧洲国家在海外投资最重要的国家，欧洲国家也是在美国的外国直接投资总额中所占比重最多的国家。第二次世界大战以后，欧洲国家一直非常重视对美国的直接投资。对于大多数欧洲国家企业来说，能够打入美国市场是它们全球化战略中非常重要的一步棋。1994~2012年欧洲国家对美国直接投资情况如表12-5所示。

表12-5　欧洲国家对美国直接投资累计　　　　　　　　　　　　　（单位：百万欧元）

年份	1994年	1995年	1996年	1997年	1998年	1999年	2000年	2001年
金额	196 564	207 181	232 967	293 196	411 096	693 282	751 521	915 251
年份	2002年	2003年	2004年	2005年	2006年	2007年	2008年	2009年
金额	760 153	731 310	731 751	844 627	949 257	1 027 067	1 089 502	1 134 040
年份	2010年	2011年	2012年					
金额	1 194 504	1 356 607	1 481 785					

注：根据欧盟统计局《经济与金融》数据整理。

欧洲国家跨国公司重视对美国的直接投资主要是基于以下几个方面的考虑：

1. 与美国、日本的跨国公司抗衡

经受战争洗礼后，日本跨国公司的发展如日中天。战后初期，在世界最大的800家跨国公司中，只有30多家跨国公司来自日本；到20世纪70年代末，已增至近100家。通过对日本跨国公司的研究，欧洲国家发现日本公司在对外扩张中颇为重视占领美国市场，因此欧洲国家也制定了进军美国市场的战略，即大举在美国市场进行直接投资，建立生产、销售基地，以提高自己的竞争能力。

20世纪80年代中期以来，美国利用对外直接投资控制了欧洲国家的大部分市场，截至2002年，美国在欧洲国家的直接投资达4500多亿美元，占其对外直接投资总额的45%。欧洲部分国家通过增加对美国的直接投资，来提高欧洲国家对美国经济的渗透程度。根据欧盟统计局统计数据，2009年美国仍然是欧盟对外直接投资的主要目的地。2009年，欧盟对美国的直接投资为690亿欧元，占其对外直接投资总额的40%以上。

2. 避开美国的贸易障碍，谋取美国市场的更大份额

20世纪70年代中期以来，随着布雷顿森林体系的瓦解，国际经济形势发生了剧烈变化，美国的经济实力相对于欧洲、日本日趋下降，争夺国际市场的战争愈演愈烈。为了阻碍外国商品进入美国市场，美国加强了贸易保护，在提高关税障碍的同时，增设了多种非关税贸易壁垒，如配额限制、自动限制、反倾销等。随着美国贸易保护主义的抬头，欧美之间有关贸易的纠纷不断增加，矛盾也越来越尖锐。为了避开美国的贸易障碍，谋取美国市场的更大份额，欧洲国家各国跨国公司更加重视对美国的直接投资。

3. 利用美国较低的劳动力成本和较高的劳动生产率

据统计，20世纪60年代欧共体工人平均工资的增长速度是美国的2倍，20世纪70年代是美国的4倍。与此同时，美国的劳动生产率增长速度较快，这是美国总体经济状况明显好于欧洲国家的重要原因之一。据联合国的一项研究报告显示，1996~2002年，美国的劳动生产率年均增长2.2%，而欧洲国家和日本则分别增长了1.0%和1.1%。根据美国劳工部发布的统计数据，2010年美国劳动生产率增长率为3.9%，而欧洲增长了1.7%。因此，为利用美国较低的劳动力成本和较高的劳动生产率，欧洲国家把大量资本转向美国，在美国建立生产和销售基地。

4. 美国居民的购买力较高

经济学家通过研究发现，美国居民的购买力堪称"世界之最"。欧洲国家十分重视美国市场上的高购买力，它们在加强对美国商品出口的同时，也增加对美国直接投资所建立产、供、销体系，以期推销更多商品。

(二) 欧洲

正是由于欧洲大市场的形成和繁荣，使欧洲国家的许多大型跨国公司的全球化战略必然要从区内起步。20世纪60年代以来，随着欧洲国家一体化进程的发展，欧洲国家各国之间的相互直接投资越来越多（见表12-6）。1960~1996年，仅欧洲国家间的相互直接投资累计额就从约20亿美元上升到2324亿美元，占欧洲国家对外直接投资总额的31%。特别是在1999年欧元启动后，集团内部的直接投资再度增长。截至2002年，欧洲国家相互直接投资累计额已达到3 621.99亿欧元。2009年欧盟国家相互直接投资累计额达到1 873.5亿欧元。2012年欧盟国家相互直接投资累计额达到1 713.63亿欧元。

表12-6 欧洲国家间的相互直接投资　　　　　　（单位：百万欧元）

年份	1993~1998年	1999年	2000年	2001年	2002年	2003年	2004年
欧洲国家间	79 419	411 600	689 140	327 828	362 199	260 710	199 518
其中：德国	30 645	61 396	5709	-10 102	211 711	-5641	-3130
西班牙	2264	12 155	25 362	22 057	21 030	17 675	29 957
法国	13 773	74 443	108 752	72 083	26 433	32 528	36 122
意大利	4353	3563	8985	20 704	15 595	6050	15 072
英国	14 749	58 933	204 378	20 112	45 903	17 723	28 248
荷兰	9652	32 163	35 651	24 413	24 935	19 034	8366
葡萄牙	513	-1697	3705	5434	2932	1599	4875
丹麦	1886	7142	—	7045	4865	1269	—
年份	2005年	2006年	2007年	2008年	2009年		
欧洲国家间	428 528	562 135	720 496	505 002	187 350		
其中：德国	43 799	58 642	75 504	64 490	36 866		
西班牙	20 755	64 414	71 300	20 137	-1405		
法国	65 121	46 768	93 174	65 655	82 078		
意大利	27 577	18 582	66 069	24 218	30 040		
英国	19 493	5923	102 053	59 399	-9543		
荷兰	89 652	—	—	—	—		
葡萄牙	1410	3724	2481	1626	1613		
丹麦	10 008	-700	3627	10 441	2380		
年份	2010年	2011年	2012年				
欧洲国家间	271 773	494 498	171 363				
其中：德国	55 782	35 166	51 104				
西班牙	-5765	7851	2933				
法国	28 970	12 377	13 091				
意大利	7613	23 679	-16 893				
英国	11 379	18 270	-11 083				
荷兰	-2091	10 762	-1789				
葡萄牙	-5743	11 322	295				
丹麦	1206	7228	4269				

注：根据欧盟统计局《经济与金融》数据整理。

欧洲国家各国重视欧洲国家间的相互直接投资的原因可以归纳为以下三点：

1. 推进欧洲经济一体化进程

欧洲经济一体化进程的发展给其成员国带来了巨大的经济利益。20世纪90年代以来，欧洲一体化进程已经发展到了一个新的阶段，随着商品、资本等流通的加快，成员国之间的经济联系更加密切，商品竞争更趋激烈。欧洲国家各国将继续加快国家之间的相互直接投资，以加强其各国商品在欧洲市场上的竞争力，逐渐统一欧洲技术标准，以进一步加深欧洲一体化进程，从欧洲市场上谋取更多的经济实惠，从而实现建立"欧洲人的欧洲"的梦想。

2. 实现和巩固自己在欧洲的主导地位

对英国、法国等综合国力强的欧洲国家来说，实现和巩固自己在欧洲的主导地位，对于其进一步发挥在国际舞台上的大国地位起着决定性的作用。因此，这些国家不断增加对本地区的直接投资，以期通过经济手段来达到自己的政治目的。

3. 充分利用欧洲经济区的发展带动欧洲国家各国的经济增长

20世纪60年代中期以来，随着欧洲经济共同体的发展，欧洲国家各个国家间的相互直接投资不断增多，到了20世纪70年代，这种相互直接投资开始发挥经济效益。

（三）发展中国家

与日本、美国相比，欧洲国家对发展中国家的投资在其对世界投资总额中所占的比重一直很低。20世纪70年代中期以后，欧洲国家才逐渐改变了对发展中国家投资环境的看法，并开始不断增加对发展中国家的直接投资。当时欧洲国家各国对发展中国家的直接投资主要集中在其联邦国家、殖民地，如英联邦国家、前法属殖民地、拉丁美洲和地中海沿岸国家，而对亚洲及远东地区的直接投资微乎其微。截至1983年年底，欧洲国家在发展中国家直接投资累计总额约为500亿美元，占其对外直接投资的20%左右。20世纪80年代中期后，欧洲国家调整了对发展中国家的投资方向，把投资重点转移到了亚洲地区。1984～1990年，欧洲国家对亚洲及远东地区的直接投资占其对发展中国家和地区投资总额的40%以上。其中英国对中国香港的直接投资从0.4亿美元上升到2.5亿美元，在新加坡和马来西亚的直接投资也从0.2亿美元上升到1.5亿美元；法国在越南、柬埔寨的直接投资始于20世纪80年代末，到20世纪90年代初，法国已取代日本成为在越南、老挝、柬埔寨的第三大投资者，其直接投资额仅次于中国香港和中国台湾；德国和荷兰则加强了对印度和印度尼西亚的直接投资。到1990年年底，欧洲国家在发展中国家直接投资累计总额为1448亿美元。从20世纪90年代中期开始，随着新兴工业化的兴起，欧洲国家以前所未有的战略高度看待新兴市场，认为这些市场将是决定未来跨国公司国际市场地位的最重要因素。《欧盟统计年鉴》显示，欧盟国家2008年的对外直接投资有23%集中在发展中国家，其中对中国的投资占3.2%。

二、欧洲国家跨国公司对外直接投资的产业分布

第二次世界大战后以来，欧洲国家对外直接投资行业经过了由第一产业向第二产业和第三产业转移的发展过程，其总的投资战略是减少对原料采掘业的直接投资，增加对制造业和服务业的直接投资。

（一）第一产业在欧洲国家对外直接投资中的比重下降

从第二次世界大战后初期到20世纪70年代，欧洲国家各国的跨国公司一直非常重视第一产业的对外直接投资，平均每年用于对外第一产业的直接投资占其对外直接投资总额的

40%。1960~1975年，欧洲国家对国外农业和采掘业的直接投资累计总额从115亿美元上升到480亿美元。20世纪80年代以来，欧洲国家明显放慢了对外第一产业直接投资的速度。从1981年以后的十年间，欧洲国家各国跨国公司仅将占其对外直接投资总额15%左右的资本用于国外第一产业投资。

20世纪80年代以来，欧洲国家对外第一产业投资从发展中国家转向发达国家，如投身于美国、加拿大和澳大利亚等自然资源丰富的发达国家。欧洲国家减少了对外第一产业直接投资，并把对外第一产业直接投资移向发达国家，其主要原因是：

（1）发展中国家的国有化政策挫伤了欧洲国家跨国公司投资的积极性。从20世纪60年代初到70年代中期，部分发展中国家独立后没收了欧洲国家多家分公司的资产，使欧洲国家蒙受了重大经济损失。加上发展中国家为保护民族工业，制定了新的经济政策，限制外国投资开发其自然资源，使得欧洲国家深感在发展中国家进行直接投资难、风险大，因此它们调整了方向，加强了对发达国家，特别是澳大利亚、加拿大和美国的第一产业的直接投资。

（2）国际原材料价格起伏不定给采掘业带来了风险。受政治、经济、战争因素的影响，国际原材料价格时涨时落，这给采掘业带来了风险。欧洲国家跨国公司为了稳中求胜，不仅减少了对采掘业的投资，还令许多原来从事采掘业的跨国公司也纷纷转变战略目标。

（二）逐步增加对外第二产业直接投资的比重

多年来，欧洲国家一直比较重视对第二产业的国际直接投资。20世纪50年代以来，欧洲国家对外第二产业的直接投资一直占其对外直接投资总额的较大比重。欧洲国家在国外第二产业投资多种工业，可分为高技术工业、普通技术工业和劳动密集型工业。

1. 对外高技术工业的直接投资份额较小

多年来，欧洲国家一直认为，航空航天、电子技术等尖端技术关系到欧洲国家的国家安全和国际竞争能力，加之其受"巴黎统筹委员会"技术转让规定的限制，因此不太愿意在国外对尖端技术产业进行大规模投资，强调以国内生产出口为主、国外少量生产为辅的原则，以防技术外泄。迄今为止，欧洲国家在国外建立的高技术企业主要集中在区内其他国家，美国、加拿大和日本等发达国家，而在发展中国家建立的高技术企业则寥寥无几。

2. 对外普通技术工业的直接投资份额较大

欧洲国家认为，普通技术工业，主要包括石化、建筑材料、工农业化工、工农业机械、金属制造业等，属于半原料依赖型工业，产品运输成本甚高。英国牛津大学的调查表明，在欧洲国家生产一台机床，要想销往印度等国家，在海上运输需要3~6个月时间，产品价格会提高8%左右，其在国际市场上的竞争力会大打折扣。因此，在欧洲国家生产普通技术工业产品进行出口，已不能适应当今国际贸易发展的需要，只有在国外投资，建立生产基地，就地产销，扩大售后服务，才能提高欧洲国家产品在国际市场上的竞争力。欧洲国家各国跨国公司都比较重视对外普通技术工业的直接投资，在世界各地建立了大量生产、销售和服务基地。

3. 对外劳动密集型工业的投资量较大

劳动密集型工业，包括食品、饮料、烟草、皮革制品、纺织业等，是欧洲国家对外直接投资的传统行业。在欧洲国家中，英国、荷兰、瑞士及瑞典等国对外直接投资中劳动密集型工业的投资份额较大；德国、法国两国则较小。欧洲国家在国外的劳动密集型企业多数建立在发展中国家，旨在利用发展中国家的廉价劳动力及当地原料，就地产销，从而赚取更多利润。

（三）越来越重视第三产业的对外直接投资

第二次世界大战后以来，在欧洲国家各国的对外直接投资中，第三产业所占比重逐年增加。据统计，在20世纪50年代初，第三产业仅占欧洲国家对外直接投资总额的10%左右，1983年占23.4%，1990年上升到占40%左右，2002年进一步上升到占60%左右。到2007年年底，欧洲国家仅对外第三产业直接投资累计总额已达到29 034.2亿美元，主要集中在金融保险、销售服务、房地产等行业。欧洲国家对外第三产业直接投资最初只是投向发达国家，在20世纪80年代以后才在发展中国家建立一些银行分行、保险机构、广告公司和销售网络。欧洲国家对外第三产业直接投资，既集中了世界各地的大量游散资金，为欧洲国家各国对外直接投资提供了足够的资本来源，又提高了欧洲国家商品的销售能力。

三、跨国并购成为欧洲国家企业超常发展的手段

国家之间以及集团之间的较量主要体现为企业之间的竞争，国家以及集团在世界市场上的竞争力主要取决于各国（集团）企业的竞争实力，因而企业在实施对外经济战略中担当着十分重要的角色。为了顺利推行欧洲国家的对外经济战略，除由国家或集团采取一系列重大行动外，欧洲国家各国也积极鼓励企业出击，跨越国界，目标是通过跨国并购来加强企业对外直接投资，占领外部市场。

自20世纪90年代以来，欧洲国家掀起了新一轮的企业并购浪潮，这场并购潮首先从银行业开始，并迅速扩展到其他行业，几乎涉及所有领域，并成为欧洲国家加强对外直接投资、夺取外部市场的最重要形式和手段。这次企业并购潮既是欧洲国家重振内部经济的自身需要，也是欧洲国家为顺应经济全球化发展的新形势、迎接新世纪的竞争挑战、积极推行国际化战略而采取的重要步骤。当前，欧洲国家企业并购方兴未艾，并具有如下几个重要特点：

（一）企业并购势头凶猛，范围广，交易规模大，尤其是跨国并购成为主角

1990年欧洲国家企业并购交易额只有600多亿美元，到1995年增加至2600亿美元，2007年已提高到11 280.7亿美元，其中跨国并购成为主角。欧洲国家企业并购额约占世界跨国并购额的40%以上。企业并购涉及的部门越来越广，从制造业、能源到航空航天、电子、军工等高技术部门、零售商业、医药和环保等，尤其是最近几年，服务业特别是银行、保险和电信等行业的并购更是高潮迭起。

（二）并购活动以发展公司核心业务、建立世界级企业为主要目标

如果说在20世纪80年代末以前企业并购活动的主要目标是注重实现多元化经营，更多地表现为大企业吞并小企业，进行跨行业的"敌意"兼并，那么在今天，则把发展公司有前途的核心业务、实行优势互补、提高企业规模效益、降低生产成本、壮大企业在全球的竞争力作为主要目标，更多地表现为同行业实力强大的大企业之间的"强强"联姻。这种横向并购，在银行和金融、保险、航空、通信、汽车、电力、医药等行业尤为突出，无一不是以扩展公司核心业务，并通过强强联合、优势互补以增强企业在全球的竞争力为目的，是一种"战略并购"。正如戴姆勒—奔驰公司领导人朱尔金·施伦普（Juergen Schrempp）在他的公司与克莱斯勒公司合并后所说，他们的目标是"共同确立21世纪的同业领先企业的地

位"。戴姆勒—奔驰公司以生产高档小轿车著称，其产品在欧洲市场占有较大份额，但在北美市场却相形见绌。而克莱斯勒公司则擅长于生产越野吉普车和小型货车，绝大部分产品销往北美，在欧洲市场上的销量却很少。因此，双方合并后可更好地发展强项业务，通过彼此的销售渠道扩大在对方市场的销售量。戴姆勒—奔驰和克莱斯勒合并后，前者将重点开拓北美高档市场，后者则力图扭转小型汽车在欧洲市场的劣势，从而实现强强结合，优势互补。

（三）欧美企业之间的并购扮演跨国并购的主角，亚洲正成为当今欧美企业跨国并购的重要目标区

欧美企业乘亚洲爆发金融危机、货币贬值、股市下跌之机而大举进攻，许多公司认为"这是廉价购买亚洲战略企业的好机会"，使亚洲成为欧美企业进行战略并购的重要目标。据统计，1998年欧美企业在东南亚的并购额已升至上百亿美元，欧美企业对亚洲金融业的并购额由1996年的8000万美元猛增到1998年的11亿美元。

当前，全球性的企业跨国并购方兴未艾，其中欧洲国家企业是一支最活跃的力量。鼓励企业实行"战略并购"，并以企业跨国并购作为对外直接投资的主要形式已成为当今欧洲国家推行对外经济新战略、夺取外部市场的重要手段。企业并购正使欧洲国家资本雄厚的大企业数量明显增多，正在形成一支能与其竞争对手相抗衡的世界级公司或集团。

第三节 欧洲国家跨国公司国际直接投资的效应

欧洲国家跨国公司的发展不仅推动了欧洲国家对外直接投资的发展，也推动了世界对外直接投资的发展，并对世界经济和母国经济产生了不同程度的影响。

一、对世界经济的影响

资本家建立跨国公司的根本目的就是通过各种途径聚集社会财富以追求高额的利润，这势必会推动世界经济的发展，同时也会给世界经济的发展设置一些障碍。下面将从两方面加以论述：

（一）积极影响

1. 增加社会投资资本

资本短缺问题是影响当代世界经济发展的一个重大障碍。在20世纪80年代的美国，里根政府为摆脱经济危机，通过推行货币政策、调整银行利率等措施，使大量国际游资流向美国，暂时解决了美国资本不足的问题。英国首相撒切尔夫人在执政时期也曾利用高利率集聚了大量外国资金，改造各种工业设施，从而推动英国经济的发展。同样，德国的统一使政府面临严重的资金短缺问题，因为它不仅要维持西部地区的经济发展，还要消化东部地区巨额的经济负担。当时的科尔政府被迫调高银行利率，以期筹措更多的资金渡过难关。虽然这种货币政策能够帮助政府在短期内筹集到资金，但是，从长远来看，提高利率并不能从根本上解决资金短缺的问题。在发展中国家，资金短缺问题十分严重。绝大多数的发展中国家由于缺乏资金的支持，不仅不能发展民族经济，更无力开发其丰富的自然资源，最终导致与发达国家的经济差距越拉越大。随着欧洲国家跨国金融体系的发展，在世界各地建立的金融网络可以有效地将世界各地的游散资金集中起来，向社会提供巨额投资资本。

欧洲国家的跨国商业银行向世界各国，包括欧洲国家的跨国公司发放贷款，增加了世界投资资本，有力地推动了世界经济的发展。欧洲国家的跨国公司利用银行贷款在美国进行直接投资，对美国经济的发展起了积极的推动作用。19世纪以来，英国一直在美国直接投资建筑铁路，修筑高速公路，开发石油，开辟各种商品生产和销售渠道；法国、荷兰、瑞士及德国的跨国公司也在美国大力投资建立化工、仪器、机械、饮料、烟草生产基地。欧洲国家的跨国公司在美国的投资不仅为美国提供了数百万的就业机会，还帮助美国政府解决了资金严重短缺的问题。欧洲国家的子公司每年向美国政府缴纳的税款，也为则美国创造了巨额的财富。欧洲国家公司在美国的各种证券投资，不仅繁荣了美国的证券市场，帮助维持了纽约华尔街在世界金融市场中的中心地位，还向美国政府提供了大量贷款，使美国政府得到了足够的资金以进行各种基础建设和科技研究。此外，欧洲国家的跨国公司在美国房地产行业的投资，使美国房地产市场久兴不衰。同时，欧洲国家的跨国商业银行也向发展中国家提供了大量贷款，对发展中国家经济的发展也起到了积极的推动作用。欧洲国家的跨国银行在拉丁美洲的贷款救活了许多公司。此外，欧洲国家的跨国公司在拉丁美洲投资建立的子公司、分公司和合资（营）企业除了为拉丁美洲国家创造了数百万的就业机会，还每年向拉丁美洲国家大量纳税，成为拉丁美洲国家的主要税源之一。南非是众所周知唯一的非洲富国，其经济发展得到了欧洲国家资本的大力帮助，如英国跨国公司在南非金矿和钻石矿业有巨额投资；德国跨国公司在南非的钢铁和煤炭行业有大量投资，对南非经济发展起到了积极的推动作用。

2. 推动世界科技水平的提高和劳动生产力的发展

欧洲国家各国的跨国公司都将科技研究和开发利用列为其实施发展战略的重要措施之一，以确保其竞争能力和高额利润。欧洲国家巨型跨国公司都设有科研部门，在从事有关本公司产品的科研项目的同时，还承担部分与本公司有关的国家科研项目。例如，英国的帝国化学公司和德国的拜耳化学公司一直都在承担本国政府的化工产品的研究。此外，欧洲国家跨国公司还利用对外直接投资，购买国外的先进技术，弥补其在某些科研领域的弱项。近年来，欧洲国家跨国公司的科技水平不断提高，科研开发利用能力不断增强，公司的生产力和商品质量都有明显提高。在提高生产力方面，欧洲国家跨国公司十分重视利用其掌握的科学技术，强化经营和进行技术改造，不断生产设施，向机械化、自动化方向发展，使各公司的劳动生产率都有不同程度的提高。欧洲国家跨国公司加强科研开发与利用，有效地提高了其劳动生产率，对世界其他国家的公司构成了压力与挑战，这反过来也促使它们不断加强科研开发，从而推动了世界整体科技水平的提高。

3. 充分开发和利用自然资源

欧洲自然资源匮乏，经过了多年的开采，产量明显呈下降趋势，因此每年都要从国外进口大量石油、铜等战略原料。法国、德国及意大利的石油几乎全部依靠进口。因此，欧洲国家有相当部分的跨国公司在从事对外直接投资时，十分重视对自然资源的开发利用。从目前欧洲国家跨国公司设在国外开发自然资源的子公司的分布来看，欧洲国家公司开发自然资源的重点地区在南非、澳大利亚、美国和加拿大，原则上强调"合理开发、充分利用"。

欧洲国家跨国公司在世界各地开发自然资源时，能够充分利用其先进的管理经验和技术，将原料就地消化，生产出半成品或初级产品运到世界其他地方来进一步加工处理。根据有关专家的推算，欧洲钢铁公司生产1t钢铁的成本（不包括劳动力成本）仅是广大发展中国家的50%左右。意大利皮革公司用同等质量的皮革可以生产出比其他国家更好的皮造品；北欧国家的公司在木材开发利用方面达到了几乎完美无缺的程度，它们将木材制成各种家具，其废料用来造纸，或进行进一步的综合开发。

(二) 消极影响

1. 扩大了南北经济的差距

欧洲国家跨国公司的高速发展以及美国、日本跨国公司的扩张，使发达国家在经济上相互储存的程度进一步加深，也使发展中国家在经济上更加处于不利地位。第二次世界大战后，欧洲、美国、日本跨国公司经过大规模的发展，利用直接投资使三方出现了"你中有我，我中有你"的经济现象，三者之间相互渗透的程度日趋加深。例如：加拿大80%的制造业、70%的石油及天然气开采业、76%的交通设备工业以及68%的化工、橡胶、煤、矿物燃料工业等均控制在美国手中。西方发达国家之间渗透程度最深的行业是化工、石油、煤炭、橡胶、塑料、金属制成品等行业；渗透程度较轻的行业是食品、烟草和一些高科技行业，如航空航天、核能技术等。美国、欧洲、日本三方在经济上的相互渗透已使其国家主权受到限制，在制定其内外政策时必须考虑到其他发达国家的经济利益，以促其更多地利用和依赖经济组织来解决经济纠纷，协调经济政策，共同提高经济水平。

发达国家经济上的相互联系、相互渗透虽然推动了其整体经济的发展，但是却使广大发展中国家，特别是最不发达的国家成为被"被遗忘的角落"，南北经济差距越拉越大。据联合国统计，世界80%的国内总产值属于生活在发达世界的10亿人；而其余20%的国内总产值属于生活在发展中国家的50亿人。在世界许多地区，居高不下的穷人比率至少是收入不足的一个原因。1981~2009年，生活在极端贫穷地区的世界人口比率从40%降至26.7%，但许多国家仍然存在大量的贫穷人口。全球就业状况的特点是极端不平等。2003年，约1.86亿人失业，占就业适龄人口总数的6.2%，2010年全球失业人数为2.05亿，处历史高位。在发达国家，总的来说近年来失业人口已减少；但在许多发展中国家，失业率仍居高不下，甚至呈上升趋势。表12-7显示了世界不同区域收入分配的不平等。它列出了每个区域的人均收入与作为一个整体的富有的经合组织国家人均收入的百分比，以及这些比率在1980~2001年间的变化。仔细研究这些数字后发现，除南亚和东亚以及太平洋之外，所有发展中区域的人均收入与高收入的经合组织国家相比均有所下降。1980~2001年，这一比率下降的情况是，撒哈拉以南非洲从3.3%降至1.9%，中东和北非从9.7%降至6.7%，拉丁美洲和加勒比从18%降至12.8%。

2. 国际金融市场受跨国财团操纵

欧洲国家跨国公司，包括跨国商业银行的资本流向，对国际金融市场起着不容忽视的影响，主要表现在以下两个方面：

表12-7 世界不同区域的人均收入在经合组织各国人均收入平均值中所占比率（%）

区域	1980年	1981~1985年	1986~1990年	1991~1995年	1996~2000年	2001年
撒哈拉以南非洲	3.3	3.1	2.5	2.1	2.0	1.9
南亚	1.2	1.3	1.3	1.4	1.5	1.6
中东和北非	9.7	9.0	7.3	7.1	6.8	6.7
拉丁美洲和加勒比	18.0	16.0	14.2	13.5	13.3	12.8
东亚及太平洋	1.5	1.7	1.9	2.5	3.1	3.3

（续）

区域	1980 年	1981~1985 年	1986~1990 年	1991~1995 年	1996~2000 年	2001 年
高收入国家	97.7	97.6	97.6	97.9	97.9	97.8
高收入的非经合组织国家	45.3	45.3	48.2	56.1	60.2	59.2
高收入的经合组织国家	100.0	100.0	100.0	100.0	100.0	100.0

注：1. 来自联合国网站《2005 年世界社会状况报告》。
2. 本表数据以不变值美元计算。

（1）影响国际收支。欧洲国家跨国公司是国际直接投资的主要力量之一。为在国际市场竞争中站住脚，它们必须不断扩大生产规模并且提高生产水平，以保护自己的垄断地位。因此，它们每年都在国外增加新投资、建立新的子公司、扩大已有子公司的规模、收购或兼并当地企业、组织新的销售网点。欧洲国家跨国公司的国际经济活动推动欧洲国家对外直接投资迅速增加，使欧洲国家对外直接投资累计总额从 20 世纪 50 年代初的 300 多亿美元上升到 2003 年的 58 523 多亿美元。2004 年，欧盟 27 国对外直接投资累计总额为 33 943 亿欧元，2009 年为 58 706 亿欧元。由于欧洲国家跨国公司在世界各地不断投入或抽出大量资金，其一举一动都会对世界某些国家或地区的国际收支产生重大影响，进而会对该地区或该国家货币的稳定性产生连锁反应。如果欧洲国家跨国公司的投资造成东道国国际收支较大的顺差，那么对东道国的货币可以起一定的国际支持作用；相反，如果欧洲国家跨国公司从某国或某地区抽走资金、减少投资时，那么东道国就可能出现大量的国际收支逆差，在国际市场上就会对东道国的货币起削弱作用。20 世纪 80 年代，为了使南非放弃种族歧视政策，英国、法国、美国等国家联合对其实行经济制裁，欧洲国家跨国公司明显减少了在南非的投资活动，有的公司甚至关闭了其在南非的子公司和工厂，抽走了大量资金，对南非的国际收支带来了不利影响，使其货币迅速贬值。

（2）影响国际金融市场。第二次世界大战后以来，随着科学技术的发展及其开发利用的提高，欧洲国家跨国公司不断使用先进的技术来改进生产管理和财务管理，推行集中管理的生产和财务管理体制化政策。它们在财务上实行"分级管理、统一核算"的管理办法，使母公司与子公司之间、子公司与子公司之间频繁调动资金。这种"走账"包括将子公司的利润汇回母国、母公司与子公司之间相互贷款、拨交利息、支付专利费、各种产品的调拨结算等，造成了资金经常在国与国之间、地区与地区之间较大规模地流动。这种资金流动，对实力雄厚的发达国家来说影响不大，但对广大发展中国家来说就难以承受，影响很大，可能引起国际收支骤变、汇率急剧变化、经济政策失控，甚至会引起国际金融风波。1993 年春、夏两季，欧洲国家货币市场上出现了先抛英镑、后抛法郎的金融风波，这与欧洲国家跨国公司包括跨国商业银行大量转移资本有着密切关系。

3. 带来巨额的投机资金

在欧洲国家跨国公司每年大量转移和调动的资金中，有大量的资金用于在国际金融市场上进行投机活动，以牟取暴利。这种投机性质的资金转移使 20 世纪 70 年代末已经处于混乱状态的国际金融市场更加不稳定。而后，欧洲国家跨国公司（银行）根据国际货币市场日趋不稳、美元对世界主要货币的汇率变化无常的特点，逐年增加短期流动资金，在纽约、东京、巴黎、伦敦等国际金融市场上进行大规模投资，购买股票及其他各种证券，也使得国际货币市场日益动荡不安。

二、对母国经济的影响

作为欧洲国家各国经济发展的核心与动力，欧洲国家跨国公司对欧洲国家各国经济的发展、对外经贸关系及各国政府的内外政策都产生了重大的影响。

（一）对国际贸易的影响

欧洲国家跨国公司的对外直接投资不仅加强了国际资本的流动，而且还带动了欧洲国家对外贸易的发展，有效地避开了第二次世界大战后以来世界各地日益增长的贸易保护主义障碍，使欧洲各国的对外贸易总额迅速增长。2004年，欧洲国家对外贸易总额达19 976亿美元。根据欧盟统计局的数据，2010年欧盟出口总额为13 483亿欧元，增长23%，进口总额为14 916亿欧元，增长24%，贸易逆差为1433亿欧元，同比猛增32.6%；欧元区出口总额为15 347亿欧元，增长20%，进口总额为15 340亿欧元，同比增长22%，贸易顺差为7亿欧元，同比收窄159亿欧元。

欧洲国家跨国公司主要从以下两个方面带动了欧洲国家对外贸易的发展：

1. 跨国公司直接进出口商品

欧洲国家跨国公司在进行国际贸易交往方面有绝对的有利条件。它可以充分利用其在世界各地的子公司、分公司和办事处进出口各种商品。欧洲国家跨国公司进口的主要商品是原料和农副产品，包括石油、锡、铜、铝、镍、钼、可可豆、香蕉等产品；出口的主要商品是汽车、工农业机械、化工产品、药品、电子产品等。

2. 跨国公司的内部贸易

20世纪70年代以来，欧洲国家跨国公司的内部贸易（母公司与子公司之间的商品交往）约占欧洲国家对外贸易总额的30%，其增长速度快于欧洲国家对外贸易的整体增长速度。推动欧洲国家跨国公司快速发展内部贸易的原因主要是：

（1）欧洲国家跨国公司的经营范围迅速扩大。第二次世界大战后以来，欧洲国家跨国公司加强了经营多样化的发展趋势，从事制造业的公司向采掘业发展，确保其原料来源；经营原料生产的跨国公司朝制造业方向迈进，以保证原材料的销售稳步扩大。20世纪的三次石油危机使许多的欧洲国家石油公司，包括荷兰皇家壳牌石油公司、法国的埃尔夫—阿奎坦石油公司等，开始向其他能源部门、交通运输行业和商业部门的投资明显增多；以往一直经营生产活动的欧洲国家跨国公司，开始逐渐向劳务部门渗透；跨国商业银行开始发展非金融业务。这种多样化发展增加了欧洲国家跨国公司的内部贸易联系。

（2）克服外部市场不完全，降低交易成本。市场是企业同外部联系和作用的媒介与渠道，但由于外部市场通常存在着各种因素造成市场不完全，如大企业的市场垄断、政府干预造成结构性市场失效，或者由于信息不对称、人们的机会主义行为造成交易性市场失效，往往使得交易成本过高、交易效率低下，甚至使交易无法完成。欧洲国家跨国公司将生产过程中的若干环节内部化，在全球最有利的地方投资，形成全球一体化的生产体系，进行产品价值增值链各环节生产。然后通过公司内部贸易完成最终产品生产，从而回避市场不完全的问题，降低交易成本。

（3）利用转移价格，获取高额利润。欧洲国家跨国公司通过内部贸易实行转移价格，利用转移价格不仅有助于其实现全球经营战略目标中的公司全球利益最大化这一最基本的经营目标，而且还可以帮助其达到以下目标，以获取高额利润：减轻税收，使跨国公司整体税负最小化；回避经营风险，实现跨国公司的自我保护；加强子公司在当地的竞争优势，保证市场的占领与扩张；减少麻烦，回避与东道国之间的矛盾与冲突等。

（4）欧洲国家跨国公司内部采取分工制造部件、集中装配、定向销售的经营方式，形成了国际各种零部件、半成品和成品之间的相互往返运输，也造成了欧洲国家跨国公司设在国外的子公司间的相互依赖，使产品的内部流通增加。

（二）解决了剩余资本问题，增加了外汇收入

欧洲国家跨国公司在国外从事直接投资，建立子公司与外国合资生产并销售各种商品，雇用外国劳动力，无形之中将欧洲国家各国的"领土"延伸至世界各地。不仅解决了欧洲国家地域狭小、发展潜力有限的难题，而且也有效地解决了欧洲国家资本相对剩余的问题。

（三）促使欧洲国家社会严重地两极分化

欧洲国家跨国公司的发展仅为少数欧洲人创造了大量财富，而大多数欧洲人却靠出卖劳动力维持生活，欧洲国家的贫富差距问题虽然没有美国突出，但也一直存在。一方面，欧洲国家越来越多的财富集中在少数人手中。欧洲国家社会的绝大部分富豪都在跨国公司（包括跨国银行）中拥有大量股份，每年都可以凭借手中的股份得到巨额红利，成为一批不劳而获的"食利阶层"。另一方面，广大劳动阶层人民的贫困化加剧。生活在欧洲国家社会底层、占其人口总数绝大多数的欧洲国家贫困者只拥有一小部分的社会财富。20 世纪 80 年代以来，欧洲国家各国失业人数迅速增加，失业率居高不下。欧盟统计局数据显示，2005 年 12 月份欧元区失业率为 8.4%，欧盟 25 国失业率为 8.5%。2011 年，欧元区 1 月份平均失业率为 9.9%，欧盟 27 国为 9.5%。失业率最低的国家是奥地利（4.3%）、卢森堡（4.7%）和马耳他（6.1%）；失业率最高的国家是西班牙（20.4%）、拉脱维亚（18.3%）和立陶宛（17.4%）。与 2010 年 1 月份相比，2011 年 1 月份欧盟失业人数增加了 9.9 万人。美国劳工部数据显示，2006 年 1 月份美国失业率仅为 4.7%，2011 年 3 月份美国失业率为 8.8%。德国失业率在 2005 年 4 月份达 11.6%，法国失业率在 2005 年 5 月达 10.2%。2011 年 3 月份德国失业率降至 7.6%，法国为 8.3%。2016 年德国失业率为 4.1%，美国为 4.9%，日本为 3.1%，英国为 4.8%，法国为 10.1%，2018 年德国失业率为 3.42%，美国为 3.93%，日本为 2.45%，英国为 3.95%，法国为 9.18%。失业问题已成为欧洲国家各国的棘手问题，虽然欧洲国家各国政府采取了各种政策，包括养老金制度、鼓励私营企业等，但收效甚微。而欧洲国家跨国公司加紧对外直接投资的行为，使欧洲国家的失业问题如雪上加霜。

【关键术语】

欧洲国家　　欧洲国家跨国公司　　跨国并购

思 考 题

1. 总结 20 世纪 90 年代以来，欧洲国家跨国公司对外直接投资的特点及其原因。
2. 论述欧洲国家跨国公司与国际直接投资对世界经济的影响。
3. 论述欧洲国家跨国公司与国际直接投资对母国经济的影响。

4. 简述金融危机与债务危机对欧洲跨国公司国际直接投资的影响。

延展阅读书目

［1］李纲．国际对外投资政策与实践［M］．北京：中国对外经济贸易出版社，2003．
［2］高敏雪，等．对外直接投资统计基础读本［M］．北京：经济科学出版社，2005．
［3］康荣平．大型跨国公司战略新趋势［M］．北京：经济科学出版社，2001．

第十三章

日本的跨国公司与国际直接投资

【学习要点】
- 日本跨国公司国际直接投资各阶段的发展
- 日本跨国公司国际直接投资的特点
- 日本跨国公司国际直接投资的效应

第一节 日本跨国公司国际直接投资的发展

从历史上来看,日本跨国公司的产生由来已久。早在19世纪末20世纪初,日本就在朝鲜、我国的台湾和东北地区设立了一批规模较大的垄断企业。第二次世界大战结束以后,这些跨国公司随着日本的战败而消失。

进入20世纪50年代,日本经济在内外两方面因素的刺激下迅速得到恢复和发展,国内的资本活动也日渐活跃。从1951年年底开始,日本纺织工业部门中的一些大企业陆续开始在拉丁美洲和东南亚的一些国家或地区投资设厂,从而形成了第二次世界大战后日本的第一批跨国企业。20世纪80年代,尤其是在1985年日本成为世界头号债权大国之后,日本跨国企业迅速崛起,并依赖国内强大的金融实力,全力推行了对外扩展的"全球化"战略。21世纪,日本的跨国企业在巩固已有成果的基础上进一步向世界扩张。

按照日本1988年度《经济白皮书》的界定,日本企业国际化的过程可以分为五个阶段:第一阶段是出口产品;第二阶段是在海外建立销售网;第三阶段是在海外建设生产基地;第四阶段是向海外转移经营资源;第五阶段是实施世界范围内的最佳经营战略。如果以此为依据,那么自第二次世界大战结束以来,日本跨国公司及其国际直接投资的发展可以大体分为起步、成长、成熟和调整四个时期。

一、日本跨国公司与国际直接投资发展的起步时期

20世纪50年代中期到20世纪70年代初是日本跨国公司与国际直接投资发展的起步时期,在这段时期,日本在国际贸易方面仍然处于以出口为主导的发展阶段。

(一)日本跨国公司与国际直接投资发展起步时期的主要背景

1. 日本国内投资高涨

第二次世界大战给日本经济带来了严重的影响。战争结束以后,日本经济处于恢复和调整的时期,由于当时日本生产力水平低下,加上战争的破坏,日本国内物资严重匮乏,生产资料和生活资料均不能满足国内人民生产和生活的需要。因此在这一个时期,日本企业的生产主要是满足国内市场的需求,企业的各种活动也以国内市场为目标。

20世纪50年代中期以后,日本战后动荡的社会政治体制基本定型,日本国内进入了一

个以狂热的设备投资和重工业化为目标的经济高速增长时期。日本的工业企业为了更新设备，建立新的产业，进行了大规模的固定资产投资，使整个经济开始活跃起来，并连续出现了几次经济的繁荣时期。1955～1964年，日本实际国民生产总值年平均增长率为9.7%；1965～1970年，实际国民生产总值年平均增长率更是达到了10.5%的高水平。在这一个时期，日本企业还大力引进国外的先进技术，采用科技新成果，对企业进行了大规模的技术改造，生产规模迅速扩大。同时，为了提高企业的国际竞争能力，很多日本大型企业还进行了合并，特大企业相继出现。此时，日本企业的规模和生产技术均已达到了世界先进水平，劳动生产率和经济效益得到很大的提高，日本企业在国际竞争中明显处于优势地位。

但是，也正是日本国内高涨的生产和投资需求，以及旺盛的经济发展势头，造成了国内资本普遍供应不足，使得日本企业的国际直接投资难以有较大的增长。

日本企业在这一时期的生产力和竞争力的迅速提高，以及当时国内日益突出的资源短缺和市场狭小之间的矛盾，为后来20世纪80年代日本跨国公司和国际直接投资的高速发展奠定了基础。

2. 日本政府政策的转变

第二次世界大战结束以后，日本政府修订了《外汇管制法》，规定从1951年开始，允许日本公司到海外进行直接投资。

但是，由于当时日本在国际收支上的巨额赤字，政府对国际直接投资实际上进行了严格的限制。另外，日本政府确立了"贸易立国"的战略，希望通过推动企业出口来赚取外汇，获得资金，进口原材料、能源和技术，从而扩大日本企业的生产能力，进一步增加出口，形成一种良性的循环机制。日本政府为促进这一战略的实施，推行了许多贸易自由化的政策和鼓励出口的措施。所以，在战后初期，日本仍然处于出口导向型的发展时期，国际直接投资的发展比较缓慢。

1965年以后，由于国际收支余额的增加，日本政府对企业国际直接投资的约束逐渐开始放松。直到20世纪70年代，日本企业的国际直接投资才获得了实质性的增长。

（二）日本跨国公司与国际直接投资发展起步时期的主要特点

在这一时期，日本跨国公司进行国际化经营的主要特点是，企业以国内生产为主，以出口为中心。因为国内投资需求旺盛，劳动力成本低，所以日本企业往往选择在国内生产，然后通过大量出口来占领海外市场。

从出口的产品来看，20世纪50年代，日本企业的出口产品主要是轻工纺织品；20世纪60年代后半期开始，主要是钢铁、机械等资本密集型产品。

从出口的地域来看，20世纪50年代日本的出口国家主要是发展中国家和地区，占日本总出口量的58.13%，而向发达国家的出口仅占39.19%；到了20世纪60年代，日本对发达国家和地区的出口比重迅速提高，1969年美国在日本出口市场中的比重迅速上升到31%，欧洲也上升到12.18%。

从企业的组织结构来看，当时的日本企业大都设立了出口部和海外事业部，对海外事业加以管理。随着日本企业出口的发展，企业的海外销售体制也日益健全。一开始，多数企业通过综合商社来进行海外销售，随着海外销售额的扩大和销售经验的积累，客户关系逐渐建立，一些企业开始自行出口，并在海外设立了销售分部，企业对国际市场日益了解，应对国际市场风险的能力也得到增强。

虽然在这一阶段日本企业的出口得到迅速增长，但是当时日本国内生产、投资需求大，资本供应不足，所以从总体来看，企业国际直接投资的规模还是很小，年投资额也很低，始终在 10 亿美元以下，而且大部分国际直接投资是由综合商社来进行的。国际直接投资的地区也主要集中在亚洲和中南美洲，对欧洲、美国等发达国家和地区的投资较少，投资的部门以资源开发性投资为主。

二、日本跨国公司与国际直接投资发展的成长时期

20 世纪 70 年代初到 80 年代初是日本跨国公司和国际直接投资成长和发展的时期，日本企业开始由以出口为主导的发展阶段进入到以海外设厂为主导的发展阶段。

（一）日本跨国公司与国际直接投资发展成长时期的主要背景

1. 日本国内经济进入调整时期

20 世纪 70 年代初，由于第四次中东战争的爆发，石油价格急剧上涨，引发了第一次石油危机，西方主要国家的经济秩序都受到严重冲击，整个世界经济发生了激烈的动荡，最终导致了战后空前严重的一次经济危机。在这次危机中，日本受到的打击最大，经济从此结束了 20 世纪 60 年代的高速增长时期，转而进入产业结构调整时期。在这一时期，日本对国内的产业结构进行了逐步调整，实行了"减量经营"的方针，减少投资，从而使过剩资本增加，为国际直接投资提供了资金来源。

20 世纪 70 年代，虽然日本经济的增长速度有所放慢，但是由于其经历了 20 世纪 60 年代的高速增长，日本国内经济已经基本实现了重化工业化，企业实力也大大增强。并且，在政府的大力扶持下，日本企业开始实行吸收技术的革新战略，并取得成功，大大缩短了与欧美国家之间的技术差距，尤其是在半导体产业的竞争力有了明显的提高，与美国不相上下。

与此同时，由于日本国内的工资成本开始上升，原来在出口中最具优势的纺织业逐渐失去了国际竞争力，直接出口的优势越来越不明显。

2. 日本政府的政策开始松动

为了让日本经济恢复高速发展，进入 20 世纪 70 年代以后，日本政府一方面实施所谓的"个人收入翻番（倍增）计划"，来扩大国内的消费能力；另一方面，也开始运用政策与金融工具，加大对国内幼稚产业的保护力度，并扶持大型企业。当时，日本政府曾经实施"外汇预算配额制"来限制进口，以保护幼稚产业。

在国际直接投资方面，日本政府也日益放松了各种在政策上的管制。1963 年，日本已经加入了关税与贸易总协定（GATT），正在向 GATT 的第 11 条款过渡，实施贸易自由化。1965 年前后，日本又加入了国际货币基金组织，开始实施资本的自由化，并先后于 1967 年、1969 年两次实施"资本自由化"的改革。1969 ~ 1978 年，日本政府为促进国际直接投资的发展，共采取了五次资本交易自由化的措施。1972 年，日本政府发表了"20 世纪 70 年代对外经济政策纲要"，首次明确宣布要支持日本企业实施国际化战略，参与国际分工，并且具体提出了一系列促进日本企业国际直接投资的政策方案。1973 年，日本实现了 100% 的资本自由化，彻底扫清了跨国企业进行国际直接投资的政策障碍。1980 年 12 月，日本政府公布实施《新外汇管理法》，从金融领域支持日本企业的国际化和对外直接投资的开展。

3. 日元升值、日本和欧美等国之间的贸易摩擦日益增多

一方面，在 20 世纪 70 年代，布雷顿森林体系崩溃，国际经济环境发生了很大的变化。

1949～1971年，日本一直采取1美元兑360日元的固定汇率制，但是布雷顿森林体系解体以后，日本开始实行有管制的浮动汇率制，日元迅速升值，到1973年年底已经达到了1美元兑272日元。日元的升值对日本企业的直接出口极为不利。

另一方面，自1965年以来，除受石油危机冲击的个别年份之外，日本的经常贸易收支项目出现了连年的顺差，对外贸易顺差额迅速增长，1978年更是达到165 134亿美元的高度。日本的电器机械、一般机械和运输机械等大量涌入欧美发达国家，20世纪60年代后期，日本的汽车年产量突破100万台，20世纪70年代，日本取代美国成为世界上最大的民用电子机器的生产供给国，结果使得日本与欧美等国的贸易摩擦日益加剧。从1968年开始，美国对日本生产的电视机实施反倾销，后来，美国对日本反倾销的领域进一步扩大到微波炉、录像机之类的民用电子产品以及汽车产品。

在这样的情况下，日本企业相应地采取了利用对外直接投资来促进和扩大贸易发展的战略，发挥出口替代的作用，以缓解日元升值和贸易摩擦的不利影响。

4. 周边国家和地区投资环境好

从日本周边国家和地区的当时情况看，20世纪70年代，亚洲"四小龙"以及东盟国家先后实施外资引进战略，设立贸易加工区，奖励出口。同时，日元升值对日本的跨国公司来说，周边国家和地区的劳动力成本变得相对较低，所以这些国家和地区对日本的投资者就变得很有吸引力。

（二）日本跨国公司与国际直接投资发展成长时期的主要特点

在上述经营环境和政策条件下，加上日本经常项目余额的不断增加、日元迅速升值和国内劳动力成本升高等现实条件，使日本的跨国公司开始考虑将海外直接投资作为其全球战略的一个有机部分，日本的跨国公司开始"走出去"，积极进行国际直接投资。

日本跨国公司国际直接投资的真正起飞开始于1972年，这一年也被称为日本"投资海外第一年"。1972年和1973年，日本对外直接投资的数额超过了前20年的总和，这也成了日本对外直接投资的一个转折点。

在这一个时期，日本跨国公司进行国际直接投资的规模迅速扩张，并稳定增长，对冶金、电子和汽车等新兴工业，特别是高技术产业的投资均有大幅提高，工业资本输出以平均每年27.5%的速度持续增长，跨国公司的足迹更是遍及全球。

从投资的产业来看，在这一时期，日本跨国公司国际直接投资的迅速扩张主要是由制造业部门带动的，制造业部门海外投资所占的比重超过了35%。加上石油危机的影响，日本的钢铁企业开始致力于在海外创立基地，大举向海外转移耗能型的重化工业，使得在国际直接投资中，化工业的海外投资特别活跃。但是日本跨国公司对发达国家和发展中国家进行直接投资的产业有所不同，其制造业和资源开发业的投资主要集中在发展中国家，商业和服务业的投资则侧重于发达国家。这种分工体系是日本利用比较优势理论进行投资的结果。一方面，它使日本避开了与欧美在生产技术乃至高科技领域的正面冲突；另一方面，又使其得以充分利用发展中国家的廉价劳动力和丰富的自然资源，实现劳动密集型和能源消耗型企业向东南亚国家的进一步转移。1951～1990年按部门分类的日本国际直接投资情况见表13-1。

表 13-1　1951~1990 年按部门分类的日本国际直接投资　（单位：十亿美元）

年份	制造业	初级产业	金融	劳务	其他	总额
1951~1971 年	1.28	1.1	0.5	0.8	0.8	4.48
1972~1980 年	11.4	6.9	2.6	6.0	5.2	32.1
1981~1985 年	11.8	5.0	11.0	18.5	2.9	49.2
1986~1990 年	57.2	5.7	97.8	60.2	6.4	227.3

注：1. 金融包括保险和不动产；初级产业包括农业、林业、渔业和采矿业；劳务包括商业运输和其他服务。
　　2. 资料来自日本大藏省。

从投资的地域来看，日本跨国公司进行国际直接投资的重点地区仍是亚洲，其次才是美国和拉丁美洲。但是日本对发达国家进行直接投资的份额明显上升，这也反映了日本以直接投资的方式来缓解与西方国家贸易摩擦的战略意图。

从跨国公司的组织结构来看，当时日本跨国公司生产的核心部分及研究开发的大部分仍留在国内的母公司，而且母公司在技术、资金、人员任命等方面对子公司仍然具有绝对的控制权。子公司的权利非常有限，只是在当地负责加工装配，而关键的零部件、技术等均需从母公司进口，产品则销往当地市场，当地筹资的比例很低。所以日本企业的国际化水平在当时仍处于简单一体化的阶段。

在这一时期，日本跨国公司的对外直接投资也为国际贸易带来了出口诱发效应，使日本国内母公司的出口进一步扩大。企业设立国际事业部专门管理海外事业，公司的国外业务和国内业务进一步分开。日本跨国公司在对外直接投资和跨国经营等方面积累了宝贵的经验，提高了国际竞争力。

在这一时期，日本企业的海外直接投资还有以下三个特征：

（1）日本跨国公司的国际直接投资以"商社参加型海外投资"为主。由于当时的日本企业普遍缺乏海外直接投资的经验和相关信息，许多企业倾向于借助日本综合商社已铺设的海外信息网络，与综合商社共同进行海外投资项目。

（2）日本跨国公司主要在东亚地区进行生产及出口基地投资，而在欧美做营销网络投资。当时，日本的制造业在对欧美各国的直接投资采取的是"营销网络投资先行，生产制造投资随后跟进"的投资战略。因为当时日本对欧美直接投资的首要目的是占领并确保市场，所以，收集市场信息、开拓营销渠道的投资起到了开道先锋的作用，然后在这一基础上再展开生产制造方面的投资，就可以做到避免盲目性及非效率性。20 世纪 60 年代，松下电器就是首先在美国投资设立销售子公司，构建营销网络，然后再从 70 年代起开始进行大规模生产及制造投资的。

（3）当时日本所有的海外直接投资都是其扩大出口战略的补充。20 世纪 70 年代，日本的基本国策仍然是扩大出口，由于当时日本在对外贸易方面的顺差不断增加，日本与欧美各国的贸易摩擦也日益加剧，日本产品遭遇欧美反倾销的案例直线上升。为了避免来自欧美市场对日本制造的产品进行反倾销，日本企业利用东亚地区吸引外资、设立出口加工区的机遇，在东亚建立对欧美市场的"迂回出口"生产基地，来保持甚至增加对欧美市场出口的数量，从而减轻来自欧美对日本贸易摩擦的压力。

三、日本跨国公司与国际直接投资发展的成熟时期

20 世纪 80 年代初到 80 年代末是日本跨国公司和国际直接投资的高速发展和成熟时期，

在这一阶段，日本企业进入了由渐进式向跃进式转变的海外经营发展时期。

（一）日本跨国公司与国际直接投资发展成熟时期的主要背景

1. 日本国内产业升级、资本相对过剩

进入20世纪80年代，日本企业在政府政策的指导下，一方面，逐步淘汰了一大批传统的工业部门，形成了以生物工程、新型材料、新能源、信息工程等为代表的战略性产业部门，而淘汰下来的传统工业逐渐开始向海外大批转移。另一方面，20世纪80年代日本政府还进一步确立了"科技立国"的战略，科技进步相当迅速，以微电子、新材料为标志的新科技革命在日本日益兴起，新的高技术、高附加值的产业部门也不断涌现。经过新科技对传统产业的技术改造，日本企业的国际竞争力大大增强。汽车、家用电器、金融业、服务业在国际市场上独领风骚。

此外，日本通产省主导的产业升级高附加值化的协调体制得以确立并实现了成功运作。这种体制就是，由通产省协调日本各大企业联合研究基础技术，"协同攻关"，然后再由日本各大企业在"协同攻关"的基础上，各自进行应用及批量生产的研发，相对竞争，从而使得日本这些高科技产业的整体国际竞争力有了进一步的提高。

与此同时，日本国内储蓄率居高不下，过剩资本的规模日趋增大，对国内市场形成了巨大的需求压力。加上日本制成品出口结构发生了变化，高技术和高附加值的商品如电子和汽车出口增多，促使相关产业的对外直接投资的规模也迅速扩大。

2. 日本政府进一步放松管制

1981年日本政府进一步放松了外汇管制，外汇管制和金融管理的自由化刺激了日本金融业和保险业海外业务的发展。

3. 日本、美国贸易摩擦进一步加剧

在经历了1979～1981年的经济危机后，世界经济开始复苏，日本与其他发达国家争夺国际市场的斗争日趋激烈，特别是与美国之间，贸易摩擦愈演愈烈，美国厂商不仅全面停止了日本企业在美国本土生产彩色电视机，而且还加紧了对日本产家电产品的反倾销，并且将反倾销的领域进一步扩大到半导体、计算机、汽车等附加价值高的产品。日本与其他各国的贸易摩擦也日益剧烈，一些欧洲国家也多次对日本采取了限制进口数量、提高进口关税等贸易保护的措施。

4. 日元大幅升值

由于日本本国劳动生产率的提高，日本的贸易顺差不断扩大。1981～1987年日本的贸易顺差从199亿美元增加到963亿美元，其中对美国的顺差从133亿美元增加到520亿美元，达到了前所未有的规模。

1985年在以美国为首的西方各国的要求下，日美之间达成"广场协议"，日元急剧升值。由1美元兑240日元的汇率大幅上升到1美元兑120日元。

日元的大幅升值使得日本企业出口再次受挫，同时，企业经营资源价格出现了剧烈的变动。各种资源的价格在日本国内急剧上升，而在国际上则明显下降，所以，利用国际上低廉的经营资源成为推动日本企业扩大海外投资的主要动力。

5. 中国改革开放带来的机遇

从周边国家环境来看，中国开始实施改革开放战略，积极引进外资，为日本跨国公司的发展提供了一个巨大的机遇和新的发展空间。

当时，日本企业为了突破关税和非关税壁垒的障碍，巩固和扩大现有的市场，必须扩大直接投资，从海外生产中寻找出路。而日本巨额的贸易顺差和外汇储备也为资本的输出提供了资金上的保障，此外，日元购买力增加，使日本本来就已十分严重的过剩资本空前膨胀，从而形成了这一个阶段日本跨国公司对外直接投资的汹涌浪潮。

（二）日本跨国公司与国际直接投资发展成熟时期的主要特点

20世纪80年代，日本企业大举海外扩张，这也是日本企业海外扩展规模最大、行业最多、范围最广的时期，相对于欧美企业的萎靡不振，日本企业可以说是雄霸天下。日本的跨国公司借助日元升值之势，全面推进海外直接投资，特别是对美国的直接投资。

日本的跨国公司在这一时期向全方位的国际化方向发展，投资规模巨大。在20世纪80年代前期，工业资本输出额在20亿~25亿美元之间徘徊，从1986年开始，工业资本输出额剧增，1986年输出额达38.1亿美元，到1988年达到138.0亿美元，1989年又高达163亿美元，相当于1980年的10倍左右。从此，日本跨国企业的发展进入了全面成熟和空前繁荣时期，并达到世界领先水平。1986年日本对外直接投资总额为223.2亿美元，1989年上升为675.4亿美元，之后对外直接投资总额略有下降。

从日本跨国公司对外直接投资的产业结构来看，在这一时期，日本企业进行海外直接投资的三大支柱是生产制造业投资、金融投资、不动产投资，逐步形成了体系完备的海外投资格局，而对曾经在日本对外直接投资中占据相当比重的初级产业部门的投资却大幅降低。

从日本跨国公司对外直接投资的手段来看，兼并收买是这一时期日本企业海外直接投资的最重要的手段。日本利用日元升值的优势，在国外大量兼并和收买企业，兼并的重点地区是欧美，兼并的行业也十分广泛，包括制造业、运输业、金融业、商业、服务业、不动产业、娱乐业等，企业的多元化经营达到前所未有的地步。20世纪80年代后半期，在日本企业对美国的直接投资中，兼并收购所占的比率高达30%左右，而且由日本大企业进行的数亿美元的大型兼并收购案逐年增多。

从日本跨国公司对外直接投资的地域来看，这一时期，日本企业的直接投资多流向了欧美发达国家。虽然日本生产制造业的对外投资主要在东亚地区和欧美地区展开，但是在东亚地区的投资主要是出于在经营资源成本上的考虑，而在欧美地区的投资则主要是为了避免贸易摩擦并确保欧美市场。到了20世纪80年代中后期，日本对欧美发达国家制造业的投资占据了主导的地位。据大藏省的统计，在1980年日本制造业对外投资中，北美占25%，欧洲只占10%，亚洲占45%；1985年，日本对北美的直接投资比重达到55%，欧洲的比重上升到15%，亚洲的比重则下降到21.16%；而到了1988年，这一比重分别为70%、15%和18.13%。

从日本跨国公司的组织结构上来看，由于跨国公司的迅猛发展，海外分支机构日益增多，原有的分部制已经不能适应新形势的需要，所以一些跨国公司把地理上临近，政治、经济、文化相类似的几个国家划作一个区域管理单位，设立区域统辖公司。区域统辖公司下设若干生产子公司、销售子公司、技术开发研究所、金融子公司和零部件采购中心。日本总公司对区域统辖公司的生产经营实施战略性指导，区域统辖公司实行一元化领导和自主经营。这种企业统辖公司的设立，弱化了海外事业部的功能，增强了地区决策职能。因为区域统辖公司面对的不是一个国家的市场，而是多国的区域市场，所以日本企业的海外生产比例进一步扩大。很多企业跨国经营进一步推行当地化，不断提高当地筹措率和当地雇佣率，随着日本银行的海外扩张，企业的资金筹措当地化的程度越来越高，海外生产比例也逐渐增加，一部分产品的设计和开发转移到国外，更加适应了当地的市场需求。当时，丰田公司在北美建立的北美子公司就是负责丰田公司在美国、加拿大、墨西哥的经营业务，将丰田公司在北美各子公司的产、供、销和技术开发结合成有机整体，形成了一个相互配合的地域跨国生产网。

在这一阶段，许多日本跨国公司成长为世界一流的企业，除资金力量外，经营管理水平也都达到了足以和欧美垄断企业相抗衡的程度。

四、日本跨国公司与国际直接投资发展的调整时期

20世纪90年代至今是日本跨国公司与国际直接投资发展的调整时期，也是日本以世界市场为目标的全球战略时期。

（一）日本跨国公司与国际直接投资发展调整时期的主要背景

1. 日本国内新的经济衰退

进入20世纪90年代以来，继美国、欧洲出现经济衰退后，日本经济也进入新一轮的衰退。由于设备投资与经济增长的严重不协调，日本经济无法正常运转，加之投机行为盛行，政界金融丑闻接连曝光，以及日本银行为了对付投机商人和防止通货膨胀，采取了紧缩银根的政策，导致了日本泡沫经济的破灭，股市暴跌，房地产热骤降，依靠"泡沫经济"刺激的经济繁荣宣告结束。这对日本跨国公司的海外直接投资是一个重大打击，投资额迅速减小。1990年日本对外直接投资总额为480.24亿美元，1993年下降到137.14亿美元，2003年只有287.67亿美元，2004年为355.48亿美元。2014年增为1135.95亿美元，2015年继而增为1286.54亿美元，2016年为1452.43亿美元，2017年为1604.49亿美元。

2. 经济全球化趋势加强

20世纪90年代以来，经济全球化趋势日益加强，国际市场突破了国家和地域的界限，空前扩大，国际分工日益深化，跨国公司的国际生产一体化程度日益加深；科学技术的迅速发展使得现代化的交通运输极为便利，企业间的信息交流成本大大降低；计算机的运用使得跨国公司可以在世界各地进行原材料供应、生产、加工、销售活动，能够在母公司内部实现一体化管理，全球化经营具有了更加坚实的外部条件。一些在生产制造业具有全球竞争实力的日本大企业逐渐展开了全球经营战略，标志着日本企业的国际化向着更高层次发展。

（二）日本跨国公司与国际直接投资发展调整时期的主要特点

进入20世纪90年代以后，在日本经济和世界经济双重衰退的打击下，日本跨国公司的海外直接投资在20世纪90年代呈现急速下降的趋势，对初级产品部门和第二产业部门的投资停滞不前，对第三产业的投资仅在1990年就下降了20%。

虽然受到"泡沫经济"和金融危机的影响，使日本企业的国际化进程减缓，但是在经济全球化的大背景下，一些具有国际竞争力的日本大型跨国公司开始实现全球化的发展战略，进入国际化发展的一个新阶段。

从日本跨国公司海外直接投资的地域来看，20世纪90年代以来，日本企业对亚洲的投资大大增加。1990年日本对亚洲的直接投资总额为70.54亿美元，1995年上升到123.60亿美元，1990～1995年对亚洲的直接投资总额增长率为75.2%。日本在经历了"泡沫经济"之后，对亚洲投资的重视程度明显上升，日本企业想把亚洲其他国家建立成为日本的海外生

产基地，并以此为据点，向全球输出产品。日本企业在亚洲的产业投资逐渐趋向高级化，而不再局限于仅向亚洲其他国家转移比较劣势的技术，甚至把有些刚刚研制出来的新技术转移到亚洲的生产经营基地。例如松下公司就把自己最先进的芯片生产基地设在马来西亚的吉隆坡。另外，日本对发达国家的投资仍主要集中在技术密集领域，以兼并收购方式为主。

从日本跨国公司的组织结构上来看，在全球化的时代，日本企业在全球范围内试图构筑企业的竞争优势。以往，日本企业利用比较优势，如廉价的劳动力和丰富的自然资源，占领当地市场进行海外投资。而在全球战略阶段，跨国公司通过在全球范围内进行企业内部的一体化经营，有效地实行技术垄断，实现生产、销售、研究和开发、信息收集等活动在世界各地的最佳配置，扬长避短，通过广泛的国际协作，充分利用各地的人才资源和技术资源，使企业在世界范围内将技术垄断优势、区位配置优势和经营资源互补优势集于一身，从而构筑企业新的竞争优势，使企业得到了更大的发展，这也是日本企业进行全球化经营的根本目的。

从日本跨国公司全球化的战略布局来看，一方面，日本企业生产当地化、人员当地化、资金当地化的程度有了进一步的提高。由于日本国内投资疲软，大多数日本企业增加了海外生产的比例，以减少国内经济衰退的不良影响，生产当地化程度有了明显提高；企业的人员也日益当地化，强调与东道国市场的亲近力和融合，使得一向保守的日本企业在高级管理层也开始吸收外国人参加。另一方面，日本跨国公司在海外广设研究开发据点，促进研发的国际化。索尼公司将基础研究、软件开发以及产品设计分散在日本、美国和欧洲进行，使研发集中更加有效、及时。日本跨国公司还和欧美企业实行广泛的战略联盟，和欧美大企业进行多种形式的协作和联合，共同分担生产和研发费用，共享研究成果，向新的事业领域扩展，以合作者的姿态开展全球性跨国经营。

在这一个阶段，日本跨国公司开始经营全球化阶段的一个重要的标志就是它已经基本上完成了全球性的战略布局，在全球范围内设立了若干地区总部，可以自由地对经营资源及市场进行战略性运作。其中，中国更是日本全球战略布局中非常重要的一个部分，可以说，中国所提供的机遇是包括日本企业在内的所有的跨国公司实现经营全球化必不可少的条件。

尽管日本跨国公司在第二次世界大战以后，经历了从"黄金时代"到失败受挫的"收缩期"，但其成熟性以及实力仍然得到国际上的承认，欧美跨国公司已经习惯与日本跨国公司"平起平坐"，它们在经营战略和运作手法上，共性在增多，特性却在减少。

第二节　日本跨国公司国际直接投资的特点

第二次世界大战后，世界经济发展最显著的特征是国与国之间的经济交往形式呈多样化发展。只依靠向国外出口商品的单调的国际化战略显然已与整个世界经济发展趋势不相适应了。从日本跨国公司进行国际直接投资的发展历程来看，积极谋求对外投资和经营是促使其经济发展步入成熟阶段并向更高层次发展的重要手段和标志，是推动日本经济腾飞的巨大动力。

从日本跨国公司进行国际直接投资的各个发展阶段中，可以看出日本进行对外直接投资的若干特征。

一、对外直接投资模式的多样化

资源缺乏、市场狭小的基本国情使日本在经济发展的一开始就以"贸易立国"作为其经济发展的中心战略。支撑这一发展战略的两个基石,一是产品销售的国际市场;二是获取资源和技术的国际市场。这两个市场的开拓都有赖于对外投资特别是对外直接投资的保障,从而造就了日本对外直接投资模式的多样化。日本跨国公司进行国际直接投资,其主要目的和投资模式有以下五种:

(1) 自然资源导向型投资模式。这一模式以获取廉价劳动力和原材料,满足国内经济发展需要为主要目标,投资的地域主要是资源丰富的国家和地区,并逐步建立起资源的勘探、开发、冶炼、加工及运输的垂直体系,以确保国内生产所需的原材料、燃料的稳定供应。

(2) 以对外直接投资带动商品出口的投资模式。这一模式在出口的对象国,投资设立专门的商品销售点,建造存货仓库,进行商品售后服务等,以达到进一步开拓市场、促进出口商品多样化、增加外汇收入等目的。

(3) 出口替代型投资模式。随着全世界贸易保护主义的加强,尤其是美国、欧洲与日本贸易摩擦的日益加剧,日本商品直接出口受阻。日本便以投资立国为指导方针,把扩大对外直接投资作为保持和拓展市场份额的有力手段,采取应付发达国家限制进口的出口替代型投资模式。一方面直接投资设厂,在欧美国家和地区就地生产,就地销售,以维持已占据的市场份额;另一方面有计划地向拥有廉价劳动力的韩国、新加坡等亚洲及一些美洲国家和地区进行劳动密集型产业的转移,以此作为向欧美"迂回出口"的生产基地,利用欧美给发展中国家的特惠关税进一步扩大市场份额。

(4) 返销型对外直接投资模式。一方面日本国内工资的不断提高和劳动力的相对短缺,造成国内劳动成本上涨,使劳动密集型产品明显失去了国际竞争力;另一方面日本工业生产规模急剧膨胀,大批石油精炼、石油化工、钢铁和有色金属冶炼企业不断发展并不断造成环境污染等公害问题,日本便以促进对外直接投资、开放进口市场、扩大内需为目标,采取产品对日返销型投资方式。这即在劳动力和原材料相对便宜的发展中国家投资设厂,生产日本国内所需但不愿在国内生产的产品,并以此达到扩大内需、缓解贸易摩擦的目的。

(5) 技术导向型投资模式。在科学技术发展日新月异、高新技术保密程度和垄断程度越来越高的情况下,日本的跨国公司通过对外直接投资,学习和利用国外先进技术、生产工艺、新产品设计、关键设备和零部件及管理经验,以达到不断获取、消化、利用高精尖技术资源从而提高本国科学技术水平的目的。

从上述所有的日本跨国公司的国际直接投资模式中,不难发现日本的对外直接投资同国内外的经济形势变化是紧密相关的,并且所有的投资都具有很强的目的性、现实性和战略性。但是,无论是哪种国际直接投资的模式,都是以不丧失本国技术优势为前提的。

二、坚持对外直接投资的区域多元化、投资过程渐进化

日本作为一个资源小国,国民经济的迅速增长一直与海外自然资源的大量输入有着密切的联系;同时,日本作为一个人口密集、教育发达、海外交通运输方便的岛国,其经济发展又离不开商品、科技成果和资金等要素高频率、大规模的国际流动,而在流动过程中,日本

企业的所有权优势、区位配置优势和内部化优势，就会随着企业产品生命周期阶段的变迁而处于不断变化之中。为了适应各个不同阶段的特定情况和不同的竞争优势，日本跨国公司在各个时期的国际直接投资的区域中，表现出了明显的渐进性。

作为日本经济实力核心的工业企业，早在20世纪70年代初以后就有可能对投资自由的欧美地区进行较大规模的直接投资，以扩大海外生产。然而日本主要工业企业却一直到20世纪80年代中期才在欧洲和北美地区扩大投资，将过去主要进行零散的装配性生产转向大量的主机、部件及零配件的生产。可以说，日本经济的岛国性决定了日本必然要面向国际市场进行扩展。然而，这种扩展性体现在海外直接投资中却并未显示出任何的盲目性和急功近利性，而是体现出循序渐进的发展历程。在这样的"暂缓"过程中，日本获得了更大的投资收益，体现出其跨国公司进行海外直接投资的明显的策略性。

战后日本的跨国公司进行海外直接投资的地域，在不同的时期也有不同的重点和产业布局。

20世纪50年代初，日本处在经济发展的初期，国内经济的飞速发展使其急需开辟国外市场，因此在当时，日本跨国公司进行国际直接投资的区域主要分布在北美洲和亚洲地区，使之成为日本购进原材料、推销产品的场所。当时，日本企业同银行和综合商社相结合，一方面有重点地向海外进行铁矿石、煤炭、石油等资源部门的投资；另一方面大力推行纺织工业产品的出口，赚取外汇以换取欧美国家的先进技术。也就是说，日本的企业从事加速资金和外汇积累的轻纺织业的加工型生产，发展中国家为其供应资源，发达的欧美国家为其开发技术，这样的国际生产分工表现出明显的以外补内的格局。

20世纪60年代以后，三位一体的日本跨国公司取得了长足的发展，其海外生产从单一的生产逐渐向提高工业生产比重方向进行转移。

20世纪70年代中期以后，日本的跨国公司发展迅猛，各产业部门，诸如工矿、农林、商业、金融、保险、不动产等的海外经营、生产和投资几乎涉足世界的各个角落。尤其是亚洲一些新兴的工业国家相继崛起，一些发展中国家和地区也开始奉行开放经济的政策，重视吸引和利用外资，使这些地区的资源需求量剧增。与此同时，日本在经受了两度石油危机的巨大冲击后，其产业结构也逐步从资本密集型向技术密集型转化。日本的跨国公司通过对外直接投资，能够不断地将其劳动密集型产业向亚洲等地区进行转移。在此目的的推动下，日本对亚洲地区直接投资的比重逐步上升。但随着日本国内产业结构的进一步调整和升级，学习和吸收先进技术，改变产品和产业结构也成了日本跨国公司迫在眉睫的任务，因而日本在不断加大对亚洲地区投资的同时，也加大了对北美洲等发达国家和地区的投资力度。尤其是日本对美国的投资，数额相当大。这些对发达国家的直接投资，使日本的跨国公司成功地走出了一条技术引进、消化、吸收和创新，然后再自主开发，最后不失时机地打入国际市场的道路。此后，日本制造业的国际竞争力有了显著提高，贸易顺差有增无减，使日本更进一步扩大了对北美洲的直接投资。直到20世纪80年代中后期，还保持着对北美洲直接投资第一、对亚洲直接投资第二的格局。

20世纪80年代后半期，由于贸易摩擦加剧和日元大幅度升值，日本主要工业企业才开始加速扩大对欧美等国的大规模投资，并逐渐形成以金融、保险和不动产投资占主要比重的直接投资格局。

进入20世纪90年代以后，日本在"亚太经济贸易圈"的构想推动下，加快了贸易和投资战略的调整步伐。推行区域网络化的对外投资战略，增强自身的向心力，吸引本地区其他国家向其靠拢，形成了以亚太地区特别是东亚地区为主的对外投资的区域格局，并以此作为对付日元升值和与其他区域经济组织相抗衡的手段。

进入 21 世纪以来，日本对发达国家的直接投资大幅度减少。1999 年日本对发达国家的投资额为 57 354 亿日元，占投资总额的 77.1%，大大高于对发展中国家投资的 17 036 亿日元和 22.9% 的比例；但在 2000～2004 年上半年度，日本对发达国家和发展中国家的投资合计分别为 132 187 亿日元和 67 852 亿日元，各占投资总额的 66.1% 和 33.9%。对发达国家直接投资的比重有了明显下降，而对发展中国家的直接投资却有相应的上升。在发达国家中，日本对美国和英国的投资大幅度减少。以往，日本对发达国家的直接投资主要集中在美国和欧洲，1999 年对美国和欧盟的投资各为 24 868 亿日元和 28 098 亿日元，分别占日本国际直接投资总额的 33.3% 和 37.8%。但是到了 2004 年上半年度，日本对美国和欧盟的投资各为 2316 亿日元和 7684 亿日元，同比减少了 73.3% 和 16.7%。2009 年日本对美国的直接投资为 106.6 亿美元，对欧洲的直接投资为 170.39 亿美元，分别占日本对外直接投资总额的 14.3% 和 22.8%，同比分别减少了 19.9% 和增加了 5.3%。2013 年日本对美国对外直接投资为 42 964 亿日元，对欧洲对外直接投资为 31 596 亿欧元，占比分别为 32.4% 和 23.8%。2013～2018 年间，日本每年对外直接投资在 15 万亿～20 万亿日元（1350 亿～1800 亿美元），2016 年日本对外直接投资资产增加 18.39 万亿日元（约合人民币 11 270 亿元），其中对美投资增加 5.73 万亿日元，在各国家与地区中位列第一。对于发展中国家，一直以来，日本主要的投资都流向东亚地区，但是进入 21 世纪以来，日本对东亚地区的投资有所下降，对华投资却出现了新的高潮。1999 年日本对华直接投资总额为 3.6 亿美元，2004 年增长为 58.63 亿美元，2009 年增长到 68.99 亿美元，两个五年间分别增长了 1528.61% 和 17.7%。2013 年对华对外直接投资为 8870 亿日元，2015 年对华投资额连续第三年下降，为 32.1 亿美元，2017 年对华投资略增，为 32.7 亿美元。

纵观日本对外直接投资在全球的布局及其产业部门的变化，不难发现，日本直接投资的部门结构因地区不同而存在较大的差异。在东南亚、拉丁美洲和非洲投资的子公司均以资源利用型为主，主要为母公司提供原材料及供深加工用的初级产品和半成品；在美国、欧洲等发达资本主义国家，均以技术密集型和市场开拓型为主，避免贸易摩擦型和获取情报型投资为辅，因此主要集中于电动机、汽车等加工行业，以促进出口；在亚洲地区，主要进行汽车零配件和电子、电器行业的投资，目的在于维持和扩大市场份额，并力图把生产地点向海外转移，体现了日本跨国公司试图在亚洲新兴工业化国家、东盟和中国生产标准化产品而在本土生产高附加值产品的战略。

三、对外直接投资结构不断转变

日本跨国公司国际直接投资结构的转变，既体现了其本身经济发展的需要，也体现了其对外直接投资参与国际分工的实力变化。

例如，立足于基本国情，解决国内经济发展对资源需求量大的问题，致使日本在国际直接投资发展的初期，对外投资领域主要是以资源开发部门为主，形成由铁矿石、原料煤、有色金属矿以及石油勘探和液化天然气开发等行业为主的投资结构；随着国内经济结构的高度技术密集化，新材料、新能源不断被开发和利用，使资源开发投资在对外直接投资中所占的比重不断下降。

在日本跨国公司进行国际直接投资的初期，随着国际分工的逐步深化，制造业层次和种类趋于多样化，制造业是日本跨国公司进行国际直接投资的主要部门。当时日本对制造业的投资都比较稳定。由于日本工业发展起步较晚，其制造业投资呈后发的增长趋势。20世纪70年代，在日本跨国公司的国际直接投资中，制造业和非制造业的投资比重大体上为1∶3。而到了20世纪80年代，一方面，日本为解决与发达国家之间的贸易摩擦，再加上随着日本工业技术力量的日益增强，日本同其他发达国家进行水平分工的能力有了提高，日本对发达国家和地区制造业的投资有了迅猛的发展；另一方面，日本对发展中国家制造业投资所占的份额也相当可观。这表明了日本既关注从发达国家的水平分工中得到的高额利润和市场份额，也非常重视发展中国家廉价劳动力所带来的高额投资回报。

而进入20世纪90年代以后，随着日本贸易顺差数额的不断增大、日元升值压力沉重等原因，日本在不断加速转移如石油、化工、钢铁、造纸、纺织、电子等工业生产基地的同时，也加大了对非制造业投资的力度，表现为日本的跨国公司在国际直接投资中对非制造业投资的比重不断增加。1999年，日本制造业的对外直接投资达到了创纪录的47 193亿日元，首次超过非制造业投资，占投资总额的63.4%。然而，到了2000年，制造业投资大幅度下降到12 911亿日元，日本对外直接投资走上了以非制造业投资为主的轨道。2009年日本制造业对外直接投资为32 934美元，占总投资额的44.1%，非制造业投资占55.9%，非制造业成为日本对外直接投资的主要部分。

在日本非制造业对外直接投资的发展过程中，逐渐形成了以商业、金融业、保险业、房地产业、信息咨询业等第三产业为主的非制造业投资结构。金融保险业投资、商业投资、服务业投资和房地产业投资成了日本跨国公司对外直接投资的四大投资领域。截至2004年10月末，在日本跨国公司的对外直接投资中，金融保险业投资、房地产业投资、商业投资和服务业投资累计各为246 631亿日元、129 837亿日元、123 920亿日元和121 806亿日元，分别占总投资累计额的20.2%、10.6%、10.1%和10.0%。2009年日本对外直接投资中，对金融保险业、房地产业、批发和零售业、服务业的投资额分别为154.63亿美元、4.63亿美元、84.18亿美元和21.63亿美元，分别占总投资额的20.7%、0.6%、11.3%和2.9%。其中，房地产业投资可能由于2007年美国金融危机的影响投资比例大幅下降。与此同时，2009年日本矿井业投资总额为64.82亿美元，占总投资额的8.7%。通过大量开设商店、设立银行、购置不动产、经营运输业等，日本的跨国公司为传播和推销日本商品创造了极为有利的条件。今后日本的跨国公司可能还会借助世界对外直接投资向非制造业倾斜的趋势，继续加大对服务业等非制造产业的直接投资力度。

日本跨国公司的国际直接投资呈现从制造业到非制造业的转变，和整个世界的经济发展趋势相符合：首先，随着经济的进一步发展，世界各地对现代化服务的需求增幅很快，而目前现代化的服务绝大部分是由跨国公司提供的；其次，中欧、东欧、中国等国家在向市场经济转轨的过程中，需要充分利用银行、保险、电信、会计和法律等方面的服务，并急需借鉴发达国家的经验，这就为跨国公司进行非制造业投资提出了市场需求；再次，计算机和电信技术的变革促使服务性的贸易比重不断提高；最后，服务业能在生产、就业贸易和消费等方面发生良性效应，在整个国民经济中能够发挥积极的作用，日本各大跨国公司热衷于服务业等非制造产业的投资，其动因正在于此。

另外，世界科技研究与开发独立化、产业化和国际化，又为日本千方百计向世界高新技术密集地带进行直接投资、以获取技术诀窍等战略性资源提供了良好的机会，集成电路、生物技术、多媒体等高新技术产业投资正在成为日本各大跨国公司进行国际直接投资的又一新领域。

四、对外直接投资方式多样化

日本各大跨国公司进行国际直接投资方式的多样化主要表现为：或采取独资方式，或采取与当地资本合资方式，或收购和兼并国外现有企业，或以联盟方式进行投资。

在日本跨国公司进行国际直接投资的初期，基于传统的"自我完善"意识，大多数的跨国公司采取了独资的形式，投资设厂，合资合作形式的投资也占有相当比例。20世纪80年代中期以来，随着国际市场竞争日趋激烈，日本与发达国家之间贸易摩擦不断，促使日本加快了对外直接投资的步伐。为缩短进入国外市场的时间，迅速提高市场占有率，日本积极采取收购和兼并投资等方式向经济发达、市场自由化程度高的国家和地区进行直接投资，并逐步使其成为对外直接投资的主要方式。对有经营潜力和高科技的外国企业，若条件成熟，日本跨国公司通常会不惜一切代价将其兼并或收购。

从1985年起，日本公司的兼并与收购活动就越来越活跃。在1985年日本跨国公司对外直接投资中，兼并与收购案仅发生100起；1989年上升到405起。1990年日本跨国公司的兼并与收购活动的总额高达154.25亿美元，而后逐年下降到1993年的10.76亿美元，2000年日本跨国公司兼并与收购总额上升到239.45亿美元。

但是，2002年以后，在日本对发达国家投资比重下降、而对发展中国家投资又主要是新建投资的情况下，加上受到全球跨国并购连年大幅减少的影响，日本企业对外国企业的跨国并购也急剧减少，2004年上半年，日本跨国公司的并购买入额同比减少了35.3%。2004年全年下降为83.66亿美元，2006年上升为310.48亿美元，2007年下降为235.50亿美元，2008年上半年为130.19亿美元。

虽然总体来看，日本跨国公司在进行国际直接投资的过程中，兼并收购占了很大的比重，但是随着日本国内和东道国经济形势的变化，跨国公司进行国际直接投资的方式也在不断转变和创新。例如，日本对我国的直接投资过去主要都是采用单独投资的做法，现在则主要以集体或集团形式，通过协同组合和"工业团地"的方式来扩大对我国的投资。

五、对外直接投资具有系列性，并以私人资本投资为主体

日本对外直接投资的主体分为政府对外投资和私人对外投资。在日本对外直接投资的初始时期，只有政府有能力从事对外直接投资和承担风险损失。一方面政府主要以发展中国家为投资对象，进行资源开发型投资；另一方面，政府还要承担开发援助性赔偿义务。在这种情况下，政府的对外直接投资发挥了不可替代的作用。

随着日本经济实力的不断增强，私人资本实力逐渐强大起来。政府利用国家政权的作用，加强对私人资本进行国际直接投资的干预和支持，促使私人资本投资迅速发展，并使其逐步成为对外直接投资的主体。

但是，日本企业的海外投资不像欧美企业那样往往是一个企业或部门独自向海外投资，而是工业企业、综合商社和金融业之间相互联系和协调，形成结合程度较高的、自成系列的

海外投资和经营活动主体。此外，工业企业的海外投资和经营、生产活动多以大企业为主导，带动中小企业向海外投资建厂，它们在海外生产和销售上形成相互依存和相互补充的系列企业群体。由这两方面结合而形成的日本企业海外直接投资具有明显的系列性，使得日本跨国公司在海外直接投资中具有了与欧美企业不同的特征。

日本的工业企业往往通过大企业体制即系列化企业体制的海外移植，建立东道国的日本企业群体协作关系，来完成国际直接投资。根据日本通产省对日本企业海外事业活动的第二次调查，日本企业群体在海外已经得到稳定而迅速的发展，这些群体主要表现为五种基本形式：①工业企业（尤其是制造业）建立的母公司—子公司—孙公司的组合关系，在海外形成以开发当地原材料、调配生产零部件和组装加工为职能的海外工业实体；②制造业—商业—制造业等公司共同投资建立的海外子公司产销实体；③制造业—商业—商业等公司共同投资建立的海外孙公司产销实体；④商业—商业—制造业等公司共同投资建立的海外当地商业企业实体；⑤商业—商业—商业公司建立的当地化产品销售网络。这些群体企业不仅各自是一个经济实体，而且相互之间也建立了配合和协作的联系，形成了系列化的海外企业群体。

日本移植到海外的企业群体同其国内企业群体的内部组织结构基本相同，即也是由母公司、子公司和孙公司三个层次构成。其中，主导企业一般由日本以独资控股或绝对多数的股份予以控制，与主导企业紧密联系的企业是中小承包企业，它们在海外生产上形成系列化。所有这些企业之间的产、供、销关系互相连接，形成一个封闭的或基本封闭的原材料、中间产品和最终制成品的链条，使产、供、销职能统一在一个整体的决策体系中。这易于使日本工业企业产品通过企业群体返销日本，也易于使产品转销第三国，更易于使产品在当地销售。在市场竞争激烈的条件下，灵活的销售网络是工业企业的生命之源，日本海外工业企业就是依靠这种群体性经营，使得它们在开发国际市场方面胜过欧美工业公司一筹。这种日本式的群体性经营还为日本国内的母公司产品向国外输出创造了可靠的渠道。

日本这种工业、商业和金融业三者结合、大中小型企业三者结合的海外投资和经营活动，一方面可使日本跨国大工业企业的资金融通、市场开拓顺利进行，并可降低风险；另一方面可使大企业以较低成本得到加工原材料和零部件及时而充分的供应，提高生产效率，从而有利于其占领海外市场。

在日本跨国公司进行国际直接投资的发展过程中，不能不提到综合商社和中小企业的重要作用，可以说，日本的国际直接投资格局，就是以综合商社为主导，带动其他类型公司协调向海外进军的。

日本的综合商社是一个以贸易、生产为主体，集进出口、海外直接投资、金融、信息、综合组织与服务功能为一体的跨国公司。它对日本发展对外贸易、开发海外资源、改善国际收支、促进经济的高速发展起了重要作用。

另外，日本的中小企业在对外投资中也占相当的比重，它们主要在亚洲投资，投资行业集中在食品、纤维、电器等方面。

以综合商社和中小企业为主力，日本在对外直接投资中形成的是以私人资本为主的投资格局。这也与日本政府对私人资本对外投资采取的多方面管理和促进的保障措施分不开。例如，在国内基础产业和国际竞争能力不断增强、对外贸易收支明显好转的前提下，日本政府逐步放宽了对私人直接投资的严格限制，分步骤、分阶段地推行对外投资自由化，这也适应了世界贸易和投资自由化发展的必然趋势；另外，日本政府还积极为私人对外直接投资创造有利的投资条件，首先，建立"海外投资损失准备金制度"和"资源开发投资损失准备金制度"，对私人资本进行国际直接投资在税收和资金供给等方面给予优惠。其次，设立"外汇贷款制度"，指定日本进出口银行、石油开发公团、金属矿业事业团、国外经济合作基金以及外汇银行为从事外汇贷款的机构，尤其是对直接投资贷款采取降低利率等优惠措施，并且还设立对外投资保险制度，建立"国际投资保证机构"，进一步扩大对外直接投资的保险条件和范围。此外，日本政府还积极推进金融的自由化和日元的国际化，从金融制度和外汇机制上为促进私人对外投资的发展创造一切有利条件。

六、对外直接投资与日本国内外产业转换具有同步性

日本经济的产业结构、贸易结构以及经济发展的整体策略，决定了日本海外直接投资与日本国内外产业结构转换的同步性。

这一特征在日本对西太平洋地域的投资中表现得尤其明显。一直以来，日本就是西太平洋地区资本输出和技术输出的大国，但是这一地区中的亚洲和东盟国家，经济发展处于不同的阶段，呈现出高低不等的"阶梯"状，再加上该地区各国经济实力不同、资源禀赋各异以及地缘政治经济利益关系微妙，使该地区逐步形成了一种"雁行发展"的模式。在该地域中，各国和地区存在着不同层次的产业结构，而且随着经济的发展，其产业结构也在不断向高级化发展。因此，日本对该地域的投资，是既结合了本国产业结构的调整，又配合了该地域各国和地区产业结构的转换。

20世纪60年代，日本产业结构由劳动密集型转向资本密集型，而亚洲"四小龙"正在发展劳动密集型产业，于是，日本就向亚洲"四小龙"进行这类产业的投资。20世纪70年代，在日本产业机构由资本密集型转向技术密集型的时候，日本向亚洲"四小龙"和东盟扩大了对资本密集型产业的投资。20世纪80年代后期，随着日本国内产业结构转向重点发展知识密集型的高技术产业，日本跨国公司对亚洲"四小龙"和东盟地区直接投资也出现了产业结构的转换，在该地域掀起了新一轮的投资高潮。

总之，日本跨国公司的国际直接投资与国内外产业结构转换是密切相连的，是同步进行的，这与欧美有所不同。美国跨国公司为了获得高额利润，往往把新开发出来的最新技术连同资本带到国外最有利可图的地方去投资建厂，以致在一定程度上造成了国内产业的"空心化"，又使产品大量返销，从而造成贸易逆差问题长期不能解决。日本的这种战略很好地解决了这一问题。

在日本跨国企业发展和国际直接投资中，这种海外直接投资和国内外产业结构转换的同步性，与日本经济的产业结构、贸易结构和经济发展的整体战略都有关系。从20世纪60年代到70年代中期，日本企业的对外直接投资基本上是以贸易促进型为主、以资源确保型为辅的投资，这种对外直接投资的格局是因为日本自然资源严重缺乏而长期形成的加工贸易型产业结构的反映，在这样的产业结构之上，形成了具有日本特色的贸易收支结构和贸易地理结构：从贸易收支结构来看，出口收入大，进口支出小；从贸易地理结构来看，则是从经济发展水平较低、自然资源丰富的国家进口附加值低的原材料，再向发达国家出口附加值高的制成品。另外，第二次世界大战后日本经济发展的整体战略主要是赶超欧美工业强国，从产业政策上看，是要使日本国内的产业结构逐渐向以高技术为主的高级化方向发展，以取得世

界经济大国的地位。为此，日本不断调整其产业结构使之向高级化发展。而在产业结构调整的过程中，日本的跨国公司必须要进行确保资源和扩大海外市场的投资，将在国内处于相对劣势的产业转向国外，特别是发展中国家，以使其在东道国成为相对优势的产业，从而消化相对过剩的资本并获取高额利润。这种类型的对外投资也使得日本跨国公司发展和对外直接投资与国内外产业结构的转换密切相连。在这方面，日本学者小岛清的以"比较优势（成本）"为核心的"日本式"投资理论也发挥了一些指导作用。

总之，日本的产业结构、贸易结构、经济发展总体战略等诸多因素，以及"日本式"投资理论的作用，使得日本跨国公司发展和国际直接投资在较顺利的世界经济环境中，在日本跨国公司经营管理体制和企业"系列化"生产组织形式的条件下，自然形成了日本所独有的若干特征。然而，20世纪90年代以来，随着国内外经济形势的变化，日本产业结构也要求进一步向高级化发展，日本再次提出用"抢先"战略取代原来的赶超战略，日本跨国公司的发展和国际直接投资活动也将进一步受到国内外政治经济形势等诸多因素的影响，日本跨国公司的对外投资和跨国经营在投资方式、地区结构和产业结构等方面，正在发生着新的变化，并呈现出不同的特征。

第三节 日本跨国公司国际直接投资的效应

20世纪六七十年代以来，日本跨国公司及其国际直接投资的迅速发展对日本经济乃至整个世界经济都产生了一系列重大而深远的影响，产生了多方面的效应。

一、对日本的效应

（一）积极影响

1. 弥补和解决了本国经济发展中资源稀缺的难题

日本是自然资源极其匮乏的岛国，因此，经济要实现高速增长，所需的各种资源主要依靠进口。在20世纪的六七十年代，日本对东亚地区的投资都集中在各种矿产资源的开采业上；到了20世纪80年代，随着日本本国工资的上升，日本跨国公司对外直接投资的重点开始转向劳动密集型等利用廉价劳动力资源的领域，保证了日本企业从事贸易能够顺利地获得原材料，较好地克服了随着经济的发展，劳动力价格不断攀升、企业交易成本提高、利润下降的不利因素。

2. 有利于日本国内产业结构的升级与调整

日本国内进行产业结构的调整主要包括三个方面的内容：
（1）在同一企业内缩小衰退部门，扩大成长性产业部门，可称为企业内产业调整。
（2）在同一企业内将不适于国内生产的业务向海外转移，可称为企业国际产业调整。
（3）企业内产业调整与企业国际产业调整有机结合。

这三个方面都与直接投资相关。产业的国际转移主要通过海外直接投资进行。在国外设立新企业，或通过兼并、联合等方式，对产业进行本土化生产，这样便将产业的发展由单靠国内发展转向与国外的结合。在国内保持高附加值产品的研究、开发与生产，在国外从事技术已成熟的产品生产，用海外生产替代出口产品。

20世纪80年代中期以后，日本的跨国公司开始了正式的、大规模的对外直接投资，其中对东亚的投资产业结构明显倾向于劳动密集型和一定程度上的技术、资本密集型制造业。而这些制造业又是日本国内早已标准化或将要淘汰的"夕阳产业"及环境污染型产业。日本正是借助由"贸易立国"转向"投资立国"之机，把国内已失去比较优势，而在发展中国家尚处于成长和急需发展的制造业输出到东亚国家和地区，国内则重点进行关键设备和技术的生产及研制，使本国的产业结构不断高级化，把东亚地区逐步转变为日本在海外的生产基地和加工组装基地，形成了日本与东亚之间以垂直分工为主，略带水平分工的有利于日本的国际分工体系。

3. 规避了贸易摩擦，缓解了由于日本国际收支大量顺差而引起的经济矛盾

20 世纪 70 年代以来，随着美国、欧洲、日本三足鼎立局面的逐步形成，国际贸易市场上的竞争日益激烈，贸易保护主义日益抬头，发达国家之间争夺国际市场的矛盾和斗争变得更加尖锐。尤其是在日美、日欧之间的贸易摩擦愈演愈烈，而日本往往委曲求全，另辟蹊径，采取迂回战略，由直接的贸易往来，转为当地生产、当地销售的直接投资方式，从而既占领了欧洲、美国市场，又避免了经济摩擦。

然而，日本跨国公司的对外直接投资对日本的进出口产生的影响是不同的。随着日本国内生产向海外的转移，刺激了来自海外子公司的进口，特别是进口中制成品比重的上升。有研究表明，日本对外直接投资存量的增多会对进口产生长久性的影响，1990~1995 年，日本对外直接投资使商品的进口增加了约 10%；同时，直接投资流量对出口也有明显的影响，但投资存量对出口却影响甚微，即对外直接投资对日本出口只有暂时性影响，这可能是因为日本公司的海外子公司在新建初期，经常使用来自日本国内的资本货物，而一旦海外生产步入轨道，曾经从日本进口的成品将在海外生产，这样就很难预判对外直接投资是否会长期使整个出口上升或下降，但是对外直接投资肯定会对出口结构有影响，海外公司的出口将随着它们生产能力的增加而增加。可见，日本对外直接投资的扩大，也有利于减少日本巨额的贸易顺差，缓和与欧洲、美国之间的经济摩擦。

4. 输出了日本式的经营方式，有利于构筑以日本为核心的区域性经济合作圈

日本通过直接投资将其生产要素投往国外，兴办新企业或控股掌握东道国的公司，尤其是日本在对东亚的投资中，接受日资的企业若能全部严格地按日本的经营方式进行管理，不仅传播了日本的技术，而且还传播了日本式的经营管理理念。这种经营管理在意识形态上的转移，有利于日本在东亚构筑以日元为基础，以直接投资为手段，以日本为核心，与欧洲、美国直接相抗衡的阶梯式的经济合作体。此外，20 世纪 80 年代末以来，日本对欧洲、美国不动产业的大肆收购，使日本资本进一步渗透到欧洲、美国的金融、不动产等服务行业，提高了日本在国际经济中的地位。

5. 在日本跨国公司进行国际直接投资的过程中，跨国公司的发展也进入了新的历史阶段

20 世纪 70 年代以来，尤其是 20 世纪 80 年代中期以来，对外直接投资和工业资本输出的急剧扩大，表明日本的跨国工业企业已经迅速成长起来；日本的跨国公司开始进入一个新的历史阶段。

在 20 世纪 70 年代以前，日本的对外直接投资主要是以综合商社为主体进行的海外资源开发投资。当时，工业资本输出在对外直接投资中所占的比重不大，规模也极为有限，而且大多是以海外资源开发为中心或为其服务的辅助性投资。有的学者认为，综合商社无论就其职能还是经营活动的性质来说，都不能算作跨国公司，因而以综合商社为主体或主角的 20

世纪70年代中期以前的日本对外直接投资活动只能是日本跨国公司发展的"史前时期"。但是，对于大多数今天仍活跃在世界经济舞台上的日本跨国工业企业来说，综合商社以及以其为主体而开展的对外直接投资活动，确实是它们成长和走向世界市场所不可或缺的发展阶段。依靠综合商社而进行对外贸易——逐渐脱离对商社的依附、到其产品的主要出口市场去营建独立的销售网——在海外设厂生产并建立全球性的生产及销售网络，这就是日本工业企业向跨国公司发展的三部曲。

以世界著名的日产汽车公司为例。日产汽车公司20世纪50年代初期恢复生产，于20世纪50年代中期开始出口汽车。在20世纪60年代以前，主要依靠综合商社来经营，但在进入20世纪60年代以后，它开始了自己独立的销售活动。1960年，日产汽车公司在美国加利福尼亚州投资4.24亿美元创立了美国日产公司，专门经营日产汽车的进口和在美国的销售。这家公司属下的销售网共有雇员2400人。此后20年，日产汽车公司的对外直接投资活动主要是在东南亚一带建立汽车总装厂，在欧洲国家营建销售网。1980年7月，日产汽车公司在美国加利福尼亚州建立了日产国际设计研究所，它在田纳西州投资3.75亿美元设立的日产汽车制造公司也同时开工。这是日产汽车公司自1960年后在美国进行的第二次规模较大的汽车投资活动。此后，1982年1月，美国加利福尼亚州的日产汇兑公司开业，开始对美国的日产汽车购买者提供信贷和对销售网提高贷款。到20世纪80年代末，日产汽车公司已经在美国、加拿大、英国、法国、西班牙、意大利、瑞士、荷兰、德国、澳大利亚、菲律宾、泰国、墨西哥、秘鲁、新西兰等世界21个国家设立了24家子公司，形成了一个拥有4.5万职工、足迹遍及世界四大洲的名副其实的跨国公司王国。1999年，日产汽车与法国最大的汽车工业集团雷诺汽车结成联盟；2004年日产汽车在中国设立全资子公司；2011年，日产汽车全球销量达467万辆，其中在华销量达125万辆。2017年，日产汽车在全球范围内的累计销量达到5 816 278辆，同比增长4.6%。其中，中国市场销量达到1 519 714辆，同比增幅达12.2%。

进入新的发展阶段的日本跨国公司，在投资和经营活动的许多方面，都出现了一些值得注意的特点，如国际分工中生产体系的系列化、企业内交易的不断扩大等，其中最能反映日本跨国公司发展出现阶段性质变的，是随着跨国工业企业发展而出现的"出口替代"效应，以及由此而形成的跨国公司独立于日本民族利益之外的国际资本利益。

（二）消极影响

值得重视的是，日本对外直接投资虽然给日本经济带来了丰厚的利益，但从长远来看却造成了一些不利影响，而且这种不利影响正在不断显现。

1. 日本跨国公司的国际直接投资结构造成了日本国内技术的滞后

日本在对外直接投资结构中较低的技术构成及技术转让，一方面使日本始终保持了与东亚地区之间的技术差距；另一方面也导致了日本企业满足于现状，未能进行大规模、系统的新技术的研究和开发，使日本在进入20世纪90年代以后，在高精尖技术领域明显落后于欧美国家，无法积极、主动地赶上日新月异的世界经济信息化和全球化浪潮，最终陷入了第二次世界大战后最严重、最漫长的经济萧条。日本过多地担心对东亚的直接投资会造成"飞去来器效应"，所以向这些地区进行直接投资，提供的生产和产品的技术水平都明显落后于欧美国家，这也导致了东道国的不满，引起部分国家的反日情绪，不利于日本与东道国之间的经济合作。总之，所谓"保持技术差距"的战略，带来日本国内技术水平始终领先的假象,阻碍了日本在海内外进行新技术的研究和开发,造成了产业结构和技术的滞后。

2. 日本跨国公司海外生产规模的扩大加剧了日本产业的空心化,长期将导致经济的下滑和停滞

20世纪80年代后半期以来,日本国内一些主要产业开始出现空心化倾向,此后,这种趋势一直在发展,到1995年年底,日本国内的电动机、汽车等主要产业出现空心化。其原因是多方面的,海外直接投资的扩大是其中的重要因素之一。首先,随着海外投资的扩大,资本大量外流,影响了国内扩大再生产,特别是物质生产的发展,导致国内投资不足,生产滞后。虽然国内服务业得到发展,但物质生产部门的比重日益降低,打破了国内物质生产与非物质生产结构的平衡,使产值创造与产品制造日益脱节,促使国内的一些主要产业出现空心化,例如彩色电视机已有80%在海外生产,电子计算机零部件有95%在海外生产等。其次,跨国公司经营战略的转变,使海外生产对母国制造业产生不利影响。随着国际分工的深入,跨国公司经营战略向地区化、全球化发展,以在全球区域内寻求最大利益,这就有可能与母国利益的追求和民族经济发生矛盾和冲突,从而影响民族工业的生存和发展。最后,由于海外投资的某些子公司"当地化率"提高,也促使产业空心化。国际收支和汇率不平衡等因素造成美国、日本、欧洲贸易关系恶化,贸易摩擦升温,引发了投资摩擦,东道国政府基于保护和增进本国利益的考虑(如利用当地资源、增加当地就业、带动相关产业发展等),而要求在本国的跨国公司机构推行零部件、原材料的"物料当地化",否则将视为"变相出口"。因而跨国公司为了避免由此产生的摩擦,尽量提高海外生产的"当地化率",由此削弱了通过海外生产带动国内相关产业发展和产品出口的使用。在一定程度上,限制了制造业的发展,促进了本国产业的空心化。

3. 带来了"出口替代"效应

所谓"出口替代"效应,简单地说就是指伴随跨国公司海外生产规模扩大而引起的日本同类商品出口贸易相应减少的现象或趋势。以日本对美国的彩色电视机出口为例,在20世纪70年代,日本向美国大量出口彩色电视机,1976年达296万台,占当年美国彩色电视机国内需求量的1/3以上。但是到了1980年,日本电子工业跨国公司在美国生产的彩色电视机已经达到360万台,致使日本对美国的彩色电视机出口量锐减至57万台,还不到美国规定的进口限额的1/3。这种现象在汽车出口中也较为明显。随着日本工业资本输出的进一步扩大和跨国工业企业的进一步发展,这种趋势可能还将继续下去。

4. 日本跨国公司进行大规模的海外直接投资使中小企业丢失了订单

日本跨国公司在全球进行生产的同时,能够在世界范围供应链上获取各种资源。1996年,日本海外子公司从日本中间供应商处的采购比例只有37%,而1986年这一比例却高达55%。这一方面是因为像欧盟这样的区域贸易集团对最终产品的生产中所用的中间产品实行严格的原产地规则和当地化成分的规定,另一方面是由于在东亚海外供应商处采购率的显著上升。1991~1996年,日本中小企业订单数量锐减。由于日本跨国公司能够从全球供应链中采购,于是它们对日本中小企业提供的中间产品和服务进行压价。再者日本中小企业固定生产专业化产品,缺乏吸引新市场的多样化能力,与日本跨国公司的议价能力削弱,所以在20世纪90年代中,日本中小企业的业绩急剧下降,利润率和资本投资报酬水平大幅下降,盈利能力降低。中小企业国内需求出现危机,常常为获得足够收入以偿还长期贷款苦苦挣扎。1991年以来,日本中小企业破产、倒闭出现前所未有的持续性增长,仅1991~1995

年，日本中小企业总数就下降了10%。

5. 形成了对日本"贸易立国"战略和民族经济的影响

"贸易立国"是第二次世界大战后日本从20世纪50年代初就确立的发展经济的基本战略。"贸易立国"战略的核心是将整个经济发展的重心放在振兴出口上，并为此形成相应的产业结构和产业组织。

第二次世界大战后日本优先发展重化学工业的效果集中体现在日本的出口商品结构中，出口商品结构的重化工业化率高于总产品中的重化学工业比重。从整个国民经济的产业结构看，日本重化学工业比重特别大，为世界之首；而在出口商品结构中，这种情况更为严重。不仅如此，在第二次世界大战后日本的一些主要工业部门中，如纺织、造船、钢铁、彩色电视机及汽车工业的生产规模，在其发展的高峰期都远远超过日本的国内市场需要。巨大的生产规模，既然不以国内市场的容量为限度，就势必会表现出越来越强的对国外市场的巨大依赖性。因此，日本的"贸易立国"战略从一开始就注定了日本经济严重的对外依赖性。

20世纪70年代的两次石油危机结束了日本经济的高速增长时代，国内需求滞缓使得已经成为庞然大物的巨大的工业生产能力空前依赖于国外市场，大批的日本工业品涌入美国、欧洲等发达国家和发展中国家市场。由于日本出口工业产品的强大竞争力及其贸易和增长模式上的特点，又使得贸易顺差逐年激增。大量的贸易顺差以及日本出口工业品过分集中于重化学工业，导致了美国、欧洲等一些贸易对象国贸易保护主义的抬头，迫使日本的垄断大企业不得不输出工业资本，以保护和发展其在国外的既得利益；同时，大量顺差的不断累积迫使日元汇率持续升值，同样使得日本的垄断大企业出于保护、发展其既得利益的需要，而不得不将其国内的工业资本不断移向国外。

但是，由"贸易立国"战略引导而成的工业资本输出的发展，却走向了它的反面。如前所指出：工业资本输出所形成的"出口替代"效应已经并越来越严重地影响到日本工业制成品的出口，从而构成对日本国内工业的威胁；日本工业垄断资本的利益越来越多地要依靠国外市场来实现，它们的行为也就不得不越来越多地以其国外的经济利益为转移，从而势必造成日本垄断资本利益与以"贸易立国"战略为指导的日本民族的经济利益的背离。同时，日本经济增长越来越依赖于外部世界，造成了大量的贸易顺差，引起日本与其他民族间的利益冲突，从而形成对本国工业及经济增长的威胁，使这一战略的继续推行遇到了困难。因此可以说，"贸易立国"战略制造了自己的对立物，遇到了挑战并走到了一个重大转折点。

1985年日元升值以后，日本的工业资本输出迅猛扩大，出现了前所未有的巨大增长。在这一过程中，有相当一部分工业垄断企业输出的不仅是劳动密集型的传统产业资本，而且还包括相当大量的技术密集型的产业资本。这一时期日本对东南亚地区特别是亚洲"四小龙"的投资有很多属于高技术领域，因而促进了这些国家和地区的工业崛起。这样就使日本的"贸易立国"战略又受到了来自另一个方面的挑战。贸易的大量顺差迫使日元升值，而日元升值又使日本绝大多数并不具有绝对技术垄断优势的企业为了拥有足够的价格竞争力，不得不认真考虑将越来越多的技术密集型工业向国外转移。在这种情况下，把技术密集型工业尽量锁在国内而只输出夕阳工业的传统观念已经过时，越来越行不通了。对日本来说，世界市场正由于日本工业资本的大量介入和增加而变小；为了与世界市场上越来越多的对手竞争，它不得不培养、制造新的竞争对手，以"贸易立国"为基本战略的日本经济在大规模工业资本输出的影响下面临着严峻的挑战。

2005年日本内阁召开经济财政咨询会议,通过了关于日本未来发展趋势分析的《21世纪展望》,官方首次明确提出了"投资立国"的战略。2006年,日本经济产业省发表《通商白皮书》,副标题便是《充分利用全球化提高生产力和"投资立国"》,白皮书呼吁"投资立国"[一]。

6. 可能使日本宏观经济形势恶化

日本企业跨国生产的发展对日本宏观经济产生了短期和长期的影响。从短期来看,对日本国际收支平衡表中的经常项目产生负面影响,降低了国内生产和制造业部门的就业;从长期来看,由于日本产业组织中中小企业关系的瓦解及高附加值产品转移至海外,也就降低了全要素生产率增长,降低了国际竞争力。日本通产省提供的实证分析表明:自1992年以来,由于从海外子公司进口比例大幅增长,日本贸易平衡水平不断下降,日本贸易盈余不断减少,这也是日本国内产出增长停滞的原因之一。同时,自1992年以来,日本失业率达到5%,创日本战后最高水平,高于美国,并且由于日本传统的制度安排,即终身雇佣制和促进公共项目吸引剩余劳动力的政府政策以保证全员就业的政策难以实施,这一失业率还有望攀升。

二、对东道国及世界经济的主要影响

20世纪70年代以来,日本工业资本输出和跨国工业企业迅速发展,对日本以外的其他国家经济以至整个世界经济都产生了较大的影响。主要表现在以下三个方面:

(一)对有关国家的经济发展和技术进步做出了贡献

日本通产省的一项调查表明,日本对外直接投资对东道国经济的主要贡献(按被调查企业选择回答比率的高低顺序),依次为:创造就业机会占46.4%;扩大出口、改善国际收支占11.3%;培育当地产业占8.1%;培育熟练劳动力和管理人员占7.5%;传播技术占6.4%;替代进口、改善国际收支占6.3%;传播经营管理技术占5.1%;充分利用当地一次产品占3.3%;开发天然资源占1.9%;其他占3.7%。就工业资本输出来说,除了能够较多地创造就业机会以外,对于东道国产业的成长,技术的传播和应用,劳动力的培养,以及对外贸易的扩大,也具有更为显著的作用。此外,大规模的工业资本输出,对于资金缺乏、技术落后的发展中国家,起到了一种经济"起飞"助推器的作用。近年来,新加坡、韩国、泰国等国家及我国台湾地区经济呈现高涨势头,是与日本对这些国家及地区大规模的工业资本输出和跨国工业企业日趋活跃的活动分不开的。

(二)推动了东道国产业结构的调整和整个国际分工格局的改变

日本跨国公司的国际直接投资对东道国(受资国)的产业结构升级、调整与优化发挥着重要的作用。一方面,国际直接投资通过促进东道国新兴工业的发展,进而推动东道国的产业结构升级。例如,日本对亚洲地区的直接投资和技术转让,不断地推动东亚地区的产业升级。这种产业转移和升级模式呈梯形(又称为"雁行")模式,沿着劳动密集型产业→资本密集型产业→技术密集型产业的方向进行。当日本原有的比较优势日趋衰落,并通过研究

[一] 参见林官宝:《日本从贸易立国向投资立国转型——兼论对中国经济的借鉴》,硕士论文,2009年。

与开发方面的投资来创造新的比较优势而进入比较优势的高阶梯时，亚洲"四小龙"将通过吸收日本的国际直接投资和技术紧跟其后进入它所退出的产业。随着亚洲"四小龙"在比较优势上的提升，它们原来的具有比较优势的产业又会因失去比较优势而转移到依次紧跟其后的泰国等东盟国家和我国大陆，实现区域性优势互补。这种移入高层次、移出低层次的产业升级模式积极推动了东亚各国和地区产业结构由劳动密集型产业向资本、技术密集型产业的转变，进而促进了其产业结构的日趋高级化，扩大了它们拥有比较优势的产品出口。另一方面，日本的国际直接投资也极大地推动了东道国传统工业的技术改造，有助于东道国产业结构的调整。例如在20世纪90年代，英国汽车工业的复兴就主要得益于日本、美国等发达国家跨国公司（如本田、日产、通用等）资本的大规模注入和技术改造。

但是，日本作为发达国家，虽然其国际直接投资在一定程度上推动了亚洲地区其他发展中国家的经济增长，但同时也通过同发展中国家之间的垂直分工，把资源消耗型和污染严重的产业转移到了发展中国家，造成了新的国际经济秩序的不平等。而且，"雁行"模式中的"雁头"——日本对产业升级的作用正逐步递减，使东亚地区产业结构的趋同性增加，尤其表现在电子产业中。电子产业已成为东亚地区出口的支柱性产业，1996年，新加坡的电子产品出口额占总出口额的70%，韩国占30%以上，马来西亚电子及电器产品的出口额也占总出口额的60%。这种产业的趋同性，加剧了地区内部的竞争，减少了市场的互补性。特别是日本经济衰退引起对外直接投资明显减少，严重打击了东亚国家和地区的经济；加之日本对外资本输出中国际直接投资的技术含量减少，减缓了东亚地区的产业升级，体现了在"雁行"模式下，东亚国家和地区对外部技术的依附性这一致命弱点。

从世界产业结构变化的格局来看，20世纪70年代以来，在新技术革命的作用下，在发达国家和发展中国家相继开始了一场国际范围内的产业结构调整。一大批新兴产业诞生并迅速成长为经济发展的先导产业；传统产业通过技术改造，生产效率大大提高；大批高级的新材料和可再生式替代型能源的相继问世及其广泛应用，改变了工业发展以初级产品为基础的传统产业结构。随着产业结构的调整，国际分工也开始发生重大变化，出现了由产品专业化、零部件专业化、工艺专业化而形成的新的国际分工。日本是最早开始进行产业结构调整的国家之一。技术、资金和信息的相对优势使日本经济处在新技术革命的前沿。从20世纪70年代中期开始的日本产业结构调整，在一定程度上成为日本工业资本输出迅速扩大的原因。而工业资本输出的迅速扩大，特别是一大批具有不同技术档次的工业企业走向国际化，又推动了国际范围内的产业结构调整，并带动了一大批发展中国家产业结构的调整。在东南亚地区，日本汽车工业的跨国公司已迅速成长为当地经济的骨干，由日本资本控制的汽车工业成为这一地区经济发展的主导产业。在北美洲，日本工业资本的大举进入对当地产业结构的调整也起到了重要的催化作用。随着日本工业资本输出的不断扩大，日本与周边国家旧的垂直型国际分工体系已经瓦解，而以产品专业化、零部件专业化和工艺专业化为基础形成的多层次国际水平分工已初具雏形。日本与其他发达国家之间旧的分工格局也已分化，并开始在新技术革命的基础上形成新的国际分工格局。

（三）在相对缓和贸易摩擦的同时，产生并加剧着日本与其他发达国家之间的投资摩擦和其他矛盾

20世纪70年代以来，日本对外直接投资迅速扩大的主要原因之一，是日本对外贸易摩擦的不断激化。对外直接投资的扩大，特别是工业资本输出的扩大，对于缓和贸易摩擦起到了一定作用，但同时也产生了新的矛盾。不断扩大的工业资本输出使得日本资本与美国、欧洲等发达国家的工业资本之间、日本资本与发展中国家的民族资本之间的摩擦仍然频繁，并趋于激化。在发达国家的国内市场，日本资本的竞相进入使本来就竞争激烈的各垄断资本和非垄断资本陷入更为复杂和激化的竞争之中；在发展中国家，日本资本的急剧输入一方面构成了对原来占据垄断地位的美国、欧洲跨国资本的威胁，另一方面也构成对当地民族资本的压力。在美国，人们惊呼日本在"购买美国"；在澳大利亚，人们对"日本化"不胜惶恐。

此外，由工业资本输出迅速扩大而引起的不同经营方式的矛盾、技术转让上的摩擦，以至于人们在心理上的种种不平衡等，也在日趋表面化，并随着当前日本工业资本输出的进一步扩大而趋于激化。

总之，日本工业资本输出和跨国工业企业的迅速发展对世界经济的影响是多方面的。其中有积极的，也有消极的。目前，日本跨国工业企业的对外投资活动仍然方兴未艾，密切注意其动向，深入研究其对世界经济的影响和作用，是十分重要的。

【关键术语】

贸易立国　　综合商社　　"保持技术差距"战略　　空心化　　当地化率　　"出口替代"效应　　梯形（"雁形"）模式。

思 考 题

1. 日本跨国公司进行国际直接投资可以分为哪几个发展阶段？其主要依据是什么？
2. 日本跨国公司进行国际直接投资的每个阶段的主要国内外情况是怎样的？在发展过程中，各自形成了怎样的特点？
3. 从总体上来看，日本跨国公司进行国际直接投资主要有哪几个特征？
4. 日本跨国公司进行国际直接投资对本国经济发展所带来的正面及负面影响有哪些？
5. 日本进行国际直接投资对东道国和整个世界经济带来了怎样的影响？

延展阅读书目

[1] 李文光，张岩贵. 日本的跨国企业［M］. 北京：中国经济出版社，1993.
[2] 金仁淑. 投资大国的兴衰——日本对外直接投资模式及效用研究［M］. 长春：吉林人民出版社，2002.
[3] 张宗斌. 日本大规模对外直接投资的经验教训及借鉴研究［M］. 北京：经济日报出版社，2015.

第十四章

东亚地区的跨国公司与国际直接投资㊀

【学习要点】
- 东亚地区跨国公司国际直接投资的发展
- 东亚地区跨国公司国际直接投资的特点
- 国际直接投资对东亚经济的影响

1950年以来，跨国公司的出现给世界经济带来了巨大的变化。然而，在跨国公司的世界里，发展中国家和地区仅仅被当作是跨国公司对外投资的东道国或潜在的东道国。殊不知，跨国公司的发展越来越受到发展中国家的重视，因为它们将要成为发展中国家经济增长的发动机。本书选取了两个有代表性的区域：东亚地区和拉美地区，来介绍发展中国家跨国公司与国际直接投资的发展。

亚洲在推动发展中国家跨国公司发展的过程中起着至关重要的作用。1995年，亚洲地区的对外直接投资流量为430亿美元，占发展中国家和地区对外直接投资总流量的90%。1993～1995年，亚洲发展中国家和地区对外直接投资流量约占世界对外直接投资总流量的11%；1996年，亚洲发展中国家和地区的对外直接投资总流量达460亿美元，占世界对外直接投资总流量的13.5%，其中，亚洲"四小龙"对外直接投资占世界对外直接投资总流量的11.3%。我国香港地区一直居于东亚对外直接投资的榜首，成为世界第五大对外投资地区。2004年，亚洲及大洋洲对外直接投资共690亿美元，其中，东亚地区的对外直接投资达535.21亿美元。

2008年，南亚、东亚和东南亚对外直接投资增长了7%，达1860亿美元。虽然印度对外直接投资几乎与2007年持平，但印度正在成为一个重要的投资国。中国成功地成为对外直接投资的重要来源：2008年，中国对外直接投资在全世界排名第13位，在所有发展中和转型经济体中排名第三位。2008年，中国输出的对外直接投资高达520亿美元，比2007年增加132%。2009年年初，中国对外投资继续增长。2017年中国对外直接投资额为1275.6亿美元。的确，经济危机导致汇率剧烈波动和国外资产价格下跌等因素为中国公司创造了并购机会。与之形成反差的是，该地区其他主要经济体的对外直接投资在2009年年初普遍放缓，因为经济危机严重削弱了这些经济体中的许多跨国公司到国外投资的能力和动力。

南亚、东亚和东南亚的公司在发达国家开展的跨国并购活动继续增多。在初级产品部门，不只是石油公司，中国和印度的大型采矿和金属公司在收购海外资产方面正逐步扩大。例如，2008年，中国铝业集团和美国铝业公司合作，以140亿美元收购英国力拓矿业公司12%

㊀ 作为"亚洲四小龙"，我国香港地区和我国台湾的跨国公司与国际直接投资和韩国、新加坡有许多相似之处，为方便比较，特放在本章阐述。

的股份（尽管这一投资最后以失败告终）。2008 年，西亚的对外直接投资减少了 30%，为 340 亿美元，这主要是因为西亚的跨国公司跨国并购交易净额剧减（下降 45%）。投资减幅最大的国家是沙特阿拉伯（从 130 亿美元降至 10 亿美元）和卡塔尔（从 53 亿美元降至 24 亿美元）。由于全球经济危机导致的巨大亏损，外向型投资者更希望规避风险，其中一些投资者转而投资深受危机冲击的本国。另外，全球证券市场下跌为政府掌控的实体提供了新的投资机会。1970～2017 年东亚国家（地区）对外直接投资情况如表 14-1 所示。

表 14-1　1970～2017 年东亚国家（地区）对外直接投资情况表

（单位：百万美元）

年份	韩国	我国香港	我国台湾	马来西亚	泰国	新加坡
1970～1979 年①	10	—	4	75	5	—
1980～1984 年①	73	355	455	245	2	106
1985～1990 年①	157	1968	2384	231	49	325
1991～1996 年①	2446	16 960	2683	1656	479	2967
1997 年	4449	24 407	5243	2675	584	8955
1998 年	4740	16 985	3836	863	132	380
1999 年	4198	19 358	4420	1422	349	5397
2000 年	4999	59 375	6701	2026	−22	6061
2001 年	2420	11 345	5480	267	162	9548
2002 年	2674	17 694	4886	1238	106	4082
2003 年	3426	5492	5682	1369	486	3705
2004 年	4792	39 753	7145	2061	362	10 667
2005 年	4298	27 201	6082	2972	425	11 281
2006 年	8127	44 979	7399	6084	970	13 298
2007 年	15 620	61 119	11 107	11 119	2859	24 458
2008 年	18 943	50 581	10 287	15 046	2560	8928
2009 年	17 436	4960 亿港元	—	7784	4756	32 040
2010 年	28 280	7411 亿港元	—	13 399	8162	35 407
2011 年	29 705	7464 亿港元	—	15 249	6258	31 459
2012 年	30 632	6835 亿港元	13 137	17 143	10 497	18 341
2013 年	28 360	6463 亿港元	14 285	14 107	11 679	39 592
2014 年	28 039	10 925 亿港元	12 711	16 369	5575	39 131
2015 年	27 640	6088 亿港元	14 709	10 546	1687	35 485
2016 年	29 961	59 703	17 884	8011	12 414	27 922
2017 年	31 676	82 843	11 357	5792	19 283	24 682

注：本表根据联合国贸易和发展委员会数据整理。

① 数据为平均值。

第一节　东亚地区跨国公司国际直接投资的发展

东亚地区的对外直接投资，在发展中国家中较为发达，其中又以亚洲"四小龙"（中国台湾、中国香港、新加坡、韩国）最具代表性。这些国家和地区通常被称为新兴工业化国家和地区，它们介于一般发展中国家（地区）与发达国家（地区）之间，分析这些国家和地区的跨国公司对于研究发展中国家的对外直接投资具有一定的典型意义。它们同属外向型经济,经过近年来经济持续的增长,资金相对充裕,但国内(地区内)市场狭小,本国(地区)技术开发能力不够,产业外移压力大等是其共性,但在对外直接投资的战略、策略等方面又有各自的特征,下面将分别具体分析。

一、我国香港特别行政区跨国公司与对外直接投资的发展

我国香港特别行政区是目前亚太地区和世界范围内重要的贸易、金融、航运和信息中心。随着经济的发展,我国香港也同西方发达国家一样进入了跨国投资的行列。20世纪60年代以来,香港不仅在大量吸引外资方面取得了惊人的成绩,而且许多厂商也积极从事对外直接投资。香港对外直接投资的起步较早,从19世纪起,香港就在国际直接投资流动中起到了"跳板"的作用,大量资本流入香港,继而投向其他地区。但是截至1981年,香港直接投资流出总头寸仅为1.69亿美元,占世界投资总额的0.03%,占亚太地区投资总额的2.5%。香港对外直接投资的发展始于20世纪90年代。1991年,香港加入了亚太经济合作组织,与其他成员方的经济合作和往来进一步加强。1992年,流出总头寸猛增,达216.98亿美元,首次成为亚太地区的最大对外直接投资地区,输出所占比重上升到28.9%。截至1997年年末,香港对外直接投资总头寸上升到2357.63亿美元,在世界投资总额中占6.5%,占亚太发展中国家和地区对外直接投资流出总头寸的一半以上,牢牢占据了亚洲及亚太地区第一对外投资者的地位。1997年以后,受东南亚金融危机的影响,香港对外直接投资总头寸出现了历史上的首次下滑,海外跨国公司归还公司内债务给香港,同时香港企业也减少了对境外企业的股本投资,于是有大量资金返回香港。此后几年总头寸再次上升,在2000年达到历史最高水平,达3883.79亿美元。随后,受国际整体经济发展状况不景气的负面影响,香港对外直接投资输出额再度下降。香港对外(尤其是亚洲)直接投资额在2003年年末达3360亿美元。但截至2004年年底,香港的对外直接投资已超过31 336亿港元,比2003年增长了18.8%。在2008年的金融危机时,作为国际主要金融中心之一,面临全球金融海啸,香港承受的经济冲击与伦敦、纽约无异。以规模小、开放性高、自由性强为特征的香港经济自从制造业大规模转移后,金融、房地产、商贸、旅游等服务性行为成了香港经济发展的主导力量,并成为香港持续发展的原动力。因而,金融危机对香港的银行等金融服务行业,以及房地产等实体行业造成了较大影响,对外直接投资的疲软更是给香港的未来带来不确定性。内部结构转换不平衡是香港的一个劣势,香港服务业从无到有,再到蓬勃发展,而制造业则全面萎缩,结构失衡。纵观世界的大金融中心,都以一定的工业基础为后盾,然而香港土地面积较小,资源匮乏也是阻碍其工业发展的一个重要原因。根据香港特别行政区统计处的数据,2004~2015年按主要接受投资国家/地区划分的香港对外直接投资情况如表14-2和表14-3所示。

表14-2 2004~2009年按主要接受投资国家/地区划分的香港对外直接投资(以市值计算)

(单位:十亿港元)

受资国/地区	年底的对外直接投资头寸						该年内的直接投资流出					
	2004年	2005年	2006年	2007年	2008年	2009年	2004年	2005年	2006年	2007年	2008年	2009年
英属维尔京群岛	1402.1	1609.3	2467.6	3773.7	2584.3	2829.3	136.8	18.1	78.0	103.9	142.1	223.0
中国内地	1211.6	1477.4	2117.2	3423.7	2624.6	2731.5	144.8	130.3	166.6	283.9	215.2	210.1
百慕大群岛	129.7	126.1	137.8	133.0	111.2	228.9	26.7	12.5	-5.0	16.2	4.0	29.6

（续）

受资国/地区	年底的对外直接投资头寸						该年内的直接投资流出					
	2004年	2005年	2006年	2007年	2008年	2009年	2004年	2005年	2006年	2007年	2008年	2009年
英国	55.3	59.6	62.1	73.5	74.3	87.2	4.9	4.9	-0.2	12.1	-14.4	-4.2
新加坡	34.2	40.0	33.1	56.9	52.0	50.9	4.5	6.0	2.1	18.4	-7.6	5.7
开曼群岛	7.1	25.1	41.1	50.1	40.8	49.2	-1.3	14.8	7.9	29.4	2.7	-0.4
泰国	24.8	23.0	34.7	38.3	38.2	47.0	3.2	2.6	6.4	-0.2	2.7	2.3
马来西亚	22.2	21.6	25.6	34.7	35.5	43.9	1.5	#	3.9	4.0	-2.2	11.2
利比里亚	*	22.3	23.3	41.0	41.6	42.0	*	-1.1	2.5	5.3	3.9	3.5
澳大利亚	**	**	**	27.3	18.7	34.1	**	**	**	6.3	-0.7	7.1
其他国家/地区	**	**	236.9	284.9	309.6	**	**	**	-2.8	48.1	8.1	
所有国家/地区	3133.6	3653.9	5264.5	7889.0	5906.2	6453.7	356.1	211.5	349.4	476.5	393.9	496.0

注：数据来源为香港统计处。*表示由2005年开始采用详细国家/地区分类以编算对外直接投资统计数字，因此，2005年以前并没有这个国家的个别数字；#表示在正负5000万港元以内；**表示由于精确程度考虑或为使个别机构单位所提供的资料得以保密，数据不予公布。

表14-3 2010~2015年按主要接受投资国家/地区划分的香港对外直接投资（以市值计算）

（单位：十亿港元）

受资国/地区	年底的对外直接投资头寸						该年内的直接投资流出					
	2010年	2011年	2012年	2013年	2014年	2015年	2010年	2011年	2012年	2013年	2014年	2015年
英属维尔京群岛	3058.4	3319.2	3911.5	3766.0	4598.1	4840.5	219.8	245.4	275.4	155.9	150.9	-16.4
中国内地	3014.7	3346.4	3671.1	3952.3	4560.0	4701.8	289.5	393.1	296.6	396.9	637.9	306.6
开曼群岛	54.8	113.3	178.4	233.2	244.7	455.2	-13.7	46.8	-16.1	19.5	64.9	224.5
英国	191.7	210.7	214.4	232.0	242.0	248.5	20.3	13.1	12.6	1.7	2.2	17.1
百慕大	248.3	219.4	262.5	254.6	283.3	227.0	23.8	29.2	28.1	22.4	26.2	24.0
澳大利亚	93.1	95.3	112.1	113.5	130.3	135.4	3.6	8.8	12.2	9.2	15.6	0.6
美国	94.5	74.9	62.2	69.5	78.1	85.7	1.6	-13.7	-5.9	5.6	3.6	-17.0
加拿大	73.7	75.6	72.1	73.0	73.9	74.5	-2.4	-0.5	-2.4	-0.9	—	0.2
新加坡	51.2	52.2	61.5	80.2	84.7	71.4	12.0	4.0	10.5	-2.2	11.3	-8.2
卢森堡	81.8	84.6	84.0	85.7	78.1	70.0	76.9	4.9	0.7	0.2	-1.7	-0.4
其他国家/地区	376.8	354.9	380.4	759.3	873.7	959.4	38.7	18.9	35.3	18.2	51.4	25.6
所有国家/地区	7338.6	7946.4	9010.2	9619.7	11 246.9	11 869.4	670.1	749.9	647.0	626.5	962.2	556.7

注：数据来源为香港统计处。

香港对外直接投资以制造业为主，尤其是纺织业和电子业是香港对外直接投资的主导行业。纺织业作为香港的传统优势产业，具有较长的发展历史和比较先进的技术和管理经验，为香港出口导向型工业的发展做出过巨大贡献。20世纪80年代以后，面对岛内土地、劳动力成本的迅速上涨和国际贸易保护主义的压力，香港纺织业不得不进行出口导向型对外投资，以保持低成本产品的竞争优势。20世纪80年代后期，电子工业面临同样的竞争压力，企业纷纷对外直接投资。我国香港对外直接投资以中小企业为主体，在投资方式上以合资为主。香港企业的主要竞争优势在于管理和营销，其对东南亚和中国内地的投资以劳动密集型行业为主，主要作用是迂回出口；对美国电子业和瑞士钟表业的投资则属于技术寻求型投资，规模虽然不大，但对于香港电子工业和钟表工业竞争能力的提高发挥了不可低估的作用。

二、我国台湾跨国公司与对外直接投资的发展

我国台湾的对外直接投资兴起于20世纪50年代末期，迄今已有60多年的历史。截至2001年年底，我国台湾累计对外直接投资总额达546.67亿美元（见表14-4），成为当时亚洲地区继日本和新加坡之后的第三大对外投资者，居世界各国和地区对外直接投资排名的第18位。2010年，我国台湾累计对外直接投资总额达2012.28亿美元，居亚洲第4位，仅次于日本等国家和地区。

表14-4 台湾对外直接投资累计

（金额：亿美元）

1980年	1985年	1990年	1995年	2000年	2005年	2010年
0.97	2.04	128.88	251.44	491.87	546.67	2012.28

注：数据来自联合国贸易和发展会议《世界投资报告》。

台湾的对外直接投资发展大体分为起步、缓慢发展、稳步增长、迅速扩张四个阶段。

（一）起步阶段（20世纪50年代末～20世纪60年代末期）

这一时期，台湾经济已开始走出战争的阴影并有了较快的发展。台湾制定了一套旨在保护岛内市场、改善投资环境、引进侨外资本、鼓励创汇出口企业的措施，走上了以出口导向带动经济发展的道路。1959年，一项金额为10万美元的对马来西亚的投资拉开了台湾对外直接投资的序幕。1960～1961年，台湾没有对外直接投资的项目。1962年以后，才开始有一定量的对外投资。这一时期，台湾核准的对外直接投资共有34项，投资总额为759万美元。主要集中于泰国：212万美元，10项；新加坡：95.7万美元，4项；马来西亚：92.3万美元，3项；美国：10万美元，1项。其产业构成主要为：食品及饮料制造业195万美元，6项；纺织业170.5万美元，5项；橡胶塑料制品制造业107万美元，1项。

（二）缓慢发展阶段（20世纪70年代）

1971年，台湾的对外贸易扭转了延续18年之久的逆差局面，顺差达2.16亿美元，接下来两年分别顺差4.7亿美元和6.9亿美元。1974年和1975年，由于受资本主义世界经济危机的冲击，出现了13.27亿美元和6.43亿美元的逆差。危机过去后，1976～1979年的年均外贸顺差达11.04亿美元，台湾的国际收支从长期逆差趋向顺差，对外汇的需求开始有所缓解。在这样的背景下，为了配合出口导向工业，建立对外销售据点，台湾的对外直接投资政策有所松动。1972年台湾修订了所谓"涉外投资法"，明确了对外投资的范围，制定了对台湾经济发展有帮助的条款。这一时期，台湾对外直接投资总额为0.52亿美元，102项，年均投资额为520万美元，10.2项。投资的地区主要为：菲律宾961万美元，7项；印度尼西亚883.5万美元，10项；美国588.6万美元，14项；新加坡334.6万美元，11项；泰国269万美元，13项。投资的产业为：化学制品制造业1363.3万美元，9项；贸易业627.6万美元，21项；非金属矿产制品制造业593.9万美元，7项；食品及饮料制造业552.6万美元，9项；电子及电器制造业459万美元，13项等。

（三）稳步增长阶段（20世纪80年代初至20世纪80年代中期）

进入20世纪80年代后，台湾经济发展较为顺利，1980～1986年，台湾GDP年均增长率为7.3%。对美贸易顺差迅速扩大，外汇存量急剧增加，从而引起美元反弹和新台币升

值。1982年以后再现储蓄率大幅上升、而岛内投资率大幅下降的"超额储蓄"现象，使岛内经济资源未能得到充分利用。同时，1982年台湾人均GNI已达到2673美元，进入世界银行规定的中等收入水平的国家或地区前列，这表明台湾经济已经发展到了一个新阶段，其发展所依赖的优势已渐渐逝去。这一时期台湾对外直接投资总额为2.03亿美元，115项，总投资额较上一阶段增长了4倍左右。其主要的地区分布为：美国1.54亿美元，61项；印度尼西亚1872万美元，2项；泰国1038.3万美元，6项；新加坡543.1万美元，8项；我国香港453.5万美元，6项；欧洲432.2万美元，3项；马来西亚421.6万美元，1项。其主要的产业分布为：电子及电器制品制造业8773.5万美元，26项；化学制品制造业2917.6万美元，5项；纸及纸制品制造业1830万美元，3项；贸易业840.1万美元，17项；非金属及产物制品制造业569.5万美元，5项。

（四）迅速扩张阶段（1987年以后）

20世纪80年代中期，台湾提出推动经济的"国际化、自由化、制度化"改革方针。此后，台湾开始大范围地更改或修订财政、金融、外贸及产业政策，从而促进了台湾对外直接投资的发展。1987年，台湾放松了其外汇管制制度，其对外直接投资项目的审批程序被简化了，速度也加快了。出于台湾岛内利益的考虑，项目审批需符合下列条件之一：为岛内工业获取必需的自然资源或零部件；改善区域贸易推移或为岛内产品保住市场；引进管理技术或生产专有技术；在不妨碍岛内安全或产业的前提下开展对外技术合作；促进国际经济合作；推进岛内经济结构调整和提高产品质量；通过风险资本经营直接引进技术。自20世纪80年代中后期以来，投资地区主要是中国大陆，与此同时也逐渐呈现多元化趋势。截至2017年年底，台湾累计对外直接投资总额已达3214.53亿美元。

三、新加坡跨国公司与对外直接投资的发展

新加坡是亚太地区较早开始吸引外国直接投资的国家之一，外国直接投资在促进新加坡经济发展的过程中起着举足轻重的作用。20世纪60年代初期，新加坡由于受经济发展水平的局限，国内储蓄难以满足经济增长所需的投资，于是政府开始引进外资。到20世纪60年代中期，已允许外国投资者设立独资企业，经济领域内除公用事业和电信业外几乎所有的部门都鼓励外国投资。从20世纪70年代开始，为适应其出口创汇的发展战略，新加坡政府重新制定了投资鼓励措施，引导外国投资者向高附加值、资本密集型产业投资，其中以电子业最为突出。随着电子业的发展和产品多元化，外资也开始向计算机系统、电信设备和办公自动化设备领域转移。20世纪80年代以后，新加坡政府又将金融、运输、通信、旅游等服务业确定为优先发展对象，吸引外资的政策也随之向这些领域调整。在整个20世纪80年代，新加坡吸引的外国直接投资年平均达23亿美元，居发展中国家之首，占其国内总投资的1/3。

虽然吸引外资促进了新加坡经济的迅速发展，但是对缺乏资源及劳动力、国内市场狭小而资金又相对剩余的新加坡经济来说，对外投资显得尤为重要。从20世纪70年代开始，新加坡在继续吸引外资进入的同时，开始将劳动密集型产业向海外转移，由最初的马来西亚和中国香港扩展到整个亚太地区并把触角伸至许多发达国家。自1988年以来，面对国内经济增长缓慢、资源匮乏、生产成本逐步上升和不断增加的国际竞争压力，新加坡政府提出，要学习第二次世界大战后美国、欧洲和日本发展企业跨国经营的实践经验，以世界为"腹

地"，发展外层经济。所谓发展外层经济，其核心内容就是鼓励新加坡企业到海外投资，进行跨国经营，并且将它作为新加坡未来经济发展的主要内容之一。为了鼓励企业到海外投资和从事跨国经营，尽快发展外层经济，1992年年初，新加坡成立了海外企业促进委员会，其职能就是找出并消除企业跨国经营的障碍，制定政策性建议，协助企业的海外发展。同时，新加坡政府在财政税收等方面也推出了一系列优惠政策，包括对从海外的利润免税优待等。虽然新加坡企业对外直接投资起步晚，而且规模也不大，但新加坡政府积极鼓励企业对外直接投资的政策，促进了新加坡企业对外直接投资的迅猛发展。1988年，新加坡对外直接投资流量仅为1.17亿美元。到了1990年，新加坡的对外投资额达84亿美元，1994年增长至105亿美元。截至2000年年底，新加坡在海外的直接投资约为919亿美元，主要投资于金融、制造业和服务业，主要投资对象为印度尼西亚、马来西亚、中国、越南、缅甸等国家。

对外投资是新加坡经济发展的必然结果。对发展中国家的投资，使新加坡国内资源匮乏的窘境得到改善。一些企业在海外得以生存并发展；而通过对发达国家的投资，特别是近年来对欧美企业的收购，使新加坡企业了解或获得了尖端技术、市场信息。从依赖外资到利用外资再到对外投资，这一渐进的过程也是新加坡经济发展壮大的过程。

四、韩国跨国公司与对外直接投资的发展

（一）20世纪90年代以前韩国的跨国公司与对外直接投资

韩国企业的发展壮大是从20世纪60年代开始的，在"出口第一"和"贸易立国"政策的鼓励下，韩国开始走向海外经济扩张的道路。1968年，韩国南方株式会社对印度尼西亚投资300万美元开发森林资源，拉开了韩国对外直接投资的序幕。之后，又有几家企业向沙特阿拉伯等国家的建筑业和贸易业进行投资。20世纪70年代，韩国因国内资源缺乏、市场狭小，寻求资源供应和开辟海外市场成为企业对外直接投资的基本。但是，由于贸易收支赤字和外汇不足，韩国对外直接投资发展缓慢。1968~1976年，韩国海外直接投资累计总额约为6390万美元，这一阶段可视为韩国对外投资的"探索阶段"。1968~1980年，韩国企业对外投资363项，金额1.69亿美元。从1987年开始，韩国企业对外直接投资迅速增加。1981~1987年，其对外直接投资额为10.53亿美元，是1968~1980年总投资额的7倍多。到1987年年底，韩国对外直接投资累计共745项，投资总额达11.95亿美元。1987~1990年年底，韩国对外直接投资总额为21.2亿美元（见表14-5）。与此同时，韩国跨国公司规模和国外子公司数目也在不断扩大和增长。到1982年，仅三星财团就在37个国家的46个城市设立了83个海外子公司，1987年仅三星物产股份有限公司就有43家海外法人企业和海外分公司。在其系列企业中，平均每8家就有一家海外子公司。

表14-5 20世纪90年代以前的韩国对外直接投资

（单位：百万美元）

年份	1968~1971年	1972~1976年	1977~1981年	1982~1986年	1987~1990年
投资金额	14.3	49.6	145.1	589.3	2122.4

注：资料来自韩国银行《海外投资年报》各年版。

（二）20世纪90年代以后韩国的跨国公司与对外直接投资

20世纪90年代以后，韩国经济实力的增强和由美元贬值引起的韩元升值，加快了韩国

企业在国外的投资。1990年,韩国企业的海外投资达到515项、16.11亿美元,年度对外投资额首次超过10亿美元,呈现出高速增长的势头,这种状态一直持续到1996年。1996年韩国对外直接投资总额为42.2亿美元,是1987年对外直接投资总额的10倍多。1997年年底,韩国爆发金融危机,大部分企业陷入困境,被迫进行艰难的结构调整,许多企业甚至大举从海外撤资,韩国海外投资开始逐年下降,至2000年才止跌回升。1997年韩国海外投资共1600项、58.28亿美元,分别同比减少11.5%和10.0%;1998年韩国海外投资共702项、50.99亿美元,分别同比减少56.1%和12.5%;1999年,韩国海外投资共1233项、46.30亿美元,分别同比增长75.6%和减少9.2%;2000年,韩国海外投资共2132项、48.66亿美元,分别同比增长72.9%和5.1%;2005年韩国海外投资共4472项、90.4亿美元。截至2017年,韩国对外直接投资累计金额为3557.58亿美元(见表14-6)。

表14-6 韩国对外直接投资累计金额

(单位:亿美元)

年份	1990年	1995年	2000年	2001年	2002年	2003年	2004年	2005年	2010年
累计金额	23.01	77.87	505.52	408.52	435.26	469.52	518.44	607.84	1440.32
年份	2011年	2012年	2013年	2014年	2015年	2016年	2017年		
累计金额	—	—	—	—	2783.95	—	3557.58		

注:数据根据联合国贸易和发展委员会数据整理。

进入2000年后,韩国企业对外投资越来越集中在亚洲地区,对亚洲地区的投资从2000年的31%,增加到2008年年末的48.1%,对北美地区的投资从2000年的28.1%减少到2008年年末的23.2%。其中对中国的投资最多,占其总投资额的24.11%;其次是东南亚地区,占比为20.69%;第三是美国,占比为20.07%。表14-7为截至2016年年底韩国对外直接投资地区分布情况。

表14-7 截至2016年年底韩国对外直接投资的地区分布

(单位:百万美元)

	总计	美国	中国	日本	欧盟	东南亚	中东	中南美洲	其他
金额	306 145	61 455	73 800	5763	39 687	63 353	5736	21 543	34 808
比例(%)	100	20.07	24.11	1.88	12.96	20.69	1.87	7.04	11.37

注:数据来自韩国统计局。

第二节 东亚地区跨国公司国际直接投资的特点

一、我国香港特别行政区跨国公司与对外直接投资的特点

我国香港一直是亚洲发展中国家和地区中最大的对外投资者,20世纪80年代时曾位于世界发展中国家(地区)对外直接投资之首,下面简要介绍一下其特征。

(一)起步早,规模大,处于领先地位

在亚洲"四小龙"中,香港的对外直接投资起步最早,从20世纪50年代开始到1976

年已达 11 亿美元，1993 年达 220.8 亿美元，2004 年高达 398 亿美元。其中，4/5 投资在亚洲发展中国家，在中国内地及东盟均居当地吸收发展中国家或地区投资之首。其对外直接投资属于国际化经营的地区渐进模式，以周边国家（地区）为起步。

（二）以出口导向为目标，管理营销为优势

在 20 世纪六七十年代，纺织业一直是香港比较有优势的出口产业，由于其发展历史长，拥有较先进的技术和丰富的管理经验。到了 20 世纪 80 年代，随着国际贸易保护主义的抬头及周边国家或地区的竞争力日益增强，为了保证纺织业等低技术产品的成本优势和迂回出口，香港的国际化经营战略便由出口转向对外直接投资。1998 年以前，政府对企业的对外直接投资实行不干预的自由化政策。到 1989 年开始采用鼓励对外直接投资措施，为对外投资企业提供人员培训和技术服务等。

香港的对外直接投资没有技术和内部化等优势，它的主要竞争优势在于管理和营销，以及原有的贸易网络。香港多年的出口经营形成了广泛的贸易网络，积累了成熟的管理和营销经验，对外直接投资企业可直接利用这些原有无形资产获得收益，从而构成了它的对外直接投资优势。

（三）投资产业以制造业和劳动密集产业为主，投资主体以中小企业为主

香港的对外直接投资以制造业为主，是其出口导向经济战略的延伸。在制造业中，又以纺织业等劳动密集型产业为主。这一方面是由于香港土地、劳动力成本迅速上涨而引起的产业外移压力和国际贸易保护主义抬头的压力；另一方面是政府的出口导向和自由放任的经济政策，使其缺乏产业升级与技术进步的支持。到了 20 世纪 80 年代，对外直接投资的产业有所调整，电子业逐渐上升为与纺织业并列的两大投资行业，在对发达国家的投资中，服务业逐渐上升为主要地位，同时兼有了技术寻求型投资。

投资多属于低技术产品，没有技术内部化的强烈要求，所以投资主体以中小企业为主。

（四）投资方式以合资为主，但并购方式迅猛上升

香港的对外直接投资方式以合资为主，这是由低技术产品的出口导向和发展中国家或地区的投资区位所决定的。合资方式既有利于占领和开拓东道国产品市场，又符合东道国的战略。但随着香港对发达国家投资比重的逐渐扩大，以及国际投资方式的新变化，并购方式近年来迅速增加。香港对发达国家的直接投资以美国和欧洲为主，主要集中在美国。

二、我国台湾跨国公司与对外直接投资的特点

我国台湾虽然早在 1959 年就开始进行企业的对外直接投资，但当时我国台湾对对外直接投资实行限制性政策，直到 20 世纪 80 年代中期政策才变限制为鼓励，引发了对外直接投资的热潮，此后，对外直接投资增长快、产业齐全、地区分布合理，具有了一定优势。下面概要介绍一下其主要特征。

（一）政策扶持力度大，投资发展迅速

台湾的对外直接投资发展之所以如此迅速，是因为台湾在政策上的大力支持。台湾在 1962 年制定的所谓"涉外投资法"对对外直接投资严格限制，1962～1979 年，对外直接投资总额为 5000 万美元；1979 年公布了"鼓励投资法"，规定对获取外国资源类的直接投资给予鼓励，并实行 5 年免税优惠，此后 5 年间，对外直接投资总额为 8400 万美元。接着

1984年、1986年两次修改投资政策,形成了"对外投资及技术合作审核处理办法",开始将免税优惠扩大到其他生产部门,大力鼓励企业的对外直接投资,进出口银行对海外投资项目实行保险并提供高达批准投资额70%的贷款;设立了工业发展及投资中心,为企业提供对外直接投资信息服务;同时解除了外汇管制,公布了鼓励对外直接投资的计划,1986年年底累计对外直接投资额为2.78亿美元。1987~1994年的7年间,对外直接投资飞速发展,投资额达89亿美元,年增长率高达168.4%。20世纪90年代末,台湾再次放宽台商对外投资的限制,甚至提出"南向政策",鼓励台商向东南亚投资。

(二)对外直接投资的地区较为集中并逐渐向全球化方向发展

台湾投资的地区设定与其经济发展战略、投资动机等因素直接相关。多年来,其对外直接投资主要集中在祖国大陆、美国、东南亚及中国香港等地,但近期其已将海外直接投资区域转向全球化方向拓展。

祖国大陆位居台湾投资的榜首。改革开放以后,特别是20世纪80年代末至90年代初,台商赴大陆投资呈逐年上升趋势,1993年达到高峰。1994年以后,台湾推行"南向政策"及"戒急用忍政策",加上台湾右翼势力的日渐强大,使台商赴大陆投资呈下降趋势,但对大陆的直接投资仍居台湾对外投资的第一位。截至2010年年底,台湾在大陆投资金额达616.25亿美元,占对外投资总额的49%。

台湾对大陆的投资主要集中在沿海的广东、福建、上海、江苏地区,投资数量多,金额大,对沿海地区具有重要的作用,从表14-8所示的1991~2001年9月的数据可见一斑。

表14-8　台湾对大陆主要投资地区的投资金额累计(1991~2001年9月)

地区		投资件数(件)	投资金额(千美元)	投资额占该地区比率
广东省	广州	1069	932 755	12.16%
	东莞	2684	2 494 569	32.52%
	深圳特区	2012	1 544 434	20.13%
	珠海工业区	197	147 947	1.93%
	其他地区	2910	2 552 065	33.27%
	小计	8872	7 671 770	100%
福建省	福州	679	399 856	19.14%
	厦门	1288	889 217	42.57%
	其他地区	1446	799 711	38.29%
	小计	3413	2 088 784	100%
上海市		3317	3 223 379	35.15%
江苏省	南京	371	257 172	2.80%
	其他地区	2875	5 688 595	62.04%
	小计	6563	9 169 146	100%

注:数据来自原对外贸易经济合作部。

东南亚是台湾对外直接投资的主要地区。在台湾对外投资的初期,投资市场主要集中在东南亚。1959~1987年,台湾地区对泰国、马来西亚、菲律宾、印度尼西亚、新加坡、越南6国的投资金额为34.8亿美元,占其对外总投资的40%左右。随着台湾对外投资地区的扩大，20世纪80年代末~90年代初，对东南亚投资有所减少。1994年以来，台湾"南向政策"的推出，使台商对东南亚投资再度升温。截至2004年年底，台湾对东南亚投资占其总投资的9.3%，居当时台湾对外投资的第三位。

美国、中国香港是中国台湾直接投资的重点地区，分别居台湾对外直接投资的第三和第四位。20世纪80年代以前台湾对这两个地区的投资发展较慢，20世纪80年代以后，台湾加大了对美国、中国香港的投资力度，以利用其高新技术及国际贸易中心的优势。2004年全年，我国台湾对美国投资达5.57亿美元，占其全年对外投资额的5.4%；对我国香港投资达1.40亿美元，占其总对外投资额的1.4%。

在对上述重点地区进行直接投资的同时，台湾还积极拓展欧洲、中东、中南美洲及非洲市场，投资区域逐渐向合理化、多元化方向发展。

（三）投资目标和投资产业多元化，技术结构分布合理

台湾的对外直接投资目标是多元化的，主要有三种类型：资源寻求型、技术寻求型和产业外移型，但以资源寻求型和产业外移型为主。1987年，资源寻求型投资占对外直接投资总额的63.7%。

从产业投向上看，台湾对外直接投资的主要行业为电子及电器、纺织、化工、金属制品、运输、金融保险、批发等行业。20世纪80年代，投资流向以制造业为主，占对外直接投资总额的62.8%；金融保险业占20.9%。20世纪80年代以后，台湾高科技工业突飞猛进。1984年台湾电子电器产品首次超过纺织品成为其最大宗出口产业。2000年，电子电器产品出口已占出口总额的55%，电子资讯产品中有14项产品产值名列世界首位。20世纪90年代以后，投资流向的结构有了很大变化，制造业份额明显下降，除电子及电器产品外，对服务业的直接投资在台对外投资中占据着越来越重要的地位，高达210亿美元。其中，金融保险业上升最快，1988年时该项投资才400万美元，而到了2009年对该行业的投资则达到约22.36亿美元（见表14-9）。

表14-9　台湾对外直接投资行业统计（2009年全年）

行业	投资金额（万美元）	占比（%）
金融保险业	223 555	46.6
制造业	99 060	20.6
批发及零售业	66 053	13.8
不动产业	25 147	5.2
科学及技术服务业	8018	1.7
资讯及通信传播业	5197	1.1
住宿及餐饮业	3243	0.7
运输及仓储业	3061	0.6
建筑营造业	2443	0.5
支援服务业	1605	0.3
其他	42 407	8.9
总计	479 789	100

注：数据来自《台湾统计年鉴（2009年）》。

（四）台湾地区跨国公司对外直接投资策略既富多样性又能因时因地制宜

台湾地区跨国公司对外直接投资所采取的策略涵盖了方方面面，包括进入方式、股权比重、出资与筹资形式、产品销售、产业布局、技术选择、研究与开发和经营手法等。在所有这些方面，台湾地区跨国公司都能够因时因地制宜，形成各种各样的策略，使其对外投资立于不败之地。以台湾地区企业对外直接投资的进入方式而言，其策略包含了以下三种选择：一是以个人名义或家族名义直接投资；二是借助跨国公司联手对外投资；三是对投资东道国企业进行兼并收购。这几种策略均因台湾地区企业的不同投资目的或选择不同区位的投资而有所不同。关于经营手法，台湾地区企业采取的策略可用"三低一高"来概括。所谓"三低"，一是低经营成本。有关调查显示，关于产品广告费占销售总额的比重，台湾地区企业与东道国企业持平，均为3%，而发达国家则为8%。与此相联系，广告费在总销售费用中所占比重，台湾地区企业为5%，东道国为9%，发达国家为14%。二是低利润返回率。台湾地区企业对外投资的利润返回率为3.7%，仅相当于发达国家企业的1/7，这说明台湾地区企业将大部分利润留在投资东道国，以备资金周转和扩大再投资之用。三是低销售利润。台湾地区企业的销售利润仅达22%，比东道国企业的35%和发达国家企业的41%都要低得多。"一高"是台湾地区企业出产的产品品质并不低，以1为最低，10为最高，台湾地区企业产品品质为8，东道国企业产品品质为7，发达国家产品品质为9，说明台湾地区企业产品品质在发展中国家占据一定优势。

（五）投资主体以中小企业为主，当地化程度高

台湾的对外直接投资主体以中小企业为主，占70%左右，从总体上看，技术层次低，但技术适用性强。参与对外直接投资的台湾中小企业迫于成本不断提高的压力纷纷向外转移资金和技术设备，因为没有优势与发达国家企业竞争，只能向技术档次低一级的发展中国家投资。随着对外直接投资的发展，台湾也产生了一些大企业，主要投资于发达国家。从总体上讲，台湾缺乏一批具有规模效益和一定知名度的大型企业，所以向上游产业的冲击力不强。

这些中小企业经济规模小，其跨国经营与在企业内调配生产资源的能力较差，母公司一般无法在国际范围内实现对其子公司在原料采购和国际市场寻求上的有效扶持，因而子公司与母公司的依赖程度都相对较低，迫使这些中小企业在进行对外直接投资后选择所谓"当地化"的发展策略，即就地采购、就地生产、就地销售，并对当地经济形成依赖。

三、新加坡跨国公司与对外直接投资的特点

进入20世纪90年代后，新加坡成为亚洲地区经济发展最快的国家之一，被誉为全球第15大富国，在亚洲的富裕程度仅次于日本。受1997年东南亚金融危机的影响，东南亚诸国经济均遭受了严重的打击，新加坡在这次东南亚经济危机中所受到的冲击最小，在其他国家经济呈现负增长趋势的时候，唯有新加坡的经济还在正增长。其经济的快速发展除与它大量吸收外资有关外，更与新加坡政府积极开展对外直接投资分不开。下面简要概括一下新加坡对外直接投资的特点。

（一）对外直接投资起步晚，发展快

新加坡的对外直接投资起步较晚，在20世纪80年代后期对外直接投资才相当于中国香港的1/5。1986年对外直接投资总额仅为29.6亿美元。到1988年时，国内虽有大量的资

金储备，但新加坡的经济增长缓慢。为了促进经济发展，新加坡政府不仅制定了一些方针、政策，积极推动本国企业的海外投资活动，而且还在资金、人员方面为那些准备在海外拓展业务的本国企业提供帮助。在政府一系列鼓励性政策和行为的推动下，新加坡的海外直接投资迅速发展，对外直接投资总额由 1986 年的 29.6 亿美元发展到 1993 年的 212.4 亿美元，年均增长达 34.3%，到 1997 年年底，新加坡对外直接投资累计额已突破 400 亿美元。截至 2010 年年底，新加坡对外直接投资累计额已达 3000 亿美元。截至 2015 年，新加坡对外直接投资累计额达 8414.02 亿美元。

（二）在利用外资的基础上发展对外直接投资

新加坡国土面积小、人口少且国内市场狭小，又缺乏资金、技术等经济优势，经济发展一直比较落后。进入 20 世纪 70 年代以后，为了推动经济发展，新加坡政府制定了利用外资和发展对外投资这"两翼"来发展国家经济的目标，经过 30 多年的实践，取得了令世界瞩目的成就。首先，外国直接投资在促进新加坡经济发展的过程中起到了举足轻重的作用。在整个 20 世纪 80 年代，新加坡吸收的外国直接投资年均达 23 亿美元，居发展中国家之首。进入 20 世纪 90 年代，新加坡吸收的直接投资额翻了一番。外资的大量进入不仅弥补了新加坡经济建设资金的不足，还带来了先进的技术和管理经验，促进了制造业和服务业的发展，加快了工业化进程。可以说，没有外国投资就没有新加坡经济繁荣的今天。其次，对外直接投资是新加坡经济腾飞的又一"助推器"。虽然外资的进入促成了新加坡经济的繁荣，但对于资源和劳动力匮乏、国内市场狭小且资金又相对剩余的新加坡来说，对外投资显得尤为重要。因此，政府鼓励各种形式的对外投资。因为国内企业难以形成技术和所有权优势，所以大量的外资企业成为对外直接投资的主体。一方面，对发展中国家投资，解决了新加坡国内资源匮乏的窘境，一些企业在海外得以生存和发展；另一方面，对发达国家进行投资，帮助新加坡国内企业掌握尖端技术、市场信息。海外企业大量利润的汇入，使内经济对外资的依赖逐渐减弱。

（三）以外资企业为主的投资主体和投资技术结构

新加坡的对外直接投资以外资企业和大型国有企业为主体，这是因为在新加坡的外资依赖性经济格局中，外资企业占国内企业的 2/3 以上，本地私人企业难以形成技术和所有权优势。同时，本地企业也没有自主研发能力。在新加坡的外资结构中，美国、日本、英国是最大的投资国，20 世纪 80 年代，主要投资于电子和机械领域，占到投资行业的 42%。到了 20 世纪 90 年代，主要投资于服务业，特别是金融业。进入 21 世纪后，新加坡在对外投资制造业和金融业的同时，又开始热衷于投资房地产业。这种利用外资的结构决定了新加坡对外投资的产业格局。先是以制造业为主，后来又明显集中于服务业，特别是金融业。利用外资的技术等所有权优势和区位优势的结合来扩大对外直接投资，是新加坡发展外向型经济的一个特征，也取得了极大的成功。

（四）投资区域不断由发展中国家向发达国家扩展，投资产业逐步与发达国家同步化

20 世纪 80 年代，新加坡的对外直接投资区域主要集中在亚洲发展中国家和地区。20 世纪 90 年代以后，新加坡投资重心开始向发达国家转移。1985 年，对亚洲地区投资占其投资总额的 74%，1990 年占 65%，2009 年占 52.8%。这一数字说明新加坡的对外直接投资虽然以亚洲为主，但对亚洲投资所占其投资总额的比重不断下降，与此同时对发达国家的投资比重则不断上升，逐渐上升到主导地位。这种变化与新加坡对外直接投资产业的不断高档化密

切相关。

20世纪80年代，新加坡的对外直接投资产业以制造业为主，主要向马来西亚、我国香港、我国内地等东亚地区进行投资，以电子、化工、炼油、饮食等行业为主。进入20世纪90年代，新加坡的对外直接投资产业不断高档化，服务业迅速上升为主导地位，1994年，服务业占其对外投资的3/4，其中金融业为第一大产业，占比达55.2%，而制造业占比则下降为21.7%。服务业多分布在欧洲、美国、日本等发达国家。从2003年起，中国成为新加坡对外直接投资的第一大市场。2009年，新加坡对中国投资达400亿美元，其中超过1/2的金额投在中国的制造业领域，18.4%的金额投在房地产领域。这表明新加坡的对外直接投资产业结构逐渐与发达国家同步，进入了经营国际化的高级形态。根据新加坡统计局资料，2009年新加坡累计对中国投资622.41亿美元，2012年为920.47亿美元，2015年为1210.68亿美元。

（五）投资方式以独资为主，工业园区独具特色

新加坡的对外直接投资以服务业为主，且服务业中又以金融保险业为主，多投向发达国家，在发达国家市场上投资所承担的风险较小，因而在投资方式上企业多以独资和持多数股权为主。但随着国际投资趋势的变化，并购方式逐渐成为对发达国家直接投资的主要方式之一。

新加坡的另一种独特投资形式是进行成片工业园区的开发。借鉴国内创造良好投资环境引进外资的成功经验，新加坡在投资环境欠佳的发展中国家，投资兴建工业园区，建设工业园区能更好地发挥新加坡基础设施建设与园区管理服务的所有权优势，通过与内部化优势、区位优势的良好结合，取得了极大的成功。

四、韩国跨国公司与对外直接投资的特点

韩国是介于发展中国家和发达国家之间的新兴工业化国家，在对外直接投资的企业规模、技术能力、管理经验等各方面虽弱于发达国家，但又强于发展中国家。在亚洲"四小龙"中最具规模和实力，它的对外直接投资独具特点。

（一）投资目标以资源寻求型和产业外移型为主，呈现多元化的特点

在国内经济发展的不同阶段，韩国对外直接投资的目标也不同，但其对外直接投资的目标始终以国内产业和国外市场紧密结合为出发点，总体来说有以下四个：

1. 资源寻求型

20世纪70年代，为了从国外获取所需的资源以保证国内经济发展的需要，韩国政府极力主张企业从事资源寻求型的对外直接投资，并在这方面给予了大力支持，大量投资于煤炭、石油、铁矿石、林业等。这种对外直接投资获取了大量国内急需的资源，弥补了国内经济发展对资源的需求缺口。

2. 市场开拓型

20世纪80年代，韩国对发达国家的出口贸易受阻，为了保护出口贸易市场，韩国对外直接投资的目标又转向了以贸易对象国为主的市场开拓型对外直接投资。于是开始了对发达国家制造业的大量投资，这有力地开拓并扩大了出口市场。

3. 技术寻求型

为了促进经济结构和产业技术结构向高层次发展，20世纪80年代中期以来，韩国坚持

把向发达国家先进技术产业的技术寻求型投资作为投资目标之一，主要集中于向北美的汽车、钢铁、电子等韩国在工业化进程中形成的优势产业的投资。

4. 产业外移型

韩国国内产业界的高度集中，使大型企业在规模优势与技术革新的努力下，拥有突出的技术经济实力。因此，尽管韩国对外直接投资起步较晚，但其国际化经营与发达国家对外直接投资相似，具有较大的产业外移压力。东南亚和中国等国家和地区成为韩国国内淘汰产业转移的最大区域。

（二）对外直接投资以制造业为主

2010年，韩国对外直接投资达325.3亿美元，比2009年增长14.4%。其中，制造业对外投资85.1亿美元，金融保险业对外投资58.4亿美元，占韩国对外直接投资比重分别为26.2%和18%。为了开发海外资源，21世纪初韩国矿业对外投资急剧增加，2010年矿业对外直接投资达99.5亿美元，占总投资的30.6%。其中，大型跨国公司倾向于投资上游发达国家，并以汽车、钢铁、电子等重化工业为主，投资规模也较大；中小企业则投资于下游发展中国家，以劳动密集型产业为主。

（三）投资主体以大型跨国公司为主，投资方式以独资为主

韩国的大企业在20世纪70年代开始发展，到了20世纪80年代，一批大企业迅速崛起。1995年时，以大宇、乐喜、三星、现代四大财团为主体的大型企业对外直接投资占当时对外直接投资总额的98%以上。进入20世纪90年代，尽管有大量劳动密集型中小企业在外移，但大型企业的对外直接投资也占到对外投资额的73%。在亚洲"四小龙"中，韩国的大型企业最具突出的规模优势，也最拥有突出的技术经济实力。

为了控制企业的经营管理权，避免与合作伙伴发生摩擦与纠纷，韩国企业的对外直接投资多采用单独投资的方式，合资及合作项目相对较少。1982年，韩国对外直接投资中独资方式占70.4%，到了20世纪90年代，这种趋势有所下降，独资仅占60.5%。随着国际企业并购潮的兴起，韩国对发达国家直接投资的方式也有所改变，并购的比重在不断上升，逐渐成为韩国对外直接投资的重要方式之一。

（四）投资区域在集中的基础上逐步扩大

韩国跨国公司在对外直接投资的地区分布上很分散，遍及各大洲。在对外直接投资发展的初期，韩国对外直接投资的主要地区为亚洲少数几个森林资源、水产资源丰富的国家。随着韩国对外投资的逐渐增长，韩国对外直接投资已遍及亚洲、美洲、欧洲、非洲、大洋洲的几十个国家和地区，但其明显偏重于北美和东南亚。1968~1990年，韩国对外直接投资总额为29.21亿美元，其中北美洲为12.49亿美元，占总额的42.8%；亚洲为10.71亿美元，占总额的36.70%；二者合计达23.20亿美元，占总额的79.5%；而欧洲、非洲、大洋洲和拉丁美洲则分别为1.56亿美元、0.65亿美元、1.65亿美元和2.15亿美元，四者合计仅为6.01亿美元，占总额的20.5%。1992~1998年，韩国对外直接投资总额为192.21亿美元，亚洲为86.21亿美元，占总额的44.85%；北美洲为51.30亿美元，占总额的26.69%；二者合计达137.51亿美元，占总额的71.54%；在其他地区的投资仍然不足30%。从国别、地区来看，韩国对外直接投资相对集中，1992~1998年，韩国对外直接投资主要集中在美国、中国、印度尼西亚、英国、越南、印度、泰国等地，累计投资本期内达126.25亿美元，占本期累计投资总额的65.69%；其中，美国为49.60亿美元，中国为39.59亿美元，分别

占投资总额的 25.80% 和 20.60%；二者合计达 89.19 亿美元，为投资总额的 46.40%。目前，中国已是韩国最大的对外投资国之一，由表 14-10 可见一斑。

表 14-10　韩国跨国投资比例（2000～2002 年 5 月累计投资）

投资额（美元）	全世界		中国	
	件数	金额比例（%）	件数	金额比例（%）
1000 万～2000 万	98	35.5	23	47.9
2000 万～3000 万	41	14.9	7	14.6
3000 万～4000 万	39	14.1	5	10.4
4000 万～5000 万	22	8.0	5	10.4
5000 万～1 亿	47	17.0	7	14.6
1 亿以上	29	10.5	1	2.1
合计	276	100	48	100

注：数据来自韩国进出口银行。

第三节　东亚地区跨国公司国际直接投资的效应

一、东亚跨国公司对本地区经济发展的贡献

东亚企业的跨国经营体现了经济发展过程的客观必然性，因为它是企业在变化的经济环境下利用优势和寻求优势的必然选择。东亚跨国公司的崛起，不仅对东亚各投资母国产生了积极而深远的影响，而且也促成了东亚经济增长群的形成。以泰国、马来西亚、菲律宾、印度尼西亚为代表的亚洲"四小虎"正是在这一过程中实现了经济的快速增长，而成为令世界瞩目的经济新星。东亚新兴工业化国家和地区对东盟和中国、越南的投资，促成了东亚经济增长追赶浪潮的形成，使东亚成为世界经济中最富活力和最有希望的地区之一。

东亚跨国公司对亚洲的投资深化了东亚地区的国际分工，以东亚企业为主体的跨国、跨地区的相互依赖的经济关系得以形成。东亚新兴工业化国家和地区将其丧失成本优势的产业部门或其一部分向亚洲发展中国家的转移，促进了区域内出口贸易和经济发展的良性循环。同时，东亚国家和地区间交叉投资的兴起，开始改变了这一地区产业垂直分工的传统格局，水平产业分工的工业化有了明显的进展。这种新兴产业分工包括两种形态：一是东亚地区各国、各地区根据各自的优势条件，进行同一产品的不同生产工序间的产业分工和贸易；二是东亚地区各国、各地区在同一产业部门的制造技术、产品质量、用途、设计等方面进行不同种类产品的专业化生产分工。这不仅提高了东亚企业的生产技术水平和竞争能力，而且也从整体上使东亚地区成为世界工业生产的重要地区，其生产能力在世界工业生产中占有越来越重要的位置。

作为推进这一过程的主要投资母国或地区，亚洲"四小龙"的跨国企业发挥了关键作用。不仅如此，东亚企业的跨国经营还对本国（地区）的经济结构调整和宏观经济稳定做出了不可低估的贡献。

二、跨国公司与国际直接投资对东亚地区经济发展的贡献

东亚地区曾经是最贫穷的地区，然而经过几十多年的发展，创造了经济持续、快速增长

的"东亚奇迹"。东亚经济成功的关键除了客观因素外，更大的原因在于其认识并巧妙地利用了产业全球化带来的历史性机遇，通过进入跨国公司全球生产网络的方式，成功地获得了在经济发展中急需的资金、技术以及进入国际市场的途径等宝贵资源。这不仅促使东亚由效率低下的内向型产业迅速转变为具有国际竞争力的外向型产业，同时也使东亚劳动力资源的比较优势转变为东亚出口产品的竞争优势。下面谈一下跨国公司与国际直接投资对东亚经济的影响。

(一) 跨国公司与东亚劳动力的利用

劳动力资源、自然资源、资本形成和技术被发展经济学家视为经济发展的四大基本要素。就东亚而论，在这四大基本要素中，其唯一具有优势的就是劳动力资源。对劳动力的有效使用，可以产生两种收益：其一，通过促进对现实可得劳动力更为有效的使用和通过采用更适宜于欠发达国家资源禀赋的技术，有可能使生产增加；其二，即使总产出并没有增加，为穷人提供更多的就业机会也能成为一种有效的、成本相对低廉的使穷人在总收益中增加份额，从而减少贫困和分配不公平现象的方法。

东亚国家和地区从第二次世界大战后到20世纪50年代，经历了迅速的人口增长，到了20世纪60年代初期，其人口规模和增长率已达到惊人的程度。2010年，韩国人口规模达到4891万，人口增长率达到0.26%，人口密度为1288人/km^2。中国台湾人口规模达到2316.2万，人口增长率达0.21%，人口密度为1849人/km^2。中国香港人口规模达709.8万，人口增长率达0.48%，人口密度为18 176人/km^2。新加坡人口规模达到517万，人口增长率达0.86%，人口密度为18 645人/km^2。东亚人口的迅速增长，导致了劳动力规模的急剧扩大。东亚具有重视教育的传统，因而东亚劳动力具有较高的素质。但是，这种劳动力资源在东亚经济发展的早期并未得到有效的运用，相反，人们更多地强调，人口迅速增长增加了粮食供给的压力，减少了可用于生产性投资的资本积累，造成了人均收入水平的停滞和失业率的居高不下。在相当长的一段时间里，东亚国家和地区并未认识到劳动力资源所具有的稀缺性，它们没有把这种资源当作一种宝贵的财富，相反却当作一种负担，一种阻碍经济发展的障碍，这直接导致了东亚劳动力资源长期未被合理利用。

东亚劳动力资源未被合理利用的情况较为严重和普遍。这主要表现在两个方面：一是公开失业；二是非公开失业。在公开失业方面，东亚国家和地区在20世纪50年代经济发展缓慢时期，失业率就一直居高不下，到了20世纪60年代初期，失业问题不仅未能改善，反而不断恶化。韩国1962年的失业率为8.4%，1963年为8.8%，1964年为8.6%，1965年达8.9%。新加坡1966年的失业率达4.9%，中国台湾1964年的失业率也达4.34%。进入21世纪后，失业情况有所缓和。2009年，韩国失业率降至3.7%，新加坡失业率降至2.2%，但中国台湾的失业率仍高达5.7%。韩国2013年失业率为3.1%，2015年为3.6%，2016年为3.7%，2017年为4.36%，2018年为3.93%。新加坡2013年失业率为1.9%，2015年失业率为1.9%，2016年失业率为2.1%，2017年为2.02%，2018年为3.77%。这是官方的统计数据，远不能反映东亚真实的失业水平，因为在这些公开的失业背后，隐藏着大量非公开失业，而这种隐性失业是东亚劳动力不得其用的主要形式。在官方的失业统计中，往往不包括那些贫困人口，因为这些人不可能长期地处于失业状态。由于缺乏生活费用的来源，如果长期无事可做就意味着他们及其家人必须挨饿，所以，贫困的人口不得不接受任何可以获得的工作。针对这一现象，曾有人风趣地说，在穷国，失业是一种奢侈。意思是说，失业通常包括要花费时间和费用去寻找一份可以接受的工作，唯有那些条件相当优越的人才能享受这份"殊荣"。由于东亚国家和地区普遍缺乏失业和其他形式的社会保障，大量过剩的劳动力只能依靠临时性工作维持生计。

创造加速生产性的就业机会，成为东亚国家和地区的迫切愿望。但是，把劳动力的利用与经济增长结合起来的设想，由于受到诸多因素的限制，其可行性很少能够一目了然。进口替代的工业化模式，已经证明对劳动力的利用只能发挥极为有限的作用，其原因主要在于进口替代对于资本和技术的引进，往往更偏向于建立具有一定竞争能力的民族工业体系，这种偏向提高了资本与技术的含量，对于劳动力资源的利用具有较强的替代或排斥特征。

东亚国家和地区利用产业全球化的机会，通过进入跨国公司全球生产体系，巧妙地实现了这种战略转变。对于全球性产业而言，跨国公司既是产业运行的主要组织者，又是资本、技术、管理与组织技能的重要提供者。跨国公司在世界范围内利用大量资源从事竞争和价值增值活动，不仅直接创造了就业机会，而且还通过产业的前后向连锁以及刺激经济增长间接创造了就业机会。一体化国际生产与其他形式的跨国公司战略之间的最大区别就是跨国公司营运体系的更加分散化。越来越多的生产与经营职能被定位到任何具有所需资产、劳动力和基础设施的地方，从而拓宽了国外附属企业的潜在工种范围。随着劳动力资源这一创造性资产在全球产业竞争中地位的不断上升，生产地点与消费地点之间更彻底的分离就不可避免，导致了跨国公司各种价值增值活动在全球布局的分散性不断增强。刺激许多跨国公司将工作岗位从发达国家移至东亚的一个重要因素是，东亚国家和地区劳动力素质较高，而工资水平和福利待遇却普遍偏低。在此情况下，跨国公司带来的技术和管理经验很容易与东亚高素质的劳动力相结合，而劳动力成本只相当于发达国家劳动力成本的一小部分，这为跨国公司的全球竞争创造了极为重要的竞争优势。

跨国公司的全球一体化战略将大量劳动密集型生产活动转移到位于东亚的附属企业或分包商，极大地促进了东亚劳动力的利用。据联合国跨国公司与投资司统计，1990年日本跨国公司国外附属企业提供的就业岗位的52.5%位于发展中国家，其中43.6%位于东亚、南亚、东南亚及太平洋地区。美国跨国公司1991年国外附属企业提供的就业岗位的31%位于发展中国家，其中，拉美和加勒比地区占19.5%，东亚、南亚、东南亚及太平洋地区占9.6%。2008～2010年跨国公司在中国的雇员情况如表14-11所示。

表14-11 2008～2010年跨国公司在中国的雇员情况

年份	国外附属企业雇员数量（万人）	占全部经济活动人口的比例（%）	占工薪就业人口比例（%）
2008年	1622	2.1	2.2
2009年	1699	2.2	2.3
2010年	1823	2.3	2.4

东亚通过融入跨国公司全球生产体系，迅速实现了对劳动力资源的有效利用，失业问题迎刃而解，失业率逐渐降至自然失业率水平。与此同时，人均收入水平稳步提高，国民生产总值快速增长。东亚从此跳出了贫困恶性循环的陷阱，走上了经济起飞的道路。

（二）跨国公司与东亚资本形成

强调资本形成在经济发展中重要作用的观点可以说是由来已久。以亚当·斯密为代表的古典经济增长理论就曾认为，资本积累与经济增长率成正比，资本积累量的大小是经济增长率高低的关键。但是，资本形成的重要性是一回事，而能否形成经济发展所必需的资本又是另一回事。正如东亚早期经济发展面临的困难那样，它们的消费水平本来就很低，甚至有些国家或地区只能勉强维持人民的生存，因此，这些国家和地区似乎不可能考虑以降低消费水平的方式来积累资本。虽然东亚地区具有节俭的习惯，但缺少资本有时并不是因为缺少努力，而是因为收入很低，即使储蓄率很高也不能使得资本存量迅速增长。在国内资本形成面临障碍的情况下，国外资本的来源就成为经济发展的重要问题。

利用外资主要有两种形式：一是国外借款；二是外国直接投资。长期以来，大多数发展中国家都倾向于采取国外借款的方式来利用国外资源。富国的投资者将其资金转向国外，目的是追求比在国内投资更高的收益，而穷国则迫切需要这些资金以开发其投资项目。但是，只有在贷款所产生的收益大于必须支付的利息的条件下，发展中国家得到的贷款才能提高国家的生活水平。很多发展中国家发现，它们必须用全部的出口收益来偿付外债的利息，而且要偿还全部的利息已变得越来越困难。结果，一个又一个发展中国家，尤其是拉丁美洲国家，都无法清偿所借外债的利息，从而不得不"重新安排"清偿计划。发展中国家的债务危机说明，利用外债来促进经济发展的战略，结果往往事与愿违。

同样是利用外部资源，东亚大多数国家和地区则选择了一条利用跨国公司来促进资本形成的道路，这使得东亚经济发展出现了与拉丁美洲发展中国家完全不同的景象。利用外国直接投资与利用国外借款的最大不同之处在于，进行投资的跨国公司对其自身的资本承担风险，如果投资不能获得收益，那么，是投资者本身而不是接受投资的国家承受损失。这种承担风险的压力为跨国公司确保投资获得预期收益提供了更大的动力。

在产业全球化的过程中，跨国公司通过对外直接投资和其他方式进行的国际化生产，给东亚国家和地区获得必要的创造性资产提供了机会，跨国公司母公司及其国内外分支机构构成的跨国公司体系是投资资本、技术、发明能力、组织管理技能的创造者。跨国公司将自己内部创造的资源分布到世界各地，在收益最高和对提高整体竞争力作用最大的地方使用。在很多国家布点，与纯国内企业相比，跨国公司在外部资金筹措方面享有更加有利的条件和地位。跨国公司可以利用不同区位的利率和成本差，来获得和评估不同国家金融市场的信息，在多国筹措资金以分散风险，根据自己优越的资信等级从本国或国际金融市场筹措资金。跨国公司体系通过从世界范围内筹措资金，不仅为跨国公司获取更多的资金提供了便利，而且还降低了资金使用成本，并通过国际债务多元化减轻了外汇风险，跨国公司的竞争能力也因此得到增强。

对于东亚发展中国家和地区而言，跨国公司的投资增加了资本存量，促进了对现有资源及未被利用资源的有效利用，从而提高了经济的产出量和生产效率。跨国公司投资还带来了乘数效应，通过前后向联系，引发了当地企业扩大投资。跨国公司不仅为东亚当地企业调动金融资源或其他资源做出了贡献，更为重要的是，它揭示了未来投资的机会，增强了当地企业的信心，从而成为引发国内投资的"催化剂"，这是跨国公司促进东亚经济业绩增长的一个极为重要的作用。

（三）跨国公司与东亚技术进步

大量的实证研究证明了技术进步在经济发展中的巨大作用，但发展中国家在获得技术方面却面临两难的困境：一方面，它们必须依赖发达国家提供大量的现代技术；另一方面，发达国家所提供的绝大多数技术却不适宜于劳动力丰富而资本和技术稀缺的发展中国家。尽管许多发展中国家致力于引进技术以建立它们的工业基础，然而，迄今为止，几乎没有一个国家能够通过引进技术来建立起自己真正的成熟工业。东亚在这方面开创了一条独特的道路，它们通过与跨国公司的合作，不仅获得了大量的适宜技术，而且利用这些技术生产的产品具有很强的国际竞争力。

跨国公司是世界主要的技术生产者和传播者。在全球竞争的压力下，跨国公司不断增加自己的研究与开发费用，体系内的成员企业则可以获得整个体系的技术和技能方面的支持。跨国公司在东亚的分支机构，通过从跨国公司体系内进口机械、中间产品、最终产品和服务来获得技术。为了增强自己的竞争能力，跨国公司不断在体系内向全球扩散自己的研究与开发活动。与此同时，为了使自己的技术资产收益最大化，跨国公司或者通过对外直接投资将自己的独有技能一揽子转让给自己的子公司，或者通过与跨国公司体系外的企业建立非股权安排指导它们学习这些独特的技能。跨国公司体系的这种技术开发与转让，通过联系和溢出效应对东亚当地企业产生了重大影响。通过吸收外国直接投资和与跨国公司缔结非股权联系成为东亚国家和地区增强自己技术力量的重要途径。以中国台湾为例，1964年，美国胜家公司在台湾投资设厂。台湾当时的缝衣机工业技术相当落后。台湾胜家公司开始生产之后，非常积极主动地扶持台湾的缝衣机零件工业，协助其提升技术水准。技术协助的范围包括训练本地的技术员工，引进品管、热处理以及量具的设计及制造方法，甚至有时还从国外其他胜家公司聘请专家来到台湾指导。胜家公司重视产品质量，因此对零件供应商品质量的要求极严。胜家的零件供应商在产品满足胜家的要求水准后，也将同样品质的零件供应给其他缝衣机装配厂，结果使台湾整个缝衣机产业的技术水准在胜家来到台湾后突飞猛进，到了20世纪70年代后期，台湾缝衣机的出口已居全球首位。

跨国公司同时也是先进的组织与管理技能的发明者和传播者。组织与管理技能决定了整个企业所有活动的效率，因而它是企业竞争力的主要来源。与技术转让一样，跨国公司所采用的组织与管理技能并不局限于跨国公司体系本身，而且还通过各种联系，扩散到东亚当地企业和机构中去。跨国公司通过向当地供货商、购买商、与其合作的当地机构转让管理技术，通过示范效应和当地企业的模仿，通过跨国公司与东亚当地企业之间的人才流动，促进了东亚当地企业生产效率的提高。例如在韩国、日本的跨国公司和后来美国的跨国公司带来的组织与管理技能就对当地企业产生了重大影响。终生雇佣和民意决策等日本管理制度在韩国企业中广为运用，韩国企业的经营管理人员还使用了许多美国企业的管理方法。

跨国公司对东亚当地员工的培训也是向当地转让技术和管理技能的重要方式。随着跨国公司全球一体化趋势的发展，母公司与其附属企业的联系不断加强，成功经营跨国公司生产体系及其散布于世界各地的分支部门所需的培训也在日益扩展且趋于复杂。国外附属企业逐渐参与较高附加值和更为专业化的生产活动，从而需要更多的培训来提高当地人员的素质。

（四）跨国公司与东亚进出口增长

从总体上看，东亚自然资源比较贫乏，尤其是亚洲"四小龙"，其自然资源非常贫乏，因此，在驱动经济发展的四大基本要素中，自然资源就不能发挥作用。不过，东亚在自然资源方面也有一个共同的优势，那就是其独特的地理位置。亚洲"四小龙"和东盟四国都是海岛型或半岛型国家或地区，拥有较长的海岸线和较多的港湾，居于东西方航道的要冲，这为东亚发展进出口贸易提供了极为便利的条件。从某种意义上讲，东亚国家和地区正是通过利用自己优越的地理位置,才能大力吸引跨国公司投资,以其迅速的进出口贸易增长,克服了自然资源贫乏的限制,推动了经济的起飞。

在产业全球化的压力下,跨国公司沿着价值增值链实现区位专业化分工,推动效率提高和成本降低,以增强公司的竞争能力。在跨国公司全球一体化体系中,企业内贸易占有越来越重要的地位。据《1996年世界投资报告》统计,跨国公司母公司与国外子公司的企业内出口占日本总出口的24%,占瑞典总出口的38%;而此类企业内进口在日本占14%,在美国占43%。1983~1993年间,美国母公司企业内出口在总出口中的比重从34%增加到44%,企业内进口的比重从38%增加到近50%。

在所有的行业中,制造业中的跨国公司的出口倾向最为强劲。以美国跨国公司为例,1977年,美国跨国公司的亚洲子公司的出口比重达到其总产值的50%以上,在新加坡、韩国和我国香港、我国台湾地区,跨国公司子公司的出口比重高达80%。在这些地区,出口成为美国制造业子公司的重中之重。20世纪70年代后期以来,跨国公司的出口倾向进一步提高,但结构发生了不同程度的变化。之前不属于出口增长组成部分的一些亚洲发展中国家,其出口比率大幅度提高,比如美国在菲律宾和泰国的子公司的出口比率已接近这四个新兴工业化国家或地区。与此相反,设在这四个新兴工业化国家或地区的子公司则不同程度地将注意力转向当地市场,其中新加坡变化最小,韩国变化最大。

跨国公司体系内的市场并不局限于母子公司之间,对于全球性产业而言,生产活动和市场区位往往不在一起,跨国公司为了更有效地组织生产和销售,通常把贸易、对外直接投资和各种非股权安排结合在一起,这为东道国当地企业带来了很大的市场机会。通过与跨国公司在生产或经销方面建立的联系,跨国公司体系成为东道国当地企业的重要市场通道。东亚当地企业通过为跨国公司的全球分支机构提供零部件或组装产品,被纳入跨国公司为出口市场生产的纵向一体化生产体系。例如,东亚当地企业通过合资或者分包关系建立起为汽车和电子行业跨国公司提供零部件的当地生产网络,不同国家或地区的工厂之间实行专业化分工,共同为全球市场生产成品。汽车工业中的生产加工网络大多归日本跨国公司所有。日本所有主要汽车跨国公司都利用东盟地区合作的优惠,通过其国外分支机构和当地分包商加工汽车部件。电子工业中的生产加工网络是美国、日本两国跨国公司建立起来的,开始时先从事一些劳动密集型的加工经营,逐步发展成为全行业跨国境高级经营网络。对于跨国公司来说,与供应商建立密切的联系有利于通过灵活可靠的货源供应增强自己的生产能力;而对于供应商来说,这种联系提供了可靠和有利的市场准入。与日本综合商社和欧美大型零售公司之间的联系也是东亚企业进入全球市场的重要方式。对于消费类电子、鞋类、家具、家用物件和玩具之类的消费品来说,这种联系极为普遍。跨国公司或跨国贸易商通过产品设计或提供商品牌号和产品规格,指导东亚当地企业进行生产,并给予技术、管理、营销和经销方面的支持,这种网络化的联系为东亚当地企业扩大出口带来了机会。东亚企业与跨国公司的另一种联系方式是原设备制造(OEM),东亚当地企业自己制造产品,但用跨国公司的品牌销售,这种做法要求生产厂家必须具有满足购买方关于质量、价格和交货等方面要求的能力。日本、美国电子业跨国公司对东亚原设备制造商的依赖程度都很高,为东亚中小企业进入国际市场提供了有效的途径。

【关键术语】

亚洲"四小龙"　　东亚地区跨国公司　　工业园区

思 考 题

1. 总结东亚地区对外直接投资的特点。
2. 论述跨国公司与国际直接投资对东亚地区经济的影响。

延展阅读书目

［1］　吴先明. 跨国公司与东亚经济发展［M］. 北京：经济科学出版社，2001.
［2］　杨青. 现代经济发展过程中的对外直接投资［M］. 北京：中国财政经济出版社，2002.
［3］　李纲. 国际对外投资政策与实践［M］. 北京：中国对外经济贸易出版社，2003.

第十五章

拉美地区的跨国公司与国际直接投资

【学习要点】
● 拉美地区跨国公司国际直接投资的特点
● 国际直接投资对拉美经济的影响

第一节 拉美地区跨国公司国际直接投资的发展

一、拉美地区跨国公司对外直接投资发展概况

(一) 拉美地区对外直接投资简要论述

按照世界银行的划分标准,拉美地区属于中低收入国家的范围,其对外直接投资的主要成员是巴西、阿根廷和墨西哥三个国家。从总体上看,在中低收入国家和地区范围内,该地区的对外直接投资领先于中东和北非、撒哈拉以南非洲地区,但是比东亚和太平洋以及欧洲和中亚地区落后。

1. 巴西

巴西对外投资开始较晚,直到20世纪70年代才开始从事国外投资活动。据统计,1980年巴西对外直接投资额为3.68亿美元,1970~1980年累计为12.66亿美元。巴西的对外直接投资流入存量1990年为371亿美元,2000年为1223亿美元,2008年为2877亿美元,2010年为6283.46亿美元,2017年增至7782.87亿美元;流出存量1990年为410亿美元,2000年为519亿美元,2008年为1622亿美元,2010年为1913.39亿美元,2017年增至3589.15亿美元。通过分析,可以发现1990年其流出存量大于流入存量,而到了21世纪后这种现象出现了明显的逆转;流入存量自20世纪90年代后就呈加速增长趋势,而流出存量在1990~2000年增长极为缓慢,远远低于流入存量的增长;2000年以后,流出存量也飞速增长。如表15-1所示。

表15-1 巴西对外直接投资存量

(单位:亿美元)

1990年		2000年		2008年	
流入存量	流出存量	流入存量	流出存量	流入存量	流出存量
371	410	1223	519	2877	1622
2010年		2017年			
流入存量	流出存量	流入存量	流出存量		
6283.46	1913.39	7782.87	3589.15		

注:数据来自《2018年世界投资报告》。

受 2008 年全球金融危机的影响,巴西的对外直接投资出现了近 5 年来的第一次下降,为 26 亿美元,2009 年情况有所好转,达到了 46 亿美元。按照行业来看,巴西的石油和冶金公司是拉美地区最活跃的对外投资公司;按照地区来看,巴西对外投资的地区主要是拉美国家,阿根廷、智利、厄瓜多尔、哥伦比亚等国家吸收了其投资的绝大部分。巴西在国外活动的公司主要是大的国有公司和发达国家跨国公司在巴西的子公司。

2. 阿根廷

阿根廷是发展中国家中第一个在国外有经营活动的国家。1928 年阿根廷的一家制造业公司在巴西建立一家生产石油气泵的子公司。1995 年,阿根廷的对外直接投资为 56.09 亿美元,2003 年约为 90 亿美元,2008 年为 97.53 亿美元,2016 年为 17.87 亿美元,2017 年为 11.68 亿美元。

3. 墨西哥

墨西哥的对外投资地区主要是拉美邻国。1976 年大约有 13 家墨西哥公司在 8 个南美国家有 50 多项工程。2001 年,墨西哥的对外直接投资额为 37 亿美元,主要流向美国。截至 2017 年,墨西哥对外直接投资存量达 1800.48 亿美元。表 15-2 为墨西哥对外直接投资存量的基本情况。

表 15-2 墨西哥对外直接投资存量

(单位:亿美元)

1990 年		2000 年		2008 年	
流入存量	流出存量	流入存量	流出存量	流入存量	流出存量
224	27	972	83	2947	454
2000 年		2010 年		2017 年	
流入存量	流出存量	流入存量	流出存量	流入存量	流出存量
1216.91	82.73	3895.71	1169.06	4891.3	1800.48

注:数据来自《2018 年世界投资报告》。

(二) 拉美地区从事对外直接投资的动机

1. 一批垄断性大企业、大集团的相继出现

在阿根廷、巴西、墨西哥、委内瑞拉、哥伦比亚、智利等拉美国家,主要工业部门中生产和资本的集中程度都已达到了一定水平。巴西经济自 20 世纪 60 年代以来发展很快,1979 年国内生产总值达 2146 亿美元,人均国内生产总值为 1809 美元。到 1984 年就工业生产总值而言,巴西已进入发达国家的第十位。巴西经济的发展道路曾被誉为"巴西模式"。巴西经济主要由三部分组成,即国营资本、外国资本和私人资本。经济的高速发展加速了巴西生产和资本的集中以及财富的积累。到了 20 世纪 70 年代中期,巴西已经有 50 多个资产超过 1 亿美元的大企业财团,到 1986 年被列入美国以外 500 家最大工业公司名录的大公司就有 6 家,其中巴西石油公司该年的销售额为 147 亿美元,资产额为 155 亿美元,净收入为 20.73 亿美元,在 500 家公司的名录中列第 26 位。20 多年来,这些大企业实力显著膨胀,控制着生产和流通的绝大部分,左右着巴西经济的发展。巴西的银行资本集中也很迅速,巴西银行也已跻身于世界最大 50 家商业银行行列,在国内该银行和储蓄银行控制了存款额的 65% 左右。

资本从来就不会停止对利润的追求。这些垄断集团和私人大企业在国内称霸之后,为了

继续追逐高额利润，必然会到海外拓展新市场，以确保原料来源和降低生产成本。

2. 保护和扩大出口市场

20世纪70年代中期以后，世界贸易保护主义日益严重，发达国家采取各种贸易壁垒和非贸易壁垒以限制进口；发展中国家为发展本国民族经济，也采取了一系列奖出限入的政策措施，市场问题非常尖锐。随着这些发展中国家和地区在发达国家和发展中国家市场占有率的逐步提高，它们在国际市场上和出口方面遇到的压力也越大。发展中国家在难以继续控制它们过去占领的国际市场时，不得不把商品出口战略转向对外投资战略，以保护和扩大市场。据调查，大多数发展中国家的公司到国外投资设厂之前，都致力于出口业务的开发。出口在先，在国外设立子公司在后，这种情况占全部公司实例的85%。拉美的30家母公司，其中25家在对外投资之前早已开展出口业务。

3. 确保能源供应

以巴西为例，巴西工业发展所需的能源大部分依靠进口。1973年石油大幅度涨价以后，对其国际收支影响很大。为了保证能源供应，巴西石油公司不远万里在中东和非洲国家投资开发石油。

4. 推进南南合作

有些发展中国家对外投资是在国际经济新秩序的政策背景下进行的，目的在于增强集体自力更生的能力，推进南南合作和南北对话进程。发展中国家的一些地区性组织，在促进跨国公司形成中起了积极作用。拉美经济体系也提倡各国在不同经济部门中组成地区性的新兴跨国公司。如加勒比航运公司、拉美肥料公司、拉美农药公司等都是拉美地区南南合作和区域联合的产物。

二、拉美地区利用国际直接投资概况

（一）第二次世界大战后至20世纪70年代末

第二次世界大战后初期，拉美国家积极鼓励外国投资进入本国的主要原因是受到了拉美经济委员会发展主义思潮的影响。以阿根廷经济学家劳尔·普雷维什（Raul Prebisch）为代表的这种思潮认为：单纯依靠国内经济的自然发展，难以打破劳动生产率低→收入水平低→资金积累慢→劳动生产率低这一恶性循环。因此，利用外部力量来发展经济十分必要。这一观点曾被拉美国家普遍接受。另外一个原因是在"进口替代"工业化战略的实施过程中，不少拉美国家制定了规模宏大的制造业发展规划。但由于拉美国家经济基础薄弱，国内资金难以满足对资金需求量的迅速增加。为消除这一"瓶颈"，拉美国家遂借助于外国投资。绝大多数拉美国家为鼓励外国投资进入本国，先后制定了旨在吸引外国投资的法规、法令和条例，这些政策一般都取消或减少了多种限制。墨西哥一些政府文件甚至称外国投资为本国经济发展必不可少的组成部分和动力。第二次世界大战后，拉美的外国直接投资流入量逐年大幅度上升，1961~1965年，外国直接投资年均流入量仅为3.30亿美元；1966~1970年，外国直接投资年均流入量上升至7.26亿美元，上升了1倍多；1971~1975年，外国直接投资年均流入量为17.12亿美元；1981年外国直接投资流入量为71.71亿美元。在这一时期，外国在拉美国家的直接投资居外国对发展中国家投资之首。

（二）20世纪80年代初期至中期

这一时期拉美的"进口替代"工业化战略受到挫折，其中一个突出的问题就是国际收支逆差日益扩大。而跨国公司的利润汇出、专利使用费和原材料进口费用大幅度上升是国际收支状况恶化的重要原因。例如，1946~1967年，进入拉美地区的美国投资共54.15亿美元，而同期美国的利润则高达147.75亿美元。再如贸易领域，以墨西哥为例，20世纪70年代初期跨国公司的贸易赤字平均每年高达5亿美元，几乎相当于墨西哥外贸逆差总额的一半。另外，外国资本控制了一部分经济命脉，使政府的经济计划实行总是遇到外资的阻碍，外国的私人直接投资打击了本国资本的发展，削弱了本民族经济力量。与此同时，拉美地区的左翼势力发展迅速，并且相继出现了一些民众主义者执政的国家，他们对外资的渗透和扩张十分关切，认为为了民族经济权益必须限制外国投资的发展。加上在经济思想方面，以依附论为主的经济民族主义思想兴起。这种思想认为，外国投资与东道国的关系并不是发展主义思想所强调的"互利关系"，而是一种冲突关系，甚至还用大量统计数字来反驳发展主义思想提出的关于外国投资的三大"贡献"（即创造外汇收入、弥补国内资金积累不足和提供先进技术）。它们要求东道国充分发挥自身的干预作用；认为拉美工业部门与跨国公司的生产结合得越紧密，拉美的对外依附性就越严重。因此，拉美主要国家开始对外资实行较为严格的限制性政策。其中之一就是轰轰烈烈的国有化运动。在这一时期，外国在拉美的直接投资受到拉美限制性政策的影响，呈下滑趋势，如表15-3所示。1981年拉美吸引了占其国内生产总值6%的外国资本，而在仅隔两年后的1983年，这一比重几乎降为零，并一直保持到1990年。从1991年起，该比重增至4%，1993~1994年间又恢复到了1981年的6%的水平。

表15-3　拉美外国直接投资流入量

（单位：亿美元）

年份	1961~1965年	1966~1970年	1971~1975年	1976~1980年	1981年	1982年	1983年	1984年
流入量	3.30	7.26	17.12	37.10	71.71	56.91	31.28	32.80

注：数据转引自贾根良主编的《拉丁美洲市场经济体制》，兰州大学出版社，1994年版，第156页。

（三）20世纪80年代中期至20世纪90年代末

从国际方面看，1973年石油危机以后，西方国家的资金供过于求，利率迅速下降，因而借贷成本低廉，这对缺乏资金的拉美各国具有很大的诱惑力。而到了20世纪80年代，国际资本市场借贷利率急剧上升，使拉美各国还本付息负担骤然加重。许多国家难以偿还到期债务的本息，不得不借新债还旧债，或将到期本金延期偿付，到期利率转为本金，这样债滚利，利滚债，成了20世纪80年代拉美各国债务继续不断上升的主要原因。在国内，第二次世界大战后多数拉美国家在发展战略上追求高速度地实现工业化，制订了规模庞大的投资计划，其投资规模一般都超过国内的储蓄水平，从而出现较大的资金缺口。除了依靠赤字财政弥补一部分外，资金缺口主要依靠吸收国外资金来弥补，从而大量举借外债，而于20世纪80年代爆发了债务危机。面对巨额无力偿付的国际债务，拉美国家通过对比觉得"外国投资优于外国贷款"。因此，自20世纪80年代初起，许多拉美国家再次放宽限制，扩大优惠。特别是在20世纪90年代以后，大多数拉美国家制定实施了优惠的外资政策，使外国投资者享受国民待遇，对其经营范围（国防除外）、出资率和投资数额均无任何限制，并准许其利润全部汇出。在优惠政策引导下，外资大量流入，年均流入量为500亿美元左右，流入拉美外资中直接投资占主导地位，并呈不断增长趋势。20世纪90年代初拉美国家吸收外来投资占世界国际直接投资总额的6.9%，20世纪90年代末这一比例提高至9.6%。1991~1996

年该地区平均每年吸引的外国直接投资为 204 亿美元，1999 年该地区吸收外资创造历史最高纪录，当年吸收外国直接投资 880 亿美元（见表 15-4）。1997 年和 1998 年，拉美外国直接投资占私人资本流入总量的大约 60%，1998 年这一比例达到 75% 左右。不言而喻，在经历了经济和债务危机后，20 世纪 90 年代拉美国家再次成为外国直接投资在发展中国家的热点地区之一。20 世纪 90 年代吸引外国直接投资较多的几个拉美国家是：巴西、墨西哥、阿根廷、智利、哥伦比亚、委内瑞拉和秘鲁。1995 年之前，墨西哥一直是资金流入最多的国家，这主要得益于内外两个因素的共同推动，即《北美自由贸易协定》的签署和墨西哥国内所进行的经济改革。1996 年以后，随着经济改革和私有化过程的展开，巴西开始超过墨西哥，成为最大的外国直接投资流入国。1997 年，巴西吸收的外国直接投资总额大约占全地区的 30%，其次是墨西哥和阿根廷，分别为 19% 和 10%。值得注意的是，在 20 世纪 90 年代的几次危机期间，拉美的外国直接投资都保持了一定的规模，发挥了重要的稳定作用。

表 15-4 1990～1999 年拉美地区外国直接投资流入量

（单位：百万美元）

年份	1990～1994 年①	1995 年	1996 年	1997 年	1998 年	1999 年
流入量	15 781	30 010	43 809	65 598	72 203	88 030

注：数据根据联合国拉丁美洲经济委员会数据整理。
① 这一期间的平均值。

（四）21 世纪以来

自 1999 年拉美国家吸引外国直接投资创下历史新高后，2000～2003 年这一地区的外资流入量呈逐年下降趋势，2004～2007 年呈波动上升趋势。2000 年、2001 年、2002 年和 2003 年吸收的外国直接投资分别递减至 781.43 亿美元、695.34 亿美元、449.79 亿美元和 364.66 亿美元。造成拉美地区外国直接资本流入量 2000～2003 年逐年递减的原因有很多：其一是受全球经济不景气的负面影响。其二是拉美经济动荡不定，经济增长缓慢，一些国家，如阿根廷、乌拉圭等还面临着经济危机的危险。特别是拉美国家的私有化进程缓慢，这种情况难以吸引外国直接资本的进入。其三是大量的外国直接资本流入到我国。我国加入 WTO 后，经济呈现出强劲势头，加上我国政府承诺改善基础设施和采取措施扩大内需，从而吸引了大量外国资本的进入。据统计，在 1995～2000 年，我国约吸引外国直接资本 400 亿美元。除此之外，巴西和墨西哥两国的降幅过大。2003 年，这两个国家分别吸收外国直接投资 101.44 亿美元和 107.31 亿美元，降幅各为 38.77% 和 25.66%。在这些影响外国直接投资流入拉美地区的因素中，最主要的原因是一些跨国公司股票价格的暴跌。特别是那些新兴经济国家的跨国公司，股价的下跌使得它们无法筹措资金进行跨国并购，从而抑制了跨国公司进行海外扩张，这一因素给拉美地区吸引外国直接投资带来了不利影响。而 2004 年达到了 454 亿美元，2005 年上升到 781 亿美元，2006 年上升到 985 亿美元，2007 年达到 1695 亿美元，除了与全球经济景气的恢复有关外，还受巨额跨国并购的影响。但受 2008 年金融危机的影响，2010 年又降到 1592 亿美元。

虽然流入拉美地区的外国直接资本量在 2004 年后有所上升，但其仍低于 20 世纪 90 年代后期的平均水平。纵观历史，在 20 世纪 70 年代，拉美国家吸引的外国直接投资额占整个发展中国家吸引外国直接投资额的半数以上；到了 20 世纪 80 年代，这一比例下降到了

36%；2004 年，这一比例仅为 22%。1977～1983 年，拉美地区吸引的外国直接投资额占世界对外直接投资总额的 12%；1994～1998 年，这一比例为 11.2%；到了 2004 年这一比例下降到 9.3%。2004 年，拉美地区吸引的对外直接投资额占其 GDP 的 3%。

2000～2017 年拉美和加勒比地区外国直接投资净额情况如表 15-5 所示。

表 15-5　2000～2017 年拉美和加勒比地区外国直接投资净额

（单位：百万美元）

年份	2000 年	2001 年	2002 年	2003 年	2004 年	2005 年	2006 年	2007 年	2008 年	2009 年
总额	68 876	65 124	43 225	32 600	45 351	78 082	98 459	169 514	206 733	140 997
阿根廷	9517	2005	2776	878	3923	5265	5537	6473	9726	4017
巴西	30 498	24 715	14 108	9 894	8 695	15 066	18 822	34 585	45 058	25 949
智利	873	2590	2207	2501	6660	6984	7298	12 534	15 150	12 874
墨西哥	16 075	23 331	16 192	10 966	14 420	24 122	20 052	29 734	26 295	15 334
委内瑞拉	4180	3479	−244	1341	1866	2589	−508	1008	349	−310

年份	2010 年	2011 年	2012 年	2013 年	2014 年	2015 年	2016 年	2017 年
总额	—	—	190 090	179 645	170 603	169 233	139 698	151 337
阿根廷	—	—	15 324	9822	5065	11 759	3260	11 857
巴西	—	—	76 098	76 098	73 370	64 291	57 999	62 713
智利	—	—	28 100	21 168	24 262	19 541	11 163	6730
墨西哥	—	—	21 730	48 492	28 672	34 858	29 755	29 695
委内瑞拉	—	—	5937	2680	−1028	769	1086	−68

注：数据来自《2018 年世界投资报告》。

第二节　拉美地区跨国公司国际直接投资的特点

利用外国直接投资是拉美地区对外经济关系的重要组成部分。随着世界经济一体化和拉美内部的政治、经济形势的变化，进入拉美的外国直接投资呈现出一系列显著的特点。

一、外国直接投资额波动较大，但总体呈上升趋势

第二次世界大战后以来，流入拉美的外国直接投资额一直不稳定。第二次世界大战后至 20 世纪 60 年代，拉美的外国直接投资流入量逐年大幅度上升，1961～1965 年，外国直接投资年均流入量仅为 3.30 亿美元；1966～1970 年，外国直接投资年均流入量上升至 7.26 亿美元，上升了 1 倍多；1971～1975 年，外国直接投资年均流入量为 17.12 亿美元；1981 年外国直接投资流入量为 71.71 亿美元。在这一时期，外国在拉美国家的直接投资居外国对发展中国家投资之首。20 世纪 80 年代上半期，由于跨国公司利润的汇出、专利使用费和大量进口使东道国的国际收支状况严重恶化，同时跨国公司之间的竞争加剧以及拉美政府决策者对跨国公司的经营活动的了解进一步加深，再加上拉美地区左翼势力的迅速发展，使拉美地区吸引的外国直接投资额又逐年下降。1982 年为 56.91 亿美元；1983 年为 31.28 亿美元；1984 年为 32.80 亿美元。到了 20 世纪 90 年代，拉美再次成为外国直接投资在发展中国家的热点地区之一。20 世纪 90 年代初，拉美国家吸收外来投资占世界国际直接投资总额的 6.9%，20 世纪 90 年代末这一比例提高至 9.6%。特别是在 1999 年，拉美创下了该地区吸引外国直接投资的历史新高，当年吸引外国直接投资 880 亿美元。自此以后，外国直接资本

的流入量又开始逐年递减,直到2004年才有所反弹,2007年达到了峰值,此后受全球金融危机的影响开始下降,2010年开始反弹。

纵观历史,进入拉美地区的外国直接投资时起时落,但总体上仍呈上升趋势。这主要是因为:

1. 世界经济动荡不定

第二次世界大战后初期,发达资本主义国家经济飞速发展,经济实力不断增强。20世纪50~70年代,生产力大发展。生产力增长速度之快、增长幅度之大、持续时间之久、涉及范围之广,都超过了历史上任何一个时期。这段时期堪称资本主义发展的"黄金时代",资本主义各国年均增长率为4.9%。据联合国统计,近百年来,全球工业生产增长了50多倍,其中80%是1950年以后增长的。1950~1980年,世界按人口平均的实际国民生产总值的年均增长率为2.7%。其中,发达资本主义国家为3.1%。社会主义国家为3.6%,发展中国家为2.7%。20世纪70年代的两次石油危机之后,世界经济一度处于低迷状态。第一次石油危机,国际油价从每桶3美元涨至每桶12美元,使得美国GDP增长下降4.7%,欧洲下降2.5%,日本下降7%。第二次石油危机,国际油价从每桶14美元涨至40美元,引起西方主要工业国经济衰退,美国GDP增长下降3%。石油危机之后的10多年是发达国家经历滞胀和调整的时期。20世纪80年代,美国经济在世界经济中重新取得主导地位,特别是美国的新经济给世界经济注入了活力,从而带动了新一轮的世界经济增长。

2000年以来,世界经济陷入了衰退。2000年第四季度美国经济开始减速,2001年以来减速加剧。2001年10月26日,美国全国经济研究所正式宣布美国经济自2001年3月起进入衰退。受美国经济减速的影响,世界经济的增长速度大大放缓。欧盟经济在美国经济衰退的影响下,其增长率下跌了1~2个百分点。其中德国、意大利、比利时、荷兰等国已陷入衰退之中。从日本经济来看,自20世纪80年代末日本泡沫经济崩溃以来,整个20世纪90年代日本经济一直处于低迷之中。虽然经历了10年调整,但泡沫仍然十分严重,银行不良债权有增无减,2000年不良债权总额为29万亿日元,到2001年9月已达32.5万亿日元。日本财政几乎处于崩溃的边缘。美国经济减速还给亚太经济带来了不利影响,新加坡、马来西亚、韩国、印度尼西亚、菲律宾、中国台湾、泰国等以美国为主要出口市场的国家和地区,由于美国经济减速,进口减少,对美国的出口也急剧减少,增长率从2000年的25%下降到2001年的0.5%。2008年世界金融危机使得本来有所缓和的经济增长再次陷入低谷。2008年美国的GDP增幅仅为2.6%,远低于2006年的6.0%,同样也给一些以美国为主要出口国的亚太国家和地区带来了不利影响。从以上的分析来看,拉美地区引进外国直接投资和世界经济的动荡不定是分不开的,在世界经济的繁荣时期,跨国公司强劲发展,流入拉美地区的直接资本额也就高;反之亦然。

2. 拉美经济

拉美地区引进外资额除了与世界经济的发展密切相关外,还受其自身经济发展状况的影响。拉丁美洲包括34个国家和地区以及十几个殖民地,是第三世界的重要组成部分。自20世纪30年代一些国家开始推行进口替代的工业发展政策以来,拉美逐步进入了一个经济迅速发展和社会急剧变革的时期。它们从本地区实际出发,采取多种形式大力发展民族经济。通过工业化和经济一体化,拉美的实力不断增强。1960年美国的产值是拉美的8.7倍,到1980年只是其4.9倍。拉美国家的经济发展战略虽然在主导方面是积极的,取得了较大成效,但其本身也有缺陷,存在着许多难以克服的问题,加上拉美国家在20世纪70年代过分依靠举借外债来发展经济,这些问题在20世纪70年代中期后逐步深化,乃至在1980~1982年资本主义世界经济危机的冲击下暴露无遗,结果导致整个地区的经济连年恶化。1982~1983年甚至出现了近半个世纪以来空前的负增长。拉美在1981年出现了以债务危机为中心的第二次世界大战后以来最严重的经济困难。20世纪90年代,拉美经济终于从80年代的持续衰退中走出来,进入一个恢复增长的阶段。不过,90年代拉美经济运行有两个特点:一是尽管90年代拉美经济是在长期衰退后的恢复增长,但增长速度并不高,远远没有恢复到债务危机爆发前的水平;二是经济增长的势头先后两次被打断(第一次是1994年底墨西哥爆发的金融危机,第二次是分别于1997年和1998年在东南亚和俄罗斯爆发的金融危机)。就其影响而言,墨西哥金融危机所引起的拉美经济下滑和动荡程度相对较轻,时间也较短;而后两次的金融危机对拉美经济带来的冲击则严重得多,表现为巴西货币危机和厄瓜多尔金融危机的爆发及整个拉美地区经济在20世纪90年代末再度陷入衰退。2000年以来,拉丁美洲经济一直动荡不定。阿根廷经济2001年面临更加严重的财政和债务危机,阿根廷的股市下滑、金融动荡对巴西、墨西哥也发生了一定的影响。综上所述,拉美地区吸引外国直接投资额与其自己经济发展的状况紧紧相连。

二、投资主体呈现多元化趋势,但始终以欧美国家为主

(一) 美国

美国一直是拉美最大的直接投资来源国,这充分体现了跨国投资的地缘经济战略。第二次世界大战以来,美国对其的直接投资一直集中在制造业(如食品加工、化学、机械)和能源(主要是采掘业和石油、天然气工业)。1950年,它对拉美的直接投资占其对外直接投资总额的38.8%。在此之后,由于加强了对加拿大和欧洲的直接投资,加上受拉美债务危机的影响,美国对拉美投资的比重逐渐减少。1980年,美国对拉美直接投资额占其对外直接投资总额的17.9%,而1986年则下降到13.4%。1990~1997年,美国对发展中国家投资额的43%流向了拉美国家,达178.25亿美元(见表15-6)。值得注意的是,这一时期美国对拉美地区直接投资的年平均值比20世纪80年代高出85亿美元。在拉美各国中,以巴西、阿根廷、墨西哥、智利、乌拉圭等国吸纳美国的投资最多。因为这些国家自20世纪80年代中期以来,经济形势明显好转,多数国家已踏入稳步发展的道路;此外,这些国家正值产业结构调整和转换的关键时期,对美国的部分中低层次的生产技术有相当高的需求,这些都是吸引美国投资的主要原因。

表15-6 1990~2009年美国对拉美地区的直接投资 (单位:百万美元)

年份	1990年	1991年	1992年	1993年	1994年	1995年	1996年	1997年	2002年	2003年	2004年	2005年	2006年	2007年	2008年	2009年
金额	10 141	7 194	12 751	16 895	17 710	16 040	16 081	23 784	129 997	137 194	148 018	169 288	190 312	216 088	241 289	256 449

注:数据根据联合国拉丁美洲经济委员会和美国商务部数据编制。

(二) 欧洲

随着美国对拉美直接投资的缩减,欧洲却加强了对拉美的资本输出,从1976年的47.26亿美元增至1970年的95.75亿美元,1980年又增至150亿美元。1982~1984年,欧洲共同体对拉美的直接投资额占外国对拉美直接投资总额的1/3,仅次于美国,居于第二

位。到了20世纪90年代中后期，拉美已经成为欧洲特别是欧盟的主要受资国。1996~2000年，从欧洲流入拉美的直接投资额接近年均260亿美元，并于1999年达到351.28亿美元，创下历史新高。同时，许多欧洲巨型跨国公司迅速在拉美地区展开业务。大部分来自欧洲的直接投资流向了南方共同市场，特别是智利。1992~2000年，欧盟对拉美的直接投资情况如表15-7所示。大部分在拉美地区的欧洲直接投资来自西班牙，1995~2000年，西班牙对拉美的直接投资占欧盟对该地区直接投资的44%（见表15-8），从而使其成为该地区继美国之后最大的外资投资国。此外英国、荷兰、法国、意大利、葡萄牙和德国对拉美地区的直接投资也明显增加。

表15-7　1992~2000年欧盟对拉美的直接投资　　（单位：百万美元）

年份	1992年	1993年	1994年	1995年	1996年	1997年	1998年	1999年	2000年
金额	1477	1799	6026	4652	10 675	19 799	29 045	35 128	35 220

注：数据根据联合国拉丁美洲经济委员会数据整理。

表15-8　欧盟各国对拉美直接投资的比例（%）

年份	国家							
	西班牙	英国	荷兰	法国	意大利	葡萄牙	德国	其他国家
1990~1994年	16	40	13	9	5	0	14	3
1995~2000年	44	13	7	8	2	11	10	5

注：数据根据联合国拉丁美洲经济委员会数据整理。

（三）其他国家

1. 日本

日本自20世纪60年代起开始对拉美进行投资，1986~1987年，日本对拉美的直接投资达47亿美元，仅次于美国、欧洲，居于第三位；2005年，日本对外直接投资的18%流向了拉美地区。1989~2004年日本对拉美的直接投资情况如表15-9所示。

表15-9　1989~2004年日本对拉美的直接投资　　（单位：十亿日元）

年份	项目数	金额	年份	项目数	金额
1989年	49	2403	1997年	78	3955
1990年	40	873	1998年	58	5991
1991年	25	1155	1999年	61	3790
1992年	60	1012	2000年	61	3051
1993年	48	1013	2001年	33	6252
1994年	41	543	2002年	55	5047
1995年	45	782	2003年	28	2411
1996年	53	2026	2004年	59	4372

注：数据根据日本财务省数据编制。

2. 加拿大

1990~2009年，加拿大对拉美的直接投资增长了近8倍（见表15-10），其对外直接投资总额的40%流向了拉美和加勒比地区。2009年，加拿大对拉美的直接投资达到了61 606百万美元。加拿大对拉美的直接投资大部分流向了金融服务业。

表15-10　1990～2009年加拿大对拉美的直接投资

（单位：百万美元）

年份	1990年	2000年	2001年	2009年
金额	6946	43 491	44 888	61 606

注：根据联合国拉丁美洲经济委员会数据编制。

三、跨国公司与外国直接投资在拉美的产业流向

随着科学技术的进步，外国对拉美地区直接投资的产业流向也发生了明显的变化。仍以20世纪60年代为界，外国直接投资逐渐从采掘业和初级产品部门转向制造业部门。到了80年代，又开始由制造业部门转向以金融和贸易为中心的服务业部门。90年代以后，流入拉美的外资大多投向制造业、电信业、金融服务业及基础设施部门。主要投资国有美国、法国、日本、英国、意大利和韩国。虽然拉美各国的情况有所不同，但从整体来看，流向通信、交通和能源等基础设施、服务领域以及制造业的投资居主导。据拉丁美洲经济委员会的估计，1996～2003年，流向初级产品部门的投资约占直接投资总额的13%，流向制造业的投资约占28%，流向服务业的投资约占59%。随着时间的推移，投在巴西、阿根廷和智利等南美国家的通信、金融、电力能源和商业等部门的外国资本呈明显增加趋势。

拉美一些经济学者认为，20世纪90年代跨国公司在拉美地区进行投资的战略目标和国别区位选择大致分为两种类型。第一类是通过在跨国范围内进行产业布局和生产领域的国际分工，最佳地利用各自的比较优势，以达到降低生产成本、提高产品国际竞争力之目的。在墨西哥的汽车制造以及在墨西哥和加勒比地区的电子和服装等部门投资的跨国企业，其中以美国企业为主，属于这一类。第二类是以利用当地的资源优势和市场规模，通过跨国投资，发展和扩大企业在全球的业务，以达到占有国际市场、实现公司利润最大化之目的。在巴西、阿根廷、智利等南美国家的汽车、化工、冶金等制造业，金融、商业零售等服务业以及通信、电力能源等基础设施部门投资的跨国公司主要以寻求东道国国内或区域市场为目标；而在食品加工、农牧产品、矿产以及石油等部门投资的跨国公司则主要是以利用当地的资源优势开发面向世界市场的产品为战略目标。

四、跨国公司在拉美进行直接投资的区位选择

第二次世界大战前后，外国直接投资在拉美地区主要投向委内瑞拉、秘鲁、智利、巴西、哥伦比亚和古巴等自然条件优越、特产资源丰富的国家，以获取大量原料和初级产品。而从20世纪50年代起，外国直接投资已开始转而投向经济发展水平高、工业基础设施好和市场容量大的国家。70年代末，对巴西、阿根廷、智利、哥伦比亚、秘鲁、委内瑞拉、墨西哥等国的直接投资总额占对拉美直接投资总额的85.5%，1984年这一比重已达到95%，而其中大部分又集中于巴西、墨西哥和阿根廷3国。到了90年代，吸引外国直接投资较多的几个拉美国家是：巴西、墨西哥、阿根廷、智利、哥伦比亚、委内瑞拉和秘鲁。1995年之前，墨西哥一直是资金流入最多的国家，这主要得益于内外两个因素的共同推动，即《北美自由贸易协定》的签署和墨西哥国内所进行的经济改革。1996年以后，随着经济改革

和私有化过程的展开，巴西开始超过墨西哥，成为最大的外国直接投资流入国。1990~2004年拉美和加勒比地区外国直接投资净流入量的地区分布如表15-11所示。

表15-11 1990~2004年拉美和加勒比地区外国直接投资净流入量的地区分布

(单位：百万美元)

年份	1990~1995年①	1996~2000年①	2001年	2002年	2003年	2004年
墨西哥	6112.8	12 873.1	27 634.7	15 129.1	11 372.7	16 601.9
中美洲	633.5	2340.2	1932.3	1700.0	1987.1	2022.0
加勒比	811.8	2208.0	2662.4	2792.0	2348.0	3650.1
智利	1498.7	5667.0	4199.8	2549.9	4385.4	7602.8
南方共同市场	5923.4	35 760.0	24 978.7	17 837.1	11 529.3	20 275.6
安第斯共同体国家	3262.1	10 746.7	9 387.8	7004.3	7504.1	6225.5

注：数据根据联合国拉丁美洲经济委员会数据编制。
① 数据为当期平均值。

五、投资方式日趋多样化

20世纪60年代以前，外国投资公司主要是以建立独资企业的方式来进行直接投资，以强大的资金优势排挤和兼并东道国的企业。而自70年代初起，跨国公司通过将部分股权交给当地有关部门或公司的方式，建立合资企业，后又以共同筹建等方式使合资企业不断增加。另外，跨国公司还以非股权参与形式进行直接投资，这种形式有待于东道国经济的独立发展和引进先进技术，虽然跨国公司失去了股权，但可通过先进技术、经营管理和销售方式对公司加以控制。到了80年代，这类投资方式更加广泛，如许可证贸易、"交钥匙"工程、特许权协议、合作开发、经营管理合同等。目前，外国直接投资进入拉美主要是通过购买和兼并现有公私部门的资产、投资私有化的企业、在重大项目投资和使现有企业现代化等。20世纪90年代的前半期，外国直接投资主要通过国有企业私有化进入拉美。1994~1996年间，更多的外国直接投资用于设立新厂。1997年之后，随着几个主要国家的私有化进入尾声，外国直接投资开始通过并购的方式收购私有资产，这种倾向在阿根廷、智利、墨西哥和秘鲁非常明显。1998年，拉美国家出售的34家大型国有企业价值380.56亿美元，大部分是电信和电力企业，其中3/4是巴西的企业。本地区国家之间的互相投资在这些年来也有长足的进展，形成了近30个拉美跨国公司。21世纪以来大部分的跨国公司都通过购买或兼并当地企业的方式进入该地区。例如，2010年，该地区的跨国并购额达到约294.81亿美元，比2003年的160亿美元高出84%。

第三节 拉美地区跨国公司国际直接投资的效应

开放经济系统的一个重要内容就是外来资本的状况及其影响。外国直接投资对拉美国家经济生活的意义极大，一方面这些外国直接投资给拉美各国经济、社会发展做出了一定的贡献，另一方面也带来了不少消极影响。

一、积极影响

（一）有利于克服资金不足的局限性，创造大量的就业机会

经过近十年的债务危机和经济衰退，拉美经济百废待兴，对资金的需求非常大。没有外

来资金的补充，仅靠拉美自身的财力和物力，难以在短期内摆脱经济发展的被动局面。据联合国拉丁美洲经济委员会的估计，为了社会的稳定和经济的发展，拉美国家每年至少需要对基础设施投资 500 亿美元；拉美地区的经济每增长 1 个百分点，需要 100 亿美元左右的投资。但如果仅仅靠拉美的国内储蓄，远远不能满足这一需求。20 世纪 90 年代以来，大量外资涌入拉美，在一定程度上缓解了这一地区资金短缺的矛盾，为拉美经济的复苏注入了活力。1991 年外国资本在国内生产总值中的比重恢复到 10 年前的水平，1992 年以来（1995 年除外），这一比重基本上保持在 5%～6%，因此，20 世纪 90 年代拉美再次成为世界上经济增长最快的地区之一。

外国投资对于扩大就业机会的作用也是不容忽视的。外国投资进入发展中国家的目的之一就是利用当地的廉价劳动力，因此在客观上能缓解东道国的就业压力。

（二）有利于扩大出口

外国投资对拉美经济发展的促进作用还表现在制成品出口的发展中。如在 20 世纪 70 年代初期，跨国公司在阿根廷制成品出口中所占比重为 42%（1973 年），在巴西占 40%（1974 年），在哥伦比亚和墨西哥均高达 50%（1974 年）。跨国公司对出口的促进作用在墨西哥和中美洲国家表现得尤为突出。这些国家通过加强出口产品的国际竞争力，提高了其在世界贸易中的比例。

（三）有利于提升产业结构，提高企业的科技水平和生产管理经验

跨国公司在拉美设立子公司和分支机构，同样还带来了外国的先进技术和生产管理经验。如外国汽车制造商在拉美的汽车制造业中采用了福特制和泰勒制生产管理法，使产品的产量和质量都获得了明显的提高。一些较大的民族企业为了与跨国公司抗衡，也在一定程度上采纳了福特制和泰勒制生产管理法，从而使整个工业部门的生产管理技能都得到了较大的改善。可以说，第二次世界大战后拉美国家的所有资本密集型和技术密集型工业都是由于依靠外国投资在资金和技术上的优势而受益匪浅。巴西的汽车工业、钢铁工业和机械工业，墨西哥和阿根廷的汽车工业和石化工业等，都是在利用外资的基础上建立起来的。

二、消极影响

（一）外商直接投资对拉美经济稳定性的影响

经济全球化的迅猛发展，使一些学者认为跨国公司没有国家属性，他们建议发展中国家将跨国公司在东道国设立的企业当作民族企业来看待。但拉美的经验表明，跨国公司的国家属性非但依然明显，并且外资主导的国家经济不具有稳定性。这种经济不仅在国际经济冲击面前弱不禁风，而且在危机时更易引起较大的经济动荡。

具体来看，外资在拉美经济中的主导地位对拉美国家的经济稳定产生了负面影响。首先，从外资在拉美的投资战略看，以资源开发型和市场占领型为主导，仅在墨西哥和加勒比这些靠近美国市场的地区有一些效率导向型投资。这就决定了跨国公司投资的内向性。其次，从外资的行业分布看，在拉美国家的服务部门都有大量的市场占领型外商直接投资。据统计，在 20 世纪 90 年代流入拉美的外资中，投向服务业的外资比例除个别年份在 50% 以下外，一般都在 60%～70% 之间。跨国公司在占领了拉美各国的制造业之后，服务业市场份额也在急剧扩张。各行业逐渐为外资主导下的拉美各国，不但要面对跨国公司大量的利润汇出和中间产品进口，还要面对服务业外资的超强流动性。此外，由于跨国公司的大部分投资

在于占领当地市场而不是效率导向型投资,决定了其出口创汇能力的有限性。而拉美各国当地企业出口能力较弱,且大多为价格波动性大的初级产品,出口外汇收入波动性很大。这些因素的共同作用对东道国国际收支产生了很大压力,再加上各国庞大的债务和脆弱的金融体系,使得国际市场的任何不利冲击都可能导致拉美各国金融危机和经济危机的发生。外资主导的经济体的危险还在于在经济出现危机苗头,或仅仅是利坏消息的传言就足以导致大规模的资本撤出,从而使经济危机成为自我实现的预言并加重其破坏性。

(二) 阻碍了拉美民族企业的成长

从长远来看,外资在拉美经济中的主导地位也不利于拉美民族企业的成长,很有可能使拉美经济锁定在边缘状态,永远也无法赶超发达国家。

从外资对当地企业和东道国经济发展前景的影响来看,存在以下问题:首先是跨国公司对当地企业的市场挤占效应;其次是由市场挤占效应所导致的技术依赖效应和对发展中国家经济发展的低层次锁定效应。发展中东道国企业技术、管理能力普遍较弱,技术吸收能力不足,跨国公司进入的市场竞争力量和示范效应不足以使当地企业获取市场优势。而外商投资企业出于保持技术秘密的需要和转移定价进行避税的需要,会将所需的大部分中间产品从企业内部的国外子公司或分公司进口,与当地企业的关联性有限,所以对当地企业的溢出效应也较小。这就导致了当地企业在失去市场的同时也没有获得跨国公司的知识溢出,企业发展空间受到抑制,其理性的最优选择就是融入跨国公司的供应商链条,但事实上却是形成对跨国公司的依附。这种民族企业对跨国公司的依附,从长远来看,减弱了政府对经济的控制能力,对东道国的发展前景很不利。技术和市场的依附使民族企业难以增强技术的自主能力和创新能力,致使东道国无法顺利进行产业升级,将东道国锁定在低技术的劳动密集型行业和发展的边缘状态。

(三) 造成产业与市场的双重失守

随着进口替代模式向高级阶段过渡,除了资金问题,拉美国家也面临着日益严重的技术能力约束,而这种技术能力约束不是拉美国家在短期内能突破的。因此,除继续大量进口资本货物和中间投入品外,拉美各国在20世纪50年代中后期在一些行业逐渐放松了外资准入限制,积极在新产业和技术密集型行业吸收外商直接投资。虽然各国在20世纪80年代以前引进的直接外资规模不大,且多集中于制造业,但在1970年跨国公司还是垄断了墨西哥金属工业、机械工业和交通运输制造业的100%,化学工业的78%;1969年垄断了巴西汽车工业的100%,制药工业的94%,橡胶工业的81%和烟草工业的91%。这种单个行业的完全垄断随着拉美本地关联企业的发展而有所改变,但跨国公司仍然占据主导地位。更为严重的是,拉美20世纪80年代以自由化、私有化和市场化为目标的改革,放弃了大多数行业对外资的进入限制,使跨国公司和国际资本在20世纪90年代进一步增加了对拉美国家的投资并在更多行业占据了主导地位:除原料行业外资的市场份额保持稳定外,在制造业外资企业的总占有率从20世纪90年代初的48.6%提高到20世纪90年代末的55.0%;服务业外资也从20世纪90年代初的10.2%的份额增加到20世纪90年代末的36.9%;从所有行业的平均数来看,在10年内跨国公司的总体市场占有率从29.9%提高到41.6%。国有企业所有行业都萎缩了,完全退出了制造业;服务业国有企业所占市场份额从36.8%降为13.4%。

(四) 加重了对外资的依赖

外资过多地流入非生产性第三产业,导致商品流通领域和金融部门资金过度膨胀,刺激了消费，尤其是刺激了进口增长。跨国公司在输出资本的同时，拼命输出商品，造成进口占国内生产总值的比重不断增加，贸易逆差日趋严重，因而不得不依靠大量吸收外资来弥补。外资的涌入加大了经济中外部储蓄的比重，国内投资增长低于外部储蓄的增长，国际储备增加也主要依靠外资。这一切都加深了国家对外资的依赖。

【关键术语】

拉美跨国公司　　债务危机

思　考　题

1. 论述20世纪90年代以来，进入拉美国家的外国直接投资的特点。
2. 论述跨国公司与国际直接投资对拉美地区经济的影响。

延展阅读书目

[1]　江时学，等. 拉美与东亚发展模式比较研究［M］. 北京：世界知识出版社，2001.
[2]　贾根良. 拉丁美洲市场经济体制［M］. 兰州：兰州大学出版社，1994.
[3]　陈涛涛，等. 拉美区位优势与竞争环境［M］. 北京：清华大学出版社，2014.

第十六章

我国的跨国公司与国际直接投资[一]

【学习要点】
- 我国发展对外直接投资的意义
- 我国对外直接投资的特点
- 我国发展对外直接投资的问题与对策

第一节 我国国际直接投资的发展

一、我国发展国际直接投资的意义

(一) 国际直接投资是经济发展到一定阶段的必然产物

对外直接投资是经济增长到一定阶段的产物,并随着一国经济的增长而扩大。生产力的迅猛发展、经济水平的提高会使得资本扩张以寻求更佳的生存与发展空间的内在机制,从而促成资本运动由低级到高级发展。从世界经济史来考察,资本在国际范围内的运动首先表现为商品资本的运动,即国际贸易;其次表现为货币资本的运动,即以国际借贷、国际证券投资为主要形式的国际间接投资;再次,表现为生产资本的运动,即对外直接投资。根据发达国家的经验,一国经济国际化发展过程存在其客观规律性。这种客观规律性表现为一国经济国际化通常要经历六个发展阶段:即商品交换国际化阶段——资本国际化阶段——生产投资国际化(企业国际化)阶段——产业国际化(产业结构国际化和产业链国际布局)阶段——生产要素配置国际化阶段——经济政策法规国际化一体化阶段。在工业化中期和工业化后期,推进企业国际化和产业国际化,积极发展对外直接投资,是经济持续发展的有效途径。

(二) 国际直接投资有利于国内产业结构的调整

我国正处于工业化的中期阶段,经济已进入高速发展而内需相对不足的阶段,许多企业和行业的生产能力大量闲置,产业结构调整与升级成为我国经济发展的战略重点。我国的产业升级虽然可以在本土范围内进行,但回旋余地较小,从国际经验来看,产业结构调整和升级应该是在全世界范围进行的。通过对外直接投资,能够在全球范围内充分利用两个市场、两种资源,以推进我国剩余生产要素和剩余生产能力的国际流动与配置,引进我国经济发展所需的稀缺生产要素,从而推进我国的产业升级,优化我国比较优势的形成方式,促进我国国民经济持续、稳定地发展。

[一] 本章主要分析我国境内的跨国公司与国际直接投资。

(三) 国际直接投资促进我国技术进步

在经济全球化的条件下，技术创新是一个国家最重要的竞争力来源；研发国际化和分散化成为全球趋势；跨国公司成为技术创新最主要的载体，创造了78%的技术转移和90%以上的高新科技，全球正进入一个以智力资源与知识占有、配置、生产和消费为基本要素的知识经济时代。我国有必要根据自身的比较优势，在世界技术一体化的格局中寻找技术创新的源头，并通过相应的转移机制，向国内转移国外的先进技术，提高技术进步对经济发展的贡献度。对外直接投资是我国获得国外先进技术的重要捷径，这样的技术创新是低成本和高效的。通过在发达国家并购高新技术企业，或者在当地设立高新技术企业，雇佣当地工程师、科研人员，利用当地的先进设备，可以直接吸收许多在国内难以获得的先进技术和管理经验。那些建立在信息资源集中地的国外分支机构，还可以将从当地获得的大量技术市场信息及时、准确、直接地传递到国内公司总部，有助于国内企业及时了解世界前沿技术动态和国际市场行情，从而优化国内企业的各种经营活动。

(四) 国际直接投资有利于改善对外贸易状况

在经济全球化⊖条件下，国际分工由流通领域深入到生产领域，进而深入到产业内部和企业内部，跨国公司的生产全球化极大地促进了国际贸易的发展，尤其是产业内贸易的发展。随着我国经济发展水平和对外开放程度的不断提高，我国国际贸易额在全球中的位次不断前移，成为名副其实的贸易大国。同时，我国对西方主要发达国家和地区的贸易顺差也加剧了我国与主要贸易国之间的贸易摩擦。这些国家出于贸易保护的考虑，通过反倾销、反补贴、保障措施、技术壁垒、绿色壁垒等WTO规则允许的非关税措施，设法将我国商品排挤出当地市场。为了打破贸易上的限制，进一步拓展市场空间，国内一些有条件的企业通过在海外直接投资的方式，以绕开贸易壁垒，扩大国际市场。对外直接投资对维护和开拓出口市场的促进作用主要通过以下几个方面体现。第一，出口引致效应。通过对外直接投资带动相关商品如原料、机器设备、技术等的出口；扩大出口市场，从而导致出口的增加。第二，市场扩大效应。通过对外直接投资，在东道国设立工厂，就地生产和销售，能够绕过贸易保护主义政策，进一步维护和开拓出口市场。第三，贸易关联效应。产品的出口要涉及一系列的中间环节，我国在国外建立相应的服务设施，发展仓储业、零售业、运输业、银行保险业和咨询服务业等。此类服务设施的建立，促进了对外投资企业和其他国内相关企业的对外贸易发展。

此外，我国长期实行出口导向和引进外资的外向型经济发展战略，这一战略使我国在享受改革开放成果的同时，也承受着"双顺差"带来的人民币的升值压力。通过对外直接投资，能够将大量的外汇储备加以有效利用，调整和改善中国的国际收支平衡。

(五) 国际直接投资是企业提高国际竞争力的重要途径

在开放条件下，企业国际竞争能力的提升是本国经济持续增长的条件，对外直接投资发展的规模、水平已成为一国经济发展水平和国际竞争实力的衡量标志。我国要在经济全球化

⊖ 国际货币基金组织在1997年发表的一份报告中指出："经济全球化是指跨国商品与服务交易及国际资本流动规模和形式的增加，以及技术的广泛迅速传播使世界各国经济的相互依赖性增强，科技国际化趋势逐渐加强，各国对于企业经营业绩和经济发展水平的标准趋于一致，市场原则成为不同类型国家普遍遵守的原则，由此形成世界市场的空前统一和扩大。'浅度'全球化主要表现为商品和劳务的国际贸易以及国际资本流动；而'深度'全球化则延伸到对商品和劳务的生产，并使中间产品贸易和服务贸易大幅增长。"

环境下求生存、谋发展，就必然要设立跨国企业，提升企业的国际竞争能力。加入 WTO，一方面给我国企业带来国际竞争压力，另一方面，也为我国企业"走出去"提供良好的条件。"入世"后，我国企业面临的义务和挑战主要体现在国内，而所获得的权利和机遇则主要体现在国外，即体现在外国向我国的产品、服务和投资更大程度地开放市场和实行国民待遇方面，也就是说，我国企业要想享受"入世"后的权利和机遇，就要尽可能地向海外进军，通过在海外直接设厂生产，以带动货物和服务的出口，从而提高我国产品的国际市场占有率和国际竞争地位。

当然，对外直接投资对本国经济增长也会产生一些负面影响。如果对外投资的时机、规模失当，不能协调发展对外投资与国内投资，势必会影响本国经济的发展，对产业发展和国内就业产生不利影响。

二、我国国际直接投资的发展过程

我国对外直接投资起步于 1979 年的改革开放初期，经过 40 多年来的探索和发展，我国已成为发展中国家中重要的对外投资大国，成为主动参与经济全球化的重要力量。根据商务部发布的数据，2017 年中国对外直接投资净额为 1582.9 亿美元。截至 2017 年年底，中国 2.55 万家境内投资者在国（境）外共设立对外直接投资企业（以下简称境外企业）3.92 万家，分布在全球 189 个国家和地区，年末境外企业资产总额为 6 万亿美元。对外直接投资累计净额达 18 090.4 亿美元。联合国贸发会议（UNCTAD）《2018 世界投资报告》显示，2017 年全球外国直接投资流出流量为 1.43 万亿美元，年末存量为 30.84 万亿美元。以此为基数计算，2017 年中国对外直接投资分别占全球当年流量、存量的 11.1% 和 5.9%，流量位列按全球国家（地区）排名的第 3 位，占比较 2016 年下降 2.4 个百分点，存量由 2016 年的第 6 位跃升至第 2 位，占比提升 0.7 个百分点。

回顾我国对外直接投资的发展历程，主要经历了探索起步、迅速扩张、稳步调整和起飞发展四个阶段。

（一）探索起步阶段（1979~1986 年）

改革开放初期，一些长期从事进出口业务的专业外贸公司和具有对外经济合作经验的企业，率先走出国门到海外投资。这些公司凭借其涉外经验、进出口渠道稳定等优势，在国外开设海外代表处或海外贸易公司。1979 年 11 月，北京市友谊商业服务公司同日本东京丸一商社株式会社合资在东京开办了"京和股份有限公司"，建立起我国对外开放以来的第一家国外合资企业，拉开了 20 世纪 80 年代我国企业跨国投资的序幕。1980 年 3 月，我国内地的中国船舶工业总公司、中国租船公司同香港环球航运集团合资成立了"国际船舶投资公司"，其总部设在百慕大，并在中国香港设立了"国际船舶代理公司"。该公司最初投资额为 5000 万美元。这是当时我国对外投资额最大的一个项目。到 1985 年年底，经批准的非贸易性海外投资企业约 180 个，总投资额为 2.96 亿美元，其中中方投资总额为 1.8 亿美元，这些投资分布在 47 个国家和地区。

这一时期对外直接投资的基本特点是：我国参与对外投资活动的企业不多，投资主体主要是国有专业外贸公司；对外投资的规模很小，这 8 年中任何一年的对外直接投资都未超过 1 亿美元，兴办的境外企业未超过 100 家；海外投资的区位分布集中在亚洲发展中国家和地区；海外投资的行业分布于贸易服务、饮食、承包工程等行业领域。

1979～1986年我国非贸易境外企业直接投资规模如表16-1所示。

表16-1　1979～1986年我国非贸易境外企业直接投资规模

年　　度	1979年	1980年	1981年	1982年	1983年	1984年	1985年	1986年	合计
新设境外企业数（家）	4	13	13	18	18	47	77	32	222
对外直接投资净额（万美元）	53	3090	256	318	870	8088	505	7551	20 731

注：数据来自《中国对外经济贸易年鉴》，水利电力出版社，1985年版；《中国对外经济贸易年鉴》，中国展望出版社，1986～1988年版。

（二）迅速扩张阶段（1987～1992年）

1985年，原对外经济贸易部根据国务院指示制定了在国外开办非贸易企业的审批管理办法。办法规定，只要是经济实体，有资金来源，具有一定的技术水平和业务专长，有合作对象，均可申请到国外开设合资经营企业。此后，一些有实力的大型生产企业和综合型非贸易企业开始加入跨国投资行列。例如，首都钢铁总公司、中国国际信托投资公司、深圳赛格公司等均开始发展对外直接投资，出现了投资主体多元化的发展态势。从1987～1990年，共批准非贸易性境外独资、合资企业569家，4年中，中方对外直接投资额为8.077亿美元，平均每年新增直接投资2.02亿美元。这一阶段的特点是总体投资规模有所增加，但企业平均投资规模仍然较小；投资主体则由国有外经贸企业逐步扩展到国有大型工业企业和综合性金融企业；投资地区扩散至93个国家和地区，海外投资的行业分布由商务服务业向资源开发、生产加工装配、交通运输等行业扩展。

1987～1992年我国非贸易境外企业直接投资规模如表16-2所示。

表16-2　1987～1992年我国非贸易境外企业直接投资规模

年　　度	1987年	1988年	1989年	1990年	1991年	1992年	合计
新设境外企业数（家）	124	169	119	157	207	355	1131
对外直接投资净额（亿美元）	3.50	1.53	2.30	0.75	3.67	1.95	13.70

注：数据来自《中国对外经济贸易年鉴》，中国展望出版社，1987～1989年版；《中国对外经济贸易年鉴》，中国财政经济出版社，1990年版；《中国对外经济贸易年鉴》，中国社会出版社，1991～1993年版。

（三）稳步调整阶段（1993～1998年）

1992年年初，国务院扩大了生产企业对外投资的权限，此类企业对外投资的项目数开始不断增加。从1993年开始，国内经济进入结构调整、抑制经济过热时期。鉴于当时一部分海外投资企业效益低下，出现持续亏损，另有一些企业以开展跨国经营为由，违规向海外抽逃资金，因此，我国对海外投资企业进行清理整顿，对境外企业进行重新登记，实行严格的审批登记制度。此后，我国的对外直接投资出现增长趋缓的势头。1993～1998年我国仅新增海外投资12.78亿美元，批准设立海外企业约1500家。截至1999年年底，经批准或备案的非金融类海外企业达到5796家，分布在全球的160多个国家或地区，协议投资金额104亿美元，其中中方投资额为69.5亿美元。

1993～1998年我国非贸易境外企业直接投资规模如表16-3所示。

表 16-3　1993～1998 年我国非贸易境外企业直接投资规模

年　度	1993 年	1994 年	1995 年	1996 年	1997 年	1998 年	合计
新设境外企业数（家）	294	106	119	103	158	253	1033
对外直接投资净额（亿美元）	0.96	0.66	1.06	2.94	1.96	2.36	9.94

注：数据来自《中国对外经济贸易年鉴》，中国社会出版社，1993～1996 年版；《中国对外经济贸易年鉴》，中国经济出版社，经济导报社，1997～1999 版。

（四）起飞发展阶段（1999 年以后）

在我国政府明确提出"走出去"战略与 2001 年我国加入 WTO 后，我国的对外直接投资有了突破性进展，步入发展的"快车道"。1999～2005 年，投资规模年均增长率超过 60%；企业的平均单个项目投资规模在 2003 年跃升至 400 万美元，接近发展中国家水平，2004 年跃升至 600 万美元，达到发达国家水平。《中国对外直接投资统计公报》显示，2005 年投资净额为 122.6 亿美元，对外直接投资流量首次超过 100 亿美元；2008 年投资净额为 559.1 亿美元，对外直接投资流量超过 500 亿美元；2013 年投资净额为 1078.4 亿美元，对外直接投资流量超过 1000 亿美元；2016 年投资净额达到峰值，为 1961.5 亿美元，对外直接投资流量近 2000 亿美元。2017 年投资净额为 1582.9 亿美元。从存量的构成上看，利润再投资所占比重最大。投资分布的国家（地区）更为广泛。从行业分布情况看，有八成投资流向商务服务、制造、批发零售、金融四大领域。截至 2017 年年末，中国在亚洲、拉丁美洲地区的投资存量占到八成以上。

尤其值得一提的是，自我国 2013 年提出"一带一路"倡议以来，我国企业的对外直接投资无论是在投资的地区结构上还是在投资的数量上，都获得了新的增长点。2015 年，中国企业共对"一带一路"相关的 49 个国家进行了直接投资，投资额合计 148.2 亿美元，占总投资（1180.2 亿美元）的 12.6%；同比增长 18.2%，高于全国投资总额的增长速度（14.7%）；2016 年，中国企业共对"一带一路"相关的 53 个国家进行了直接投资，投资额合计 145.3 亿美元，同比下降 2%（主要原因是 2015 年基数较高）；2017 年，中国企业对"一带一路"沿线的 59 个国家有新增投资，合计 143.6 亿美元，占同期投资总额的 12%；2018 年，中国企业对"一带一路"沿线的 56 个国家直接投资达 156.4 亿美元，同比增长 8.9%，高于全国增长率（4.2%），占同期投资总额的 13%。

三、我国国际直接投资的现存规模

（一）国际直接投资的流量和存量

我国商务部于 2003 年开始建立对外直接投资的统计制度，并于同年发布了第一份《中国对外直接投资统计公报》。截至 2003 年，累计对外直接投资净额为 332 亿美元。《2004 年度中国对外直接投资统计公报》显示，2004 年，我国对外直接投资净额为 55 亿美元，较 2003 年增长 93%；截至 2004 年，累计对外直接投资净额为 448 亿美元。《2005 年度中国对外直接投资统计公报》显示，2005 年，中国对外直接投资净额为 122.6 亿美元，较 2004 年增长 123%；截至 2005 年年底，对外直接投资累计净额为 572 美元。《2006 年度中国对外直接投资统计公报》显示，我国国际直接投资净额为 211.6 亿美元，比 2005 年增长 73%，截至 2006 年，我国国际直接投资存量为 906.3 亿美元；《2007 年度中国对外直接投资统计公报》显示，我国国际直接投资净额为 265.1 亿美元，比 2006 年增长 25.3%，截至 2007 年，我国国际直接投资存量为1179.1亿美元；《2008年度中国对外直接投资统计公报》显示，我国国际直接投资净额为559.1亿美元，比2007年增长111%，截至2008年，我国国际直接投资存量为1839.7亿美元；《2009年度中国对外直接投资统计公报》显示，我国国际直接投资净额为565.3亿美元，比2008年增长1.1%，截至2009年，我国国际直接投资存量为2457.5亿美元。对外直接投资的流量和存量的规模都较我国加入WTO以前有了飞速的增长。

自2003年中国政府权威发布数据以来，2017年中国对外直接投资首次出现负增长，但1582.9亿美元仍为历史第二高位（仅次于2016年），是2002年流量的58.6倍。截至2017年，累计对外直接投资净额达18 090.4亿美元。2002~2017年中国对外投资的年平均增长率高达31.2%，2013~2017年累计流量达7310.7亿美元，占对外直接投资存量规模的40.4%。2017年年末，中国对外直接投资存量达18 090.4亿美元，是2002年末存量的60.5倍，占全球外国直接投资流出存量的份额由2002年的0.4%提升至5.9%，排名由第25位上升至第2位，仅次于美国（7.8万亿美元）。中国建立《对外直接投资统计制度》以来各年份的统计结果见表16-4。

表16-4 中国建立《对外直接投资统计制度》以来各年份的统计结果

（单位：亿美元）

年份	流量			存量	
	金额	全球位次	同比（%）	金额	全球位次
2002年	27.0	26	—	299.0	25
2003年	28.5	21	5.6	332.0	25
2004年	55.0	20	93.0	448.0	27
2005年	122.6	17	122.9	572.0	24
2006年	211.6	13	43.8	906.3	23
2007年	265.1	17	25.3	1179.1	22
2008年	559.1	12	110.9	1839.7	18
2009年	565.3	5	1.1	2457.5	16
2010年	688.1	5	21.7	3172.1	17
2011年	746.5	6	8.5	4247.8	13
2012年	878.0	3	17.6	5319.4	13
2013年	1078.4	3	22.8	6604.8	11
2014年	1231.2	3	14.2	8826.4	8
2015年	1456.7	2	18.3	10 978.6	8
2016年	1961.5	2	34.7	13 573.9	6
2017年	1582.9	3	-19.3	18 090.4	2

注：数据来自《2017年度中国对外直接投资统计公报》。

（二）国际直接投资规模的历史比较

在我国国际直接投资发展的前20年里，对外直接投资规模较小，对外投资的产业和区位分布也较为零散，相对滞后于其他发展中国家。与前三个发展阶段相比，我国在加入WTO以后，对外投资规模急剧放大，对外投资的总体规模、单项规模均呈现出"井喷"式增长。进入21世纪以后,我国企业的单项投资规模大幅提高,2003年已经接近发展中国家平均单项投资规模450万美元的水平,而2004、2005两个年度已经达到发达国家平均单项投资规模600万美元的投资水平。2006年,我国境内投资者共对全球172个国家和地区的近10 000家境外企业进行了直接投资,累计实现非金融类国际直接投资176.3亿美元,同比增长83.3%;2007年,我国境内投资者共对全球173个国家和地区的超过10 000家境外企业进行了直接投资,累计实现非金融类国际直接投资248亿美元,同比增长40.7%;2008年,我国境内投资者共对全球147个国家和地区的约12 000家境外企业进行了直接投资,累计实现非金融类国际直接投资418亿美元,同比增长68.5%;2009年我国境内投资者共对全球122个国家和地区的2283家境外企业进行了直接投资,累计实现非金融类国际直接投资433亿美元,同比增长3.6%;2010年我国境内投资者共对全球129个国家和地区的3125家境外企业进行了直接投资,累计实现非金融类国际直接投资590亿美元,同比增长36.3%。2017年,中国2.55万家境内投资者共对全球189个国家地区的3.92万家境外企业进行了直接投资,其中对外非金融类直接投资1395亿美元,同比下降23%,累计实现非金融类国际直接投资16 062.5亿美元。

(三)我国占全球国际直接投资总规模的比例

根据联合国贸易和发展会议发布的历年《世界投资报告》有关数据统计,我国2002~2017年期间的对外直接投资发展情况分列如下:

2002年全球对外直接投资流出总额为6470亿美元,存量为68 660亿美元,以此为基期进行测算,2003年我国对外直接投资分别相当于全球对外直接投资流量、存量的0.45%和0.48%。2003年全球对外直接投资(流出)流量为6122亿美元,存量为81 969亿美元,以此为基期进行测算,2004年我国对外直接投资分别相当于全球对外直接投资(流出)流量、存量的0.9%和0.55%。2004年全球对外直接投资(流出)流量为7302.6亿美元,存量为97 322亿美元,以此为基期进行测算,2005年我国对外直接投资分别相当于全球对外直接投资(流出)流量、存量的1.68%和0.59%。

2005年全球对外直接投资(流出)流量为7787亿美元,存量为106 719亿美元,以此为基期进行测算,2006年我国对外直接投资分别相当于全球对外直接投资(流出)流量、存量的2.72%和0.85%。2009年全球对外直接投资(流出)流量为1.1万亿美元,存量为18.98万亿美元,以此为基础进行测算,2009年我国对外直接投资分别相当于全球对外直接投资(流出)流量、存量的5.1%和1.3%。

2012年全球外国直接投资流出流量1.39万亿美元,年末存量为23.59万亿美元。以此为基数计算,2012年中国对外直接投资分别占全球当年流量、存量的6.3%和2.3%。

2013年全球外国直接投资流出流量为1.41万亿美元,年末存量为26.31万亿美元。以此为基数计算,2013年中国对外直接投资分别占全球当年流量、存量的7.6%和2.5%。

2014年全球外国直接投资流出流量为1.35万亿美元,年末存量为25.87万亿美元。以此为基数计算,2014年中国对外直接投资分别占全球当年流量、存量的9.1%和3.4%,流量连续三年位列按全球国家(地区)排名的第3位,占比较2013年提升1.5个百分点,存量位居第8位,排名较2013年前行3位。

2015年全球外国直接投资流出流量为1.47万亿美元,年末存量为25.04万亿美元。以此为基数计算,2015年中国对外直接投资分别占全球当年流量、存量的9.9%和4.4%,流量首次位列按全球国家（地区）排名的第 2 位，占比较 2014 年提升 0.8 个百分点，存量位居第 8 位，占比较 2014 年提升 1 个百分点。

2016 年全球外国直接投资流出流量为 1.45 万亿美元，年末存量为 26.16 万亿美元。以此为基数计算，2016 年中国对外直接投资分别占全球当年流量、存量的 13.5% 和 5.2%，流量承 2015 年继续位列按全球国家（地区）排名的第 2 位，占比较 2015 年提升 3.6 个百分点，存量由 2015 年的第 8 位跃至第 6 位，占比提升 0.8 个百分点。

2017 年全球外国直接投资流出流量为 1.43 万亿美元，年末存量为 30.84 万亿美元。以此为基数计算，2017 年中国对外直接投资分别占全球当年流量、存量的 11.1% 和 5.9%，流量位列按全球国家（地区）排名的第 3 位，占比较 2016 年下降 2.4 个百分点，存量由 2016 年的第 6 位跃升至第 2 位，占比提升 0.7 个百分点。

（四）我国与发达国家国际直接投资规模的比较

尽管我国国际直接投资已有了飞速发展，但通过比较仍可以看到，我国与发达国家之间的规模水平仍有一定差距，尤其是在投资的质量上面，还有较大的提升空间。比如，2014 年我国的海外净资产约 1.7 万亿美元，但净收益却是负值，而同年美国海外净负债是 4.5 万亿美元，却产生了超过 2200 亿美元的正收益。

（五）我国与其他发展中国家投资规模的比较

2005～2016 年发展中经济体国际直接投资流出量如表 16-5 所示。

表 16-5　2005～2016 年发展中经济体国际直接投资流出量

区域/国家	2005 年	2006 年	2007 年	2008 年	2009 年	2010 年	2011 年	2012 年	2013 年	2014 年	2015 年	2016 年
非洲（十亿美元）	10.3	17.2	21.5	24.8	15.5	25.2	23.2	34.5	37.9	28.3	18.0	18.2
拉丁美洲和加勒比（十亿美元）	6.9	6.8	9.0	1.6	8.7	15.4	13.1	24.0	13.4	7.9	11.9	-0.2
亚洲（十亿美元）	88.8	149.4	238.5	224.9	221.5	290.7	318.7	304.6	362.7	412.3	338.7	363.1
西亚（十亿美元）	12.4	22.6	34.1	38.1	18.0	17.8	30.4	22.6	45.6	22.8	38.0	30.8
东亚（十亿美元）	53.7	83.0	123.9	134.1	139.0	194.5	213.7	215.5	233.0	288.8	237.1	291.2
中国（十亿美元）	12.3	17.6	26.5	55.9	56.5	68.8	74.7	87.8	107.8	123.1	127.6	183.1
南亚（十亿美元）	3.5	14.6	17.8	21.5	16.3	16.3	12.8	10.0	2.2	12.0	7.8	5.6
东南亚（十亿美元）	19.3	29.3	62.7	31.2	48.2	62.2	61.9	56.5	81.9	88.7	55.7	35.4
发展中经济体（十亿美元）	118.4	209.3	283.6	288.6	249.3	373.9	390.4	381.4	432.8	472.7	389.3	383.4

（续）

区域/国家	2005年	2006年	2007年	2008年	2009年	2010年	2011年	2012年	2013年	2014年	2015年	2016年
世界（十亿美元）	841.1	1360.0	2176.6	1717.5	1102.1	1386.1	1576.0	1388.5	1399.5	1253.2	1594.3	1452.5
发展中经济体的比重(%)	14.1	15.4	13.0	16.8	22.6	27.0	24.8	27.5	30.9	37.7	24.4	26.4

注：数据来自联合国贸易和发展会议各年度《世界投资报告》。

（六）我国对外直接投资与吸收外国直接投资水平的比较

改革开放以来，我国利用外资一直保持稳步增长，多年位列发展中国家及亚洲国家对外直接投资流入国首位，也是全球最大的流入国之一。21世纪以来，我国利用外资稳步快速发展，每两年就跃上一个新的台阶，2000年和2001年实际使用外资分别为407.15亿美元和468.78亿美元；2002年和2003年分别为527.43亿美元和535.05亿美元；2004年进一步跃升到606亿美元，达到历史最高水平。2005年，全国新批设立外商投资企业4.4万家，实际使用外资金额达603.25亿美元，但这只是商务部统计的非金融领域的外资数字，如果加上对金融保险领域的投资，则2005年实际利用外资724亿美元，再次刷新最高纪录。2006年实际使用外资727.15亿美元；2007年实际使用外资835.21亿美元；2008年实际使用外资1083.12亿美元；2009年实际使用外资918.04亿美元；2010年实际利用外资1088.21亿美元。2013年中国实际使用外资金额1175.86亿美元，同比增长5.25%；对外非金融类直接投资901.7亿美元，同比增长16.8%。2014年，外商在中国投资新设立企业23 778家，同比增长4.4%，实际使用外资金额1195.6亿美元，同比增长1.7%（未含银行、证券、保险领域数据）；2015年全国设立外商投资企业26 575家，同比增长11.8%；实际使用外资金额1262.7亿美元，同比增长6.4%；2016年，全国新设立外商投资企业27 900家，同比增长5%；实际使用外资金额1260亿美元，同比增长4.1%（未含银行、证券、保险领域数据）；2017年，全国新设立外商投资企业35 652家，同比增长27.8%；实际使用外资8775.6亿元，同比增长7.9%，实现平稳增长。

第二节　我国国际直接投资的特点

一、我国国际直接投资的结构性特点

国际直接投资的三个基本问题是：由谁去投资（主体选择）？如何确定跨国公司与东道国企业的相对优势关系（产业选择）？到哪里去投资（区位选择）？这三大基本问题都带有结构的性质。因此，国际直接投资结构主要包括其主体构成、产业选择以及区位分布等。

（一）投资主体多元化与集中化趋势并存

经过40多年的发展，我国对外投资主体已逐步趋向多元化。2017年，在对外非金融类直接投资的16 062.5亿美元中，国有企业占49.1%，非国有企业占50.9%。其中，有限责任公司占16.4%，股份有限公司占8.7%，个体经营7.4%，私营企业占6.9%，港澳台投资企业占3%，股份合作企业占0.5%，集体企业占0.3%，其他占1.9%。表16-6列出了2017年我国非金融类国际直接投资存量前30强的具体企业名称。

表 16-6　2017 年我国非金融类国际直接投资存量前 30 强

排序	企业名称	排序	企业名称
1	中国移动通信集团公司	16	中国国新控股有限责任公司
2	中国石油天然气集团公司	17	北京控股集团有限公司
3	中国联合网络通信集团有限公司	18	上海实业（集团）有限公司
4	中国海洋石油总公司	19	广州越秀集团有限公司
5	中国石油化工集团公司	20	中国交通建设集团有限公司
6	招商局集团有限公司	21	中国民生投资股份有限公司
7	华润（集团）有限公司	22	中国电力建设集团有限公司
8	中国化工集团公司	23	广东粤海控股集团有限公司
9	中国中化集团公司	24	中国长江三峡集团有限公司
10	中国铝业集团有限公司	25	浙江吉利控股集团有限公司
11	国家电网公司	26	中国中信集团公司
12	中国建筑工程总公司	27	兖州煤业股份有限公司
13	中国远洋海运集团有限公司	28	海航集团有限公司
14	中国五矿集团公司	29	国家电力投资集团有限公司
15	中粮集团有限公司	30	华为技术有限公司

注：数据来自《2017 年度中国对外直接投资统计公报》。

我国加入 WTO 以后，大型企业的对外直接投资非常活跃，国内竞争环境变化加速了它们的国际化进程。我国企业的对外直接投资已不仅仅是初始投资，而是我国跨国公司为扩大国际经营而进行的再投资。根据联合国贸易和发展会议历年发布的《世界投资报告》，2000 年，在按照海外资产排名的发展中国家 50 家最大的跨国公司中，我国内地仅有 2 家企业上榜，而 2003 年我国内地有 5 家企业上榜，中国海运（集团）总公司以 84.57 亿美元的海外资产排第 7 位；中国石油天然气集团公司以 40.60 亿美元的海外资产排第 13 位；中国建筑工程总公司以 34.17 亿美元的海外资产排第 19 位；中国海洋石油总公司以 14.67 亿美元的海外资产排 38 名；中国五矿集团公司以 11.50 亿美元的海外资产排 46 位。到 2006 年，在全球 100 家最大的发展中国家排序中，来自我国的跨国公司占一半，为 50 家，表明我国大型跨国公司的规模和实力不断加强，通过海外上市和跨国并购形成的超大型跨国企业成为我国对外直接投资最主要的特征。由表 16-7 也可以看到，我国的跨国公司在世界经济中占有很重要的地位。

表 16-7　2006 年按国外资产排名的发展中经济体非金融跨国公司 25 强

排名	公司	经济母体	总资产（百万美元）	TNI[①]（%）
1	和记黄埔	中国香港	87 146	82.3
2	马来西亚国际石油公司	马来西亚	85 201	25.7
3	三星电子	韩国	87 111	47.8
4	墨西哥水泥公司	墨西哥	29 749	78.3
5	现代汽车公司	韩国	76 064	26.6
6	新加坡电信	新加坡	21 288	67.6
7	中信集团	中国大陆	117 355	18.9
8	台塑集团	中国台湾	75 760	40.9

(续)

排名	公司	经济母体	总资产（百万美元）	TNI[①]（%）
9	怡和集团	中国香港	20 378	70.6
10	LG	韩国	53 915	47.2
11	巴西淡水河谷公司	巴西	60 954	37.1
12	巴西国家石油公司	巴西	98 680	15.7
13	中国远洋运输（集团）总公司	中国大陆	18 711	39.2
14	美洲移动	墨西哥	29 473	47.7
15	委内瑞拉石油公司	委内瑞拉玻利瓦尔共和国	60 305	25.5
16	移动电信公司	科威特	12 027	51.5
17	嘉德置地	新加坡	13 463	59.5
18	鸿海精密工业股份有限公司	中国台湾	19 223	55.1
19	中国建筑工程总公司	中国大陆	15 986	29.7
20	起亚汽车	韩国	18 655	40.6
21	中国石油天然气集团公司	中国大陆	178 843	2.7
22	新世界发展有限公司	中国香港	18 535	37.4
23	中电控股	中国香港	15 965	31.4
24	墨西哥电信	墨西哥	24 265	24.1
25	萨索尔公司	南非	14 749	26.5

注：数据来自《2008年世界投资报告》。

① Transnationality Index，跨国化指数。

（二）海外产业分布基本保持稳定

我国对外直接投资涉及的行业领域极为广泛，几乎囊括了三大产业的各个领域，在工业项目中，又广泛涉及纺织、轻工、机械、电子、冶金、化工等多种行业领域。我国对外投资的产业分布显示出以下几个特点：其一，贸易性投资占据了总投资的半壁江山，从各行业投资存量来看，以商务服务、运输仓储、批发零售业为主的贸易性投资约超过60%；其二，各类资源开发约占总投资的15%；其三，制造业占10%，而在生产加工方面，又以初级加工制造业为主，而科学研究型投资仅占1%。这也暴露出我国对外直接投资在产业结构上的不合理之处：对外直接投资高度集中于资源开发业和初级加工制造业，海外企业技术密集型企业的比率较低，总体上呈现出低技术格局。从新设立的海外企业的产业选择来看，我国的对外直接投资呈现出一些可喜的变化：第一，贸易性投资继续快速增加，2005年按投资流量确定的贸易服务型投资约超过70%；第二，对资源开发型项目的投资有较大幅度的增加；第三，制造业投资中的装备制造业等资本、技术密集型行业的比例有较大幅度增长。此外，我国企业在进行对外直接投资的过程中，在坚持以一业为主的同时，逐步向多种经营转变，从而呈现出不同行业的企业之间交叉投资的多样化发展趋势。

从结构上看，2017年中国对外直接投资涵盖了国民经济的18个行业大类，主要分布在商业服务业（542.7亿美元）、制造业（295.1亿美元）、批发零售业（263.1亿美元）、金融业（187.9亿美元）四大领域，以上四项占2017年对外直接投资流量的81.1%。

在2017年中国对外直接投资存量中，租赁和商务服务业（主要为投资控股，6157.7亿美元）、批发和零售业（2264.3亿美元）、信息技术服务业（2189亿美元）、金融业

(2027.9亿美元)、采矿业(1576.7亿美元)和制造业(1403亿美元)所占规模较大,分别占34.1%、12.5%、12.1%、11.2%、8.7%和7.8%。

(三) 投资区域分布相对集中

我国对外投资区域的重点从最初集中在我国港澳地区及周边国家扩展到北美洲、欧洲和亚太一些比较发达的国家和地区,呈现出多方位发展趋势。尽管我国境外企业的投资区域呈多元化发展,但是投资并非均匀地分布在各个国家和地区,而是有重点地相对集中,分布区位主要集中在亚洲和拉丁美洲。以2015~2017年为例,表16-8显示了我国境外投资的东道国(地区)排序情况。

我国境外投资的地区分布显示出以下几个特点:一是由于共同语言、文化特性和感情联系综合作用的结果,大量境外企业集中在以我国港澳地区为主的亚洲地区。二是从国家的排序来看,欧美发达国家占据了相当大的比重(合计占到20%),我国在发达国家主要以贸易性投资为主。三是许多新增的境外投资流向了国际避税地区。

表16-8 2015~2017年我国对外直接投资净额流向的前十位国家/地区

(单位:亿美元)

2015年	国家/地区	金额	2016年	国家/地区	金额	2017年	国家/地区	金额
1	中国香港	897.9	1	中国香港	1142.3	1	中国香港	911.5
2	荷兰	134.6	2	美国	169.8	2	英属维京群岛	193.0
3	新加坡	104.5	3	开曼群岛	135.2	3	瑞士	75.1
4	开曼群岛	102.1	4	英属维京群岛	122.9	4	美国	64.2
5	美国	80.3	5	澳大利亚	41.9	5	新加坡	63.1
6	澳大利亚	34.0	6	新加坡	31.7	6	澳大利亚	42.4
7	俄罗斯	29.6	7	加拿大	28.7	7	德国	27.2
8	英属维京群岛	18.5	8	德国	23.8	8	哈萨克斯坦	20.7
9	英国	18.4	9	以色列	18.4	9	英国	20.7
10	加拿大	15.6	10	马来西亚	18.3	10	马来西亚	17.2

注:数据来自中国商务部发布的2015~2017年《中国对外直接投资统计公报》。

《2005年度中国对外直接投资统计公报》显示:2005年我国对拉丁美洲的投资为64.7亿美元,占流量总额的52.6%,首次超过亚洲地区跃居榜首,主要流向开曼群岛、英属维京群岛等传统避税地。在开曼群岛、我国香港、英属维京群岛等传统避税地投资占2005年流量的81%。这一特征可以用投资诱发要素组合论来进行解释。投资诱发要素组合论把跨国公司对外直接投资的诱发要素分成两个方面,即直接诱发要素和间接诱发要素。直接诱发要素是指投资国和东道国拥有的各种生产要素,如技术、资本、劳动力、管理和信息等,它们是诱发跨国公司对外直接投资的主要因素。间接诱发要素是指生产要素之外的政策和环境要素,主要包括投资国的鼓励性投资政策及其法规、东道国的投资环境及其优惠政策、世界经济一体化以及科技革命的影响等方面。对于发展中国家企业的对外投资,间接诱发要素起到主要的作用。我国对外直接投资流向避税地的增加一方面是受到这些东道国优惠投资政策的吸引,另一方面,也与我国2005年放宽对民营企业对外直接投资和资金管理的有关政策密切相关。

2009年中国对外直接投资流量在1亿美元以上的国家有31个,较2008年增长了9个。

对欧洲、北美洲、拉丁美洲的投资较 2008 年成倍增长，其中对欧洲投资为 33.53 亿美元，增长 2.8 倍；对北美洲投资为 15.22 亿美元，增长 3.2 倍；对拉丁美洲投资为 73.3 亿美元，增长 1 倍。2009 年中国对非洲直接投资为 14.39 亿美元，同比下降 73.8%，若剔除 2008 年特大项目（中国工商银行收购南非标准银行部分股权）这一因素，对非洲的非金融类直接投资则增长 55.4%。截至 2009 年年末，中国在亚洲地区投资存量达到 1855.4 亿美元（主要是中国香港），占总额的 75.5%，对发达国家或地区的投资占到存量的 7.4%。

根据《2017 年度中国对外直接投资统计公报》数据，2017 年中国对欧洲、非洲的投资快速增长，对美洲投资降幅较大。流向亚洲地区的投资为 1100.4 亿美元，占 2017 年对外直接投资流量的 69.5%；流向欧洲的投资为 184.6 亿美元，创历史最高值，占 2017 年对外直接投资流量的 11.7%；流向拉丁美洲地区的投资为 140.8 亿美元，占 2017 年对外直接投资流量的 8.9%；流向北美洲地区的投资为 65 亿美元，同比下降 68.1%，占 2017 年对外直接投资流量的 4.1%；流向非洲地区的投资为 41 亿美元，同比增长 70.8%，占 2017 年对外直接投资流量的 2.6%。

（四）投资方式呈现多样化发展趋势

过去，我国的对外直接投资主要采取绿地投资和合资经营等较为传统的方式。据不完全统计，采用合资方式的企业约占 80%，独资企业相应较少。加入 WTO 以后，我国企业对境外的投资主要采取海外上市和跨国并购等途径，其比例不断上升，并出现了联想集团收购计算机巨头 IBM 公司 PC 事业部这种"蛇吞象"的典型案例。《2017 年度中国对外直接投资统计公报》显示：通过境外企业收购、兼并实现的直接投资达 65 亿美元，占 2017 年流量的 53%；境内主体对境外企业的贷款形成的其他投资在直接投资中占 43%。2017 年中国企业对外投资并购活跃，共实施完成并购 431 起，涉及 56 个国家和地区，实际交易总额达 1196.2 亿美元，其中直接投资为 334.7 亿美元，占并购总额的 28%，占 2017 年中国对外直接投资总额的 21.1%，境外融资 861.5 亿美元，是企业境外融资规模最大的年份。2017 年中国企业对"一带一路"沿线国家并购项目 76 起，并购金额 162.8 亿美元，占并购总额的 13.6%。其中印度尼西亚、阿拉伯联合酋长国、新加坡、印度、以色列和俄罗斯等国家吸引中国企业并购投资超 10 亿美元。经过几十年的发展，我国境外直接投资的出资方式也越来越呈现出多种多样的发展趋势，我国企业除以国内自有资金和国内融资投入为主之外，还有以出售中方商标和许可证，以技术入股、设备入股、商品入股等形式进行投资的，部分企业甚至利用国外贷款、发行国际债券、采用金融租赁等灵活多样的筹资手段。随着各国外汇管理自由化、证券市场的国际化，以及信息与通信的进步等拓宽了跨国公司体系外部融资的渠道，我国跨国公司的外部筹资领域也扩展到东道国或母国的股票市场、当地金融机构和国际资金市场，获得了比国内企业更有利的筹资地位和条件。例如，中国国际信托投资公司 1986 年投资 6299 万加元，收购加拿大塞尔加纸浆厂 50% 的股份。中信公司采用项目融资方式，由国际银行贷款解决了投资资金的来源问题，在不花自己一分钱的情况下，获得了这家年产量达 18 万 t 的纸浆厂的一半股权，并在多年的经营中获得了可观的经济效益。

2006 年，在我国国际直接投资净额中，新增股本投资 51.7 亿美元，占 24.4%；当期利润再投资 66.5 亿美元，占 31.4%；其他投资 93.4 亿美元，占 44.2%。2007 年，我国国际直接投资净额中，新增股本投资 86.9 亿美元，占 32.8%；当期利润再投资 97.9 亿美元，占 36.9%；其他投资 80.3 亿美元，占 30.3%。2008 年，我国国际直接投资净额中，新增股本投资283.6亿美元，占50.7%；当期利润再投资98.9亿美元，占17.7%；其他投资176.6亿美元，占31.6%。2009年，我国国际直接投资净额中，新增股本投资172.5亿美元，占30.5%；当期利润再投资161.3亿美元，占28.5%；其他投资231.5亿美元，占41%。2017年新增股权投资679.9亿美元，占流量总额的42.9%；债务工具投资（仅涉及对外非金融类企业）为206.6亿美元，占13.1%；当期收益再投资696.4亿美元，同比增长127%，占同期中国对外直接投资流量的44%。

二、我国战略性国际直接投资的兴起

在经济全球化背景下，企业的壮大和消亡较历史上的任何一个时期都更为容易，因此企业的首要问题是可持续发展问题。企业只有拥有了持续的核心优势，才具有持续的竞争优势，才能拥有市场优势地位，因此，跨国经营不仅仅是如何利用竞争优势的问题，还包括通过跨国经营创造竞争优势。后者是一种战略性对外直接投资的行为，相应地，在企业利益目标上追求企业价值最大化的长期利益目标而不是利润最大化的短期利益⊖。20世纪90年代以来，面对经济全球化带来的冲击，发展中国家（主要是新兴工业化国家）涌现了第二次对外直接投资浪潮。发展中国家在20世纪70年代末至20世纪80年代初出现的第一次对外投资浪潮主要表现为对周边国家和其他发展中国家进行的以获取投资收益为目标的投资，在区位流向上表现为顺向投资，而第二次浪潮则是以发展中国家对发达国家进行的学习型对外直接投资（逆向投资）为特征的。学习型对外直接投资是一种以获取关键技术资源为途径，以培育核心竞争力为目标的典型的战略性对外直接投资的模式。

（一）我国对战略性对外直接投资的内在需求

从企业发展的角度来看，我国企业的战略性对外直接投资主要不是为机会所吸引，而是由威胁所推动的，是一种为适应全球竞争环境所采取的战略反应型投资。我国企业在国内市场的竞争中相对于跨国公司而言具有局部的竞争优势，但这种竞争优势明显缺乏可持续性。知识经济的兴起使得企业优势的主要来源发生变化，竞争态势从"规模竞争"转向"创新竞争"。快速适应市场需求和技术变化、不断进行技术创新成为持续的竞争优势的来源。因此，我国企业对外直接投资以提高核心竞争力为导向，以获取创造性资产为主要目的。通过对外直接投资拓展企业的资源基础，获取我国企业极为稀缺的创造性资产，如创新技术、商业信息、全球化的管理技能等。相应地，追求资源迅速配置的跨国并购以及研发国际化成为我国战略型对外直接投资的趋势特征。

从国家经济发展的角度来看，投资自由化和经济全球化对发展中国家的可持续发展提出了挑战，竞争力是在更为开放的条件下维持收入增长的能力。发展中国家不能仅仅依靠贫困化增长，而必须提升其资源的能力。应在习近平新时代中国特色社会主义思想的指导下，通

⊖ 企业价值是企业净资产未来获利能力的现值，它能给所有者带来预期报酬，包括股利和出售股权换取现金。净资产盈利能力达到最大时，企业价值也达到最大。企业价值最大化是指通过企业的合法经营，采用最优的财务政策，在考虑货币的时间价值和风险报酬的情况下，不断增加企业财富，使企业总价值达到最大。在股份有限公司中，企业的总价值可以用股票市场价值总额来代表。与利润最大化的财务目标不同，企业价值最大化目标考虑了获利的时间因素；考虑了公司获利与投入资本额之间的关系；考虑了公司获利的风险，克服公司在追求利润上的短期行为、片面追求高风险高回报的项目；有利于协调经营者、股东、员工和社会四方的利益，有利于整个社会财富的增加。

过对外直接投资获取国内稀缺的自然、技术、管理、信息网络等关键资源，改善国内要素结构，进而推动产业结构的调整与产业升级，提高国家竞争力。

目前，我国经济发展面临严重的资源约束问题，突出表现为自然资源和技术资源这类战略性资源的严重短缺和对外依赖。造成自然资源短缺的原因主要有：

（1）从资源总量看，我国在世界上属于资源大国，但我国却是人均资源拥有贫国。一些对经济发展具有重要意义的战略性资源，我国的人均拥有量远远低于世界平均水平。我国的人均水资源和人均耕地面积分别仅为世界平均水平的1/4和1/3，45种主要矿产资源的人均占有量不足世界平均水平的50%，其中石油、天然气、铁矿石、铜和铝等重要矿产资源的人均储量分别相当于世界平均水平的11%、4.5%、42%、18%和7.3%。

（2）我国工业增长有时不是依靠生产效率的提高，而是以资源浪费和低效利用为发展代价的，属于典型的粗放型增长方式。2004年，我国每单位GDP所消耗的能源是日本的10倍，美国的5倍，加拿大的3倍。据统计，目前中国的综合效率约为33%，比发达国家低近10%。电力、钢铁、有色冶金、石化、建材、化工、轻工和纺织8个行业主要产品单位能耗平均比国际先进水平高40%。钢、水泥、纸和纸板的单位产品综合能耗比国际先进水平分别高21%、45%和120%。机动车油耗水平比欧洲高25%，比日本高20%。中国单位建筑面积采暖能耗相当于气候条件相近发达国家的2~3倍。中国矿产资源总回收率为30%，比世界先进水平低20%。

（3）我国外向型经济发展战略和制造业的快速发展加剧了资源短缺状况。多年来，我国一直实行出口导向型经济发展战略，这意味着我们在继续养活全中国人口的同时，还要向全世界提供商品和劳务，"中国制造"的结果必然是"大进大出"的格局，因而自然资源供给方面的压力不断加大。我国面临的严重资源约束使资源开发利用国际化的资源导向型对外直接投资成为基于我国国情的必然选择。

我国战略性资源的对外依赖还突出表现为严重依赖外来技术，主要表现在以下三个方面：首先，目前我国的高科技和工业产品的出口主要不是由中国本土公司而是由外资公司所主导。其次，我国本土工业公司在最重要的制造设备方面严重依赖于先进工业国家的进口。最后，中国企业的研发投入比例很低，创新机制的不完善限制了中国企业自主创新能力的成长，因而在利用、吸收、消化和转化外来技术方面能力不足。我国企业的技术创新主要集中在产品的工艺设计和针对我国市场需求的产品功能定位方面，绝大部分企业都未能掌握本行业的核心技术。我国技术上的对外依赖性，限制了我国由经济大国转向经济强国的发展。技术本身具有高投入成本性和易逝性，在创新过程中需要大量资本投入，具有高风险，需要完善的技术创新制度来予以保障。我国作为发展中国家，财力有限，在技术进步的过程中仍然要遵循比较优势原则，要考虑技术进步的成本和收益，避免落入高资金投入低技术收益的"技术创新陷阱"之中。在全球R&D国际化和跨国并购日趋盛行的今天，跨国介入型技术创新模式是一种积极主动的技术利用方式，能有效缓解我国技术资源的压力。

从产业发展的角度看，我国作为发展中大国，往往是一国的不同区域处于不同的发展阶段，对外直接投资推动的表现形式就会呈现多元化的特征。当前我国在国际分工阶梯中总体上处于中游地位，在国际分工阶梯中的特定位置决定两类不同性质的对外直接投资将同时存在。一类是优势型对外直接投资，即以发挥劳动密集型和技术—劳动密集型产业局部相对优势为目的而进行的对外直接投资；另一类是学习型对外直接投资，即以汲取国外先进的产业技术和管理经验、带动国内产业升级、创造新的比较优势为目的的对外直接投资。然而，从集中趋势来看，由于我国的劳动力成本仍相对较低，与"中国制造"相比较，优势型对外直接投资是克服贸易壁垒、延伸劳动密集型产品出口的一种补充方式，而不是利用比较优势的最佳方式。相反，学习型对外直接投资能够形成一种有效的创新和技术转移机制，能使我国在新一轮的国际分工和产业调整转移中重新寻找在全球经济中的定位，获得更多的主动性和持续性的增长效应。

我国正处于产业结构调整和主导产业更替的关键阶段，劳动密集型产业对经济增长的贡献趋于下降，而资本、技术密集型产业对经济增长的贡献度上升。巨型跨国公司已经主要占领中国新兴主导产业。就产业发展而言，在经济全球化的压力下，形成和保持产业国际竞争力是国家经济安全的基础，是防范经济风险最好的武器。《1999年世界投资报告》以"外国直接投资与发展的挑战"为题，分析了巨型跨国公司对发展中国家经济增长的贡献和潜在威胁。该报告认为，在开放条件下，发展中国家发展应优先注重本国经济关键领域的自主性增长，即本国的关键产业、关键技术和关键市场的可持续性增长。从国家经济安全的角度考虑，我国鼓励并支持国内一些大型企业集团向大型跨国公司的方向发展，积极参与世界经济竞争与合作。在复杂技术制造领域，通过跨国并购、高科技投资活动，在新的一轮经济中争取主动发展的机会。表16-9显示了我国在近期的跨国并购案，从中可以发现，所涉及的行业主要是资本、技术密集型行业。

表16-9 我国大型跨国并购的行业特征

序号	年份	收购目标	中方收购者	并购金额	并购类型
1	2015年	意大利倍耐力集团公司60%股份	中国化工橡胶有限公司	52.9亿美元	混合并购
2	2015年	桑巴荷兰有限公司	合肥瑞成产业投资公司	—	横向并购
3	2015年	英国工业标准银行60%股份	中国工商银行股份有限公司	—	横向并购
4	2015年	美国世界铁人公司100%股份	北京万达文化产业集团公司	9亿美元	横向并购
5	2015年	瑞士盈方体育传媒有限公司90.4%股份	北京万达文化产业集团公司	7.5亿美元	横向并购
6	2016年	巴西朱比亚水电站、伊利亚水电站30年经营权	中国长江三峡集团	37.7亿美元	横向并购
7	2016年	美国英迈国际公司	天津天海物流投资管理有限公司	60.1亿美元	纵向并购
8	2016年	芬兰Supercell公司84.3%股权	腾讯控股有限公司	41亿美元	横向并购
9	2016年	美国通用电气公司家电业务	青岛海尔股份有限公司	55.8亿美元	横向并购
10	2016年	南洋商业银行	中国信达股份有限公司	88.8亿美元	混合并购

（续）

序号	年份	收购目标	中方收购者	并购金额	并购类型
11	2017年	瑞士先正达公司	中国化工集团	421亿美元	纵向并购
12	2017年	阿布扎比国家石油公司12%股权	中石油集团、华信集团	—	横向并购
13	2017年	巴西CPFL	国家电网公司	—	混合并购

注：数据来自我国商务部发布的2015～2017年《中国对外直接投资统计公报》。

通过跨国并购，我国加强了与世界大型跨国公司的合作，减少了竞争。通过跨国并购实现资源的迅速配置，获得了海外企业的核心技术、无形资产、经营渠道和管理经验等我国急需的关键资源，奠定了国内产业自主性发展的基础。

（二）我国战略性对外直接投资的渐进发展

从我国的实际情况来看，在我国对外直接投资的发展阶段中，经历了三个层次，迅速上升，跳跃发展。投资重点由利用国内比较优势的对外直接投资逐步转向培育国内新的比较优势的战略性对外直接投资转移。

第一层次：境外加工装配。为减少日益增加的贸易壁垒对我国出口的负面影响，我国政府对带料加工和境外加工装配业务实施了鼓励政策，鼓励我国一些重点出口产品行业的企业将终端生产装配环节转移到市场规模潜力较大的东道国，或适宜转口贸易的地区，以带动国内中间产品、元器件、原辅材料的出口。这些产品主要是机械、电子、轻工和纺织等行业的重点出口产品。

第二层次：具有相对比较优势的传统产业的国际扩张。2003年，中国共产党十六届三中全会形成的《中共中央关于完善社会主义市场经济体制若干问题的决定》中提出继续实施"走出去"战略。此后，我国在一些具有中等生产技术和相对比较优势的行业，如电子、家用电器制造业等行业加快了企业国际化和产业海外扩张的步伐，充分利用两个市场和两种资源，发挥我国具有比较优势的对外直接投资，向外转移成熟技术和剩余生产能力。通过对周边一些发展中国家展开投资，充分发挥在适用生产技术、组织管理能力和市场服务方面的优势，获得了良好的投资效益。

第三层次：以技术创新、新兴产业的国际合作，以及与工业化经济规模相适应的能源开发为主要特征的战略性对外直接投资。

从层次的变化上可以看到宏观主体和微观主体对外直接投资动因联系的机制。①延长劳动密集型产业的生命周期，扩大劳动密集型产业的规模，扩大就业；②发挥我国在中等技术产业上的相对优势，积极实施产业的海外扩张；③在产业结构调整时期，顺利地实现主导产业的更替，实现资本、技术密集型产业的自主性发展，发挥其对未来经济增长的主导作用。

第三节　我国跨国公司的发展路径与成长模式

一、我国跨国公司的主要类型

我国跨国企业主要来源于以下四种企业类型：第一类，大型贸易集团。例如中国化工进出口总公司、中国五矿集团有限公司、中国建筑工程总公司、中国远洋运输（集团）总公司等企业。这些大公司长期从事商品及服务的国际贸易，具有一定规模的海外市场网络和较稳定的业务渠道，由于历史上一直受政策扶持，在国内市场上具有垄断力量，国际化经营规模不断扩大，是我国企业海外经营的先锋和主力。第二类，大型金融保险集团，主要包括中国银行、中国工商银行、中国农业银行、中国建设银行、交通银行五大银行以及中国中信集团公司和中国人民财产保险股份有限公司等。这些集团通过在海外设立分支机构，满足国内企业的国际贸易活动对结算、信贷、保险等方面的金融服务的需求，其后，延伸至国际和区域性金融中心，进行多元化发展。第三类，生产型企业集团。主要是国有控股的国内大型上市企业，如首钢集团、海尔集团、科龙电器股份有限公司、春兰（集团）公司等。这些大型生产型企业是在国内激烈竞争的环境中发展起来的，有较强的经济实力，现代企业制度较为完善，有相对成熟的生产技术和一定的研究与开发能力，在资金、技术、管理等方面有明显的竞争优势，因而海外经营起步虽晚，但正以较快的速度发展。它们通过在海外的资源和市场开发，逐步向国际市场渗透，从而增强其在国际市场中的竞争能力。第四类，以高科技为后盾的民营企业。如华为技术有限公司、万向钱潮等公司均不同程度地走向国际市场。

二、我国企业国际化的动机

我国跨国公司具有典型的后发展型跨国公司的特征，企业国际化的动机主要是通过跨国经营来获得关键资源优势，实现优势整合。它主要有三种类型，即资源开发型、技术开发型和市场开发型。

（一）资源开发型

我国在工业化的过程中面临严重的资源短缺问题，因此，国家确立了能源开发国际化的战略。能源开发企业大多是在国内具有行业优势地位和一定市场垄断力量的大型国有企业，我国政府出于保障经济安全的战略需要，对这些企业有大量的政策保护。此外，能源开发企业通过上市、重组等方式获得了海内外投资者大量的资金支持，这些企业资金充裕，经营规模大，技术开发能力强，具有很强的竞争优势，在资源开发投资中获利颇丰。《2005年世界投资报告》显示，在2004年发展中国家跨国公司50强中，中国有4家企业上榜，其中有3家是能源开发企业，分别是中石油，以40.6亿美元的海外资产、976亿美元的营业额居第13位；中海油，以14.67亿美元的海外资产、144.79亿美元的营业额居第38位；中国五矿集团有限公司，以11.5亿美元的海外资产、535.2亿美元的营业额居第46位。中石油研发投入费用为265亿美元，位居发展中国家资金投入规模的第5名；中石化研发投入费用为167亿美元，位居第13名。这两家企业的研发投入均超过位于资本、技术密集型行业的韩国现代公司（其研发投入费用为77亿美元）。

在能源开发行业，中石油在先后收购苏丹、哈萨克斯坦等的油田之后，又同印度尼西亚国家石油公司达成合作协议，合作开发当地油田。2002年4月，中石油的控股公司又投资2500万美元收购阿曼石油开采公司。作为中国最大的炼油厂商，中石化对原油的需求量大于中国最大的原油生产商中石油，当然也大于中海油。中石化是国内3家石油公司中石油资源最少的公司，这使得公司经营业绩受油价波动影响很大。中石化从1998年开始石油勘探业务，相对于中石油，海外业务的起步较晚。2002年，中石化向中国化工进出口总公司收购突尼斯与阿拉伯海湾的石油与天然气田50%的股权，这是中石化首次涉足海外石油生产业务。中石化于 2002 年 1 月 30 日与中国进出口银行签署了总额为 80 亿元人民币的出口卖方信贷一揽子授信额度框架协议，主要用于支持集团在未来 5 年内的海外油气勘探开发、对外工程承包等项目。中石油则在"十五"期间，斥资 100 亿元用于海外业务的拓展。在资源开发行业，首钢集团针对中国铁矿品位低、开采条件差、成本高、难以保证首钢集团发展需要的状况，于 1992 年投资 1.2 亿美元收购秘鲁铁矿公司，建立了当时我国企业在海外投资规模最大的独资企业。首钢集团收购秘鲁铁矿对于保证首钢集团所需的优质铁矿石的长期稳定供应有着重要意义。1993 年 1 月 11 日首钢集团正式接管之后，首钢秘鲁铁矿公司生产经营迅速走入正轨，1993 年成品矿产量达 512 万 t，销售达 500.8 万 t，销售收入达 9383 万美元，创利润 500 万美元。中国化工进出口总公司于 1988 年年底投资数千万美元购买了美国海岸公司太平洋炼油公司的一半股权，成立了中国太平洋炼油公司，这是其在海外生产领域的第一次投资。1989 年 3 月，中国化工进出口总公司利用外国资金购买了一座年开采能力为 200 万 t 的磷矿和年产磷肥 60 万 t 的磷肥厂，在此基础上组建了美国农化公司。随后，又在泰国合资开办了橡胶厂和肌醇厂。通过海外资源开发，跨国公司在获得良好收益的同时，也促进了我国经济的发展。

（二）技术开发型

我国企业在技术水平上与发达国家的跨国公司仍存在较大差距。我国企业的技术创新主要集中在产品的工艺设计和针对我国市场需求的产品功能定位方面，大部分企业都未能掌握本行业的核心技术，因而在行业内难以率先推出创新产品，从而获取高端市场的丰厚利润。我国企业的优势企业主要集中在中等技术的低成本制造行业，但即使要在低成本制造行业获得成功，掌握和了解本行业的技术发展水平和趋势也显得十分重要，因此，我国许多企业都把在海外，特别是发达国家设立 R&D 机构作为跟踪行业先进技术的手段。例如，上海复华实业股份有限公司在美国、日本等国设立高技术合资企业，开发与生产 UPS 产品和计算机软件，并将先进技术转移到国内，加速国内产品的更新换代。我国最大的集成电路生产企业——上海华虹微电子公司在西方发达国家设立研究与开发型企业，以提高整个公司的新产品开发能力。再如著名的民营企业——万向集团收购了美国纳斯达克上市公司——UAI，其主要目标是获得和跟踪 UAI 在制动器方面的先进技术。又如，华为技术有限公司分别在美国的硅谷、达拉斯，瑞典，印度，俄罗斯成立了实验室；海尔在美国设立研发中心；联想在我国香港和美国设立研究和技术信息中心进行技术研发；长虹与东芝合作在日本设立研究与设计机构；TCL 在美国洛杉矶独资设立研究机构；科龙在日本神户独资设立技术开发机构；小天鹅在美国和日本东京独资设立研究机构；海信在美国独资设立技术开发机构；华虹集团与 NEC 合作在日本设立研发中心；上海贝尔与比利时合作，在布鲁塞尔设立工程技术中心等。值得注意的是，以全球微波炉制造基地著称的格兰仕集团也开始了对外直接投资。格兰仕通过与日本一些著名企业合作，已经完全掌握了微波炉领域的核心技术，并在微波炉核心部件的生产和制造方面拥有优势。1998 年，格兰仕集团投资 1 亿元进行自主技术开发，并在美国成立美国微波炉研究所。这些设在技术先进地区的研究机构通过跟踪、学习、研究、开发世界先进技术，极大地提高了其技术创新能力，使国内产品在拥有无可比拟的成本优势的同时，具有世界领先水平的技术含量和一流品质。

（三）市场开发型

我国在轻工、机电、纺织等劳动密集型加工制造业领域拥有独特的成熟技术优势，主要反映在产品的工艺设计和产品功能定位方面的技术创新优势和管理优势。一些企业充分利用这些优势，主动走出国门，对非洲、中东、拉丁美洲等一些发展中国家进行投资。据统计，初级加工制造投资已经占到我国全部对外投资企业的50%左右，并且还在继续增长。这些对外投资转移了一部分国内的过剩生产能力，有效缓解了国内市场压力，提高了企业的经营利润，为企业进一步的技术开发创造了条件。

我国制成品出口在世界市场的份额逐年扩大。我国产品的低成本地位，使其在国际竞争中占有较强的价格优势。许多国家出于贸易保护主义的考虑，在关税、配额、反倾销、技术标准、环保等方面设置壁垒，限制我国产品的进入。一些我国企业，特别是对国际市场依赖程度较高的出口型企业，不得不采取对外直接投资的方式绕开贸易壁垒，以保持或提高其在国际市场中的份额。

三、我国跨国公司的成长模式

我国企业对外直接投资的先决条件是必须拥有竞争优势，缺乏竞争优势的企业盲目进行对外直接投资必然会招致跨国经营的失败，竞争优势意味着企业在国内经营的过程中必须拥有在本行业或多个经营领域的独特竞争地位，它能够比竞争对手更好地为目标顾客创造价值。企业的竞争优势反映了企业整合资源和从事价值创造活动的独特能力。对外直接投资实际上是企业将已有的能力运用于国际市场，并通过跨国经营整合更多的资源，形成新的能力的过程。在这一过程中，竞争优势既是企业对外直接投资的必要条件，又是企业对外直接投资活动所要达到的目标。

根据迈克尔·波特的竞争优势理论，企业获取优势的基本战略有两种：创新形成的差异化优势，或总成本领先优势。后发展型企业一般都不掌握核心技术而难以实现产品差异化，因而大多数都会选择低成本型成长模式。当企业以规模经济性为基础实现低成本优势时，往往会选择去海外发展，以进一步实现企业的规模经济性。

我国企业在国际化发展的过程中，由于经营行业、经营水平、经营战略、初始条件的差异，形成了各具特色的成长模式，比较有代表性的成长模式主要是：规模经济/低成本型成长模式、范围经济/综合集团型成长模式。成长模式与某些特定行业密切相关，行业成功的关键因素是模式形成的基础。在电子、食品、纺织服装等最佳经济规模比较低的行业，一般都是以低成本型成长模式成长为跨国公司的，比较典型的代表是海尔集团。另一类是某企业先具有了综合集团的优势——主要指资金或信息方面的特长，再向海外发展，逐渐成长为跨国公司，主要由于范围经济性而节约了成本，较典型的代表是中信集团。还有一类主要以获取海外的技术和资源为目标，以强化总公司整体实力而成长起来的跨国公司，较典型的代表是首钢集团。最后一类是强化内部研发，以输出技术为主要特征，逐步成长为具有明显国际竞争能力的跨国公司，这方面最典型的企业代表就是华为技术有限公司。

【关键术语】

战略性对外直接投资　　资源整合　　产业结构调整　　跨国并购

思 考 题

1. 对外直接投资对我国国内经济产生哪些促进作用？

2. 我国加入WTO后，尤其是党的"十八大"以来，我国企业的对外直接投资产生了哪些突出的变化？
3. 分析我国企业国际化的主要动机和发展模式。

延展阅读书目

[1] 鲁桐. WTO与中国企业国际化［M］. 北京：经济管理出版社，2007.
[2] 康荣平，柯银斌. 华人跨国公司成长论［M］. 北京：国防大学出版社，2001.
[3] 王玲玲. 中国对外投资的若干理论与发展政策研究［M］. 北京：经济科学出版社，2017.
[4] 王茜. 中国对外投资的现状、收益及风险研究［M］. 北京：经济科学出版社，2018.
[5] 祁春凌. 中国对外直接投资：基于投资动因、制度因素以及政治经济学视角的分析［M］. 北京：对外经济贸易大学出版社，2015.
[6] 卢进勇，等. 中国企业海外投资的动因、模式与理论创新研究［M］. 北京：中国商务出版社，2017.
[7] 赵蓓文，等. "一带一路"建设与中国企业对外直接投资新方向［M］. 上海：上海社会科学院出版社，2018.

参 考 文 献

[1] HYMER S H. International Operation of National Firms: A Study of Direct Foreign Investment [M]. Cambridge: MIT Press, 1976.
[2] BUCKLEY P J, Casson M. The Future of the Multinational Enterprise [M]. London: Macmillan, 1976.
[3] CAVES R E. Multinational Enterprise and Economic Analysis [M]. Cambridge: Cambridge University Press, 1982.
[4] DUNNING J H. International Production and the Multinational Enterprise [M]. London: George Allen & Unwin, 1981.
[5] KOJIMA K. Direct Foreign Investment: A Japanese Model of Multinational Business Operations [M]. London: Croom Helm, 1978.
[6] 李琮. 当代国际垄断——巨型跨国公司综论 [M]. 上海：上海财经大学出版社，2002.
[7] 梁琦. 产业集聚论 [M]. 北京：商务印书馆，2004.
[8] 联合国跨国公司中心. 再论世界发展中的跨国公司 [M]. 南开大学经济研究所美国经济研究室，对外经济联络部国际经济合作研究所，译. 北京：商务印书馆，1982.
[9] 程惠芳. 对外直接投资比较优势研究 [M]. 上海：上海三联书店，1998.
[10] 蒋殿春. 跨国公司与市场结构 [M]. 北京：商务印书馆，1998.
[11] 刘海云. 跨国公司经营优势变迁 [M]. 北京：中国发展出版社，2001.
[12] 刘红忠. 中国对外直接投资的实证研究及国际比较 [M]. 上海：复旦大学出版社，2001.
[13] 鲁明泓. 国际直接投资区位决定因素 [M]. 南京：南京大学出版社，2000.
[14] 孙国辉. 跨国公司内部贸易研究 [M]. 济南：山东人民出版社，2002.
[15] 杨先明. 发展阶段与国际直接投资 [M]. 北京：商务印书馆，2000.
[16] 张纪康. 直接投资与市场结构效应 [M]. 上海：上海财经大学出版社，1999.
[17] 张岩贵. 国际直接投资及其波动性 [M]. 北京：经济科学出版社，2001.
[18] 宋亚菲. 中国企业跨国直接投资研究——理论思变与战略构想 [M]. 大连：东北财经大学出版社，2001.
[19] 杨忠，赵曙明. 国际企业：风险管理 [M]. 南京：南京大学出版社，1998.
[20] 陈继勇，等. 国际直接投资的新发展与外商对华直接投资研究 [M]. 北京：人民出版社，2004.
[21] 吴先明. 跨国公司与东亚经济发展 [M]. 北京：经济科学出版社，2001.
[22] 江时学，等. 拉美与东亚发展模式比较研究 [M]. 北京：世界知识出版社，2001.